— 貪官酷吏的權謀盛宴與末路哀歌 —

兩漢權臣生死局

譚自安 著

帝王、佞臣、權貴交織，有人被推上王座，有人被逐下舞臺，

大漢盛世下，由權力、財富和人性構築的生死棋局

富可敵國，結局卻是餓死？

權傾天下，為何難逃滿門抄斬？

明明是第一功臣，又為何成了貪官？

當忠奸再無邊界，當道義可被賤賣

大漢王朝的盛世背後，有多少見不得光的祕密

目錄

目錄

第一章 陳平：足智多謀，貪得無厭卻得善終

第一節 貧苦農家的孩子

話說漢高祖五年五月，劉邦在洛陽南宮舉辦了個盛大的宴會，招待群臣。在這個宴會上，他與高起、王陵進行了一次著名的對話，過程如下：

高祖曰：「列侯諸將無敢隱朕，皆言其情。吾所以有天下者何？項氏之所以失天下者何？」

高起、王陵對曰：「陛下慢而侮人，項羽仁而愛人。然陛下使人攻城掠地，所降下者因以予之，與天下同利也。項羽妒賢嫉能，有功者害之，賢者疑之，戰勝而不予人功，得地而不予人利，此所以失天下也。」

高祖曰：「公知其一，未知其二。夫運籌策帷帳之中，決勝於千里之外，吾不如子房。鎮國家，撫百姓，給餽餉，不絕糧道，吾不如蕭何。連百萬之軍，戰必勝，攻必取，吾不如韓信。此三者，皆人傑也，吾能用之，此吾所以取天下也。項羽有一范增而不能用，此其所以為我擒也。」

他只對三傑進行了評價。如果一定要讓他再繼續說下去，我想，他一定會說：「機變百出，置死地，陷絕境，困於萬難之中，猶能轉危為安、化險為夷，吾不如陳平。」

在大漢王朝的開國功臣中，陳平的功勞是很大的。劉邦論功行賞時，雖未把陳平當成功臣中的第一梯隊，當眾進行隆重推介，但是在他的心目中，陳平的地位是非同小可的。

第一梯隊是漢初三傑——蕭何、張良、韓信。蕭何是在劉邦起家時就跟在他的身後一路打過來的，一直是劉邦的後勤部長。不管劉邦在前線打了多大的敗仗，損耗了多少兵馬，蕭何總是能為劉邦補充兵馬數量，讓劉邦像個賭徒一樣，有永遠用不完的資本。所以，蕭何成了頭號功臣。而張良則被稱為帝師，在策略上為劉邦謀劃，讓本來沒有多大策略眼光的劉邦常常感到驚奇，須臾不能離開。韓信就更不用說了，一個天才軍事家，只要手中有兵，就戰無不勝，弄得當時那些專家級的人物都認為他可與劉邦、項羽共分天下，並曾對他進行勸進過。

由此一來，很多人都認為，陳平與這些人比起來，要遜色得多。其實，認真地把帳一筆筆算下來，他的功勞也不比這三傑差多少。而司馬遷也沒有忽略陳平的功勞。在他那本並不由大漢官方出版的《史記》裡，為大漢功臣做傳記時，只給漢初功臣五個《世家》的指標：蕭何、曹參、張良、陳平、周勃——陳平的名字緊排張良之後，足見其分量之重。當然，如果韓信不出事，肯定也會在其中占有一席，而且排名絕對在前頭。

陳平的功勞很大，能力很強，既得到劉邦的肯定，也得到了太史公的好評。但他的人品卻有點問題，一個字——貪！

陳平是個帥哥，顏值很高。但就是太愛財。而且，這個特質從年少開始就已經表現得很突出。

第一節　貧苦農家的孩子

陳平的出身絕對不是像張良那樣的貴族，而是出身於道地的貧民世家。他從小就沒有了父母，全靠他的哥哥陳伯養他。依照此情況推理下去，陳平就應該下農地做農活，然後娶個農村老婆，生兒育女，最後走過受苦受累的一生，一點也不有名地死去。可是，他從小就不愛勞動，反而愛讀書。據說，他家當時有三十多畝田地。當時的三十畝田地實在算不了什麼。

那時的農業技術還十分落後。一畝田收成不了多少糧食，而種三十畝地投入的心力卻遠比今天多。因此，多一個勞力可使用那就會有很大的不同。可是陳伯卻很支持他這個兄弟去讀書！自己天天早出晚歸，下地做農活，讓陳平在家裡什麼事也不用做，只需要埋頭讀書。

陳平年紀稍大一點後，還外出求學。陳伯仍然大力支持，但他的老婆卻很不樂意。不光陳平的嫂子不樂意，村子裡其他人看到陳平長得很好看，白白淨淨的，一個貧下中農的兒子，硬生生長得跟個地主二代沒什麼兩樣，心裡也很忌妒地說起酸溜溜的話，拉著長調對陳平說：「你們陳家吃的是什麼東西啊，讓你長得這麼好看！」

陳平還沒有出聲，他的嫂子就在一旁大聲說：「我們家除了吃穀糠、野菜之外，也沒有別的好東西吃。這種小叔子，除了養他來浪費食物之外，沒有別的用處。有還不如沒有。如果養個大猩猩，還可以拿去展覽收個門票呢。」

大家聽了覺得很好玩，但陳伯卻很生氣，果斷地跟老婆辦了離婚手續。要讓她知道，「老婆如衣服，兄弟是手足」這話不是古人胡說的。然後再婚，繼續任勞任怨地下農地做農活，咬緊牙關，支持兄弟去讀書。

看到這些事蹟，我們就知道，陳平是個從小就有遠大理想的人。儘管他的哥哥很看好他，他也看好他自己，可是別人卻一點也不看好他。他慢慢長大了，而且越長越好看，眼看就到男大當婚的年齡，他身邊還是沒有個伴。當然，如果他稍微將就一點，找個普通人家的閨女，應該不成問題。可是陳平除了愛讀書之外，還愛財。

陳平受夠了窮苦，想錢已經想瘋了，因此一點不想要普通人家的閨女，而是只把眼光放在富貴人家的身上。可是富貴人家的千金，哪個願意嫁給一個只讀書不做事的男人？那是個先看門當戶對，再談郎才女貌的時代。因此，他有一段時間，一直都過著單身的生活。

當然，陳平還是沒有放棄，那雙眼睛還在四處尋找。

很快，他找到了一位富家千金當作目標。經過一番考量，他認為，他一定能夠和這位千金共結連理。

第二節　相見恨晚

這位千金就是張負的孫女。

張負是個大富翁，因此張美女絕對是個大家捧在手心上的富家千金。如果在平時，這位富家千金絕對不會看上陳平。可是張美女有個大大的缺陷——當然這個缺陷並不長在她的臉上，也沒有長在她身上的其他地方，而是她已經結過五次婚了，而且五個老公都已經過世。依照當時的說法，她絕對是個剋夫的命。其實這個說法，即使到了現在依然根深蒂固，何況在還十分迷信的秦朝時期？美女雖然可愛，但生命才是最可貴的。

第二節　相見恨晚

陳平卻不信邪——我只愛財，不愛別的！

經驗告訴他，在這個世界上，一有錢，就會什麼都有；沒有錢，嫂子也能欺負他。

陳平是歷史上著名的聰明人，他知道，憑他現在的這個樣子，想創業賺錢，那是萬萬不能的。因此，他把心思放在這個富家千金張美女身上。

當時並不流行自由愛戀，而是由父母包辦，但是張美女的事卻由他的爺爺——也就是張負（這人是個富翁，可硬是起了個「負」的名字）說了算。

陳平把他的婚事當成他這輩子第一桶金看待，或者說是他一生事業的基礎。

陳平當時是個待業青年，無所事事，誰家有喪事，就跑過去幫忙，拿點報酬的同時，還能順便蹭吃的。這是個很沒有面子的職業，但陳平現在還顧得上面子嗎？不過，漢初另一個功臣周勃也做過這個工作。

張負有個親戚死了。張負過去參加喪禮。

陳平等的就是這個機會。

陳平想辦法讓張負注意到他。

此時的張負，正為孫女難嫁出去而發愁。要知道，張負是個大富翁，卻有了個剋夫的孫女，最後還嫁不出去，心裡很不是滋味。這時一看到陳平，就覺得眼前一亮。這個地方居然還有這麼一個帥哥。要是能有這樣的孫女婿，那該多好啊！

兩人心裡各懷鬼胎。

於是，兩人就聊了起來，一直聊到很晚了，猶感相見恨晚。

別人談戀愛，是男女雙方不斷約會，感情由淺入深，最後水到渠成。可是陳平這次戀愛，卻是不斷地跟張負這個老頭見面，一老一少，人約黃昏後，竊竊私語個不停。

也許你以為陳平很荒唐，但陳平卻覺得自己一點不荒唐。他現在看中的不是張美女的顏值，而是張負的財富！是典型的不愛美人愛財富！

終於，陳平認為自己已經完全俘獲了張老人家的心，於是決定帶張負去看他的居所。

陳平的住處並不在城中，而是在城外的城牆旁邊的小巷子裡——也就是所謂的陋巷。而且連個門板也沒有，就只是用一張破蓆子擋著。那張蓆子的作用，大概只是在裡面換褲子時能不讓外面的人看到而已。

如果是別人一看到這個樣子，當時就會冷哼幾聲，然後頭也不回地跑了。

可是張負就是張負，他只瞄了一眼那張蓆子，然後就低頭看著地面。

張負那雙老眼很快就在地面上發現了陳平的潛在價值。

陳平門前的地面上有很多車輪的痕跡。要知道，當時的車雖然只是牛車馬車之類的，但是，並不是每個人都可以有車坐的。只有富貴的人才有資格駕著一輛實木製作的牛車在街上跑，而且遠比現代開著跑車來得拉風。

張負當時就想，這麼多富貴的人都來這裡跟陳平聊天，可見陳平的潛力實在是不可限量。這樣的潛力股不投資，還要到哪裡投資呢？幸虧那五個前任孫女婿都死了。這哪裡是孫女剋夫，這是那五個人主動把機會讓給陳平，讓給他們張家再投資啊！

看到張負在那裡捻著下巴那幾根枯乾的白鬍子微笑著，陳平也在心裡笑了。

張負回到家後，做的第一件事就是把自己的兒子張仲叫來，說：「我打算把孫女嫁給陳平。」當時，陳平很出名，張仲老早就知道陳平長得好看，身材高大，但卻是個懶漢。身上一文不名，以前靠哥嫂養著，現在靠幫人家做喪事維持生活，所有的人都看不起他，現在老爸居然讓自己把女兒嫁給他，那怎麼能呢？急忙說：「陳平窮得要命，又不做事情，全縣人民都在恥笑他，怎麼能把女兒嫁給這種人？以前女兒結婚後只死了老公，只怕嫁給陳平之後，連她自己也被餓死啊！」

張負指著兒子說：「你真是個無知的人。你想想，哪有相貌堂堂長得像陳平這麼好看的人會一輩子貧窮下去的？你以為我們家從以前就很富有？我們還不是一點一滴地累積下來才有今天的？」

張仲心裡雖然不願意，但他有什麼辦法？雖然美女是他的女兒，但誰叫張負是他的爹。他把女兒當寶貝，張負把陳平當績優股。

張負就這樣把孫女嫁給了陳平。他怕孫女看不起陳平，在出嫁前，還反覆告訴孫女：「不要因為陳家窮，就看不起人家，一定要尊重他的哥哥和嫂子。要把哥當成爹、把嫂當成媽。」

第三節　第一桶金

張負對於這場婚姻是捨得下重本的。

要知道，這時候的陳平窮得連個門板也沒有，而且那張蓆子大概也是從某個角落裡撿來的，要讓他拿出聘禮來是不可能的。可是張負知道，如果沒有聘禮，雙方在當地都很沒有面子。於是，他給陳平一筆錢，讓陳平拿這些錢去行聘，而且連婚禮所需資金，也從張家財政那裡支付。

當然，如果只到此為止就沒意思了。

陳平的臉很厚，知道老婆家有錢，就不斷地伸手要錢。

張負對此是早有心理準備的。

當時的社會風氣跟春秋戰國時代差不多。那時沒有科舉制度，無法透過考試就可以得到官位，然後透過各方面的努力，把官越做越大，最後，不僅自己成功了，還順帶著光宗耀祖、福陰子孫。那時，想出人頭地，基本方法就是如何把自己的名聲弄得響亮，成為知名人士，然後儕身上流社會，甚至能面見最高掌權者，當面用嘴巴把自己的才華展現出來。如果合了掌權者的胃口，就立刻官運亨通。

而要成為有名的人，還必須有錢，得以廣泛結交名流，讓別人幫自己宣傳。

陳平深切地知道，知識固然可以改變命運，而金錢更能決定前途。

陳平以前沒錢，只得站在路邊看著人家到處走動，不斷改變命運。此時，他把張美女弄到手，等於挖到了第一桶金。而張負也願意充當陳平的第一桶金。每當陳平伸出那雙在他人看來已經貪得無厭的手時，張負都能如數支付。

陳平就這樣，用岳父大人家的錢打通了上流社會，並改變了自己的形象，開始以紳士的面目出現在大眾面前。

有一次，在廟裡舉行祭祀活動。大家知道，每次祭祀都要用很多肉來當祭品，神仙們只是享用那騰騰的熱氣和香火，那些真實的肉最後都進了凡人的嘴巴。

而公祭之後，因為祭品是大夥的，分肉往往也是一件麻煩的事——尤其是在物質匱乏的秦朝末年，

第三節　第一桶金

一雙雙泛著飢餓色彩的眼睛死死盯地著那祭臺上的肉，誰要是少分給他一塊肉，那人就會來吃誰的肉。所以，誰也不願當分肉者。

這一次，陳平去分肉。

陳平雖然很貪，但是他只貪錢，卻不貪肉。他在分肉的時候，公平公正，一點也不偏心。大家一看，都笑得很可愛，每個人都謝謝他，說：「陳平啊，你割肉、分肉真有水準。」

他看到這些以前看不起他的父老鄉親們拿著肉歡天喜地而去，一聲長嘆，分肉算什麼。如果讓我主宰天下，我也會像現在分肉這個樣子。他的原話是：「嗟乎，使平得宰天下，亦如是肉矣！」

依照陳平的計畫，大概就是花著岳父家的錢，到處去交遊，交遊越廣泛，終究會走進官場，最後可以「得宰天下」。哪知，他分肉沒幾天，陳勝就在大澤鄉那裡揭竿而起，並很快就派周市去平定了魏國故地，並封魏咎為魏王。這個魏咎原本就是戰國時期魏國的公子，曾受封寧陵君（跟信陵君的封號只差一個字）。後來，秦國滅了魏國，他就變成了平民百姓。等陳勝準備起義時，他就跑過去跟陳勝一起。

周市拿下魏地之後，把魏咎叫過去當了魏王。

陳平看到這個形勢之後，立刻知道，秦朝肯定會完蛋的。於是，他立刻結束交遊狀態，帶著一批年輕人去做大事。他先投奔魏咎。

魏咎雖然當了魏王，但手下沒什麼人才，早前也聽說過陳平，這時跟陳平一聊，覺得這人真有水準，就讓他當了太僕。太僕的級別是很高的，是九卿之一。

陳平是個很現實的人，一到魏手下當官，立刻向他提出自己的建議。可是魏咎卻擺擺手否決了。沒幾天，又有幾個人到魏咎面前說陳平的壞話。這時，陳平剛到魏王手下，人長得帥，又有水準，而且一來就勇於對魏王貢獻許多計策，很多人心裡很是不平。

陳平是什麼人？他一看就知道魏咎只是個好人，但絕對不是個好主公。這是個亂得像一鍋粥的年代，一個好人能混得下去嗎？跟著這樣的人去做有益社會的善事，那是很有前途的，可是跟他去打天下，就會被天下人打死！

陳平的最高理想就是當大官、發大財，而不是只想當個好人。於是，他果斷地決定離開，離開了魏咎。

沒幾天，秦國的章邯就滅掉了陳勝，然後舉兵攻魏。那個不聽陳平的話的魏咎自殺而死。這讓陳平驚出了一身冷汗。

經過這次事件，陳平終於知道，不是哪位掌權者都是值得投靠的。想實現「宰天下」的夢想，就得投靠一個有絕對實力的群體，否則，不但一事無成，甚至會把性命搭上。

當時，中國大地上已經湧現了很多個到處喊打喊殺的武裝部隊。這些武裝部隊雖然都高舉著推翻暴秦統治的偉大旗幟，但都各懷其志，在秦朝還沒有推翻之前，就已經對自己的盟友小動作不斷。陳平深知，只要秦朝一被推翻，接下來就是這些武裝部隊血拚的黃金時期，要是選錯隊伍，將來仍然會死無葬身之地。

於是，他讓自己冷靜下來，對這些大大小小的武裝部隊進行了一次全面的評估，最後認定，只有項羽的實力最強。

當時，項羽在破釜沉舟的神話之後，進入了全盛時期，鋒芒所指，無不摧枯拉朽，誰也擋不住他。在陳平正找機會投靠其他強者時，項羽的大旗已經在黃河的邊上迎風飄揚。

陳平趕去投奔項羽。隨後，陳平隨霸王入關，消滅秦國最後的武裝力量。項羽這時正處於巔峰時期，對陳平也還不錯，封他為卿。不要以為這個卿的官很大，其實只是一個榮譽性的頭銜。

但是陳平這時還是很自信的。他認為只要給他時間，他就會閃閃發光，讓項羽深刻地認識他，然後大力提拔他、賞賜他，讓他財源滾滾。

第四節　又一次跳槽

項羽分封完諸侯之後，做了一件事，就是率軍東歸。項羽雖然打仗十分勇猛，個人軍事能力以及武力指數都很厲害，強到歷史上都難找到對手。可是他卻在滅秦之後，棄關中不理，跑回彭城當起霸王。從這一點上看，這個霸王的政治目光就不怎麼長遠。但當時，沒多少人能看得出，包括聰明如陳平者，仍然很堅定地跟著西楚霸王，吃香喝辣，做著前途無量的美夢。

可是，劉邦的部隊卻不這麼認為。

此時，劉邦手下有幾個強者，覺得項羽雖然可怕，仍然可以推翻他，把天下搶到手。於是，當了幾個月的漢王之後，劉邦就宣布造反。

很多諸侯也跟著劉邦一起造反。殷王司馬卬也跟項羽為敵。

項羽很生氣，就派陳平帶兵過去攻打司馬卬。陳平這些日子基本上沒事做，這時突然得到獨當一面的機會，心裡真的很感謝這個司馬卬。

「你早就該鬧事了啊！你不鬧事，我哪能立功？」

於是，他帶著部隊前去。事實證明，司馬卬只有鬧事的膽量，卻沒有鬧事的本事，跟陳平一交手，就被打了個大敗，最後只得舉手投降。

項羽很高興，便封陳平為尉，還賞了他二十鎰黃金。這可是陳平透過自己的努力獲得的第一筆財富。這個典型的拜金主義者，看著那堆金光閃閃的黃金，內心世界充滿了陽光。

哪知，他還沒高興幾天，劉邦打到殷地，那個司馬卬又倒向了大漢陣營。

陳平以為他又可以帶兵出征了。

項羽果然又是勃然大怒。但這次大怒跟上次卻大不一樣。上次他只生司馬卬一人的氣，這次他卻把主要的生氣原因加諸到上次征討司馬卬的一幫人身上。

「你們不是說他降服了嗎？怎麼現在又反了起來？你們是不是跟他有什麼約定，想騙我的官職和金子？」

項羽其實是個小氣鬼，尤其在金錢和官職方面。項羽一生氣起來，後果是很嚴重的。項羽靠殺人起家，砍起人來，也是氣勢磅礴，血流成河。他一聽到司馬卬再次造反的消息後，立刻下令，把前次參加平定殷地的將領們都抓起來，全部砍頭。

陳平在第一時間聽這個消息後，就知道如果再繼續待在這裡，這顆聰明的腦袋就會被項羽砍掉，因此果斷地把項羽剛剛賞賜的那二十鎰全部包裝好，以及那張委任狀都派人上繳項羽，然後只帶著一把防身寶劍，連夜開溜。

很多人看到這個細節，都說陳平還算是個君子。其實，陳平只不過是賣了個乖。他深知項羽的性格，

第四節　又一次跳槽

如果他捲款而逃，項羽的憤怒程度必定增加，那雙虎目一睜，就會派人四處搜捕他，他能逃得過項羽的手心嗎？項羽最看重的就是官印和金錢。當項羽看到他把官印和黃金全部上繳後，怒氣也就會消了很多。然後只把那些既不交官印又不逃跑的人抓起來，要麼砍頭，要麼活埋。

另外，此時天下大亂，到處是打家劫舍的強盜，他一介書生，除了會分肉之外，沒有其他氣力，帶那麼多黃金，走在路上還有什麼安全可言？現在把它光明正大地封還項羽，不但丟掉了包袱，也把順便顯露了一下自己的品性。

陳平這次出逃，已經沒有多少選擇的餘地。因為，現在項羽和劉邦正打得激烈，既然離開了項羽，就只好投入劉邦的陣營。

當年的三月，也就是漢高祖三年（西元前二〇六年）三月，陳平爬山涉水，費了一番功夫，終於來到了黃河邊。只要渡過黃河，就可以進入漢兵的軍營。當時，兩軍對壘，各方都有將領出逃到對方的陣營。

陳平望著滔滔黃河，雖然渾身疲憊不堪，但還是長長地鬆了口氣。他想，終於逃脫霸王的磨刀霍霍了。逃跑的過程雖然心驚膽顫，但是終究只是有驚無險，他並沒有在途中碰到過項羽派來的殺手。誰知道，接下來的情節卻讓他真的差點丟了性命。

他雇了艘船，橫渡黃河。

當船開到河中央時，那個船伕的兩眼死死地盯著陳平。此時，陳平穿著華麗，腰懸一把寶劍，又長得好看，不管從哪個方面看，都是位大官的模樣。船伕由此認定，眼前這位肯定是逃跑出來的某個將軍。

這些人都是有錢人，要是在滔滔黃河當中將船弄翻，他的錢就全是自己的啦！船伕的臉上立刻掛上了詭異的笑容。

陳平是什麼人？他一下就讀懂了船伕臉上的表情。這是渴望得到財富的典型表情。他自己的臉上就常常浮現這個表情。當然如果僅僅是一副渴望財富的表情，那也沒什麼，可怕的是這船夫還表現出一副阮小七的表情——這可是個說走我們就走、該出手時就出手的表情啊！他知道，他雖然有一把寶劍，但是他只是一個讀書人，而且又是在濁浪滔天黃河中央，這個船老大要除掉他，他除了把性命丟給河裡的魚之外，沒有第二條路可走。

他略一思忖，立刻站了起來，慢慢地解開衣裳，把那一身衣服用力地甩在船板上。

船伕看到他把衣服一件一件的甩落地，沒有一點金屬著地的清脆聲，就知道這些衣服裡面除了灰塵，別的什麼都沒有。弄得他自己差點成了殺人犯。

陳平脫掉衣服後，裸著身坐在船頭，連望也不望船伕一眼。

船伕的臉上又恢復了那個純樸的神態，一路搖著船向對岸渡過去。

船很快就到了對岸，陳平穿上衣服，心裡暗自慶幸，如果帶了那二十鎰金，現在這個世界就沒有了陳平這號人了。當然，如果他沒有情急生智，他同樣成為黃河魚的食物。

到了岸邊，早已冷得直打哆嗦的陳平這才慢條斯理地穿上衣服，跟那個仍然一臉純樸的船伕道別。

他抬頭一看，劉字大旗已在視野之中，迎風飄揚。

第五節　戰爭中的贏家

當時從項羽陣營投入劉邦陣營的人很多，從士兵到軍官，各色人等都有。劉邦對這些人當然都照收不誤。那時不是高科技時代，要打勝仗，靠的就是人。人力在當時是最大的生產力，同時也是第一戰鬥力。

陳平排著隊辦完入營手續之後，馬上就知道，如果就跟這些新來的成員一樣，等著劉邦去發現，或者拿著長槍大刀到最前線去殺敵來立功，然後一級一級地提拔上去，只怕這輩子連個基層官員都弄不到手，這離他的理想太遙遠了。

他的遠大理想是什麼？是「得宰天下」啊。

更何況，拿刀分肉是他的特長，但舉刀殺人的技術，他是很生疏的。

所以，他必須像戰國那些策士一樣，想當官就得加強抗壓性，想盡一切辦法，面見第一把手，然後讓這個第一把手親自豎著耳朵，聽自己大吹法螺。蘇秦、張儀、范睢等等都是這樣脫穎而出最終實現自己的偉大夢想的。

當然，第一把手可不是想見就能見的。現在的大漢陣營裡，文武人才已經很多，級別也已經森嚴。再加上劉邦好酒、好色，又鄙視靠嘴巴混飯吃的儒生，因此，一個從項羽那裡混不下去的白面書生想見到這個史上有名的皇帝兼無賴，沒有人引見，是難上加難的。

不過，陳平知道，在這個亂世時代，對於他這樣的人，最多的就是機會——只要努力尋找，機會總會被抓到手中。

他很快就知道，他的一個老朋友魏無知此刻就在大漢陣營中，這人不但口才好，而且很得劉邦的喜愛。於是，他找到魏無知，請魏無知帶他去面見劉邦。

魏無知雖然名字叫無知，但還是了解陳平是很有能力的人。自己在這裡混吃混喝，到現在還沒做出什麼成績來，現在有機會推薦人才，也算對劉邦有個交待了。於是，他爽快答應了。

劉邦對於投奔而來的人，還是會做足表面功夫的，他一般都會叫手下篩選一些有水準的人，並讓他們過來，然後親自設宴招待一餐，表示歡迎他們棄暗投明。

魏無知很快就把陳平塞進這一次的招待宴會名單中。

這一次共有七人。

宴會過程很無聊，所以，很快就結束了。劉邦吩咐：「你們吃飽了，就回到客舍裡休息，明天會替你們安排工作。」

其他人都走了。

但陳平沒有走。他知道，他要是也跟那六個人一起走，他的機會就徹底喪失了。

劉邦看到他沒有走，就盯著他。

陳平站起身來，對劉邦說：「我有大事要跟大王說，而且這個大事不能超過今天。」

劉邦一聽，覺得這人真有個性，就讓他留下來，看看他有什麼大事。

於是，陳平就開始了他的一番演說。

劉邦越聽越喜歡，覺得今天招到了很聰明的人。

劉邦覺得陳平真是太聰明了，這樣的人是萬不能讓他再到別的陣營裡去的。於是，就問他：「你在項王那裡當的是什麼官？」

第五節　戰爭中的贏家

陳平答：「都尉。」

劉邦當場拍板：「好，現在我也任命你為都尉。目前的主要職責是，跟隨我當高參，主管護軍。」

大家一聽，隱藏不住那驚詫的表情，大王沒有被酒色弄暈吧？一個剛剛從楚國那裡來的逃兵，身上有多少本事還沒看出，就讓他當這麼高的職務，而且還天天跟他同坐一車子，監管我們這些人。這是什麼道理啊？

劉邦當然不管這是什麼道理，我就是信任他。

陳平更不管這些——只要大王信任他，他人的不滿通通無效。

陳平看到劉邦徹底信任了他，更加到處作秀，天天跟在劉邦的屁股後面，讓大家不管從哪個角度上看，他都是劉邦的親密同袍。哪個人想得到劉邦的重用，就得走陳平的門路。

陳平的這個夢想很快就實現。大家都拿著現金不斷地敲著陳平那扇永遠只是虛掩著的木門，然後把手裡的現金遞到陳平的面前。陳平總是笑咪咪的接著，毫無違和之感。當然，這些人不是看在陳平長得帥的面子上送錢給他的，而是想求他辦事的。

陳平當然知道這個道理，拿到現金後，總是幫金主做事。而且明碼標價，錢送得越多的，得到的好處就越大。

他收受賄賂，一點不顧社會觀感，而且做得正大光明，做得唯恐別人不知，弄得整個大漢陣營都知道陳平是個貪財的大貪官。但大家更知道，他是漢王的紅人，所以誰也不敢去舉報他，使得他受賄的行為越做越誇張。

後來，周勃和灌嬰實在受不了。「在漢王起兵時，我們就跟在他的屁股後面喊打喊殺了，一路打到現在，幾乎天天都在拚命，可是現在手裡也沒有多少錢，好像也沒有得到漢王如此重視。你才來幾天，就靠著一張嘴，欺騙漢王，然後天天威風凜凜地到處炫耀，還公開地接受賄賂，這讓人情何以堪啊！」

兩人一商量，覺得不能再讓陳平這麼胡作非為下去了。

於是，兩人跑到劉邦面前，直接就對劉邦說：「陳平雖然是個帥氣的人，但是他只不過相當於是帽子上的那塊玉而已——其實裡面全是臭氣。直到現在為止，沒有誰看出他有什麼能耐來。我們聽說他還在家的時候，就跟他的嫂子有過有過不尋常的關係；我們還知道，他還在魏王那裡任職過，即使是魏王那麼厚道的老闆，他都果斷地背叛，跳槽到項羽那裡，然後跟項羽又合不來，再逃到這裡來。大王想想，這麼多的背叛，他這都幾姓家奴了？更要命的是，他到漢王這裡來之後，就得到漢王的重用，讓他當護軍。可他卻硬是辜負漢王的期望，仗著漢王的信任，天天做著索賄受賄的勾當。誰行賄的數目多，得到的好處就大；誰送的現金少，他就暗中刁難別人——這不光是我們知道，而且是全體將士都知道的事。希望大王明察。」

劉邦一聽，就把魏無知叫來，大罵魏無知：「你這個魏無知自己無知也就罷了，怎麼還把陳平推薦給我，讓老子也一起無知？這麼一個反覆無常、貪財好色的傢伙，天天收賄，我們大漢的名聲都被他敗壞完了。」

魏無知卻一點不怕，等劉邦把一番話罵完之後，這才說：「我為陛下推薦的時候，只是替大王推薦一個有水準的人才，重點在他的才華程度。現在陛下所問的是人品。我想問一問陛下，如果現在我們這裡全是尾生、孝己那樣的人，他們只在這裡個個搶做有益社會的善事，但對打勝仗卻毫無辦法。陛下會高興嗎？現在楚漢對峙，需要的是人才。我推薦的是能夠出奇謀的人，只需在意他的計謀是否能夠幫打勝仗而已。至於陳平跟他嫂子有不尋常關係、收受賄賂，又能算什麼了不起的大事。」

這話如果放在現在這個時代說出口，這個魏無知肯定會被臭罵一頓。可是，那時離現在有兩千年，這話大剌剌的說出來，劉邦居然連個責備的話也沒有說出口，只是揮揮手讓他退下。

劉邦又派人把陳平叫來，大罵一通：「你在魏王那裡混不下去，又跑到楚王那裡混，才混到一半又開溜。現在又來跟我。這是講信用、有原則的人嗎？而且，你來到這裡之後，還大肆收受賄賂，成為有名的貪官。」

陳平也像魏無知一樣，在那裡耐心聽著劉邦大聲責罵結束之後，這才回答：「我在魏王那裡任職，可是魏王卻從不採用我的建議。我還待那裡白吃白喝有什麼意義？所以，我才離開他跑到項王那裡再任職。哪知，項王有個特點就是只信任自己的親戚。想必你也知道，現在在他手下最被信任的不是姓項的、就是他夫人家的兄弟，別的人再怎麼有才，他都一概不信任。得不到上司的信任，還死硬著待在那裡混日子，又有什麼意義？我這才從楚王那裡開溜。我聽說漢王是個好主公，能夠不拘一格用人才，這才拚命跑過來投奔您。我從楚王那裡逃跑時，除了身上的衣服之外，一個銅板都沒有。我不接受人家的賄賂，那我靠什麼吃飯，開始我的工作呢？如果陛下覺得我提出的那些計策一點用處都沒有，而只是一個貪財的無用之人，那我可以直接離開。至於那些賄賂的錢財，仍然還在那裡。我可以全部上繳國庫，再次淨身出營，回家當農民算了。」

劉邦一聽，猙獰的表情當場放鬆下來，不但沒有再責怪陳平，反而向陳平說了幾聲對不起。這還不算什麼，道歉之後，又賞賜了他很多東西，再將他的官位提拔一個級別——任陳平為護軍中尉，職責是監督全體將領。

周勃他們一看，只恨得差點當場吐血。但是有什麼辦法？

從此之後，所有的人不再對陳平說三道四。陳平繼續大肆受賄，只要敢送，他就敢要。這個世界就是膽大的人才有利可圖。

陳平絕對是聰明人，他比誰都知道，如果他只貪錢，沒有貢獻有用的計謀，不用過一段時間，他就會被劉邦捨棄。所以，他為劉邦提供了很多陰謀詭計。

這個時期，劉邦與項羽是雙雄爭霸。說是雙雄，其實從實力上看，劉邦還是遠不如項羽的。而從戰場對抗能力上看，劉邦個人的能力也比項羽差了一些。因此，每場大戰，劉邦都會碰到極大的危險。而陳平呢，總是在劉邦危如累卵之時，找到逃命的辦法。

陳平在貢獻計謀之時，也總是盡量往錢財方面掛勾。

漢高祖三年（西元前二〇四年）冬，劉邦又被項羽困在滎陽。劉邦看到自己的通道都被切斷了，心裡很著急，知道再這樣下去，他被項羽的大刀砍死的日子馬上就要到來。於是，到處想辦法，連土地換和平的條件都提出來了——即割讓滎陽以西的地區給項羽，只求項羽放他一馬。

可是項羽不同意。

劉邦沒有辦法了，只得向陳平請教：「陳平先生啊，你不是有很多辦法嗎？」

陳平就真的有了辦法。

他對劉邦說：「項王對別人很有禮貌，貌似也很關心別人，整體讓人覺得素養很高，因此有很多具有良好道德修養的人都前去依附他。可是這傢伙卻把官印和賞賜看得比天還大。大家立功了，立功受賞，這是天經地義的事，任何上司都會論功行賞。可是每到這個時候，項王卻又變得小氣起來，覺得把那些土地

第五節　戰爭中的贏家

封賜給人家實在是太心疼了，總是猶猶豫豫，捨不得出手，讓大家都很崩潰。於是，大家都不願繼續在他手下做事。大王跟他正好相反，性格傲慢又不講禮節，大剌剌的，那些有節操的人都不願來跟大王共事。可是大王卻很大方，封食邑給有功之人，從來沒有猶豫過，於是，那些好利之徒都跑來大王您麾下。這就是您和項王各自的優點和缺點。如果你們誰能改掉自己的缺點、學習對方的優點，那這個天下就不難平定了。」

他繼續說：「這只是從大的方面講。現在談些較具體的。項王現在雖然很強勢，我們似乎找不到他的漏洞。其實，他還是有漏洞的，而且這個漏洞是致命的。項王現在手下能稱剛直之士的，只不過亞父范增、鍾離昧、龍且幾個人而已。要戰勝項王，就得先搞定這幾個人。而要搞定這幾個人，必須來個反間計。這個反間計呢，也只有我自己去行動才可以成功。」

劉邦說：「你如何行動？」

陳平說：「這個反間計最關鍵的部分就是資金。如果大王捨得拿出四萬斤黃金，讓我拿過去實施這個反間計，離間楚國的君臣，讓他們相互懷疑，大事就差不多了。即使那幾個人不懷疑項王，但項王最大的特點就是疑心很重，容易聽信讒言。只要他開始懷疑，他都會大砍大殺。等他們互相殘殺到白熱化的時候，我們大軍殺過去，他還能支撐得住嗎？」

他最後一句的原話是：「項王為人，意忌信讒，必內相誅，漢因舉兵而攻之，破楚必矣。」

劉邦聽到四萬斤黃金時，心裡肯定有心絞痛的感覺。可是最後聽到「破楚必矣」這四個字時，立刻知道，四萬斤黃斤不算什麼！於是當場拍板定案，四萬斤黃金，一兩都不能少，全交給陳平去處理。要知道，四萬斤黃金是劉邦國庫裡的大半存貨啊。但陳平就勇於這麼獅子大開口，而劉邦就這麼捨得下重本。

陳平去清點這批貨時，心裡肯定都笑瘋了。都說戰爭財好發，可是誰能像我這麼大手筆？

大家看到陳平一車一車地從國庫裡提取黃金，個個的眼睛都瞪得大大的。據說大王是讓他拿著黃金去工作的，可是他要是捲款逃跑了，能拿他怎麼辦？現在天下這麼亂，那幾張紅色通緝令有效果嗎？

但是劉邦深知陳平，他知道陳平是拿著這筆錢到楚國去行使賄賂工作的。儘管他也知道陳平會盡量降低成本，最後一大半都會進入他自己的口袋，但劉邦仍然不管。想怎麼花就怎麼花，他對陳平的支出不審計。他更相信，有著豐富受賄經驗的陳平，是能把這場賄賂工作做得很出色的。如果連陳平都失敗了，別人只會更失敗。

而此前，劉邦也曾有過行賄項羽手下的先例。不過，那次行動的人是張良先生，而行賄的對象是項伯。那次行賄對劉邦從鴻門宴全身而退有著關鍵的作用。

張良是個講究人品的人，叫他反覆去做行賄的工作，他是不肯做的——一已為甚，豈可再乎。

而陳平就不一樣了，他可不管人品不人品，先把錢拿到手再說。

陳平拉著那一大堆錢，四處走跳。

如果你以為陳平會像現在的很多老闆那樣，行賄對象的級別越高越好，那你就錯了。他並不去找范增和龍且他們，拿出大把金光閃閃的黃金擺到他們面前，將他們收買。一來這些人未必買他的帳，只怕他的行賄才剛起頭，人家就砍了他的頭；二來，這樣做的成本太大，他的利益無法做到最大化。

因此，他只是找到那些基層的人，請他們吃飯，發紅包給他們，讓他們到處宣揚，說范增、鍾離昧他們為楚國立下了很多大功，可是到現在都封不了一個王。他們已經受不了了，正打算跟漢王聯合起來，打倒項王，然後分他的土地，最後各自為王。

第五節　戰爭中的贏家

如果稍微用腦子去想一想，然後對照一下范增他們的人品，這些話就只是謠言，立刻就可以止於智者。

可是項羽不是智者。他聽到這些話後，本來就很活躍的多疑神經就更加敏感了，看著那幾個兄弟的眼神就跟以前不一樣了，分配任務時，就更加猶豫了，軍國大事開始避開他們來談了。

當然，他並沒有一下就徹底相信，而只是將信將疑。

他拍著腦袋想出一個自認為可以印證的辦法——派使者到漢軍那裡打探。

這個辦法看似可行。可是，他能想到這個辦法，陳平就不能想到嗎？這只是陳平整個計畫的一個環節。

當項羽的使者來到漢軍營時，劉邦擺了一大桌的好酒好菜，然後把使者請進來。

等那位使者進來，眼睛把那一桌美酒佳餚從頭到尾掃描了一遍之後，劉邦說：「歡迎你來到我們這裡。」

使者把浮上來的口水強力嚥下去之後，說：「我代表項王……」

劉邦立刻說：「什麼？代表項王？我以為是亞父的使者。原來是項王的。」然後轉過身，大叫：「來人，把這個酒菜端下去。」

於是幾個人跑了進來，把桌上的酒菜全都端走，然後再換上一桌酒菜。

使者一看，當場生氣了起來，這是什麼酒菜？給豬吃還差不多。

使者心裡那個氣，簡直是無法形容了，急忙跑回去，第一時間就把情況告訴了項羽。

當然，如果項羽的腦袋能夠更深入地去思考，仍然不會上當。可是項羽並沒有這麼做，他聽到使者的報告後，立刻懷疑起范增。

在這裡不得不佩服陳平的智商，如果離間的對象是別人，項羽肯定會找范增來商量，可是現在范增是當中的主角，而且又是項羽唯一的謀士，這就把項羽這條路都堵住了。

這些事一做完，陳平和劉邦就坐等項羽上當並做出錯誤的決策，他們就可以從滎陽那裡逃出生天。過不了幾天，范增果然來找項羽，建議立刻向滎陽發動最後的進攻，一戰把劉邦往死裡打，這個天下就底定了。

只要稍有點思考能力的人一聽這話，都會認為范增的建議是當前最正確的決策。可是項羽卻用懷疑的眼神看著這個亞父，然後搖搖頭堅決否決了這個建議。

范增自從跟隨項家叔姪以來，都很受到他們的尊重，被他們稱為亞父——這可是父親的待遇啊！他們對他向來言聽計從，而這個老人家也確實有一定的水準，七十歲了，腦子仍然十分活躍，貢獻的智力仍然很有幫助。劉邦陣營中的那些謀士，最怕的就是這個老人家。現在項羽終於不再信任他了。

范增很快就知道，項羽已經對他產生了極大的懷疑。他比誰都知道，項羽一旦懷疑自己，再怎麼去解釋，也只是越描越黑罷了。

范增雖然已經上了年紀，但脾氣還是很大，立刻就對項羽說：「現在大事就要平定了，你就自己繼續做下去吧！我繼續在這裡待著也沒什麼用了，請允許我告老還鄉。」

項王也不挽留，當場批准了他的請求。

滿頭白髮的范增拖著老邁的身體、揹著包袱顫巍巍地離開了項羽，還沒有到彭城，就「疽背而死」——這四個字一般都是受到貶後心情超級鬱悶的大臣們的下場。

第五節　戰爭中的贏家

對於范增的離去，蘇東坡曾說過：「范增不去，項羽不死。」這話的另一層意思就是——范增一去，項羽必死。

由此可見陳平此計的毒辣。

范增一去，劉邦和陳平大喜。

陳平知道此老一玩完，他接下來就可以開展另一個陰謀詭計了。這個陰謀詭計雖然不算深奧，但是楚軍那邊肯定沒什麼人識破。

他讓劉邦集結兩千婦女從滎陽東城出門。

楚軍看到東門那裡有人開門而出，都一致地認為，劉邦要突圍了。於是向東門猛攻。

陳平要的就是這個效果。他聽到東門那裡喊殺連天，就叫劉邦帶著大家從西門出逃，一路狂奔跑回關中。

劉邦覺得這個四萬斤黃金真的值了。如果不給陳平，他大概就會被項羽打死在城中，即使是現在能奪路而逃，他還能帶走那幾萬斤東西嗎？

陳平的這個反間計在史上十分著名，成為同類計謀的代表作之一，而他的這筆賄賂金的數額，在史上也是獨一無二的。這人一邊大搞陰謀詭計，一邊悶聲發大財。可就是沒有人對他怎麼樣。雖然後來的史書中，沒有再對他貪財的事蹟進行記錄。

這麼一個勇於明目張膽地貪，即使在劉邦危難困頓的時候也大開其口、大發其財的人，後來他還能收得住手嗎？

雖然很多人堅信他會繼續貪下去，但很多都想不通，這麼貪的一個人，最後為什麼居然得以善終？

第六節　大貪官為何得以善終

陳平從小就暴露最貪財的本性，後來幾經跳槽，成為劉邦陣營中僅次於張良的重要謀士，最終官居宰相，位極人臣，實現了「得宰天下」的遠大理想。

他是史上有名的宰臣，也是有名的貪財之士，但是在他這貪得無厭的一生中，卻從不因為貪腐而受過一點處分，反而是越貪，官越大，這到底是什麼原因？

我想，主要原因是他守住了兩條底線。

當然這個底線不是人類道德底線，更不是廣大人民對官員要求的底線。

第一條底線是劉邦的底線。

那個時代衡量一個官員的好壞並不是貪或不貪，而是他到底有沒有一定的水準，是真正的唯才是舉，而不是德才並舉。尤其是開國皇帝為了打敗對手，便到處拉攏人才，只要能為他所用，其他的事，人品、道德，通通先放一邊——魏無知那一番話，真是一語中的。

魏無知能看出這些開國君主的思想，陳平難道看不出嗎？陳平並非一個不怕死的人，如果讓他在財富與性命當中進行選擇，他肯定會性命優先。但是他知道劉邦的心思，只要他能為劉邦貢獻智力，劉邦就不會在意他這些人品方面的事。況且劉邦在人品方面也並不優良。起兵之前，是亭長兼無賴，最大的愛好就是酒與色。他這兩方面的愛好連樊噲都覺得過分了——在入咸陽時，樊噲都還提醒他不要再那麼肆無忌憚了。

第六節　大貪官為何得以善終

因此，當周勃在劉邦面前告發陳平之後，他在責問陳平時，根本就沒有提到「偷嫂」的事。陳平堅定地認為，劉邦離不開他。而他也確實為劉邦解除了很多實際的困難：滎陽之困，讓劉邦死裡逃生；白登之圍，再讓劉邦死裡逃生。離間范增，使得項羽自毀長城，為大漢一統天下去掉一個勁敵；雲夢之遊，使得劉邦一舉拿下韓信，再解大漢一場危機。

在劉邦看來，這些金點子是無法用金錢來衡量的，於是，他就笑看陳平變本加厲地貪。「你高興了、心情愉快了，腦子就會更加好用了。」

劉邦心裡另一個底線是——「只要你不背叛我，只要你不跟我搶天下，我就不為難你。」能看出劉邦這個底線的漢初功臣只有兩個人：張良和陳平。張良最後以負面的態度來躲避劉邦，急流勇退，遠離權力中心，得以獨善其身；而陳平卻捨不得遠離富貴。他就在劉邦眼皮底下，不斷地貪，但是永遠不會暴露出一點野心來，讓劉邦對他很放心，以致劉邦在臨死之前還說：「陳平智有餘，然難以獨任。」難以獨任，其實就是沒有獨當一面的領袖特質——這樣的人是不會謀反的。讓他當多大的官，他就當多大的官，而且只要劉邦想對付誰，他立刻就幫劉邦想辦法。這讓劉邦覺得很放心，連呂后對他都很放心。這兩個人一放心，陳平就可以放心地發大財了。

中國古代君主的人才觀並不是什麼德才兼備，而只是能為我用、不懷二心的就是人才。這個底線，後來曹操的〈求賢令〉就說得很直接：「若必廉士而後可用，則齊桓其何以霸世！今天下得無有被褐懷玉而釣於渭濱者乎？又得無有盜嫂受金而未遇無知者乎。」其中「盜嫂受金」四個字指的就是陳平。陳平那顆腦袋雖然聰明，但是他做夢都不會想到，幾百年後，他還被大漢的終結者曹操當成賢才的典型事例來吹捧。

另外，陳平還守了一個底線，就是同袍們的底線。

他成為大漢的重臣，實現了自己的遠大理想，但是他知道，他家裡金錢成堆，眼紅的人肯定不少。當時他的同袍，都是大漢王朝老一代革命家，個個都是大功在身，而且很多人的官位比他還要大得多，要是得罪他們，他們聯合起來，同樣可以讓他完蛋。

因此，他對這些人基本都是滿臉堆笑，當官時，也都能讓一讓。就連曾在劉邦面告他的狀的周勃，他都可以讓。漢文帝剛即位時，他就把右丞相之位讓給他，而自己只當第二把手。其實他對周勃肯定是恨之入骨，但是他從沒有說過周勃的壞話，從不跟周勃起衝突。

「你當你的官，我貪我的財。各取所需，互不相干。」

可以說，陳平是漢初典型的大貪官，但他卻在那個時代如魚得水，非但不因貪而被降罪，反而活得比其他功臣更幸福。

這是因為他生在了一個奇特的時代——任憑皇帝「愛憎行賞誅」的時代。在那個時代，貪未必是件壞事——當年王翦帶著傾國之兵南下滅楚時，就不斷地向秦王獅子大開口，一有時間就要求賞賜田地玉帛。連他的副手都覺得太過分了。但是他說，如果他不這麼做，秦王會懷疑他志在天下。他這麼做了，秦王才相信他只是圖一時富貴，是個沒有雄心壯志的老兵而已。

由此可知，在一個家天下的封建時代，只要掌握了皇帝心裡那根底線，再怎麼腐敗，都不會被皇帝處罰。

第六節　大貪官為何得以善終

劉氏三代皇帝外加呂后對陳平都很滿意，貪就貪吧，只要能為他們所用，就是好人。至於貪財好色的行為，只是人品中的缺陷，認真算起來，是小事情而已，用當時的話說，就是瑕不掩瑜、癬疥小疾，無傷大雅。

在這個實用主義的引導下，大漢王朝後來的官員就不斷地貪腐下去，盛極一時的大漢王朝最終也因此而亡其國。

第二章 蕭何：頭號功臣，為何會成為「貪官」

第一節　從沛縣小吏開始

在漢初的功臣中，蕭何跟劉邦的關係很特別。

兩人都是沛豐人，而且年紀都差不多。但是，在年輕時，兩人在當地的名聲卻大不一樣。劉邦是個無賴，「好酒及色」——這是司馬遷為他下的評語。當時是劉家的天下，他勇於對堂堂大漢的開國皇帝下這四個字的評語，猜想連劉家的子孫都已經默認這個事實了。而蕭何的名聲卻很好。而且，劉邦當時的官位只當到了亭長，蕭何卻是沛縣的主吏掾。主吏掾是主管縣裡人事的官員，相當於現在的人力資源部長，是劉邦的上司之一。

當時也有考核制度。公務員要是在考核時被評定優秀，一般都會被提拔上去的。有一次，秦朝的一位御史來到泗水郡視察，蕭何跟隨他的上司去接待。御史大人看到蕭何的辦事能力真的太優秀了，就提拔他當了卒史。卒史這個名詞很多人都不知道，其實就是郡國裡一個公務員的職位，薪資是一百石，比原先縣裡職位強多了。而且蕭何在這個位子做得也很優秀，每年考核，德、能、勤、職樣樣優秀，綜合評分，他都得第一，是個既會做事又廉潔的好官員。那位御史還想繼續提拔他去首都當官，但不知道是什麼原因，蕭何卻不願意離開老家，硬是放著大好前程，不跟看好他的御史大人去當京官。

而劉邦的考核就遠遠不如蕭何了。他不知用了什麼方法拿到了亭長的職務，基本上不務正業，薪資一到手，就全花在美女和大吃大喝上面，常常到月底就沒有錢，而且還常常拖欠酒家的餐費。如果在現代，猜想像蕭何這樣很有長者風度的人是很難跟劉邦這樣的人交成朋友的。

但是當時蕭何非常看得起劉邦。

當時的亭長不是什麼大官，是公務員中最基層的官員，相當於現在的鄉長，能當上亭長的人，基本都是退伍軍人，因為太過基層，士大夫一般是看不起的。諸葛亮在舌戰群儒，被人家說他的主公劉備是個編草鞋的底層人民時，就大聲反駁：「漢高祖起身亭長，而終有天下；織蓆販屨，又何足為辱乎？」在諸葛亮眼中，亭長的分量跟編草鞋的差不了多少。再加上劉邦那三觀盡毀的德性，在當時肯定不被多少人看好。

劉邦當亭長了，還要去咸陽服役。在他出發時，縣吏們依照當時的習慣都要送他一個紅包。一個紅包都是三個大錢。但蕭何卻送了五個大錢。劉邦在平時也是不老實的，常常犯一些錯，但作為上司的蕭何，卻老是幫他擺平那些事，讓劉邦日子過的相當舒服。

當然，有一些事，蕭何還是講原則的。

比如那次宴會。

當時，沛縣的父母官大人有個老朋友來投靠。這個老朋友就是呂公。呂公因為跟人家結仇，無法在家鄉待下去了，就跑來沛縣避難。沛令看到老朋友來了，除了一家老少之外，身無長物，就覺得頭有些煩惱，讓他們在這裡生活，得花多少現金啊？但又不好拒絕，最後想了一個辦法，請客——說是縣長大人有重要客人來訪，請全縣所有官員都來大吃大喝。

按照傳統，縣長大人的酒席可不是白吃的，而是都要送紅包的。官員辦酒席斂財的事可不是近些年來才有，而是兩千多年前就已經大行其道，可說是源遠流長，只是現在的一些官員做得更絕而已。

而主導這次盛大宴會的就是辦事向來滴水不漏的蕭何。

劉邦也接到了一張請柬，當時他拍拍身上，除了拍出一把灰塵之外，沒有別的聲響，但他仍然赴宴。在一切準備就緒，客人們都排隊入場之時，蕭何當眾宣布：「進不滿千者，坐之堂下。」一聽到這個金額，大家的表情很是吃驚。是的，你沒有看錯，當時去吃一個縣長大人酒席的紅包金額就這麼高。而且還赤裸裸地公布數字——想坐堂上，就得花大錢，否則就得坐在低人一等的位置上，沒有面子地埋頭吃飯。

劉邦也隨著大家進去，到他過門僮那一關時，人家問他：「劉亭長大人，你的紅包金額多少？」亭長大聲說：「我的包一萬。」其實他的封包裡面空空如也，一分都沒有。

呂公雖然很老了，但還是耳聰目明得很，一聽到「一萬」，笑容立刻在那張皺得像大好河山地形圖的老臉上猛烈綻放。後來，他覺得光在那裡傻笑是不行的，便站了起來，去跟劉邦握手。劉邦雖然沒錢，但還是有相貌的。他的相貌是什麼相貌？根據司馬遷的描述，就是龍顏、隆準。看到這四個字，想不肅然起敬都難。

呂公很精通於看面相，一看到劉邦這個相貌，馬上對他產生了良好的印象。

劉邦看到自己把呂公戲耍成這個樣子，心裡很開心，便繼續欺騙下去，一張嘴把牛吹得滿天飛。

蕭何看不下去了，過來對呂公說：「呂老先生，這個劉邦除了會吹牛說大話之外，沒有別的本事。

你不要聽他。」他的原話是：劉季固多大言，少成事。從蕭何這話中可以看出，他當時對劉邦是一點不看好的。

綜上所述，我們可以得知，後來大大有名的蕭何，小的時候沒像別的人那樣，遭遇過奇特的異象，也沒有像陳平那樣樹立「得宰天下」的遠大理想，而是一個勤勤懇懇辦事、老老實實當官員，既不貪財，也沒有私德問題，既能把上司交辦的事完成得很出色，也能跟同事建立良好的人際關係，是一個忠厚老實、德才兼備、廉潔勤政的長者形象。可就是這麼一個長者，最後居然成為一個被打倒了一回的「貪官」。

第二節　劉邦的初次成功

如果情節照此發展下去，劉邦的亭長職位大概就要當到地老天荒那一天，但是蕭何肯定還會不斷地升遷，從此兩人猜想也會形同陌路，連相見的時間也不多。

可是歷史就是不容假設。

當蕭何還很安逸地當他的小主管時，劉邦出事了。

當然，如果僅僅是劉邦出事了，蕭何仍然可以繼續安逸地當他的小主管。但想不到陳勝和吳廣也鬧事了，更想不到，很多人都跟著陳勝和吳廣起來鬧事。一時之間，大秦東南一帶的大地上，都是迎風飄揚的起義軍旗幟。

只要有點眼界的人一看這個局面，就知道真的要到傳說中改朝換代的關鍵時刻了。

第二節　劉邦的初次成功

而沛縣的縣長大人比別人更加覺得這個世界太恐怖了。因為現在很多縣的老百姓都在做一件事——殺其長吏以應陳涉。這話用現在的語言來說，就是都拿著大砍刀衝進衙門把縣長大人的腦袋砍掉來響應陳涉。

沛縣縣令看到周邊的同行不斷地被砍頭，很怕哪天一大群民眾衝進沛縣衙門，一把大刀往縣令的頭上砍，那可不是開玩笑的。於是，他趕緊請蕭何過來商量，如何度過這個難關。

當然，他也早已有了一個方案，這個方案就是——以沛應涉。把我們的沛縣送為陳涉，我們也加入張楚的團隊、在陳涉手下做事算了。

但是，蕭何和曹參都反對。這兩個人雖然從小沒有樹立過什麼遠大理想，但是到了這個時候，他們還是努力思考著。他們知道，陳涉雖然揭竿成為倒秦的首義人員，終究是成不了大事的。因此，他們一齊反對，說：「縣長大人，你是大秦的官員，現在卻做著背叛大秦的事，帶著沛縣的人民去投奔陳涉，只怕廣大百姓不服從啊。我們還是把那些流亡在外面的人士請回來，讓我們一起聯合起來抵抗陳涉，人多勢眾，就不怕縣裡的這些老百姓不跟隨了。」

縣長大人一聽，覺得也很有道理，就讓蕭何去辦這件事。

在此之前，劉邦也跟陳涉一樣，送一批農民工人去咸陽。他雖然沒有像陳涉那樣遭遇了大雨，誤了行程，但他手下的工人卻不斷逃跑，使得他的隊伍人數越來越少。他知道，照此下去，到咸陽時，恐怕只剩下他一個人了。最後是一個人都不剩了——因為，他也會被砍了腦袋。

於是，他決定不再繼續走下去了，請剩下的工人們來大吃大喝一餐之後，宣布：「你們都逃命去吧！」

大家問他：「你怎麼辦？」

劉邦說：「我也逃跑。」

後來，大家覺得光逃跑也沒有什麼用，乾脆就表示，跟著劉邦，他去哪，他們就去哪。

劉邦就帶著這夥人在山區一帶開始當起了土匪。如果沒有陳涉的干預，恐怕劉邦這個大當家要當到死的那一天了——說不定還是被五花大綁遊街示眾之後才砍死的。

此時，他正在芒、碭山一帶到處流竄。誰都不知道他的行蹤。

但是，蕭何卻有辦法找到他。

蕭何到了這時，也知道劉邦雖然當亭長時很無賴，但也會是一個亂世英雄，跟著他做下去，一定會做出一番偉大的事業來。

蕭何把樊噲叫過來。樊噲是什麼人？是劉邦的連襟。劉邦的行蹤再怎麼隱祕，但他的老婆總會知道的。而且蕭何也知道，劉邦的那個呂夫人可能怕劉邦又找壓寨夫人，所以會經常進山去找劉邦。呂夫人知道了，樊噲能不知道嗎？蕭何把縣長大人要找劉邦回來共舉大事的事跟樊噲說了，讓他去把劉邦叫回來。

樊噲果然很快就找到了劉邦，並把蕭何及縣長大人的話跟劉邦說了。

劉邦現在是個土匪大當家。千萬不要以為土匪是很幸福的職業，像電視劇裡的山大王一樣，動不動就大碗喝酒、大口吃肉。沒吃沒喝的了，就帶一幫兄弟神氣活現地下山，到處打、砸、搶，而且專撿好的東西運回山寨，如果運氣好的，還能抓到一個如花似玉的美女回來當壓寨夫人，生活非常愜意。這其實全是導演們的想像之作，欺騙廣大無辜觀眾的。

當時秦朝為了築長城、修陵墓，天天在全中國領地內抓壯丁，村子裡哪還有什麼勞動力來生產那麼豐富的物質來等山大王來搶？那是個物質極度匱乏的年代，土匪再怎麼能搶，也搶不到多少。所以，劉邦那

第二節　劉邦的初次成功

時基本是餓著肚皮當土匪的。

這時聽到樊噲說縣長要他回去，當場激動得差點淚流了。

劉邦這時的手下有百多人，他一聲令下，大家就都跟他回老家去。

當他們篳路襤褸地趕到縣城外時，大家突然都呆住了。

城門怎麼關得緊緊的？他們怎麼叫也沒人開門。難道是蕭何把他們騙下山來，再圍剿他們？

劉邦一干人在城外，不知如何是好。

而城裡的蕭何也急了。本來說好的，劉邦的人馬一到，馬上大開城門迎土匪。大家看到樊噲去了這麼多久，才把劉邦他們帶到。眼看他們已經來到城外，雖然衣服已經破洞相連，但是說到底也還是一支武裝部隊。這一支武裝部隊雖然沒參加過正規大戰，但也做過殺人放火的事啊！不管怎麼說，都是沛縣第一支子弟兵。有他們在，以後再慢慢發展壯大也不遲。

哪知，縣令卻不這麼想。他看到劉邦的隊伍，居然有上百多人。他現在手下才幾個？而且蕭何、曹參這些人，明明是自己的謀主，但是卻處處為土匪說話。等他們進城了，能聽自己的指揮去行動嗎？只怕自己多囉嗦幾句，劉邦那幾個土匪就把自己殺掉了。

他這麼一想，立即下令緊閉城門，一個土匪都不能放進來。

於是，劉邦他們傻了。

蕭何他們更傻了。

但是縣令卻一點不傻。

他把劉邦那夥人劃為敵對勢力之後，也把蕭何和曹參他們打入這個團夥的名冊當中。如果不把這些還在城裡的敵對分子抓到手，他這個城門是關不緊的。他派人把蕭何和曹參抓起來。

哪知，蕭何平時為人厚道，在這個地方的人脈資源極廣。縣長大人派出的那幾個捕快還沒到半路，要抓他的消息就已經傳到他的耳朵裡了。

如果現在他還在那裡老實待著，等待抓捕，他就不是蕭何了。他在第一時間通知了曹參，然後連夜跑出城外，跑到劉邦那裡。

劉邦已經等得不耐煩了，準備又要跑到山裡當大王了，看到蕭何他們到來，這才知道城裡發生的一切。

蕭何告訴劉邦：「現在城裡的百姓已經受不了縣令了。我們根本不用發動進攻，只需要把一封信投到城裡，發出號召令，就可以推翻這個縣令了。」

劉邦一聽，真有這麼容易？反正一封信也不花不了多少時間。於是就讓蕭何寫了，然後想辦法把這封信射到城裡，看看城裡有什麼反應。

這封信的口氣很毒，說：「如果城裡的百姓還選擇跟著縣長大人，並幫他守城，我們殺進城裡之後，就把城裡的男女老少一個不留地殺光。」

其原文如下：

天下苦秦久矣。今父老雖為沛令守，諸侯並起，今屠沛。沛今共誅令，擇子弟可立者立之，以應諸侯，則家室完。不然，父子俱屠，無為也。

城裡的人收到這封信後，還真的相信了信裡的內容，大家集體跑到縣衙那裡，高號著口號，要求縣令納命來。縣令本來看到劉邦那一多，覺得人數太多了，好可怕。誰知，現在跑來向他索命的人更多，個個滿臉殺氣，全是把他往死裡打的神態。他只得在那裡軟倒，沒有別的辦法。

大家殺了縣令之後，打開城門，把劉邦放了進來。

第三節　從故鄉沛地到巴蜀

劉邦就這樣結束了土匪的生涯，進了沛縣。如果沒有蕭何的主意，他現在肯定還會在大山裡到處躲藏，最後結局如何，誰也不好預測。而如果蕭何的人脈不夠、消息不靈通，就會被那縣令一刀砍死，以後劉邦的路如何走，恐怕也是個大大的問號。

劉邦雖然很無賴，可是當了這麼多久的土匪，性格也收斂了很多，不敢再過度狂妄了。他知道如果沒有蕭何他們的鼎力相助，他現在還在城外泥濘的道路上奔跑著。因此，進城之後，雖然大家都讓他當縣令，但他就是推辭，覺得自己沒有內涵，哪能當縣令？

但是大家並不同意，仍然叫他當。

他最後發表了這一生中第一次最為嚴肅的演講：「天下方擾，諸侯並起，今置將不善，一敗塗地。吾非敢自愛，恐能薄，不能完父兄子弟。此大事，願更相推擇可者。」用現在的話來說，這段話的意思就是：「現在天下亂得很，強者們到處都在搶地盤。如果大家選錯領袖，以後就會被人家打得一敗塗地。不是我謙虛、更不是我怕死不敢當，而是能力水準太欠缺了，會辜負大家的期望。請各位還是請更有能力的人來擔當吧！」

當時，在場有資格當領袖的還有蕭何和曹參。可是兩人都怕事敗後，秦朝會把他們全族都滅了，因此都大力發揚謙讓精神，全力推薦劉邦。

想成大事的，必須有擔當精神。劉邦最後能成功，並不在於他有多少能力，而是他有勇於當擋箭牌的精神。

蕭何他們表示不當之後，有人就說：「我聽說劉邦碰到很多奇異的事，比如屁股後有七十二顆黑痣、他在喝醉後睡在武負的床上時，經常有龍在他的身上盤旋又或者斬白蛇的故事。這些大家都聽說過了吧？」這些話一問出來，沒聽說過的人也會說聽到過——要是說沒聽過，就太孤陋寡聞了。然後大家再總結，一個人身上能出現這麼多的異事，肯定是老天爺在關注他。既然老天爺都這麼關注你了，你再不出來擔任領袖就沒道理了。

可是劉邦這時很沉得住氣，仍然推辭。

蕭何還在勸，但是都無效。

最後，蕭何他們沒有辦法，只得告訴劉邦，說是老天爺已經認定劉邦當這個老大了。劉邦這才不再推辭，從此開啟了他的沛公生涯。

在這個過程中，蕭何發揮的作用無疑是最大的。他就是從這一刻起，成為劉邦最堅定的擁護者。

蕭何長期擔任縣裡的文官，對法律很精通，對打仗的事務不怎麼熟悉。因此追隨劉邦之後，他從不帶兵上前線，只是幫劉邦處理日常公務。劉邦的無賴之氣此時雖然已經收斂了很多，但本性依然難移，每日酒色不斷，有蕭何幫他處理那些公務，那是求之不得。在整個起兵打天下的過程中，劉邦對蕭何有著絕對的信任。

第三節　從故鄉沛地到巴蜀

當劉邦的部隊打進咸陽，接受子嬰的投降、宣布大秦帝國已經退出歷史舞臺時，其他將領都展開搶劫行動，哪裡有倉庫，就往哪裡跑；哪裡有金錢，就往哪裡衝，個個都以搶奪金銀財寶為己任。只有蕭何沒有參與這些行動。他直奔秦朝的丞相和御史辦公室，把那裡的文件還有那些法律文書以及其他圖書文獻都收藏起來。這些文獻還包括全國險關要塞、戶口多少、兵力強弱等等內容。這可是以後他們這個團隊立國的根本啊！從此事可知，蕭何此前雖然默默無聞，但是經過這些年的錘鍊，他已經把自己錘鍊成超一流的政治大家。而且絕對是個不為錢財所動的政治家。

他的這個動作後來證明是很有先見之明的。因為後來項羽進咸陽之後，什麼也不說，一聲令下，放火大燒宮殿。如果蕭何不搶救在先，那些文件都會付之一炬。

劉邦進入咸陽沒幾天，項羽又殺了過來。

在整個滅秦的行動中，項羽無疑有著最重要的作用，秦朝的主力部隊基本是他消滅的——章邯、王離這些秦朝的主力，都是被霸王的虎狼之師碾碎的。雖然劉邦先入咸陽——依照當初懷王之約，先入咸陽者王關中。但真正到現實的時候，那一張合約是很無力的。一切仍然靠實力說話。

當項羽帶著一股風衝上來時，劉邦只得苦著臉去迎接他來。

項羽不可一世地分封了諸侯。他這時對劉邦已經很不放心，他跟范增商量之後，決定把劉邦封為漢王，封地在巴蜀一帶。因為那裡道路十分險惡，交通十分不方便，而且秦朝都把犯人流放在那裡，社會治安十分混亂，就讓這個沛公去那裡慢慢熬，熬到死。

當然，項羽在分封的時候，分封的理由是另一種說法：「那裡也是關中之地，你不是先入咸陽嗎？現在就讓你住在關中。」

劉邦脾氣再好，也忍無可忍了，接到委任狀之後，立刻大爆粗口，痛罵項羽。罵著罵著，無賴脾氣一上來，就決定起兵與項羽一決死戰。

當時，樊噲和周勃等幾個人聽說被安排到又窮又苦的巴蜀一帶生活，以後得天天過著辛苦的生活，也都很生氣，都大聲地附和劉邦的決定。

蕭何卻不同意，他說：「去漢中當王肯定是一件艱苦的事。可是再怎麼艱苦總比丟掉性命強多吧？」

劉邦說：「我怎麼會丟掉性命？」

蕭何說：「你想想，現在我們的部隊有多少人？如果以這個狀況去跟項羽拚命，除了把命拚掉之外，還能怎麼樣？大丈夫能屈能伸，受點苦算什麼？歷史上成大事的人，哪個不受過苦？不信，可以參看一下商湯和周武王的成長經歷。我希望大王能面對形勢，到漢中去，老老實實地治理百姓，然後利用巴蜀一帶的資源，等到實力大漲之後，就回師東進，先收了三秦一帶，這個天下就可以平定了。」

劉邦一聽，真的有道理，便收了自己的脾氣，帶著一千人馬前往巴蜀。他就任第一天做的第一件事，就是任命蕭何為相國。

儘管大家對去巴蜀都有了心理準備，但入蜀之路的艱難仍超出了他們的想像。走著走著，很多人就哭著逃跑了。而劉邦也聽從張良的建議，一邊走一邊把棧道燒掉，一來防備其他勢力過來攻打，二來藉此向項羽表明不再東來的心跡。風煙滾滾中，一路哭聲不斷。

但是蕭何不能哭，更不能逃跑。

他一邊行走，一邊思考著治蜀的方法。

第四節　月下追韓信

終於到了南鄭。

這是項羽指定漢王的首府所在。

還沒有開展建設，很多人又受不住了，整個南鄭的夜晚，都響著思念家鄉的歌聲，然後很多人在這些悲涼的調子聲下離開了。

蕭何冷眼看著這些從江南來的弟子不斷地離去，除了在心中長嘆之外，沒有別的動作。

但是他卻在時時關注一個人。

這個人就是韓信。

蕭何深知，以現在的情況看，不但劉邦部隊的實力打不過項羽，而劉邦整個陣營也沒有一個將領的軍事能力可以跟霸王匹敵的。人口固然重要，人才同樣重要。

蕭何不但努力為劉邦想辦法治理巴蜀，也在努力為劉邦找到一個軍事天才。

唯其如此，劉邦才能揮師東進，否則，一切都是浮雲。

韓信也是個很有理想的人，更是個天才。他剛開始就選擇了項氏陣營，可見他當時的眼光是很準確的。雖然他的眼光準確，項家的眼光卻恰恰相反。他在項梁手下做事，項梁到死都沒發現他。然後他又在項羽手下做事，項羽同樣沒有發現他。但是項羽還是讓他當了郎中。他以為，他可以接近項羽了，只要能接近領袖就好辦事了。可是現實真的很殘酷，他雖然可以找到機會跟項羽會面，向項羽提出了很多建議，可是項羽根本不把他的建議當一回事。

韓信終於知道，繼續在項羽那裡待下去，除了浪費時間之外，沒有別的意義。於是，在別人都離開劉邦的時候，他進入了劉邦的陣營。他滿心以為，在劉邦最艱難的時候前來投奔，肯定會得到劉邦的重用。可是當他受吃盡苦頭，進入劉邦陣營後，只當了個接待客人的小官，比在項羽那裡還不如。

但是事情還沒有結束。他在這個位子上還犯了法。那時劉邦的法律是很嚴的，動不動就殺頭——嚴到什麼地步，大家可以參看《約法三章》。韓信這次犯的是什麼法，史書上並沒有提供，大約也不是什麼大事，但判決的結果是「當斬」。

當時，跟他一起押赴刑場的還有十三個同案犯。那十三個人的腦袋已經被砍斷了，接下來就要輪到韓信了。

他望著他的同案犯落在地上的腦袋，想著自己的腦袋也要落下了，就向天上望過去，盼望老天爺救救他。可是老天爺是不可能救他的。

他只得又遊目四顧，看到了監斬官夏侯嬰。

他覺得自己是生是死，就全靠夏侯嬰的心情了，於是大聲對夏侯嬰說：「難道漢王不想得到天下嗎？為什麼要殺我這樣的壯士啊？」

夏侯嬰一聽，覺得這話很有意思，再向他看過去，相貌還真不錯，長得很威武，就當場叫停刀斧手，把他放了。之後，還請他過來跟自己聊天。聊著聊著，夏侯嬰覺得這人還真是個人才，於是趕緊向劉邦報告。

也許劉邦剛剛來到南鄭，心情還十分糟糕，雖然夏侯嬰把韓信說得很厲害，但是他仍然不在意，只是讓韓信當了個治粟都尉的職務。

第四節　月下追韓信

韓信沒有辦法，他知道目前這個職務是很難與劉邦見面的，於是他找了幾個機會，跟蕭何聊了起來。蕭何的感覺跟夏侯嬰一樣，覺得韓信絕對是個大天才，而且除了韓信再無韓信。他也向劉邦推薦了韓信，但是劉邦仍然覺得韓信沒什麼了不起。

韓信又待了一段時間，劉邦還沒有重用他的意思。他知道，這段時間蕭何肯定向劉邦推薦過他，但劉邦卻不以為然。他終於失望了。失望之後的動作，當然就是逃跑，此處不留爺，自有留爺處。

對於韓信的逃跑，劉邦肯定無所謂，別人也會無所謂——這些天逃跑的人還少嗎？要是哪天聽說沒有人逃跑，還會覺得不正常了。

可是蕭何卻密切關注著韓信的動靜。他聽說韓信已經收拾好包袱逃跑了，大吃一驚——此時已是夜晚時分，他仍然衝出住所，往韓信逃跑的方向跑去。

有人看到蕭何急急忙忙出門而去，神態動作跟逃跑的人沒什麼差別，就急忙跑過去向劉邦報告：「蕭相國逃跑了。」

別人逃跑，劉邦往往繼續酒色不誤，但是聽說蕭何逃跑了，他立刻醒了起來。破口大罵之後，又沒有辦法。

「這蕭何也太不講義氣了吧？說服我到這裡當什麼漢王，說什麼完全可以靠巴蜀之力與項羽奪天下。我聽你的跑到這裡受苦，但是你卻逃跑了。」

劉邦一連兩天好像丟了魂似的，不再酒也不再色。沒有了蕭何，以後怎麼辦啊。難道真的要老死這個地方？

兩天過後，快要哭出來的劉邦突然得到稟報：「蕭相國求見。」

劉邦的眼淚都飛了起來，急忙接見蕭何，大罵：「你為什麼也要逃跑？」

蕭何說：「我哪會逃跑。我是去追別人回來啊！」

劉邦說：「追誰？」

蕭何說：「追韓信。」

劉邦一聽又生氣起來：「我以為在追誰。原來是韓信。這些天逃跑的將領用手指都不夠數，你不去追，現在竟然去追韓信。韓信有什麼好追的？你是在騙我。」

蕭何說：「那些將領都是一般人才，逃就逃了。可是韓信這樣的人天底下只有一個啊！如果大王你這輩子只想在這裡度過一生，韓信對你是一點價值都沒有的。如果你想得到天下，除了韓信，沒有人可以幫你這個忙。現在你是想把這個漢王做到海枯石爛那一天，還是要殺向東方、奪取天下呢？」

劉邦一聽到這話，脾氣又全消了，很老實地說：「我當然要東進啊！天天在這個地方，不把我鬱悶死才怪。」

蕭何說：「如果你真的決定東進，就得重用韓信。否則，他會再次逃跑的。」

劉邦說：「那好，看在你的面子上，我讓他當個將軍吧！」

蕭何搖搖頭，說：「只做個將軍？他同樣不會留下的。」

劉邦沒辦法，只得說：「讓他當大將軍，行了吧？」

蕭何說：「行。」

劉邦做事還是很乾脆的，立刻對蕭何說：「你把他叫過來，我立刻任命他。」

第四節　月下追韓信

蕭何搖搖頭，說：「大王向來傲慢無禮，做事隨隨便便。現在任命大將軍，就像呼喚小孩子一樣隨便。這也是韓信要逃跑的一個重要原因之一。如果大王真的要認真對待這件事，誠心誠意地讓他當大將軍，就應該選擇吉日，還要齋戒之後，再築壇舉行拜將儀式，讓他感受到大王的誠意，這才行啊！」

劉邦說：「就這麼辦。」

當大家聽說漢王要拜大將軍時，那些領兵打過仗的將軍都笑了。因為現在留在這裡的，基本都是劉邦的死黨，而且大部分都是跟他從沛縣一路殺過來的，覺得自己都有資格當這個大將軍。這裡雖然山高水長，條件艱苦，川菜吃得不習慣，但能當個大將軍，也算值得了。

拜將時辰到時，大家都在那裡眼巴巴的望著，努力讓耳膜進入最佳狀態，以免漢王呼叫姓名時，自己沒聽清楚，應答慢了半拍，那可是大大地丟臉了。

可是當他們聽到韓信的名字時，先是懷疑自己的聽力出了問題，待看到韓信上臺接受印綬時，又都崩潰了。怎麼是他啊？一個從項羽那裡過來的逃兵，到底會不會打仗都還有待查核，現在突然就讓他當了我們大夥的領袖，這還有道理嗎？

但不管這些人如何想不通、心理如何崩潰，在蕭何的大力主導之下，韓信成了大漢陣營的最高軍事長官。

如果沒有蕭何，肯定沒有韓信，沒有韓信，能否有漢家天下，還真難說。劉邦得了蕭何，其實已經得了天下，就如項羽丟了范增就丟定了天下一樣。

第五節　功狗功人

劉邦得到韓信之後，立刻進行軍事部署，把前期工作做好之後，發兵東進。韓信真厲害，暗渡陳倉，向關中進軍，以閃電戰把關中故地全部劃歸大漢版圖。

當劉邦東進時，蕭何以丞相的身分留守大後方。

蕭何在這期間，分布法令，致力於教育民眾，讓劉邦是天子這個形象在百姓中很好地樹立起來，大家都心情愉快地向前方供應糧食和其他軍用物資，使得劉邦沒有一點後顧之憂。

此時蕭何的權力很大，但蕭何還是很清楚自己定位的，不管他要頒布什麼法令、制定什麼政策、開展哪方面工作，都會事先向劉邦稟報。他知道，他雖然跟劉邦很熟悉，但現在的劉邦不是以前的劉邦。現在的劉邦是皇帝的劉邦。歷史上的皇帝雖然很多，各式各樣的皇帝都有，但有一個特質卻在很多皇帝身上都存在。這個特質就是多疑。只要某人一擺到那個位子，這個特質就自然而然地依附過去，似乎是皇帝的標準配備一樣。

當然，此時劉邦的多疑性格還沒有正式形成，他還需要大家幫他去拚命。需要人家去拚命，就得無條件地信任人家。

對於蕭何的請示，劉邦連看都不看就批准同意。

這段時間劉邦過得非常得意，他讓韓信帶著一支部隊向北橫掃，打得敵人沒有還手之力——即使敵人的部隊人數比韓信的多，也照樣被韓信滅掉。就連項羽手下最厲害的大將之一——龍且，也被韓信打死在戰場上。劉邦自己帶著一支部隊卻跟項羽正面為敵。

第五節　功狗功人

劉邦和項羽雖然都同為楚懷王手下最有實力的領袖，但兩人打仗的能力程度是不在一個等級上的。劉邦每次一跟項羽對陣，結果都是被「大敗之」，而且常常大敗得隻身逃出，有一次甚至連老婆、父母都成為項羽的戰俘。

如果是別人被打到這個地步，早就不用再打下去了。可是每次劉邦每次大敗之後，總又能帶著一支部隊前來跟項羽對陣。

這讓項羽很鬱悶。可是劉邦卻一點不鬱悶，因為他有蕭何。

有蕭何在劉邦背後做後勤支援，他總是能動員出一批批兵出來。每當劉邦大敗之後，他都及時把這些新兵補充到前線，讓劉邦又雄糾糾氣昂地列兵布陣，然後再被項羽打敗，然後又送上來，周而復始，從不間斷。

項羽直到死都不知道這個底細，到死都還大叫非戰之罪。是的，他的失敗確實是非戰之罪，而是後勤不力之罪！

與其說項羽是敗為劉邦，倒不如說項羽敗為蕭何的成分更多一些。

項羽不知道其中的奧妙，每次把劉邦的部隊全殲之後，慶功桌上「其酒尚溫」，劉邦的部隊又上來了。真是氣死人也，但沒有辦法，只得又披掛上馬，衝鋒殺敵，又表現了一回英雄本色。

但是劉邦卻比誰都清楚。他深知，他在前方可以打敗仗，但是蕭何在後方的支援不能斷了。

於是，劉邦不斷地派人到大後方，大大表彰蕭何。

漢高祖三年（西元前二〇四年），楚漢兩軍在京索間開成對峙。

此時是兩軍勝敗的最關鍵時刻，哪方也容不得稍有閃失。

劉邦仍然不斷地派人回去慰勞蕭何。蕭何很高興。可是他的一個門客鮑生覺得很不對勁，直接就對他說：「現在大王在外面打仗，非常艱苦，但還是不斷地派人回來慰勞你，這不是什麼好事啊！我看，他現在已經對你起了疑心。」

蕭何一聽，立刻驚醒過來，問鮑生怎麼辦？

鮑生說：「你何不把自己的親戚都派到前線去？這樣一來，大王就會信任你了。」

蕭何一聽，覺得有理，立刻集結蕭家子弟兵，全部送到戰場。

劉邦一看，這才大為高興，對蕭何也大為放心。

但是經此一事，蕭何卻驚出一身冷汗，人一當皇帝，真的就不一樣了。

楚漢之爭，最後以劉邦勝利而告終。

劉邦當了皇帝。按照慣例，當了皇帝要進行的第一項工作，就是大封功臣。可是劉邦手下的功臣太多，而且每個功臣都覺得自己第一。劉邦說了幾個方案，都讓人不滿意。雖然很多人都覺得自己功勞最大，但是劉邦卻認定蕭何才是第一功臣。

他封蕭何為酇侯，為的食邑八千戶。

那些功臣一看，這些年打仗，都不見蕭何的蹤影，我們在前線拚死拚活，哪個人把衣服脫下來不是一身傷疤？請把蕭何的衣服脫掉看看，猜想除了皺紋之外，沒有別的東西。我們在不斷地打仗、搶地盤，他在大後方享著清福，吃吃喝喝，沒一點戰功，現在居然是功勞第一？陛下是不是頭腦不清楚了？

劉邦看到大家的反應很大，就說：「你們都打過獵嗎？」

第五節　功狗功人

大家一聽，都笑了，說：「當然都打過獵啊。在座的哪位不是打獵能手？」
劉邦說：「那再問一個問題，你們知道獵狗的作用嗎？」
大家說：「當然知道。」
劉邦接著說：「打獵的時候，拚命去追趕獵物的都是獵狗。可是發現獵物並指揮獵狗的卻是人啊！現在諸位只是那個在山上拚命奔跑去追獵物的狗，而蕭何才是獵人。另外，這些年來，你們個人在跟隨我南征北戰，到處打打殺殺，最多也只加上兩三個親屬，而蕭何全族的幾十個人都加入革命隊伍，算起來都是有功勞的。你們再想想看，你們的功勞能跟他比嗎？」
大家一聽，這才沒話說。
但是話雖如此，受封結束後，還有個問題，就是排座次的問題。
蕭何因為被比為獵人，封多點食邑，這些功狗也沒什麼意見了。可是他的功勞實在是看不見的，哪比得曹參那樣？曹參一脫衣服，身上可以數出七十多處傷疤，是在座的傷疤最多的一位，再根據大家的統計，他攻占的地方、搶到的土地也是最多的。他應該排在第一位。
劉邦心裡仍然認為蕭何排在第一才是正確的，可是一時又無法反駁這些人。他知道，這個問題不簡單，因為提出這個問題的不是一個人，而是整個武裝部隊。如果處理不好，會大大影響軍隊團結心。每一個皇帝在立國之後，都為著如何處理好武裝部隊而大傷腦筋。可是這麼多個朝代以來，真正能和諧地處理好這個事，還真沒有多少皇帝能辦得到的。強勢的皇帝往往高舉屠刀，來個砍頭了事。可是此時的劉邦，還不能大刀向武將們的頭上砍去。

他坐在龍椅上無話可說，只是看看議論紛紛的大臣們。

後來，鄂千秋說：「大家的說法是很不客觀的，也是很不公平的。曹參雖然身上的傷疤很多，參加的戰鬥、搶占的土地也多，可這只是一時的事情。他不搶占，別人也會搶過來。但是陛下想想，陛下跟項羽相持五年，經常被打得大敗，部隊也是經常被全殲，陛下自己也經常獨自一人逃出來。然而，蕭何總是能及時地從關中輸送士兵補充前線的部隊。這樣的例子其實很多，陛下和大家都數得清。另外，漢楚兩軍在滎陽大戰幾年，我們的軍隊在當地是沒有補給能力的，全靠蕭何從關中排程、水陸轉運前來供應，讓大家從不擔心吃穿問題。還有，陛下曾多次把山東丟為項羽，但蕭何一直保全關中等待陛下大敗之後，還有個根據地，可以再捲土重來。這是什麼功勞？這是萬世之功。與這些功勞比起來，曹參那樣的功勞算什麼？只是一時之功。說實話，曹參這樣的人，即使少幾百個，對我們大漢朝而言，什麼損失也不算。但陛下能缺少蕭何這樣的人嗎？所以，我認為，不能以一時之功凌駕於萬世之功之上。還是蕭何第一，曹參第二。」

劉邦一聽，這才是知音呀，大聲說：「說得太好了。」當場下令，定蕭何功最大，在功臣中排名第一。現在知道了吧？排名不但有學問，而且歷史悠久。

劉邦覺得還是對不起蕭何，於是另外給予他一個待遇——帶劍履上殿，入朝不趨。這個待遇是什麼待遇？後來曹操就因為這個待遇，一直被罵到現在。

還沒有結束，劉邦對蕭何家族的十多個人都大大賞了一番，連那個幫蕭何說好話的鄂千秋也跟著提拔，官位升一級，從關內侯提到安平侯。

最後劉邦一算，現在曹參是封的是一萬戶，而蕭何只有八千戶。這仍然不對。於是又找了個理由：「當年我還是基層幹部去咸陽徭役時，別人只送三大錢，但蕭何卻送了五個大錢，比人家多送了兩個大錢。所以，現在再加封兩千戶。」

一個大錢一千戶，大家一看，除了沒話說，仍然沒話說。誰叫自己當時不送錢？這才是真正的長期投資。

第六節　貪官之路

如果看到故事發展到這裡，就以為從此蕭何可以過著幸福的宰相生活，那就大錯特錯了。

高祖六年，接連發生的一些事，讓很多人對當了皇帝的劉邦有了不同的認知。

這一年，他拿下了韓信。當然拿下的理由是謀反。可是拿下之後，又封韓信為淮陰侯。如果真的謀反，劉邦能這麼大度嗎？那些從沛縣跟隨來的軍隊能放過韓信嗎？其實劉邦拿下韓信，根本原因就是「惡其能」。

當然，蕭何這時仍然沒有意識到自己會有什麼危險。因為從小到大，他從來沒有為自己樹立過什麼遠大理想，現在能做到一國之宰，也完全是因緣際會。他覺得自己只要仍然像過去那樣，老老實實把大漢國的政務做好，就可以繼續為劉邦立新功，得到劉邦的賞識，讓他以及蕭氏家族永遠享有榮華富貴。

他這麼想，好像很有道理，好像也很了解劉邦。

其實，他現在了解的仍然是以前的劉邦，是還當亭長時期、勇於大言的劉邦，而不是現在當了皇帝的劉邦。

劉邦拿下韓信之後，社會也並沒有穩定下來。高祖十一年，陳豨又造反。劉邦這時對武將們猜想都已經不放心了——可以放心的人，不能獨當一面，而能百戰百勝的人，他又不放心。於是，只有自己御駕親征了。

以往他親征，都是蕭何當後方第一把手。但現在卻讓他的老婆呂后當一把手，蕭何當副手。

呂后是個女人，在此之前很低調。可是大權在握之後，她那個強悍的面目就顯露無遺。她知道她的老公最怕的不是陳豨，而是韓信。但是她的老公現在還不能殺韓信，那就讓她來代勞了。但是她也怕韓信。於是，她很快就想到了蕭何。以前不是蕭何推薦韓信的嗎？現在她要讓韓信消失，他得想個辦法來。

以往蕭何是不做這些事的——這些事向來是陳平的事情。但這次他不得不動點腦筋，務必把韓信拿下。他對韓信的了解比誰都深，韓信不但軍事能力當世無敵，人也很驕傲。如果他真的造反起來，自己也難脫關係。

蕭何雖然沒什麼個性，但是當他跟隨劉邦的那一天起，就鐵了心這輩子只忠於劉邦。現在既然呂后叫他想辦法，他無論如何都得照呂后的指示辦事。於是，他請韓信到長樂鐘室來，說是祝賀皇上取得滅陳豨的偉大勝利。

韓信對別人也就算了，但還是很相信蕭何的，因此就一個人跑了過來。哪知，韓信一腳才踏進長樂鐘室，就被埋伏在這裡的武士抓住，然後砍死。

劉邦知道後，立即派人過來，拜蕭何為相國，並加食五千戶，並且還加了一個特權：令卒五百人一都尉為相國衛。

大家都向蕭何祝賀，蕭何覺得也很開心。

可是召平卻悄悄對他說：「相國別高興得太早。我看相國離滅族的時間不遠了。」

蕭何大驚失色，問：「何以見得？」

召平說：「現在皇上在外面作戰，艱苦得要命，相國留守京城，生活幸福得很，不需要你去衝鋒陷陣。可是現在仍然加大力度封賞你，增加你衛隊的編制。難道這是信任你的表現嗎？我看啊，這是因為淮陰侯謀反之後，皇上對你也起了疑心。」

蕭何是聰明人，聽到這個話後，立刻醒悟過來，急忙問：「那我該怎麼辦？」

召平說：「請你把皇上的封賞全部退回，再把你的財產拿出來，送到前線去，無償充當軍餉。皇上一定會高興。」

蕭何當場聽從了召平的建議。

當劉邦收到蕭何辭讓封賞的稟告時，心情很開心，而當他得到蕭何奉獻出的家產時，心情更開心。看來這個蕭何還真的很怕自己。

蕭何當然很怕劉邦。

經過這些事後，蕭何更加小心了，總怕劉邦突然又生出什麼想法來，自己卻沒有深刻領會。在他把家財捐獻出來的第二年，黥布又起來造反。劉邦照例親自出征。

劉邦出征之後，還經常派人回來，問相國這些日子都做了些什麼。

蕭何仍然沒有發覺，繼續發揚奉獻精神，又把自己的財產往前線上送，好像不把自己變成無產階級就堅決不住手一樣。他以為，自己變成無產階級了，劉邦就絕對放心了。

可是召平仍然不同意，對他說：「相國啊，過不了多久，你又要滅族了。」

蕭何大驚，忙問：「我都把財產送出去了，現在清正廉潔，怎麼又要滅族了？」

召平說：「你現在位居相國，一人之下萬人之上，也已是居功第一。皇上該封賞的都已經封賞了，可以說，人臣的封賞於相國而言，已經封頂了。現在你再立功下去，皇上拿什麼來封賞你？還有，從你進關中的那一刻起，就深得民心，到現在已經十多年了。廣大人民群眾都很愛戴你。現在皇上多次派人回來問你的情況，並不是關心你，怕你年紀大了太操勞，而是怕你利用自己的威望鬧事啊！」

蕭何一聽，嚇得就差一屁股跌坐在地了，盯著召平說：「該怎麼辦？民心的事，我也沒有辦法啊！」

召平笑道：「還是有辦法的。而且這個辦法很簡單。就是可以多買些田地，而且要利用職權，低價併購，而且到處借貸，製造汙點，把你的名望不斷地降低。皇上絕對放心。」

蕭何一聽，只得照做不誤。

劉邦看到蕭何的名望不斷下跌，心裡果然很高興。

當劉邦平定黥布班師回來時，一群上訪人員在大路上攔住皇上大駕。這些上訪戶都在告蕭何的狀，說蕭相國利用皇上和人民賦予的權力，大肆低價強行購買土地房產，而且價值都在千萬以上。劉邦看到這些告狀，表面很嚴肅，但內心超開心。

回到宮中之後，劉邦在第一時間裡把蕭何召來，而第一件事就是把百姓的告狀信交給蕭何，讓蕭何自己看看，然後說：「都當到相國了，還去侵奪人民們的財產，為自己謀利。現在人家都告到我這裡來了。你自己去向百姓解釋吧！」

第六節　貪官之路

劉邦跟蕭何認識這麼多年來，當亭長時，蕭何是他的上級；鬧革命時，蕭何是他的後勤部長，工作做得太優秀，因此直到現在他才有理由端起臉來責備一下蕭何，覺得心情大好。

蕭何要的就是這個效果，他看到劉邦在嚴厲責備他時，臉上還掛著笑容，也覺得十分爽快。蕭何一爽快，就又忘記了召平的提醒，又不自覺地為民著想起來，當場奏道：「長安一帶地方太狹窄，而上林苑中空地很多，現在都白白丟荒，希望陛下讓老百姓去耕種。至於種地所得，就讓耕種的人收走，而禾稭之類的就留下來當作禽畜的飼料。」

這個建議絕對是個好建議，是個利於民生的好建議。如果是別人提出，劉邦會堅決同意。

誰知，他的話才剛剛說完，劉邦便勃然大怒，喝道：「相國收受商人們的財物，官商勾結，賺取我上林苑。」

蕭何開始還以為劉邦是在跟他開玩笑，可是抬頭一看，劉邦怒容滿臉。

正要說話，可劉邦已經不容他置喙，大手下揮，下令把蕭何交付廷尉。

蕭何大驚失色，實在不知道劉邦為何翻臉的速度這麼快？只能在那裡吶吶無語。

廷尉的效率是很高的，蕭何和劉邦的臉色還沒有平靜，馬上帶來刑具為蕭何戴上，然後把他押到牢房裡關起來。

蕭何在昏暗的牢房裡，那顆腦袋無論如何也想不通。他到底犯了什麼罪？

不但他想不通，其他人也想不通。

終於有一個姓王的衛尉忍不住問劉邦：「相國到底是犯了什麼罪，現在居然被關了起來？」

劉邦說：「我聽說李斯當相國時，不管做了多少好事，最後都歸功於皇帝；而秦皇犯了錯，則全由他自己扛。現在相國跟人家官商勾結，大肆收受商人們的好處，然後以百姓的名義來討取上林苑，想以此來討好老百姓。所以我要把他關起來。」

王衛尉說：「我認為相國的這個請求是一個宰相的職責範圍內，是應該做的。為什麼陛下會懷疑他從中牟利呢？相國是個謀私的人嗎？如果他真的要謀私利，那當年陛下與楚相持，有幾年之久，又與黥布、陳豨打了這麼久。這些時間內，都是相國留守關中，如果他真的有想法，只要稍有些動作，關中地方還能歸陛下所有嗎？可以說，那個時間段是相國最有權力也最容易謀私利的時期。他那個時候都不謀私利，難道現在他還收取商人們的錢財嗎？顯然是說不通的。再說說李斯，他主動為秦皇承攬錯處的做法，難道是好做法嗎？陛下真的希望自己的手下都是這樣的人嗎？現在陛下竟然用這麼膚淺的目光去懷疑相國，我們真的想不通。」

劉邦一聽，雖然心裡很不爽，但也沒有話可以反駁，派人去把蕭何放了出來，繼續當相國。

蕭何出獄的第一時間，就先光著腳去見劉邦，什麼也不說，只是跪在那裡不斷地謝罪。

劉邦說：「相國不用謝罪了。相國為老百姓爭取上林苑，是為民請命。我不同意，還把相國關起來。如此一來，我成了桀、紂那樣的暴君，而相國卻成了賢相。我故意把相國關起來，就是想讓老百姓都知道相國是好相國，我才是不好的皇帝。」

蕭何還有什麼話可說？

他到死都不會想到，他本來很清廉，也想做一個好宰相，哪知最後他竟然必須故意貪汙、故意濫用職權為己謀利，而且還必須搞得盡人皆知，這才保全性命。最讓人想不通的是，他立了大功，該立的功他都立了，職責範圍內的事，他都做得很出色，成為後來他人的榜樣——誰當到宰相級別的，能得到一句：

第六節　貪官之路

蕭曹之亞匹，就都笑了。可是他仍然免不了牢獄之災，而罪名居然是貪腐。

這讓他情何以堪！

他到死都想不通。他想不通，不是因為他的腦袋不好，而是因為他沒有看到他生活在一個什麼樣的時代。

劉邦需要的是為自己所用的人，即只需要是一個不斷地為自己輸送戰爭物資的蕭何，並不需要一個為民著想的好官。蕭何雖然毫無謀反之心，但劉邦那雙懷疑的眼仍然長期聚焦在他的身上，而著眼點居然是他太得民心。劉邦雖然出身無賴，但他最知道「得民心者得天下」的道理。

當蕭何謀私自汙時，劉邦很高興——他的道德形象終於毀掉了。可是三觀還沒有盡毀，他又為民請命起來，這是什麼行為？這是又為民著想的行為，是又想把自己的形象樹立起來的行為。

「你現在要做的，是不斷地降低自己的道德低線，不斷地把聲望往下調，調到陳平他們那個低度，你才是最安全的，我劉邦也是最安全的。」

可惜，蕭何不知這個道理，臨老了，還進了班房。班房本來就不那麼好坐，而漢朝的班房更不是那麼好坐的。那些獄卒雖然地位卑微，但要是落到他們的手裡，他只當是犯人，不管以前的身分。

周勃後來裡面關了幾天，出來之後，一聲長嘆：「吾嘗將百萬軍，然安知獄吏之貴乎？」

說到底，在一個皇帝說了算的時代，他不怕別人貪，就怕別人功勞大，怕別人的人品太好，怕別人的聲望高過他。

在這樣的背景下，一生兢兢業業的蕭何，終於「被貪官」了一回，實實在在地坐了一次班房。

第三章 張釋之：大漢王朝的青天大老爺

第一節 十年蹉跎歲月

很多人看到陳平那麼貪，不但沒事，反而官越當越大，最後成為當朝宰相而位極人臣。難道堂堂大漢王朝就沒有監察部門？

漢朝當然有這樣的部門，而且級別很高，位列九卿之一。

這個部門的第一把手就叫廷尉。主掌獄刑。廷的意思就是「平」，意思就是要求廷尉在執法時要一碗水往平處端，講求公平。在現代廷尉就是首席大法官。不過，在帝制時代的廷尉大多都是秉承皇帝的旨意，皇上想讓誰死，廷尉就得宣判誰秋後問斬，執行的都是皇帝或權貴的旨意，大多是製造冤案的直接推手。比如蕭何的被貪官，主掌刑獄的廷尉就是看著劉邦的臉色辦事。劉邦讓他關，他就毫不猶豫地把曾經權傾朝野的相國大人套上刑具，押到牢裡吃囚徒的飯；劉邦讓他放，他就滿臉堆笑地把蕭相國禮送出班房。法律在他面前，只是個笑話，毫無作用。

當然，也有剛正不阿的廷尉。比如張釋之。

張釋之跟陳平一樣，小的時候就跟哥哥張仲一起生活。不過，張仲比陳伯有錢多了，所以，張釋之年輕時生活得一點不苦難。後來，他的哥哥還花錢幫他買官位。他第一個職位是騎郎，侍奉著漢文帝，級別很低。而且這個騎郎一當就是十年，也沒有被漢文帝提拔過，讓他感到很鬱悶，覺得太對不起哥哥了，就想辭職了。

在他下決心辭掉官位時，袁盎卻很看好他，看到他就要收拾包袱離開，覺得很可惜，問他為什麼一定要辭掉官位呢？

他說：「我十年前在這裡當騎郎，現在仍然當騎郎，一點進步都沒有，直到現在還在花哥哥的錢。覺得太對不起哥哥了，所以還是回家再找門路算了。」

袁盎立刻去找漢文帝，說：「張釋之是個人才，不能讓他走，陛下該提拔他一下啊。」

袁盎當時是中郎將，同時也是漢文帝的紅人。漢文帝對袁盎的話很重視。因此，儘管他沒看出張釋之有什麼突出的能力，但看在袁盎的面子上，仍然提拔了張釋之一把，讓他當了謁者。

謁者的級別雖然不高，但是，畢竟被提拔了，而且又在皇帝身邊，算起來也不錯了。張釋之得到這個任命之後，信心又高漲了起來，以為自己在皇帝身邊，只要找個機會，跟皇帝有交流，讓皇帝發現自己然後重用自己是完全有可能的。

因為張釋之知道，當今皇帝劉恆雖然也是高皇帝的兒子，但是因為庶出的關係，本來與皇位沾邊的可能性就不大，而且他的母親薄氏最先做的又是魏豹的小妾。魏豹就是陳平曾經效力過的魏咎的弟弟。魏咎死後，他繼續革命，被封為魏王。後來，他跟劉邦入關。再後來，劉邦和項羽鬧翻後，他詳細分析形勢，覺得不管從哪方面比較，項羽都比劉邦強。於是，就脫離了劉邦的陣營。

魏豹離開劉邦後並沒有直接投靠奔向項羽，而是帶著自己的部隊看著兩人爭得你死我活。

後來，當時大名鼎鼎的算命女士許負說魏豹的小老婆薄氏的兒子是皇帝。薄氏還不敢當真，但是魏豹卻當真起來兒子是皇帝，那自己是什麼?當然也是皇帝啊!

他堅定地相信命運、於是就錯估了形勢，高調宣布與劉邦為敵，並派人聯繫項羽，要先滅了劉邦。劉邦當然怒火沖天，派韓信帶兵過來，把魏豹痛扁了一頓，然後把他死死包圍在安邑。魏豹沒辦法，只得高舉著白旗出來投降。

劉邦雖然沒有當場砍掉魏豹的腦袋，但是不久後駐守安邑的大將周苛卻藉口為了維穩的需要，把魏豹殺了。魏豹到死的時候，肯定還在大罵許負是話是騙人的鬼話。

可是許負仍然斷言薄姬的兒子是皇帝。

當然，這時的薄姬已經不是魏豹的小妾了，而是劉邦的床上美女了。周苛殺魏豹後，就把薄姬當戰利品送到織室當紡織工人。

照理說，一個紡織工人是沒有發達的日子的。哪知，運氣一來，擋也擋不住的話可不是白說的。不知什麼原因，劉邦居然會走進織室裡，看到了薄姬。劉邦覺得這個紡織工人美若天仙，就把她送到後宮。進後宮之後，雖然不用做紡織工的活，卻又來了個好事多磨。她在後宮裡坐了冷板凳一年多，基本上，劉邦忘記了這個美女。幸虧薄姬的兩位好朋友，一個叫管夫人，一個叫趙子兒。三人年輕時曾在某個無聊的日子裡，立了個誓言——先貴無相忘。這時，管夫人和趙子兒都是劉邦身邊的紅人。有一次，兩人把這件舊事又提了起來，被劉邦聽到了。劉邦讓她們把事情再說一遍。劉邦一聽，覺得薄美女真的有點太可憐了。於是，他當天就把薄美女召進來，讓她陪自己睡覺。

後來薄姬就生了劉恆，雖然許負仍然說，薄姬的兒子貴不可言。但是薄姬對許負的預言已經怕得要命，因此她一直很低調。劉恆受他母親的影響，也十分地低調。他離開長安去到晉陽後，算是離開了險地。當時，呂后對戚夫人的殘酷，他和他母親知道得很清楚。

他知道，皇帝的兒子是很幸福的，但是，不是每個皇帝的兒子都幸福的，甚至有的人因為是皇子而死於非命。他只想著在代地那裡把這個代王當到自然死的那一刻。

當後來陳平和周勃派人來迎接他去當皇帝時，他居然以為是騙他回去，而死不願接受。而他的部屬當中，也有人認為其中有詐，勸他先裝病，對長安當局來個聽其言、觀其行，再作決定。但是也有人認為，現在大漢江山穩固得很，不必有什麼疑慮。

劉恆也不知道信誰的才好。最後，只得打卦，看看是凶是吉。

結果——大橫！

劉恆也不知道「大橫」是什麼意思，要是橫屍長安，那不如現在仰藥算了。

但卦師說：「這是大吉啊！你看看，這個大橫所裂的紋路很正，表示不久就要做天王了。」

劉恆仍然不知道什麼是天王。現在只有王，也有皇帝，可沒有天王這個職務。

卦師說：「天王就是天子，比一般的王高一級。」

劉恆一聽，這才啟程去長安，成為了歷史上著名的皇帝漢文帝。啟程去當皇帝都還這麼提心吊膽，充分說明了當時的政治生態是何等的險惡。

劉恆當了皇帝之後，性格要比他的父親好多了，心裡有一點平民情緒，對那些底層的下臣也比較照顧。

張釋之因為劉恆的這個原因，覺得只要自己努力，前途還是很光明的。於是，他一有機會就向劉恆發表自己的政治見解，陳述利國利民的大計方針。

他的口才發揮得很好，對自己的這些方針也十分自信，可劉恆最後只是笑著說：「你說的這些都太空洞了，我不想聽這樣的假大空論調。你不要再高談闊論下去了，說點具體的。」

張釋之為了今天，早就做好了準備，虛假空泛那一套行不通，就來一套接近現實版的，把秦到漢的歷史複述一遍，然後總結出秦亡漢的幫因。

劉恆最關心的當然是他的權力穩固問題，一聽到這個話題，立刻就來了興致，把那雙皇帝的耳朵豎得兔子似的。劉恆聽著聽，覺得這個小官員是真的有才華，袁盎大人可不是亂推薦人的。

於是，又提拔了一次——謁者僕射。當時謁者的在編人員有七十個。這七十個裡面，也還分級別的，常侍謁者五人。這五個是比較有威望的，主管殿上時節的威儀；另外還有給事謁者三十人，這三十人相當於皇家的儀仗隊，個個長得又帥氣又慓悍，負責外事聯誼之類的事，比如引見臣下、傳達皇帝的命令等等，有的還充當使者，所以那張臉有時是代表國家的。而僕射就是這幫人的最高領導者。

第二節　仗義執言

謁者僕射的官仍然不怎麼高，遠不如別的僕射那麼威風，但是，當這個官的人一般都在皇帝的身邊。張釋之的主要工作就是天天跟在劉恆身邊，到處視察。

有一天，他和劉恆去虎圈——也就是皇家動物園視察。

劉恆也像很多領導者一樣，不管到哪個地方視察，在聽完工作彙報之後，都會向彙報的官員提出一些問題，比如現在農民的收入是多少、種這麼多田地是否夠吃等等。他這時問的人是主管虎圈的上林尉。劉恆問的當然是虎圈的一些情況，比如，現在登記在冊的老虎有多少隻？孔雀有幾隻？雄性雌性各多少？有多少隻熊貓到了發情期……一共十多個這樣的問題。這個上林尉做夢都想不到皇帝居然會關心這個情況，事先沒有準備，一張十幾道題目的試卷居然一道也回答不出來，直接就被打了個零分。平時威風凜凜的皇家動物園園長，這時只是在那裡不斷地扭頭觀望，汗出如漿。

幸虧還有個嗇夫。嗇夫，工作職位名稱。此前是鄉官，負責收稅之類的工作。在園陵也設立這個職位，負責打理一些雜務。這絕對是一個最基層的職位。這個嗇夫的記憶力很好，看到自己的上司被皇帝問得只會流汗不會說話了，心裡很高興，便出來回答這些問題。他不但抗壓性好，而且表現力也很強悍，彙報的聲音越來越大、語氣也越來越有抑揚頓挫。

劉恆聽得也很滿意，不斷地提問下去，嗇夫也不斷地響亮回答。最後，劉恆問得累了，就冷眼掃了那個還在流汗不止的上林尉，然後冷冷地說：「做官的就應當像嗇夫一樣，對自己的業務清清楚楚。你這個上林尉看來是專門吃空餉的，這種只貪官位不做事情的人是要不得的。」

第二節　仗義執言

他當場下了命令，免掉上林尉的職務，破格提拔嗇夫為上林令，問大家有什麼意見？

當然沒有意見，只要不免到自己，誰能有什麼意見？當年劉邦讓韓信當大將軍時，韓信還是一個逃兵，比這個嗇夫還要差，因為逃兵被抓回來是會被處決的。

劉恆的眼光向大家巡視了幾圈，看到大家都心悅誠服，也覺得很解氣，以後當官的要小心一點，不要像這個上林尉只把薪資數得很清楚，但對本職工作卻十幾問而不知，比一問三不知還要誇張。

過了一會，張釋之上前，說：「我有話要說。」

劉恆說：「你說。」

張釋之說：「陛下覺得絳侯周勃是個什麼樣的人呢？」

劉恆說：「那還用說！大漢朝老一輩革命家，連高皇帝都說他。朕也覺得他是個很值得尊敬的長者。」

張釋之又說：「東陽侯張相如的人品怎麼樣？」

劉恆說：「當然也是個好人啊！做官要是都像他們這樣，朕就高枕無憂了。」

張釋之說：「這兩個人都是忠厚的長者，也都是官員的楷模。可是他們的口才一點也不出眾。當年陛下問周勃的時候，周將軍就曾經一問三不知過。現在陛下憑著一個人的口才就大力提拔，難道就是想讓大家都以這個善於喋喋不休、口才強悍的嗇夫為榜樣嗎？以後朝中的大臣根本不用做事情，只需舌燦蓮花，一個個說得比唱的好聽，整個朝中大小臣工，個個口才過人。雖然聽起來很愉快，可是陛下也知道，秦朝就是因為重用了那些舞文弄墨的官吏，於是官員們為了高效率，辦事一個比一個苛刻。好像這樣下來，辦事效率很高，其實這樣的弊端是很大的——最後弄得沒法再快了，就只做官樣文書來表功，把行政資源全用在做表面文章上，花了大量的人力、物力，沒有辦法開展實質的工作。如此一來，秦朝的最高領袖就無法聽到真實的情況，更聽不到自己的過失。於是，國勢就不斷地敗下去，最後也就沒有了大秦帝國。現在陛下因為嗇夫的口才而大力提拔他，我怕大家很快就會效法他，不久就會形成一種風氣，再不久這個風氣就會風靡全國，以後陛下的身邊就會被應聲蟲全面包圍。陛下請認真想一想。」

劉恆一聽，覺得真的有理，心裡雖然有點不情願，但最後還是點點頭：「好吧，那就收回成命。」那個嗇夫的委任狀眼看就要到手，哪知最後仍然落空。

很多話不可信，即使是皇帝的金口玉牙，有時仍然是算不得數的——當然，就看是哪個皇帝了，即使是同一個皇帝，也要看他處於哪個歷史時期。當年秦始皇很聽李斯的，但是後來李斯再怎麼說，他也不聽了，何況一個謁者僕射的反對意見？

劉恆上了車，還招手讓張釋之也上來跟他一起乘坐。他讓車伕把車開慢一點，他要在車上跟張釋之聊聊天。主題仍然是秦國滅亡的歷史教訓。

這一路來，張釋之與劉恆聊得實在太愉快了，到了宮中，劉恆立刻提拔張釋之為公車令。

張釋之這個公車令是衛尉的下屬，主要負責看管宮南的闕門，也就是司馬門，另一個職責是夜間徼巡宮中。如果皇帝不信任，會讓他當這個官嗎？所有上章以及其他彙報文件，都先交給他，再由他轉交皇帝。再來說說這個司馬門。因為這個門就在寢宮的南面，因為置有二個司馬，故稱司馬門，除了皇帝，誰過司馬門都得下車下馬，否則就是死罪。

後來曹植在馳道那裡飆車，然後開司馬門而出。曹操知道後，大怒，把公車令殺了，曹植也因此失去了曹操的歡心。雖然他後來跟曹丕爭儲失敗的原因有很多，但是這個司馬門事件也是重要原因之一。

其實在張釋之當公車令後，也出了個司馬門事故。當然這一次的主角不是曹植，而是太子和梁王。

第二節　仗義執言

當時，太子和梁王同乘一輛車入朝。兩人仗著一個是未來皇帝，一個仗著是太子的弟弟，因此到了司馬門就不下車。如果是別人，看到這個樣子，大概就在那裡裝著看不見。可張釋之不是別人，他立刻上前去阻止，不讓他們進宮。然後舉報他們犯了不敬罪。

不敬罪處理的結果，可以參看後來曹操處理司馬門的結果。

太子和梁王絕對是當時的權貴。太子肯定不用說了，而梁王是什麼人，可能很多人都不懂。梁王深受他父皇的喜愛，而且跟現太子、後來的皇帝也很好。後來，他的目光盯到皇帝的位子上，派殺手暗殺阻止他當皇帝的大臣，被朝廷狠狠地搜查了一番。

由於他母親的干預，他雖然沒有被降罪，但是也被奪了兵權。這麼一個權貴之人，誰都不敢得罪。但張釋之的眼裡，只有法律，沒有權貴。

張釋之是幸運的。他的舉報信送上去之後，第一個收到的就是劉恆的母親——薄太后。

薄太后一看，很是生氣。劉恆立刻趕到薄太后面前，不斷地自我怪罪，說：「母后啊，我管教兒子不嚴，讓皇子也犯了錯。這個責任應當由我來承擔啊。」

薄太后雖然很生氣，但是並不真的讓那句「天子犯法與庶民同罪」的話成為現實。她馬上派人帶著她的特赦詔書過去，對著張釋之和那兩個皇子宣讀。

張釋之這才把太子兄弟無罪釋放。

儘管太子兄弟對他懷恨在心，但是劉恆對張釋之卻更加欣賞了，任命他當了中大夫。不久，再升一格，成為中郎將，成了高級官員。

當然，他的主要任務仍然是隨侍漢文帝左右。

有一次，他跟劉恆去視察，來到霸陵。

當時，他們一行站在霸陵的北面。

劉恆那雙皇帝的眼睛向北面眺望，那雙皇帝的手也在指點江山。他回過頭來，看了看身邊的慎夫人。慎夫人此時正被他無限寵愛著。他指著那條道路，說：「妳知道那條路是什麼路嗎？」

慎夫人搖搖頭，表示不知道。

劉恆說：「這是通往邯鄲的路啊。」

慎夫人正是邯鄲人，一聽到這話，心底立刻湧起那句「侯門一入深如海」的名言來，那雙打動了劉恆無數次的眼睛馬上就溼潤起來。她馬上取出琵琶來，低眉信手續續彈，說盡心中無限事。劉恆跟著唱起了歌，歌聲很悲切。大家一聽，原來皇帝也知道「美女一入侯門深似海」啊，但是他們仍然要造那麼多宮殿，到處選美女，讓很多美女最後老死宮中。

彈完唱完，劉恆轉頭對大臣們說：「如果用北山的石頭做槨，再把苧麻切碎了，塞住石槨的縫隙，然後再用油漆塗好，誰能打得開呢？」

大臣們一聽，都齊聲叫好，皇上真是天縱英明啊。

張釋之在大臣們都叫好之後上前說：「依我看，如果在裡面放了很多值錢的東西，造成巨大的誘惑，引起那些盜墓人員的貪欲，即使封鑄南山做棺槨，沒有縫隙，人家也會想辦法弄出縫隙來；如果裡面什麼值錢的東西都沒有，就是沒有棺槨，我們也不必憂慮啊！」

漢文帝一聽，還是張釋之有水準，回來之後，就任命他為廷尉。

張釋之就這樣成了大漢王朝的首席大法官。

第三節　依法斷案

不久，漢文帝繼續出巡。

漢文帝的車駕經過長安城北的中渭橋時，突然有一個人從橋下狂奔而來。

漢文帝車駕的馬受了驚嚇，步調一陣混亂，讓漢文帝也嚇得不驚。劉恆也顧不得皇帝的風度了，直接下班令把這個驚嚇皇帝車駕的人抓起來，然後直下廷尉。

如果是別人，根本不用翻看法律條文，直接就把那個人拉下去砍了頭——連皇帝都敢衝撞，不砍他砍誰？而且依照當時的社會環境，砍這樣的人，全國也沒有誰反對。

可是，現在的廷尉不是別人而是張釋之。

張釋之吩咐把那個人帶到公堂上，自己親自審理。

張釋之問他為什麼要衝撞皇帝？

那人說：「小人是長安鄉下人，有事到城中來辦事。聽說長安城中實行交通管制，清理道上的行人，就躲到橋下。我已經躲了很久，以為皇上的隊伍已經過去了，就從橋下鑽了出來。哪知，皇帝的車隊正好過來。我就慌了起來，然後就拚命奔跑。」

張釋之一聽，就當庭宣判，此人觸犯清道禁令，應處以罰金。

漢文帝正在等著宣判結果。他知道張釋之辦事效率是很高的，派人過來問結果如何了？

張釋之如實向他彙報。

漢文帝一聽，不由得大怒起來。

「朕親自交辦的案件，你就判得這麼輕？」

他一臉憤怒地對張釋之說：「這個人驚嚇了朕的馬。要不是朕的馬是好馬，恐怕朕就要從車中摔下來了。這個後果你說有多嚴重？可是你就只罰他幾個錢！」

張釋之對此早有準備，說：「法律是天子和天下人都應該共同遵守的。現在法律就這樣規定。如果因為陛下的生氣，就加重對他的處罰力度，陛下固然能解氣，可是這樣的法律還能取信於民嗎？如果當時陛下立刻殺了他，這事也就順了陛下之意。可是陛下把他交給了廷尉，就意味著要依法審理。廷尉是天下公正執法的榜樣，如果在執法過程中，廷尉帶頭量刑偏失，天下其他的執法人就都可以任性執法了，以後老百姓還怎麼過啊！請陛下明察。」

劉恆聽張釋之說了這麼一大段，只得在那裡張著嘴巴，無語了半分鐘，這才小聲地說：「廷尉真的判得正確。我沒意見了。」

接著又發生了一個案件。有個膽子很大的人偷了高祖廟前的玉環。高廟的玉環被偷，這樣的案件一般都是破得很快的。沒幾天，那個膽大人傻的小偷就被人贓俱獲。

劉恆一直都在關注這個案子的進展，聽說抓到了小偷，就下令交廷尉治罪，讓他知道偷高祖廟的東西可不是平常的偷雞偷狗。

張釋之又自親審理，問話完畢之後，打開法律條文，然後依照法律規定以偷盜宗廟服飾之罪定罪，上報劉恆。

劉恆一看，只氣得要大爆粗口起來，指著張釋之大吼：「此人膽大包天、無法無天，連先帝廟中的器物都敢下手。我把他交給廷尉審理，目的就是要判他個滅族，讓天下人知道，偷宗廟的器物，後果很嚴

第三節　依法斷案

重。可是你卻只是按照法律條文來懲處，然後上報結案。告訴你，朕這麼做，並不是製造什麼冤假錯案，而是表達朕恭敬宗廟之意啊！」

如果是別人，聽到這個大帽子扣下來，肯定會當場嚇到不知所措。

可是張釋之卻只是脫下帽子，叩著頭，堅持自己的意見：「依照法律，這樣的判決已經夠重了。而且在罪名相同時，也還要區別犯罪的輕重不同。現在他偷了一個宗廟的器物，就可以判他滅族，要是以後有個比他膽子更大、更愚蠢的人挖走長陵的一把泥巴，請問陛下，到時用什麼刑罰判他呢？還能滅的什麼呢？是不是把所有同姓都殺了？」

劉恆一聽，當場無語。他擺擺手讓張釋之退下，然後跟薄太后商議。兩人討論了大半天，最後覺得還是張釋之的話正確。

張廷尉連辦了幾個案件。這些案件其實很簡單，但是都與皇帝有關。如果是別人，那肯定是看皇帝的臉色辦。皇帝覺得該殺，廷尉就沒有理由手軟——在皇帝和平民之間選擇，誰敢偏向平民呢？可是張釋之只是依照法律條文辦，法律怎麼規定，他就怎麼判，皇帝的情緒由皇帝自己消化。於是，他的名聲馬上響亮了起來，條侯周亞夫等高官都過來和他交朋友。

連名士王生也想辦法巴結他。

當時有個大名士叫王生，是黃老學說的權威人士，朝廷曾把他召到朝中。大家聽說王生來了，都過來看看這個大師的模樣。

王生其實已經很老了，頭髮、鬍子全白，一張老臉面對著大臣們，開口的第一句話居然是：「你們看啊，我的鞋帶鬆了。」

所有的目光都從他的上半身轉移到他的腳上。那兩邊骯髒的鞋帶還真的都鬆了。這個老頭真沒教養，上朝廷來連個鞋帶也不繫好。在朝廷上蹲下身去整理鞋帶，樣子是很不雅觀的，還什麼名士！

大家都在那裡站等大名士表演這個不雅觀的動作。

可是大名士就是大名士，他的鞋帶鬆了，並不是自己蹲下去繫好的，他轉頭看了看大夥，突然指著張釋之說：「你，幫我繫一下鞋帶。」

大家知道張釋之這些年來，有時連皇上的面子都不給，現在居然被這個老頭當使喚丫鬟一樣叫過來幫繫鞋帶，而且是在朝堂之上、眾大臣的灼灼目光之下，廷尉大人不發飆才怪。且看張廷尉如何發飆。

誰知，張釋之二話不說，上前去就蹲了下來，雙手很俐落地把王生的鞋帶繫好。

王生動了幾下腳，然後伸出拇指說：「繫得很好啊。」

過後，有人問王生：「老人家，張廷尉跟你好像沒什麼過節啊，為什麼在朝堂上當眾羞辱他？」

王生笑呵呵地說：「張廷尉是天下名臣，我很佩服他。可是我年紀已經太大了，又沒有什麼地位，幫不了他什麼忙。我就故意這樣來羞辱他一把，讓他當眾跪下為我繫鞋帶。這樣一來，他的名氣又會更響亮了。」

這話一傳出去，張釋之的名氣就更大，到處被人讚美。

從權貴到名士再到一般平民百姓，都萬眾一心地大力讚美，張釋之的官應該越做越大才對。可是他的官運也只到廷尉為止。

因為，漢文帝劉恆死了。

第四節　西漢後再無張釋之

劉恆一死，張釋之立刻感覺到自己的好日子就要到盡頭了。這個世界不是老百姓說好就好的；更不是老百姓希望他把官越當越大，他就真的不斷得到提拔的。重用的權力是在皇帝那裡。

現在，新任皇帝是那個太子。也就是後來的漢景帝劉啟。

劉啟後來跟他的父親齊名，比歷史上很多皇帝的評價都還要高。當年張釋之曾經抓過他，張釋之知道劉啟肯定會記恨他。

他以前不斷地為民請命，為了一個小平民去跟皇帝理論，往往能把皇帝駁倒，最後還是夠依法辦事。可是他沒有抓過劉恆啊！他相信，如果他抓過劉恆，劉恆也不會這麼對他好的。

他天天怕劉啟抓他，最後找到了王生。王生幫他想了個辦法，讓他抓住了一個面見新皇帝的機會。然後，他當面向新皇帝謝罪。劉啟假裝大度，笑呵呵地說，沒事了。

可是，沒事之後，就有事了。

一年之後，一紙詔書下來，張釋之被免去廷尉職務，改任淮南王相。

這個改任是赤裸裸地貶謫。

張釋之沒多久就鬱悶而死。

漢朝的廷尉是當時的首席大法官，大多數廷尉都是為枉法而生的，只有張釋之是這個群體中的異數，成為大漢王朝的包青天。即使原、被告分別是皇帝和平民，他仍然以法律為準繩，而沒有為皇帝循私枉法過，因此很久以來都受到人們的讚揚，把他當成廷尉的楷模。

我想，如果張釋之的頂頭上司不是漢文帝，而是別的皇帝，只怕他那顆腦袋早就與身體分離了。劉恆因為出身的原故，從來就謹小慎微，雖然權力無邊無際，但仍然不敢任性，於是，就成就了張釋之。如果是漢高祖劉邦或者是漢武帝之類的，張釋之的後果不會比司馬遷先生差。

被張釋之依法保護而不成為冤假錯案主角的人是幸運的，而張釋之本人也是幸運的。

在整個西漢時代，張釋之之後，再無張釋之！

因為漢文帝之後，再無漢文帝！

可以說，張釋之，不是大漢王朝的制度打造出來的，而是由漢文帝和張釋之共同造就的。

第四章 鄧通：富可敵國，卻最終餓死

第一節 夢到黃頭郎

說漢文帝不任性，其實有點誇張。畢竟是皇帝，他有時候還是很任性的，而且任性起來讓人無話可說。

大家知道，皇帝的權力無限大。皇帝一任性起來，不是讓某些人腦袋落地，就是讓某些人一生大富大貴。

而鄧通就屬於後者。

鄧通出身也不高貴，比張釋之還要差——張釋之還能靠哥哥的錢財買了個官當，而鄧通卻沒什麼錢。他的父親叫鄧賢，據說也讀過幾年書，但後來並沒有什麼作為，躲到偏遠的蜀地，避開戰亂。鄧通還小時，他的爸爸也讓他讀了幾年書，但是他不是讀書的料，倒是天天愛玩好耍。這樣的學生顯然不是好學生，不管放在哪個朝代，前途都不會被看好。而當時要想出人頭地，基本都是投身仕途去當官。有權在手，再怎麼不濟也會衣食無憂。

當時有幾條進入官場的主要途徑。一是家裡有錢，財產至少十萬錢，然後用這個買一輛車，然後就像那首歌唱的一樣，帶著衣服、生活必需品，坐車到長安來。也不是一到長安就有官做，而是在那裡等待，等編制空缺之後，再安排工作職位。如果沒缺編，那就繼續等，繼續花費家裡的錢財生活。

二是在本地當小吏，這個不用家裡的錢財為後盾。但是，這個鐵飯碗也不是每個人都可以搶到手的，而且這種小吏的待遇很低，提拔的機會不多。另一條是官府的徵召，就是在家裡坐等官府的人上門請自己去當官，同樣不需要錢財作基本條件。卻有個條件：必須是個大名士。成為大名士的條件大家都懂，就是要有學問，不但在本地有名，而且還要名聲在外，讓官府的人都能知道，就有機會了，而且不去當官還不行。

鄧通的學問顯然與大名士的距離差得遠了，而本地小吏他覺得也沒什麼意思。於是，他父親就咬著牙關，讓鄧通走第一條路，就是上長安等機會。

鄧通小時愛玩，而且搖船的程度很不錯，於是就被召進皇宮當黃頭郎。黃頭郎雖然有一個郎字，可跟中郎將的郎差別實在是太大了。中郎將那是高級軍官，而黃頭郎卻只是個船工，只不過是專門為皇帝家搖船的水手而已。為什麼叫黃頭郎？與官無關，而是與迷信有關。因為船工都是在水裡生活，對水都有點恐懼，於是從迷信書裡找了個理論——根據五行裡不是說土能克水嗎？不是常說「水來土掩」嗎？土是黃色的，於是，每個人都在頭上包一塊黃布，表示土能克水。這樣，大家在水裡就會比較安全。因此，這些船工就叫黃頭郎。

這是個苦力活。照此情況下去，鄧通仍然與出人頭地無關。

第一節　夢到黃頭郎

但是人的運氣一來，還真是擋都擋不住。

鄧通當黃頭郎時，正是劉恆當皇帝。

劉恆雖然是個很英明的皇帝，但是他跟其他皇帝一樣，超級相信鬼神之說，覺得不管出現什麼事，都跟天上的神仙有關。

有一次，劉恆在龍床上睡覺，做了個夢。

這個夢跟神仙有著密切的關係。

在這個夢中，劉恆突然身輕起來，像神仙一樣離開了這片土地向天上飛過去。他在藍藍的天上飛啊飛，終於來到一個建築物跟前。劉恆雖然沒到過這個地方，但是他仍然知道，這是傳說中的南天門。

據說進了這個門，就會成為神仙。從秦始皇以來，幾乎所有的皇帝都盼望自己能飛身上天，一步進入南天門——只有進了這個門，才算是拿到天上的通行證，成為天上永久居民。夢中的劉恆看到南天門就在自己的眼前，只要再加把勁，一翻身就可以上了南天門。他的鼻子似乎都聞到了仙界的香味。可是，不管怎麼用力，他就是登不上那道門。急得他想大聲喊救命。

在他急得想自殺的時候，突然身後出現了一個人。這個人頭戴黃帽，用力在他的背後一推。藉此一推之力，他就登上了天界。

他鬆了一口氣，回頭向那人看過去，正想問：「你叫什麼名字？以後你有什麼要求，我一定會滿足你。」可是那人還沒有回答，耳朵裡卻傳來響亮的雞叫聲。

劉恆也醒了過來。他雖然很恨這些雞把他從美夢中叫醒了，使他仍然睡在黑暗的龍床上。但是他記住了那個推他的人的衣著打扮——頭包黃布，身穿一件橫腰短衫，衣帶在背後連結著。

劉恆來到未央宮西邊蒼池中的漸臺。

於是，鄧通的運氣就來了。

鄧通正是在這裡工作的。

劉恆看到這裡有很多黃頭郎。他那雙眼睛在這群黃頭郎中掃來掃去，終於發現一個人跟夢中的黃頭郎太像了。呵呵，肯定是這個傢伙在夢裡推了自己一把，好像屁股都還有他的手溫呢！

他上前問：「你叫什麼名字？」

那人答：「鄧通！」

劉恆一聽，差點跳了起來，鄧通，不就是「登通」嗎？原來朕夢中登天的助推器就是他。

第二節　申屠嘉的憤恨

從此劉恆天天來找鄧通，對這個黃頭郎一天比一天好。

鄧通從小在邊遠地區長大，長期生活在最底層，從來不敢張揚，做人也從來不高調，性格也很溫和，再加上長得很帥氣，很得劉恆的喜愛。

後來，劉恆就不讓他當黃頭郎了，專門跟他一起玩。鄧通就這樣成為皇帝的玩伴。當然這個玩伴在古代還有另一個叫法——幸臣。

幸臣不是大臣，所以級別不怎麼高。但是級別不高並不代表他的生活不幸福。很多幸臣比皇后還得皇

第二節　申屠嘉的憤恨

帝的寵愛。

皇帝一寵愛起來，就不斷地賞賜財富。

鄧通雖然書讀得不怎麼樣，但是他並不笨，立刻知道自己出人頭地的機會來了。於是，他不斷地發揮自己的特長，裝老實人。把皇帝的喜好當作自己終生研究的方向。鄧通別的學問如何，我們不知道，但是他對劉恆的研究是很準確的。

劉恆讓他休假幾天，說世界很大，讓他去看看。可他就是不去，硬是說世界雖然大，但哪比得皇帝的恩情大。劉恆就更喜歡他了，不是叫他到皇宮裡玩，就是跑到他的家裡玩。玩得開心了，感覺對了，就大手一揮，把大量的金錢送給他。

劉恆自己很節儉，連件衣服破了都捨不得丟，縫補之後又披上。有一次，他想在宮中建造一座露臺，可看到預算要花百金，就摸摸下巴，說太花錢了，不建了。慎夫人是他最愛的美女。但是他規定，慎夫人的衣服也不能長到拖地。他也一直在全國人民面前倡導勤儉節約，卻對鄧通很大方，多次賞賜之下，鄧通的錢財有億萬之巨。

鄧通，一個從蜀地走來的平民百姓，一個只在未央宮的池子裡搖船的黃頭，就因為一個夢——而且這個還不是自己的夢——成為了富可敵國的億萬富豪。

更要命的是，劉恆永遠覺得這麼多的錢還是報答不了鄧通夢中那一推，還要不斷地賞賜。最後任命他為上大夫。張釋之向劉恆貢獻了很多建議，說了無數次秦亡漢興的大道理，爬了幾個臺階才進入高官的行列。而鄧通就這樣儕身國家高層。

劉恆覺得鄧通越來越可愛，而鄧通更是把這個可愛越裝像。鄧通雖然外交能力不怎麼樣，史書上說他「不好外交」，也就是不善於與人打交道。但是他卻善於與皇帝打交道，讓皇帝覺得他超可愛——這就夠了。

鄧通成了高級官員，他的眼裡只有劉恆，整天只想著如何讓劉恆高興，其他的都不在他的考慮範圍內。甚至連丞相也不在話下。

這時的丞相是申屠嘉。

雖然大漢到現在已經換了幾任皇帝，但是丞相仍然從老一輩革命家那裡挑選。陳平、周勃、灌嬰他們死後，著名的功臣也就所剩無幾。張蒼當了一段丞相，就罷免了。劉恆就繼續在第一代革命家裡尋找，找到了申屠嘉。

申屠嘉參加劉邦隊伍時只是個武士，拉的弓比人家有力，從戰士做起，一步一步往上爬，比起韓信那一撥人來，簡直是天上地下。直到劉邦平定黥布之亂時，才官至都尉，而到惠帝時才當到郡守。

漢文帝元年，劉恆做了個決定，選出一批曾經跟劉邦一起革命的、年薪在二千石以上的官員，一律加封為關內侯。當時有二十四個人可以享受這個待遇，而申屠嘉是其中之一。於是，申屠嘉立刻被提拔為御史大夫，成為當時國家領導者之一——當那些厲害的人都還活著時，申屠嘉根本排不上位，可是當那些人都過世之後，這個當時一點不著名的人一下就冒出頭來，成為高階官員。以前他的很多上級到死都沒到這個級別。這個事例充分說明了一件事情——活得久才是最重要的。御史大夫的地位僅次於丞相，當張蒼被免去丞相之職後，也只有申屠嘉有符合當丞相這個條件了。

於是，這個當年的開弓武士就成為了大漢王朝的丞相。

申屠嘉沒讀過書，大字識不了幾個，是大漢有史以來最缺乏知識內涵的丞相。可是申屠嘉的人品卻屬

第二節　申屠嘉的憤恨

上乘，據說這位老人家從不接受別人的上門拜訪——即使放在現代，仍然是個好官。從劉恆以下，大臣們都很尊重他。可是鄧通居然無視他的存在。

有一次，申老丞相上朝拜見漢文帝。

這時，鄧通就在劉恆身邊。鄧通善於掌握劉恆的情緒變化，這時看到劉恆的臉色，知道又是討皇帝歡心的最佳時刻，於是就不管申老人家正在上奏，自己只管去取悅劉恆。

申屠嘉越看越惱火。一個搖船的黃頭郎，憑著皇帝的喜愛，就自以為很了不起，就可以看不起他們這些人了？

「不給你一點顏色瞧瞧，我們這些老一輩革命家豈不是白白提著腦袋出生入死了？」

他上奏完畢，就對劉恆說：「陛下你愛這個男寵，大量給他金錢，我們無話可說。可朝廷的禮節還是要講的。」

劉恆一聽，就知道老人家看鄧通不順眼了。劉恆雖然喜愛這個男寵，覺得一日沒鄧通就不舒服，但他還是比較清醒的，知道男寵只是男寵，只是娛樂上的工具，而不是治理國家的人才。聽到申屠嘉的話，立刻說：「呵呵，丞相就不用再往下說了。我回去後一定好好教育他。」

申屠嘉退朝回家後，心裡仍然有氣。雖然皇上說要教訓一下鄧通，但是讓皇上教訓哪比得上自己親自教訓？對這類人，不親自教訓一下，實在是沒法解氣。於是，他來到自己的辦公室後，立刻下了一道手令，讓鄧通來相府。當然他可以不來，但是不來的後果就是斬首。

鄧通接到這個手令，知道老傢伙真的動怒了。他長期在皇上身邊，知道皇上很尊敬這些老一輩的革命家，申屠嘉要是真的派人前來把自己捕獲歸案，然後推出去斬訖報來，結果皇上除了自己悲傷一場之外，也不會對申屠嘉怎麼樣。說不定還會化悲痛為力量，流著淚表彰申屠嘉，讓他把這個丞相當得更加威風凜凜。那時，自己的這條小命真的連狗都不如。但是他知道，即使他過去，申屠嘉也會把他一刀砍了。去也得死，不去也得死。到了這時，他才知道，有些人是真的得罪不起的。他沒有辦法，只得拿著那道手令去見親愛的皇上，求皇上為他作主。

劉恆這時不動聲色，看到他幾乎癱倒在那裡，就說：「你先過去吧。我再設法救你出來。」

鄧通沒有辦法，只得起身，一身冷汗地跑到丞相府。

申屠嘉還在那裡氣得老臉脹紅地等他的到來。

鄧通一到，立刻以最快的動作摘掉帽子、脫掉鞋，披頭散髮、赤著兩腳在那裡磕頭請罪。

申屠嘉假裝做出一副懶散的樣子，坐在那裡看著鄧通的表演，直到他磕頭磕得累了，這才大聲罵：「大漢江山是高皇帝打下來的，這個朝廷也是劉家的朝廷。你這個鄧通只不過是一個小臣，卻膽敢在朝廷的大殿上大大咧咧，好像是你的家一樣。你這分明是不把高皇帝的朝廷放在眼裡，這是大不敬之罪。犯大不敬之罪者，是要殺頭的。」他說著，大喝一聲：「來人哪！把鄧通拉出去，先斬首再說。」

鄧通一聽，想不到老傢伙動作這麼快，才來這裡磕幾個頭，他就宣布開斬。可是親愛的皇上派出的人馬恐怕都還在半路，他沒有別的辦法，只得又重新磕頭，把那顆頭磕得血都噴了出來。但是申屠嘉還是不為所動，仍然保持咬牙切齒的神態。

鄧通的頭都磕得暈了，丞相府裡才傳出一陣腳步聲，來人高叫：「聖旨到」。

那人上前對申屠嘉說：「皇上召鄧通進宮。皇上讓我轉告丞相大人：『這是皇上喜歡的小臣，您老人家就饒了他這一次吧。』」

話都到這個份上了，申屠嘉當然也不能再殺鄧通了，讓他跟著使者離開相府。鄧通見到劉恆之後，還哭著說：「皇上啊，就差那麼一點點，丞相就砍了我的腦袋啊。」

第三節　富可敵國

劉恆當然捨不得讓鄧通死去，他還想讓這個可愛的男寵一輩子榮華富貴。

有一次，劉恆接見一位當時著名的面相專家。兩人聊著聊著，他覺得面相專家是在吹牛。他雖然相信鬼神，是標準的有神論者，但是對那些面相專家還是有點懷疑的。當時，在場的還有周亞夫以及鄧通。周亞夫是周勃的兒子，雖然當時還沒當丞相，但也是貴族出身，很得漢文帝的重用，正當著託孤大臣來培養，前途不可限量。

劉恆指著周亞夫對那個面相專家說：「你看看他的面相如何？」那個面相專家用神奇的眼睛把周亞夫那鮮活的面容掃瞄一遍，說：「你三年後會封侯，再過八年你就會當丞相，位極人臣。但是過再九年，你會餓死。」

周亞夫一聽，就笑了，說：「我哥哥已經繼承了我父親的爵位，即使我哥哥早死，也是由他的兒子繼續位班，哪輪得到我？如果真的像你說的那樣，到時成為丞相，哪裡還會窮到餓死的地步呢？」那個面相專家指著周亞夫嘴邊說：「你嘴邊有一條豎線，紋理入口，這就是餓死之相。信不信由你。」

劉恆也不信，回過頭來，又指著鄧通，問專家：「你再看看他。難道也會餓死？」

面相專家一看，差點也笑了起來，原來鄧通的嘴邊也有這麼一條紋理，當場說：「這個人最後也會窮困餓死。」

劉恆一聽，這個面相專家，除了會說人家餓死之外，還會說別的嗎？「你說他會窮困而死，我就不會讓他窮死。在這個國度上還是我說了算，而不是你說了算的。我立刻讓鄧通富可敵國，讓你的鬼話被破除。」

劉恆為了讓面相專家的預言失敗，確實動了大量的腦筋。他覺得不斷地賞賜鄧通的錢財，當然可以讓他的財富迅速累積。但是這終究只是讓他被動發財——萬一哪天，自己公務繁忙，忘記了賞賜，他的財富便又沒有了。於是，他決定發給鄧通一張可以鑄錢的牌照。

依照當時的規定，除了中央政府可以鑄錢、發行貨幣外，其他諸侯王也可以鑄錢，公以下就沒有這個權力。劉邦建國時明確規定——非劉姓不得封王。所以，除了劉家之外，誰也沒有鑄錢的牌照。現在鄧通雖非封王，但是已經用享受了王的待遇。當時的強勢貨幣都是銅錢，因此，光是讓他鑄錢還不行，還得給他銅。於是，劉恆把鄧通老家的嚴道銅山劃到鄧通的名下。

如此一來，鄧通鑄錢廠，從原料到成品，全掌握在他手裡。

那時除銅之外，還有鉛、鐵之類的金屬產品。而這些金屬產品當中，銅又比其他金屬值錢。因此，當時那些諸侯王為了發大財，已經開始在鑄錢的過程中，開始了摻雜使假的行為，在銅錢裡加些其他便宜的金屬，以搏取暴利。現在知道了吧？假幣可不是現在才有，而是兩千年前就有了。以後罵造假幣的人時，千萬別用「人心不古」這四個字。

但是有兩個是例外的。

第三節　富可敵國

一個是吳王劉濞，另一個就是鄧通。

劉濞不作假是有政治目的。他想以此收買民心，以後辦大事。而鄧通呢，他深知自己的身分，能得到鑄幣牌照已經謝天謝地、謝皇上了，要是還做假，申屠嘉老人家這一次能放過他嗎？殺一個嬖臣，對於他這個老人家來說，根本不算什麼。所以，他倒是老老實實地鑄錢，發老老實實的財，保證鄧氏出品，如假包換。

現在的貨幣名稱基本都是以國家名義命名的。比如美元、越南盾、日圓，當然還有著名的辛巴威元——儘管連其國民都不願用的貨幣，但是仍然擁有其驕傲的國家稱呼。而漢代的貨幣名稱，都用鑄者的名字命名。如劉濞鑄出的錢叫吳王錢，而鄧通的錢就叫鄧通錢。

當時，市面上發行量最大的是吳王錢，但是人們最喜愛的還是鄧通錢。由於鄧通錢的銅含量基本達到24K足銅，所以錢幣光澤好、分量足、厚薄均勻、質地精純，拿在手裡，手感就不一樣。根據現在考古發現，就連當時中央政府鑄的錢，都不如鄧通的錢受歡迎。

劉恆鑄的錢就是人工銅，是青銅錢，而鄧通錢用料是原始銅，為紅銅錢。當時貨幣面額是有法定標準的，叫四銖半兩錢。每個銅錢的上面都鑄有「半兩」兩個字。雖然錢的大小、字型都一樣，但是鄧通錢還有些許不同的。他的錢在穿上下全有凸起，錢面上下也有不規則的凸起部分。為什麼他要做這些凸起的部分？這是要多花原料的。據說他這樣做是別有用心，就是以此與別的錢區分開來，讓人家拿到手就知道這是鄧通錢。

反正他有銅山，不怕沒有銅，有銅就等於有錢，有錢就可以任性。

成為全國流通量最大貨幣的貨幣發行公司老闆，說他富可敵國，一點都不誇張——現在那些世界首富，雖然個個都身家數百億美元，比一些先進國家的錢還多，可是他們都在投資，哪天突然來個什麼危機，那些億萬數目幾個小時就可以大量縮水，轉眼就可能化為纍纍債務。

可是鄧通卻不是投資家，他只管印鈔，除非社會不用錢。他根本不怕財富縮水。而且當時的經濟社會狀況也不會暴發金融危機。所以，只要那張牌照還在手裡，那座銅山還有礦，他就能一輩子財源滾滾——當然除了他不想發財，那就另當別論了。

如果在現代，他完全可以過著比總統生活還幸福的生活。可是他仍然得在皇宮裡當劉恆的密友。沒有了這個密友的感情基礎，那張牌照就會被收回。

第四節　最終餓死

鄧通服侍劉恆是非常盡心盡力的。

有一次，劉恆的龍體患了毒瘡。這個病如果在現代，到醫院裡打幾針就會沒事。可是在當時算是頑疾，雖然不能要了皇帝的命，但卻老是流膿，讓人感到疼痛，讓劉恆很難受。

別人對那處毒瘡可以不知道，但身為密友的鄧通知道劉恆被毒瘡折磨得很痛苦。他對劉恆說：「聽說，毒瘡化膿的時候，把裡面的膿水吸出來，感覺會好些。」

劉恆說：「怎麼吸？」

鄧通說：「用嘴巴。也就是臣的這張嘴。」

第四節　最終餓死

於是，鄧通就把嘴巴貼到劉恆的毒瘡那裡吸了起來。當他的嘴巴離開那裡時，劉恆覺得疼痛感減緩了許多，同時，他也看到鄧通把一嘴的膿水吐到痰盂裡。他想跟著吐，但是他忍住了。

接連幾次，只要劉恆喊痛，鄧通就吸膿水。

劉恆真的很感動。有一次，吸膿結束後，劉恆問鄧通：「鄧通，你說這個世界誰最愛朕？」

我猜測劉恆是想要鄧通說是鄧通啊！這個世界只有鄧通最愛皇上。可是鄧通能夠這麼說嗎？當年在申屠嘉面前稍一失禮差點被砍腦袋的事，鄧通記憶猶新，一想到申屠嘉身上就冒汗。他從那時起就深刻地了解到，朝廷是講究禮節的，要是忽略了某個禮節，就有可能人頭落地。

現在他能說自己是最愛皇上的人嗎？

他不能這樣說。

他是很機靈的，望著劉恆的眼睛，說：「當然是太子。」

如果是別的皇帝，聽到這話會大大表揚鄧通一番。然後就什麼事都不會發生。

可是劉恆一聽之後，卻真的想去試驗太子。

沒幾天，太子劉啟進宮請安。劉恆指著毒瘡讓他幫忙吸吮膿水。

一般的人看到那紅腫得發青的毒瘡，都會噁心到吐，他一個堂堂太子看到，心頭的噁心程度會到什麼地步？現在倒好，不但讓他看，還讓他去吸吮。此時，他心頭肯定是五味雜陳，但是皇上就在那裡等著他下嘴，他能不下嘴嗎？

他知道，如果他像別人家的兒子那樣扭頭而去，後果就是從太子變成廢太子。廢太子下場一般都是很慘的。他只得苦著臉去吸吮毒瘡。

劉恆看到劉啟那個態度已經很不滿意，再看他吮吸的方式也太不專業，就知道，劉啟愛他的程度遠不如鄧通了。

劉啟經歷這個事後，心裡很不舒服。他不敢說父皇的壞話，就想一定是哪個缺德的傢伙亂在父皇前面出這個臭主意，讓他來吮吸膿瘡。這不是故意折磨他是什麼？

他立刻暗中進行調查，很快就查出原來是鄧通經常從事這方面的事情，一定是鄧通向皇上推薦自己也來試一試。他恨不得把鄧通一棍打死。可是現在他不能拿鄧通怎麼樣。因為他的父皇需要鄧通。

但是不久漢文帝劉恆就死了。於是，劉啟接班。他當皇帝後，對鄧通還懷恨在心，立刻把鑄錢的牌照收回。當然，如果只收回這個牌照，鄧通仍然富可敵國，因為劉恆此前已賞賜他數兆之巨，再經過他這些年的誠信經營，財富算起來仍然大得嚇人。

可是他的財富是皇家給的，皇家可以讓他從一貧如洗毫不費力地成為首富，也同樣可以讓他從首富變成一無所有。

鄧通的鑄錢牌照被沒收了，又被免了官，成了個閒人，天天悶在家裡。如果他就這樣不聲不響地生活下去，可能那個面相專家的話就錯了。可是他閒了沒多久，覺得無聊，居然偷偷重操舊業。

他才開張沒幾天，人家就告到劉啟那裡，說他私自鑄造錢幣，擾亂金融流通秩序。劉啟等的就是這一天，立刻進行調查。果然舉報屬實。於是，將鄧通抓獲歸案。處理的結果是，沒收全部家產，處數以萬計的罰金。

鄧通就這樣一天之內從首富變得負債累累。

但是他還沒有被餓死。

第四節　最終餓死

因為還有長公主。

長公主對父皇劉恆還是很有感情的，覺得這個鄧通以前為父皇帶來無限的快樂，而且還記得老爸跟面相專家的對話，覺得要是鄧通真的被餓死了，那父皇就輸給面相專家了。為了父皇的面子，她不能讓鄧通餓死。在鄧通沒米下鍋的時候，她派人偷偷送一些錢給鄧通，讓他能維持生活。

哪知，劉啟似乎早料到這一招，早已派人潛伏在鄧通的住處周圍，一看到有人送錢過來，立刻通知那些債主過來，把鄧通剛剛到手的錢財都拿走了。長公主沒辦法，只得送些衣服、食品之類。哪知，還是被人家拿去抵債。

沒過多少天，鄧通就真的四肢癱軟在地，最後活活餓死。

他到死也不會想到，他的死居然是因為吮那幾口膿瘡。他本不用去吸吮，但是為了巴結皇上、讓自己更加有錢，於是他成了皇帝身邊的的毒瘡吮吸手，最後的下場很悲慘。

鄧通在西漢時期是個傳奇人物。他憑著一個夢而成為皇帝的孌臣，以娛樂皇帝為終生職業，最後官至二千石，可開採銅礦鑄造錢幣，待遇可比諸侯王，就是開國功臣也沒誰得到這樣的待遇。幸虧劉恆還算明白人，除了讓他發揮娛樂功能外，沒有讓他分享權力，否則漢朝的完結可能就提前了。鄧通在當時以及後人的評價，基本是百分之百的負評。司馬遷就直接把他放進〈佞幸列傳〉中，而且穩坐第一把交椅。其實，他本人並沒有主動做過多少壞事。他的一切都是劉恆給的。仍然可以說，鄧通這個佞幸的形象，同樣是漢文帝和鄧通共同打造出來。

沒有皇權的任性，就不會產生出鄧通這樣奇特的人。

第五章　田蚡：貪婪驕橫，終落得悲慘下場

第一節　靠姐姐的上位之路

大漢王朝開國之初，就確立了後宮參政的傳統。呂后從一開始就是個很強勢的皇后，劉邦一外出，她就在後方主持大政方針，連韓信也可以被她一聲令下，在長樂鐘室就地殺頭。其後迅速向外戚干政的方向大力發展——呂后的兄弟呂祿、呂產都在呂后稱制時位居高官，把持著國家大權，所有功臣都只能在他們的指揮下行動。如果沒有周勃和陳平他們，恐怕大漢國姓就有由劉姓改成呂姓的可能。

後來，雖然把呂氏全數剿滅，但外戚干政這一傳統卻延續了下來。劉恆當皇帝時，常與太后商議朝政大事，他甚至想把自己的舅舅薄昭任為丞相，但是後來沒有真的行動。

而到了景帝和武帝兩朝，外戚越來越多。景帝並不長壽，他死的時候，他的舅老爺卻還很活躍。但是武帝劉徹的外戚們已經磨刀霍霍。

於是，兩家外戚就在這個歷史舞臺上爭的你死我活。

在他們看來，權力是個可以不惜一切代價去搏鬥的東西。這樣的權鬥，並不同於運動場上的比拚，有比賽規則還有裁判，而是無所不用其及，誰無恥、誰缺德，誰就能笑到最後。

當時，景帝外戚們的代表叫竇嬰，而武帝外戚們的代表叫田蚡。

田蚡是漢景帝王皇后同母異父的弟弟。他的母親在生他那個王后的姐姐很久之後再嫁，於是生了他的哥哥和他。

當他出生時，他的姐姐已經入宮成為皇后。因此，很多人都認為，他跟賈寶玉一樣，是含著金湯匙來到這個世界上的。他的母親大概長得很漂亮，他母親的前夫也很帥氣，但是他的父親應該長得很不符合當時人們的審美要求，因為他又矮又醜。關於他的相貌，司馬遷有兩個字形容——貌侵。這兩個字用現在的話來說，說好聽點就是身材不高、其貌不揚，說得難聽一點就是又矮又小、相貌醜陋。

但是他向來認為海水不可斗量，人不可貌相。人長得醜，並不代表腦子也差。他長在貴族之家，他相信他不用奮鬥就可以高官厚祿、出人頭地。

不過，他並不像他的前輩竇嬰那樣，雖然是靠著皇后表姐而成為將軍，但是他參加過平定七國之亂，戰功赫赫，即使沒有姐姐的提攜，僅靠那些軍功，同樣可以出人頭地。

他長大時，正是竇太后大權在握的時候。而天下人都知道，竇太后跟他的弟弟竇嬰關係是很好的，兩人把持著政朝，互為表裡。想得到提拔，就得跟竇嬰打好關係。

田蚡比別人更能深刻領會這個官場的關鍵。他姐姐雖然也是國母級的人物，但是剛剛成為皇太后，比太皇太后竇氏還是少了一輩——再說，劉啟還活著時，都還得聽竇氏的話，何況現在是孫子當皇帝？因此，田蚡就天天往竇嬰的家裡跑，非常勤勞。

田蚡在竇嬰面前表現得像兒子，甚至是孫子一樣，只要竇嬰一有什麼話，最先聽魏其侯的話是他，最先照魏其侯的指示辦事也是他，天天陪竇嬰喝酒，也幫竇嬰喝酒。別人喝多了，站起來就搖搖晃晃地扶牆而去，他卻仍然把所有禮節全部走遍，跪下再拜，這才恭恭敬敬地後退而去。因此，竇嬰在這一時期還是很喜歡他的。

當他那張醜陋的臉在竇嬰面前掛著晚輩的笑容時，竇嬰作夢也不會想到，最後他會死於這個又矮又醜的人手上。

田蚡還在竇嬰手下小步快跑充當晚輩的時候，心裡就想著，以後一定要當官當到跟竇嬰一樣大。竇嬰的官有多大？大將軍。

而田蚡還只是個郎官，如果不是姐姐的原因，以他這個身分，連大將軍府上的陪酒員也沒資格當。田蚡知道，他現在不需要去立功——他也沒有本事立功，他只需要耐心地等，等竇太皇太后駕崩的那一天，他的姐姐接下太后的權力時，他手中的權力也會跟著高漲。這段時間，只要竇家不把他打死，他就什麼都不怕。因此，他唯一要做的，就是討得竇嬰的歡心。

後來，故事情節果然按照田蚡的想法進行。

他一邊奉承竇嬰，一邊靠著從姐姐那裡得來的錢財，招攬人才充當自己的門客，開始為自己前途打基礎。田蚡自己雖然沒多少才能，但是卻深知人才的重要性。他知道，竇家在最高層深耕多年，人際關係比蜘蛛網還複雜，竇家的人已布滿朝中，要想弱化他們的影響力，需要費一番功夫。

當時，戰國養士之風仍然流行，大部分貴族的家裡都養著一幫吃閒飯的人。這些人一天除了陪主人吃飯喝酒之外，還得幫主人出主意，保住主人的榮華富貴。田蚡這時雖然還沒當大官，手中的權力不大，但是他有錢。所以，他的家裡也養著一批門客。

田蚡那張臉掛著的笑容，不但讓灌嬰對他很信任，就連漢景帝劉啟對他也越來越喜愛。皇上一喜歡，他的好運就來了。劉啟提拔他做了太中大夫。然後他的姐姐又說他很努力學習，精通《盤盂》之類的典籍。所以別看他長得醜，但是他很有能力。

田蚡盼望著竇太后提前死去，但是已經失明的老人家並不如他的願，還是活得好好的。倒是春秋正盛的劉啟提前死去。

劉啟當了十六年的皇帝，但是只活了四十七歲。

於是，劉徹繼位，就是著名的漢武帝。當時漢武帝也只有十六歲，他後來雖然非常有名，但是現在朝政仍然由他的奶奶掌握。

此時，他的奶奶竇氏已經成為太皇太后。田蚡的姐姐雖然是皇太后，但排名仍然在竇氏的後面，家事國事，仍然是竇老人家說了算。但是因為竇老人年紀已大，再加眼力不濟，精神越來越差，因此，權力也不斷下放給王太后。王太后剛當太后，還缺乏經驗，碰到問題，便把弟弟田蚡叫來商量，然後再拍板定案。於是，田蚡說的話也開始越來越重要了。

在劉啟臨死的那一年，田蚡已經被封為武安侯，在爵位上跟灌嬰已經平起平坐。但是他並不僅僅想當個沒有權力的貴族。如果只封個侯，沒有別的職務，那只能領很高的薪資，可以整天在家設宴請客，大吃大喝沒有問題。可是田蚡不想只當個貴族，他現在想當的是——丞相。因為，當時衛綰被免了職務，丞相的位子就這麼空缺下來，此時不搶，更待何時？目前有資格當這個丞相的只有竇嬰，可是當年竇氏多次

第一節　靠姐姐的上位之路

提出讓竇嬰當丞相時，劉啟就明確說過，竇嬰當不得丞相。

為了把這個丞相弄到手，田蚡在這個時期很會裝模作樣，替朝廷推薦人才，逐步把竇嬰的勢力擠出權力中心。

他把他的這個想法告訴他的門客們，希望大家看在吃喝了他這麼多年的份上，給他個好點子。

他手下有個門客叫籍福，對他說：「魏其侯當權了這麼多年，名望和人氣目前仍然高居榜首。現在將軍才剛剛起步，根基跟魏其侯比，根本不在一個等級上。即使皇上任命你為丞相，你也應該謙讓一下，而且明確讓給魏其侯。如果他當了丞相，老大必定成為太尉。丞相雖然排名在太尉之前，其實級別都一樣。這樣一來，你不但當了國家第一級的官員，地位不比魏其侯低，還能得了個謙讓的美名，會大大提升你的人氣跟聲望啊！」

田蚡的腦袋還是很聰明的，一聽到這個話，立刻採納。

田蚡立刻找到他姐姐，讓她把這個意思跟劉徹說。這就成了他透過後門推薦竇嬰當丞相的事。當竇嬰被任命為丞相時，田蚡也成為太尉。而田蚡則名聲大振。

籍福還是很有良心的。竇嬰當丞相時，大家都去祝賀，籍福也過去。其他人都把好話說完之後，他才一臉嚴肅地對新丞相說：「君侯啊，你有個性格特質，就是對好人的態度很好，對壞人的態度很凶。現在你能當上丞相，就是因為大量的好人幫你說話。請君侯一定要記住，現在這個社會壞人實在太多了，他們肯定天天在說君侯的壞話。如果君侯能容忍他們，君侯的位子必定長久；如果不能容忍，那麼不久君侯就會被他們玩完。」

竇嬰一聽，這是什麼話？讓我去容忍壞人？以前我不當丞相，都不怕壞人，現在當了丞相，權力比天大，哪還怕什麼壞人。上任的第一天就聽到這樣的話，真是氣死人。

籍福看到他一臉的不悅，終於不再說什麼了。

第二節　搶奪權力需要策略

田蚡看到竇嬰真的當了丞相，那張老臉比以前更傲慢了，心裡很高興。他繼續假裝。他跟灌嬰有個共同的愛好，就是「好儒術」。當時，諸子學說，還在流行，但是漢朝的皇帝對儒術不以為然，以前劉邦一見儒生就生氣，甚至把儒生的帽子脫下來當尿壺。只是後來他當皇帝後，跟一幫跟他打天下的大臣天天處在一起，覺得皇帝的尊嚴沒有被重視，這才讓叔孫通幫他建立了一套禮儀。當叔孫通把拜見皇帝的禮儀建立出來後，彩排的第一天時，劉邦看到大臣們都整齊地拜在自己的腳底，整齊劃上地山呼萬歲，皇帝的優越感才油然而生，覺得這才是皇帝的感覺。因為叔孫通就是儒生，所以劉邦對儒生才稍好一點。一般士大夫都喜歡儒術，覺得禮儀尊卑那一套很不錯。而竇嬰和田蚡也是「儒術」群中的帶領者。

田蚡找到竇嬰，向他建議，我們兩個都好儒術，就利用一下職權，在朝中大力倡導儒術吧！

竇嬰一聽，立刻覺得是好主意，於是，兩人到處應徵儒生，讓他們到朝中當大官，準備在朝中設明堂。明堂是專門讓皇帝諸侯會面的地方。再依照儒家的禮儀命令所有諸侯就國，並要求百姓檢舉揭發竇氏家族以及皇室中人品不好的人，然後開除他們的族籍。

兩人做得有聲有色，竇嬰覺得這比他打敗七國亂軍還過癮。哪知，全中了田蚡的圈套。

第二節　搶奪權力需要策略

首先那些諸侯都是貴族，最重要的是，這些諸侯大多是公主的合法丈夫，個個都想在京城裡享福，哪個人甘願跑到封地那裡過苦生活？於是，這些諸侯都開始罵竇嬰。雖然這事是竇嬰與田蚡聯合想出來的，但他是丞相，是需要負起大部分責任的。人家太尉不用負多少責任。

竇嬰的人氣就這樣開始下跌。

更重要的是，連竇太皇太后也生氣了。她和竇嬰雖然都姓竇，是如假包換的堂姐弟關係，現在竇家的男人當中，也是竇嬰權力最大。他能有今天，基本都是靠他堂姐。可是兩人的信仰卻不同。竇嬰好儒術，而竇太皇太后卻喜歡黃老。

當年竇氏還是太后時，就要求她的兒子劉啟以及自己家的弟子都讀黃老的書。當時有一個大名士叫轅固，學問很高，是研究《詩》的高手。竇太后聽說後，就把他叫過去，讓他講解《老子》。轅固才一看封面，就說：「這個書沒什麼特別的內容。」

竇太后一聽，立刻生氣起來，大吼一聲：「它當然比不得儒家的書了。儒家的書全是管犯人一樣的。」當時玉手一揮，讓人把轅固帶到獸圈那裡，大聲說：「你看裡面是什麼？」

轅固一看，嚇了一跳，原來裡面全是嘴邊長著獠牙的野豬。他還不知道這個面目很慈祥的老人家為什麼會把他帶到這個地方。

劉啟當然知道他母后接下來要做什麼了。他吩咐身邊的人準備一把鋒利的刀。

竇太后冷冷一笑，說：「你敢侮辱老子的書，哀家現在就叫你進去跟這些野豬搏鬥！你要是能把野豬殺死了，才可以活著出來。」

轅固一聽，不由大叫苦也。他活了這麼多年，精力全放在《書》、《詩》上，從沒練過武功啊！一般的武林高手，想在這個圈子裡活著出來，怕也很難，何況他一個書生？書生的嘴很硬，可是手頭一點不硬。

但是太后叫他進去，他能夠不進去嗎？

竇太后大叫一聲：「給他刀！哀家還給你武器，野豬可沒刀呢。」

劉啟趕忙向身邊那人一個眼色。那個人把手中的刀遞到渾身顫抖的轅固面前。

轅固沒有辦法，只得伸出白白瘦瘦的手接過刀，進了獸圈。

當獸圈的門關起來之後，轅固真的想放聲大哭。

可是野豬的動作比他的淚水快得多了。他的淚水還在眼裡打轉，野豬已經向他衝了過來。他沒有辦法，只得懷著想哭的心情，挺刀向野豬刺過去。

這一刺，居然直中野豬要害。野豬大叫一聲，倒地而死。

轅固大吃一驚，抬頭向圈外望過去。

竇太后雖然鬱悶，但是也不好意思說話不算數，只得氣哼哼地下令把他放出來。劉啟知道母后很不喜歡儒生，因此，終其一朝，都沒有重用儒生。

竇太皇太后的兒子很聽她的話，可是她這個堂弟卻一點也不這麼做，老是在當丞相時天天任命儒生當大官，在朝中大力推崇儒家。王太后私下弄權，她也就算了，可是竇嬰居然挑戰她的信仰，她還能忍得住嗎？

更讓她憤怒的是，竇嬰推薦的御史大夫趙綰居然提了個建議——皇帝以後不必再向竇太皇太后稟奏了。這不是直接奪她老人家的權是什麼？這不是赤裸裸地宮庭政變是什麼？

「我當這麼多年的權，都當到現在了，臨死了，居然還被奪權？你們這幫小子把我看成什麼了？靠我的堂弟位居高位，卻來推翻我，這是什麼道理？」

如果是別人，她早就把他丟進獸圈裡了，而且這個獸圈裡養的一定是老虎而不是野豬。

竇嬰是她弟，她當然不能把弟弟拿去餵老虎，但是，丞相這個職位是不能讓他繼續當下去了。

她下令，直接罷免了竇嬰和田蚡，以及兩人所推薦的那些人。竇嬰和田蚡都領著侯爵的薪資，待在家裡提前過著退休生活。

竇嬰很鬱悶，但是田蚡很高興。

因為田蚡知道，自己還年輕，完全可以東山再起。而竇嬰基本就無法重頭再來了。一來，竇嬰能有今天，靠的就是這個姐姐，現在這個姐姐年紀已經大了，更重要的是，她已經把竇嬰丟在一邊了，徹底砍斷了竇嬰的前程。而他田蚡的老姐卻春秋正盛，只等竇老太婆兩腿一伸，這個天下就是他田蚡說了算了，到時再慢慢消遣一下竇氏家族也不遲。

不光田蚡能一眼看穿竇嬰的未來，很多文武官員都知道竇嬰已經徹底失去權力了，這就意味著，原丞相竇嬰的利用價值已經歸零，大夥再也不必上他的門、捧他的場子了。

但是總得要上一個權貴的家門。

這些人就是用腳指頭去想，都能想得出，下一個頭號權貴就是田蚡。儘管現在田蚡跟竇嬰一個樣，身上除了有點錢外，別的都沒有。但是竇嬰已失其堂姐的歡心，而田蚡仍然天天到宮中與他的姐姐見面。他的姐姐雖然還鬥不過竇太皇太后，但是他的姐姐目前精力很好，竇太皇太后，已經不怎麼管事了——如果這一次，竇嬰不挑戰他的信仰，不直接宣布要奪她的權，她也不會有這麼大的動作。

鬧了這麼大的動靜，她的力氣也用完了。而田蚡的姐姐王太后的權力也就越來越大了。王太后沒竇太后那麼有執政能力，碰到要處理的事，基本都由田蚡做出主意，她只需要在文案上批准同意。

於是，大家都紛紛告別竇嬰的家，轉投到田蚡門下。

竇嬰看到昔日都在自己家的宴會大廳裡舉著酒，把拍馬溜鬚的話說得中氣十足、悅耳動聽的賓客都跑到田蚡家裡，把以前在他那裡的節目表演給田蚡看，心裡很鬱悶，覺得這些門客真是人心不古。但是他還有什麼辦法？誰叫他已經是個過氣人物，在這個社會裡，誰過氣誰鬱悶。

過了不久，竇太皇太后終於死了。

田蚡心下大喜，他真正的好日子終於來到了。他現在盯著的仍然是丞相位子。

竇太皇太后是在建元六年（西元前一三五年）駕崩的。當時，坐在丞相位子上的是許昌。他此前並沒犯什麼錯。但是在一個官僚社會、人治時代，犯不犯錯不是自己說了算，而是別人說了算。

王太后在在竇太皇太后嚥氣沒幾天，就下了個詔書，說丞相與御史大夫在主持太皇太后的喪事時，沒有盡心辦事，辜負了皇上的信任和百姓的期望。所以，決定把他們免職。

接著下第二個命令——任田蚡為丞相、韓安國為御史大夫。

這個任命一下——天下士郡諸侯愈益附武安。這話用現在的話來說，就是從中央到地方的官員以及貴族們都選擇武安侯站隊了。

這時的漢武帝仍然年輕，大權仍然掌握在太后手中，所以大小事仍然靠丞相田蚡幫拿主意。於是，田蚡的權力越來越大。

雖然大家都很怕田蚡，很巴結他，除了那些拍馬屁語言外，沒誰敢在他面前說別的話。但是因為他長得不好看，人又矮小，雖然大權在握，但是看上去一點不威風凜凜，因此心裡就自然而然地生成一種自卑感，總以為人家看不起他，尤其是那些年紀比他大的前輩。他決定狠狠地打擊那些前輩，他認為只要這樣做，天下所有的人才會都懼怕他。

他做出行動之後，果然天下大肅，別人看他的眼睛都充滿了敬畏的色彩。突然之間，他覺得自己的形象真的高大了無數倍，進宮與皇帝說事時，也更加雄糾糾氣昂昂了。田蚡有個習慣，只要有時間，就跑到宮裡跟皇帝面對面談論國家大事，而且一坐就是從早到晚。他在那裡侃侃而談，而皇帝只在那裡認認真真地聽，像個小學生一樣。

但是，後來被諡為武的劉徹也是有個性的，在田蚡面前裝小學生時間久了，也覺得很不爽。而且自從田蚡當了丞相，自己的發言權好像越來越小了，幾乎所有的官員任命都由他決定。有的人本來就是個待業在家的，經他一推薦，那個待業人員立刻成為二千石的官員——享受這個待遇的，基本都是高級官員。

劉徹把自己的權力清單一盤點，原來已經沒有多少了。他終於也受不了了。有一次，田蚡又把一份人事任免方案呈給劉徹看。劉徹直接對田蚡說：「丞相大人還有多少人要提拔的？我也想提拔幾個，不知還有沒有位子？」

如果別的人聽到這個話，大概會當場摘下帽子，然後趴在地上請罪。可田蚡卻只是笑笑，沒做聲。漢武帝也只有在那裡苦笑著，把下文艱難地吞嚥下去。

田蚡根本無視漢武帝那個苦悶的表情，繼續把得意的表情天天掛在臉上，仰著那張醜臉，邁著短短的步伐，在大家的面前囂張著。

「你們看看，我連人事任免權都全部從皇帝那裡轉移到自己的手上，這個以前蕭何、曹參他們都做不到吧？」

他繼續在漢武帝面前囂張。

有一天，他在劉徹面前吹牛一整天之後，摸著自己的下巴對早已昏昏欲睡的劉徹說：「皇上，我都當丞相這麼多年來，還沒個豪華宅邸住，所以想修建個豪宅。」

劉徹打了個哈欠，說：「這是丞相的私事，你想建就建。建成後，朕帶後宮去好好賀喜一番。呵呵，丞相的豪宅肯定設計得漂亮。」

田蚡乾笑幾聲，說：「修豪宅可得找一個風水寶地啊。」

劉徹揉了揉眼皮說：「那得好好找找。」

田蚡說：「我找到了。」

「在哪？」

「就是考工官署那裡。」

劉徹一聽，睡意立消，人也跳了起來，指著田蚡大聲叫道：「你乾脆把武器庫也全部歸到你名下算了。」

田蚡從沒見過劉徹對他生過這麼大的氣，嚇得趴在地下，叩頭不止。他知道，如果這時劉徹大喝一聲「來人！把這傢伙拉出去」，誰也救不了他。

什麼是考工官署？就是製造武器的地方，就是今日的兵工廠。連兵工廠都想占為己有，那真的不如把武器庫也搶過去算了。

搶武器庫是什麼罪名？就是造反。一旦沾上這個罪名，不管在哪個朝代，不管權力有多大、功勞有多高，結果都會是死路一條。當年，韓信的功勞不可謂不高，權力不可謂不大，但被人家套了一個莫須有的造反罪名，最後也死在長樂鐘室。

第二節　搶奪權力需要策略

田蚡一個仗著姐姐的勢力爬上高位的人，居然也把眼目光盯在武器庫上，不殺他殺誰？幸虧此時劉徹還嫩，發完脾氣，看到他這麼雞啄米似的磕頭，看上去怪可憐的，何況他還是母后的弟弟、自己的舅舅，於是也就算了。

田蚡經過這件事之後，知道這個年輕皇上是有個性的，只是臉皮還薄一點，但如果真的碰觸到他的痛處，他還是可以黑起那張臉的。因此，他在皇帝面前把那份囂張的表情收藏了起來，但是在大家的面前卻加大了囂張的力度。

即使是在他的哥哥面前，他雖然嘴裡稱哥哥，但在排座次時，卻按官位排。

「我雖然是你弟，但我是丞相，是你的上司，對不起了哥，你得排在我的後面。我這樣排不是為了我自己，而是為了捍衛大漢丞相的尊嚴。制度面前沒有情面。」

大家看到他對自己的哥哥都是這副嘴臉，在他面前更是個個奴顏婢膝，除了拍馬溜鬚的話外，不再說別的話。

他看到所有的人在自己面前都是這個樣子，長得再高的人也在自己的面前低下頭，心態就更加驕橫了。每天除了到處擺譜之外，就是不斷地加大力度搜刮財富。他每天都定自己的小目標，而各路諸侯和手下的官僚們則不斷地為他實現。

第三節　愚弄竇嬰

田蚡雖然占據考工官署的小目標沒有實現，但是他另選的地皮也不錯，造的豪宅比所有官僚和諸侯的規模更大、裝修更豪華。

當然，只建幾個豪宅仍然不能滿足他的虛榮心。他還購置大量的田地。這些田地都是全國最肥沃的土地，並在這些田地上面修建莊園。他不對外營業，而只是自己在裡面吃喝玩樂而已。田蚡還是個購物狂，專門成立了田家的購物團隊，分派到各地去幫他購物。各郡縣的大道上，到處都是他派出的購物隊伍。

他囂張到什麼地步？據說還在大堂上設立鐘鼓、樹立高大的曲旃。如果是在現在，就是擺一萬個鐘、一萬面鼓、立一萬桿曲旃都沒誰會說話。可是當時就不一樣了，因為依照當時的禮儀，只有皇家才能擺這樣東西。要是讓皇上知道，完全可以定死罪、滅全族的。

田蚡卻一點罪都沒有，繼續派他的手下到處購物，到處擺譜，大家繼續在他的面前低頭走路、夾著尾巴做人。

當然最鬱悶的不是這些官僚，因為在那樣的制度之下，不管誰當老大，他們的尾巴都得夾著。想翹尾巴，就得把丞相這個位子搶過來當。而且就算真的把丞相搶到手了，也未必有田蚡這樣的權力。當年蕭何就是在相位上被下廷尉的，周勃也不得不把丞相的位子讓給陳平。想要像田蚡這樣，還必須有個當太后的姐姐。

現在最鬱悶的是竇嬰。以前在他家吃喝玩樂的大大小小官員，現在都離他而去，甚至連過他家的門前都扭過頭去，不再向他的門庭望一眼。不過，仍然有一個人堅持來跟他喝酒。

第三節　愚弄竇嬰

這個人叫灌夫。

灌夫的爸爸本來叫張猛，先當灌嬰的門客，性格與灌嬰很契合，因此，灌嬰對他很好。灌嬰後來推薦他出來當官，一下就當了個二千石的官員。張猛覺得灌嬰大人實在太好了，不但讓他白吃白喝，還讓他成為高級官員，這可是重生父母啊！他沒有理由不成為灌嬰的死黨。為了表示自己從今以後成為灌嬰大老爺徹頭徹尾的死黨，他乾脆改了自己的姓，從姓張變成姓灌。從此張猛就成了灌猛。

後來，發生了七國之亂。灌猛和他的兒子灌夫都被安排到周亞夫的手下去打仗。灌猛打仗時跟他的名字一樣，勇於衝鋒在前，最後死在戰場上。他死之後，周亞夫叫灌夫把爸爸的屍體運回去，可以不用上前線了。可是灌夫卻死是不同意，也像他爸一樣，高喊著為爸爸報仇的口號，繼續衝鋒在前，立了很多戰功，身上也負了很多傷，成為當時有名的英雄。

灌嬰的兒子灌何又向景帝推薦他，於是他成了中郎將。可是這傢伙除了敢打硬仗之外，還愛大碗喝酒，而且經常一喝就出事。中郎將沒當幾天，就犯了王法，最後那顆新鮮的大印到手沒幾天，便又繳了上去。

但是因為他是有名的英雄，雖然沒了職務，但人氣仍然大旺。過了不久，又被任為代相。接著又被連續提拔幾次，可是又因為酒精中毒，打了竇太皇太后的弟弟。劉徹怕他被殺，便派他去當燕國的相國。但是老毛病又犯，官帽再被摘，成了白丁一個。

灌夫雖然沒有官職，但是這些年來，他一邊當官一邊喝酒，還一邊搜括錢財，這時家裡的錢財非常多。他的家財到底有多少？司馬遷用「家累數千萬」來描述。

他也像田蚡一樣，到處購房產、搶田地，壟斷利益，尤其是在潁川一帶，什麼利益都是他家的。當時潁川還流行了一首針對他的童謠：「潁水清，灌氏寧；潁水濁，灌氏族」。一定要注意，最後面的「族」字，是滅族的意思。

灌夫很有錢，可以天天請客。可是那些客人也不僅僅為了解決溫飽而天天來陪酒的，他們還要看對方有沒有權勢。要是沒權沒勢，他們就不搭理了。

灌夫看到賓客們都走光了，那麼多的酒啊、菜啊，全由他一個人消化，心裡很不爽。後來，他發現，竇嬰現在的心情跟他一樣。

於是，兩人很快就混到一起，天天在一起，一邊喝酒一邊感嘆世態炎涼，你到我的家發牢騷，我到你的住處吐吐槽。

這兩位吐槽大家聚在一起，越來越情投意合。當然他們都有自己的想法。灌夫投奔魏其侯，就想借老丞相的名望抬高自己的人氣；竇嬰接收灌夫，是看中了他的性格，想利用這個莽漢藉著酒瘋去報復一下那些不把他這個原丞相放在眼裡的人。

田蚡仍然密切地關注著竇嬰的動態。他覺得，只有把竇嬰這樣的人也壓下去，再踩上一隻腳，他的價值才得到最大限度地體現。可是，一直找不到機會。他現在權力雖然大，連漢武帝都得看他的臉色辦事，但是要打倒竇嬰，難度還是大的。一來竇嬰畢竟是太皇太后的姪子，二來他當過丞相，還是有些人脈，三來他也沒什麼過失，而且他雖然憑著堂姑的關係成為將軍，一步一步爬上來，但他身上是有過軍功的。要是沒有理由地拿下他，恐怕劉徹不會答應。劉徹現在雖然對他還尊重，但要是觸及原則性的東西，他還是會生氣。這個田蚡領教過。

田蚡就等機會。田蚡不但很會利用職權斂財，頭腦也很聰明。他看到灌夫與竇嬰有往來，知道機會來

第三節　愚弄竇嬰

了。因為大家都知道，灌夫除了敢打仗之外，還勇於喝酒、勇於犯法。只要灌夫一犯法，竇嬰離犯法還遠嗎？可是過了很久，灌夫居然沒有犯法。田蚡等不及了，就眉頭一皺，計上心來。灌夫的姐姐去世，灌夫穿著喪服去拜見田蚡。

田蚡在跟他瞎聊一通之後，就懶懶洋洋地說：「我本來想跟你一起去跟魏其侯家裡玩玩，可現在你正在服喪期間，就不好約你了。」

灌夫說：「丞相大人都過去了，我還好意思推辭什麼？我回去就通知魏其侯，讓他做好準備，明天我就和丞相過去。」

田蚡點點頭，說：「那好吧。」

灌夫雖然是個莽漢，但也有一定的心機，他跟隨竇嬰的主要目的就是想借助竇家的權勢。這時看到田蚡要跟竇嬰交朋友了，心裡就高興起來。他出了丞相府，就直奔魏其侯府第，把這個天大的好消息告訴老朋友。

竇嬰這些天來，都在鬱悶中生活，也知道自己的失勢是田蚡造成的。但是人家是當朝丞相，奈何不了人家。想不到田蚡這時竟然主動過來跟自己喝酒，這可是一件很有面子的事。於是，他立刻全家動員，去買酒買菜，盡力做出竇家最好的菜餚，一夜不睡地辦好這一次宴會，搞得自己和夫人累得抬不起手。

但是他覺得值。

可是第二天，太陽升得老高，家中的客人也只有灌夫一個。

那麼多的酒菜都已經整整齊齊地擺在那，當裡的僕人趕蒼蠅都趕得手痠了，太陽已經過了頭頂，所有人的肚子都已經咕咕叫餓。但是門外的門僮仍然沒有大聲吆喝丞相駕到。

竇嬰終於忍不住了，抹了一把額頭的汗，對灌夫說：「也許丞相大人忘記這件事了。」

灌夫一聽，臉上就出現了怒氣，說：「哪能忘記？他親口對我交待的。我服喪其間都過來赴宴，他怎麼不來？我過去把他請過來。」

灌夫的脾氣一上來，就一臉怒氣地駕著馬車向丞相府狂奔。

他來到相府時，田蚡正在睡覺——大概是裝睡。他直接去見田蚡，大喊大叫：「丞相，你昨天說要去拜訪魏其侯。魏其侯都忙了大半夜準備酒席，等到現在還沒吃一口飯。你怎麼還不去？」

田蚡一臉的驚訝，說：「我昨天可能是喝醉了，把這件事忘記了。那就現在去吧。」

田蚡起來，好不容易上了車。上路後，一點不趕時間，慢吞吞地左看右看，故意把時間浪費在路上。

灌夫氣得想舉起拳頭打田蚡一頓。田蚡偷眼看著灌夫的表情，心裡很高興。田蚡認為這個表情就是竇嬰的表情。他知道，現在竇嬰還在那時餓著肚皮等著他呢！

「哈哈！我終於也可以消遣你了。以前我在你面前裝孫子，現在你也得在我面前當孫子。」

田蚡想著，就差笑出聲來。

灌夫的嘴裡就差大爆粗口了。

灌夫在沒有酒時，還是能忍一下的。可是幾大碗酒喝下去，本性就暴露了出來。

宴會開始後，灌夫舉杯舞蹈，敬了田蚡，然後請田蚡也舞蹈一下。田蚡卻不動身。灌夫就在席上，藉著酒話不斷地諷刺田蚡。田蚡也不說話，繼續喝酒。竇嬰知道灌夫喝醉了，就上去把灌夫扶走，然後又陪田蚡喝酒。兩人一直喝到天黑，田蚡在酒席上表現得很文明禮貌。

田蚡透過這次喝酒，看到竇嬰在自己面前已經沒有了脾氣，完全可以再折辱一番了，於是立刻決定搶

第三節　愚弄竇嬰

奪竇嬰在城南的田地。當然，田蚡並不親自去——他要是親自去，他就不是田蚡了。他派籍福過去。

竇嬰雖然被田蚡扎扎實實地耍了一場，但後來喝酒還算喝得開心，席間田蚡也沒有再做什麼出格的事來。可是這場酒喝之後，田蚡卻來要他的田地。

「你可以在赴宴時遲到，但不能要我的田地啊！」

所以，當籍福向竇嬰傳達田蚡的意思時，竇嬰立刻大怒起來，說：「我退居二線，無權無勢；田將軍雖然貴為丞相，權勢比天還大，可是也不能仗著權勢做出搶我田地的勾當吧？這個事，我是堅決不答應。」

灌夫知道後，也趕過來大罵一通。

籍福倒還不錯，怕兩家的矛盾加深，結果會很嚴重，因此回去之後，就勸田蚡：「魏其侯年紀已經很大了。我看他活不了多久。丞相就再忍一忍，等他死翹翹了，再要那幾塊田也不遲。」

田蚡當著籍福的面，說那也行。可是他還是派人過去調查一下，很快就查出，竇嬰和灌夫對他的要求很憤怒，而且還大罵過他。他哪能再忍得住，罵道：「竇嬰的兒子犯法，是我救了他的命。以前我當他手下的時候，對他恭敬得像孫子。現在他居然連幾塊田也不肯轉讓給我？這事跟灌夫有什麼關係，他竟敢也出來罵我？看我不收拾你。」

第四節　罵座引發的大案

收拾灌夫是一件很容易的事。想打倒別人，還得費很多腦力勞動搞個冤假錯案，可是只要認真找灌夫的犯罪事實，那是手到擒來。

田蚡很快就蒐羅到灌夫的罪狀，然後把狀子告到皇帝那裡。這個罪狀就是，灌夫在潁川那裡橫行霸道，老百姓都受他壓迫，現在天天上訪，請皇上查辦。

情節果然向田蚡的預期方向發展。

劉徹聽完田蚡的報告後，想都不想，直接說：「處理這種案子是丞相的職權範圍內，不必再向朕請示。」

田蚡很高興，準備下令把灌夫抓起來。

哪知，他的行動還沒有開始，灌夫同樣也抓到他的把柄。而且這個把柄比他抓灌夫的把柄大多了。

原來，田蚡還當太尉時，淮南王劉安入朝。田蚡想矇騙劉安要錢，便在跟劉安見面時說，以後大王一定成為天子。劉安果然愛聽這話，立刻送給田蚡大量金銀財寶。誰知，這事居然被灌夫知道，這時揚言要把這事告到皇帝那裡，田蚡也不由怕了起來。他現在雖然看上去權勢很大，但是並不像那些權臣那樣可以在朝中說一不二，他仍然得仰仗他的姐姐做他的後盾，才能把這個勢頭保持下去。如果皇上哪天不爽了，把他拿下，比以前免竇嬰更容易。所以，他也不敢再跟灌夫鬥下去。

於是，在他的授意下，那些門客都紛紛出面來和稀泥，很快就把灌夫的脾氣平息下去。

灌夫放過他一馬，但他絕對不會放過灌夫。

他還在等第二個機會。

第四節 罵座引發的大案

過了不久，田蚡決定娶燕王劉嘉的女兒為夫人，並舉行一次盛大的結婚宴會。王太后下達了個通知，要求列侯和官員都必須參加這個大婚禮。竇嬰是列侯，當然得了一張請貼。竇嬰在去赴宴時，正好路過灌夫的家，就進去叫灌夫一起去吃喜宴。灌夫此時還沒有喝酒，頭腦還算清醒，說：「俺多次喝高之後得罪丞相大人，現在丞相大人又與俺發生了矛盾，還是不去的好。」

可是這一次卻輪到竇嬰糊塗起來，他對灌夫說：「這個矛盾已經解決過了，不用擔心了。」叫灌夫一起去。灌夫只得跟著過去。

宴會過程中有個規定動作，就是主客先後要起身向在座眾人敬酒祝壽。田蚡先起來，舉著杯向客人們敬酒。他說祝壽詞時，大家都離開坐位，到地上伏倒在地，表示感謝。

當竇嬰祝酒時，只有幾個老朋友離開席位，伏地感謝，其餘的都坐在那裡，動了一下身體，意思意思一下，然後看著他的表演。

竇嬰無話可說，誰叫自己是過氣人物？只是喝悶酒。可是灌夫卻生氣了，他站起來逐一向客人敬酒。當敬到田蚡時，田蚡也只是動了一下身體，嘴裡還說：「我不能喝滿一杯了。」

灌夫的氣就更大了，但是他還沒有發作，只是苦著臉說：「呵呵，將軍是大貴人，這一杯肯定能喝下去的。」

但田蚡會喝嗎？他要是喝下去了，他就不是田蚡了。

灌夫沒有辦法，繼續敬酒。很快就敬到了臨汝侯灌賢面前，灌賢正跟程不識說悄悄話。灌賢是灌嬰的孫子，算起來還是灌夫的小輩。灌夫心裡有氣，正不知拿誰發火，看到灌賢這個樣子，正好借題發揮，於是直接指著灌賢大罵：「你小子平時把程不識說得一文不值、豬狗不如，今天為了躲避長輩的敬酒卻去跟他熱聊，這像什麼話！」

灌賢還沒有反應過來，田蚡卻站起來說：「程將軍和李廣將軍現在都是東西兩宮的衛尉，地位平等。現在你當眾這麼罵程將軍，這不是連李廣將軍的面子也不給嗎？」一聽這話，就知道田蚡已經把事態擴大化，把程不識和李廣都拉進這場紛爭中。

灌夫哪裡知道這其中的厲害，看到田蚡主動上來接火，心裡的火氣就更大了，加上腦子被大量酒精泡著，這時哪還顧得了什麼，大喝道：「今天就是砍我的腦袋，我都不怕，還管什麼程將軍、李將軍！」

在座的人都知道灌夫的脾氣一上來，後果不堪設想，便都藉口吃得太飽、喝得太多，肚子容量有限，需要上茅廁卸貨，紛紛排隊蹲糞坑去了。

竇嬰也知道任其發展下去，誰也收拾不了，也跟著離開現場，還招手讓灌夫也走。

可是田蚡不開心了。他看到賓客們都半途退場，把大喜宴搞得不歡而散，這個局面大家都看得很清楚。這正是報復灌夫的大好機會。他下令武士把灌夫扣住，不放他出去。

這時，籍福出來，替灌夫跟田蚡道了個歉，然後叫灌夫低下頭陪個不是。哪知，灌夫的牛脾氣一上來，對後果一點不負責任，大聲說：「我就是不低頭！」

田蚡一看，當下叫武士把灌夫捆起來，關在客房中，然後把長史叫來，說：「今天喝酒的，都是奉太后的詔令前來的。灌夫鬧場，就是與太后作對。請按律處理。」

於是，田蚡和長史立刻把灌夫的罪名定了下來——在宴席上辱罵奉詔喝酒的賓客，侮辱詔令，犯了「不敬」之罪。大家知道，犯這個罪的結果基本就沒命。

田蚡這次咬牙一定要把灌夫往死裡整。為了保證讓灌夫的腦袋被砍，他還派人把灌夫過去的那些臭事

第四節　罵座引發的大案

全翻過來，然後數罪併罰，而且還擴大打擊，連灌夫的那些族人都抓過來，全部判死刑。

竇嬰知道後，覺得自己也很有責任，便拿出大量的金錢，請人去向田蚡求情。

田蚡看到竇嬰在自己面前徹底低下了腦袋，心裡很得意，但是仍然不答應。

田蚡到處抓捕灌夫家人，弄得灌氏的人到處躲藏。本來灌夫還指望有人幫他告發田蚡跟淮南王的事，現在卻找不到人幫他出面了。

竇嬰只得咬著牙設法救灌夫。他的夫人勸他說：「灌夫得罪丞相，跟太后的家人作對，哪個都救不了他。」

但是竇嬰仍然去救。他認為自己曾經當過丞相，也曾有過軍功，總是能見到皇帝的。於是，他向皇帝上書求見。劉徹還真的把他叫到宮裡。他把事件始末說給劉徹聽，最後說，灌夫只不過是喝多了失態，雖然有罪，可是不應該判死刑。劉徹當場表態，說：「這個量刑也真的太重了。」還設宴招待竇嬰吃了一餐。

可是吃飯過後，劉徹說：「這事我也不好說了算，你們到東宮辯論一下，把事實辨清。」

正反雙方辯手很快就來到東宮。竇嬰先發言，把灌夫的功勞晒了一遍，最後說灌夫這次是因為酒喝多了，責任在酒。

田蚡把灌夫的錯都拿過來狠狠地擺在大家的面前，最後將這些錯處歸納起來，就幾個字——罪逆不道。

兩人數度交鋒，竇嬰這才知道自己雖然有身高優勢，容貌也比對方好無數倍，口才卻遠遠比不過他。如果是真人走秀，田蚡早就哭著下場。可現在是比拚口才、比拚誰更會誣諂人啊！

竇嬰最後急起來，就偏離主題，就把田蚡的一些過失也抖出來。可是他卻沒有掌握田蚡跟劉安交往的事實根據，所揭發的只是一些腐敗問題，比如到處斂財、私德有問題之類。

田蚡看到竇嬰終於把話題引到這裡，心裡就笑了，立刻反擊：「在皇上的英明領導下，現在天下太平，百姓安居樂業。我這才得以成為皇上的心腹大臣。我平時只不過喜歡錢財、購置房產、愛好美女、犯點男人們都犯的錯，這算得了什麼？哪像魏其侯和灌夫那樣，交結天下豪傑，天天在某個黑暗角落商量討論，妄議朝廷大政方針，希望東西兩宮都發生不幸的事，好讓他們成就大事。」

他這一招放出來，竇嬰也就無法招架了。他知道憑著嘴巴，他真的玩不過田蚡。

當然，連武帝也知道田蚡這話誣賴的成分極大，但是竇嬰沒法駁斥。劉徹也不願再讓兩人爭辯下去了，對大家說：「大家看看，他們誰說的有道理？」

御史大夫韓安國說：「灌夫的爸爸戰死戰場，他又拿著武器衝鋒殺敵，身上全是傷，是全國有名的英雄。這樣的人物，如果不是大惡，是不應該殺頭的。不過因為酒桌上的不愉快，這是不好定罪的。所以說，魏其侯的話是對的。丞相說灌夫欺壓百姓，大肆斂財，家裡有大量來歷不明的財產，橫行穎川，還欺負宗室，罪過確實很大。丞相的話也有道理。還是請皇上拿主意吧。」

大家一聽這話，心裡都感到驚訝。兩個都對？天下哪有這樣的道理？說了這麼多，原來都是白說的。

還有幾個大臣本來都認為魏其侯的話還是對的，卻不敢當面跟劉徹說。

劉徹看到大家都在那裡低著頭，嘴巴閉得很緊，就大怒起來，喝道：「你們平時都爭著說武安和魏其的長短，好像什麼都明白一樣。可是現在真的叫你們說真話，你們全都不說話。朕真的想把你們都拉下去砍了！」然後拂袖而去。

劉徹進去之後，請王太后過來一吃飯。王太后早就派人去現場查看過，對情況掌握得很清楚，見到

第四節　罵座引發的大案

劉徹，就大發其火，拒絕吃飯，大聲說：「現在我還活著，這些人就敢把我弟弟搞得這樣難看。如果我死了，他們不把我弟殺了吃肉才怪。」

劉徹說：「都是外戚啊，所以才讓他們辯論。如果是別的人，一個獄吏就可以斷案了。」

他知道，他也幫不了灌夫。

接下來，劉徹不得不親自辦理這個案件，要求御史加大偵辦力度。御史很快就蒐集到灌夫的很多罪狀，跟竇嬰所說不一致。於是，竇嬰也得了個罪名：欺君！

這個罪名雖然只有兩個字，但卻是大罪。

於是，竇嬰也被抓了起來，關在牢裡。

竇嬰這才知道，問題的嚴重性遠遠超出他的預想，他記得景帝在臨死時，曾給他一份遺詔，上面寫著：「事有不便，以便宜論上。」現在問題已經嚴重到不能再嚴重的地步了，他立即讓他的家人找到這份遺詔，拿著去見皇帝。還真的被皇帝召見了，似乎有了轉機。哪知，尚書處卻說，沒有看到這份遺詔的備案。肯定是魏其侯造的假遺詔。

這樣一來，竇嬰的罪狀又加了一等，而且這一次比之前更重。

竇嬰這才知道田蚡的厲害。他知道，自己再怎麼折騰也折騰不過田蚡了。於是，他決定絕食，自己把自己處理算了。

可是他才絕食沒幾天，又有風聲傳來，說皇上真的不想讓他死。於是，他又充滿了生活的希望，恢復吃喝。沒幾天，皇上還真的決定不殺他了。

田蚡急了，派人製造了很多謠言，把竇嬰說得無一是處。這些謠言很快就傳到劉徹的耳朵裡，劉徹生氣起來，改變了主意，下令將竇嬰斬首。

當年的十二月最後一天，曾經的丞相、赫赫有名的外戚、竇氏家族的代表人物魏其侯竇嬰被五花大綁，押赴渭城大街。冷風吹在大街上，吹在竇嬰那張憔悴的臉上，吹亂了他那稀疏的白髮。大街的兩旁都站滿了穿著破爛的百姓。大家都麻木地看著他一步一步走向砍頭的地方，誰也不知道他此刻在想什麼。是的，想什麼都已經沒有用。假如他不是外戚、假如他不那麼想占有權勢，他也許不會有昨天的富貴，沒有幾十年的腐敗生活。但是他也不會有今天。

田蚡選在這一天砍掉竇嬰，是算好了的。因為這天一過，就是春天。春天是大赦的季節，他就無法殺掉竇嬰了。

田蚡努力了這麼多年，終於把擋在他前面的竇家滅了，他的心頭應該暢快了，從此大漢王朝，就是劉家天下田家黨。

可是田蚡卻一點沒有像預期那樣的心花怒放，雖然天天繼續大宴賓客、吃喝玩樂，心情卻無緣無故的鬱悶。

鬱悶久了，就病了。大家看到他經常好端端的，突然張口就大喊大叫，全是謝罪求饒的話，弄得大家都莫名其妙。後來，家裡的人請巫師過來診斷他的病。那些巫師看過之後，說：「我們看到兩個鬼在他的身旁，準備殺他。」

「那兩個鬼是哪裡的鬼？」

「魏其侯和灌夫。」

大家一聽，就知道田蚡真的該死了。果然過不久，他就一命嗚呼。

再過不久，劉安謀反的事暴露，田蚡跟劉安的對話也被爆出。劉徹恨恨地說：「如果田蚡還活著，會死得更慘。」

田蚡和竇嬰都是外戚，都仗著家裡的一個美女成為皇后而起家，是那個體制的既得利益者。他們都靠著他們的外戚屬性，搜括了大量的錢財，過著糜爛的生活。如果光從兩人的人品上看，誰也不比誰更道德。他們的爭鬥其實就是體制內既得利益集團之間為了權勢而你死我活，為了獲得更多的利益而不惜捨命一搏。

從表面看，兩人的你死我活是因為灌夫而引起的，似乎沒有灌夫這個酒鬼，什麼事都不會發生。其實，基礎全在權勢和富貴這兩個概念上。沒有灌夫，還會有張夫。只要權勢還擺在那裡，只要權勢還能決定一切，就一定會有灌夫出現。

而雙方博弈的結果，也不是看誰更有智慧，而是看誰的後臺更大。當竇家的總後臺竇太皇太后還活著時，田蚡除了當孫子外，別無他途；當竇氏駕崩之後，竇嬰只能不斷地失勢，最後任人宰割——連漢武帝都救不了他。

第六章 王溫舒：以酷刑貪，終致動亂四起

第一節 酷吏發跡之路

千萬不要以為，漢朝皇帝對諸如陳平、田蚡之類的貪腐官員，不但沒有懲罰他們，反而越來越重用他們，讓他們的糜爛生活進行到死的那一天，是漢朝皇帝執法太寬鬆的結果。其實，這些皇帝們真的執起法來，還是十分嚴苛的。

漢武帝在位時重用能臣，除了多次出兵塞外、打擊匈奴之外，他手下還養了一批酷吏。這些酷吏的代表人物叫王溫舒。而以王溫舒領銜的酷吏竟有十人之多。按說有了這樣一批面色冷峻、勇於下狠手的執法人員，應當可以遏制貪腐，讓渾濁的官場變成清水一片才對。可事實真的如此嗎？

王溫舒是徹頭徹尾的草根出身。連司馬遷都不知道他父親的名字叫什麼。他從小就不是好學生，除了壞事，別的都不做，偷雞摸狗的事，幾乎每天都在做，有時還在半夜雞叫時扛著工具去盜墓。不知後來怎麼當上了個亭長。他在亭長的位職上，多次犯錯，又多次被開除。同時又多次被任用。當時，高級公務員

的薪資很高，年薪四千二百石，號稱萬石。可是基層幹部的薪資卻很低，對大多數人來說，並沒有多少吸引力。所以，王溫舒被免來免去，最後還是被任用為亭長。時間久了，他又被提拔為一些小官。

上級組織部門確實有眼光，不但發現他經常做壞事，還發現他很會辦案。他本來就是黑道出身，當然最知道如何對付這些同行了——對付流氓最好的辦法就是讓流氓去對付。

於是，他又被任命為廷史。當時，他的上級主管叫張湯，也是當時有名的酷吏。張湯很快發現王溫舒非常有資質，於是大力提拔他，讓他專門負責抓捕盜賊。

王溫舒是專業小偷出身，最知道小偷的特性——他們的習性已難改，被官府抓就抓了，一放出來，不出半天就又重操舊業。執法人員即使對他們嚴刑拷打，他們仍然繼續偷竊。所以，王溫舒對付這些人的辦法很簡單，一個字——殺！一抓到從不抓去關，而是直接砍頭。

小偷們不怕關，但還是怕被砍的。所以，王溫舒的砍賊大刀一舉，效果還真明顯，社會上的小偷還真的都把手縮了回去。

他透過一陣大殺，名聲很快就冒了出來，連漢武帝也知道了。

劉徹即位時才十六歲，朝政一直掌握在兩朝太后手裡，竇家弄完權，王家又接過去，讓他當了多年的空殼皇帝，心裡超不爽。尤其田蚡那個國舅，根本不把他放在眼裡，自己拿著皇帝的大印，跟個掌印太監沒什麼差別，歷來都是田蚡做好決定，然後呈上來，讓自己把大印蓋上完事。別的都與自己無關。幸好這個國舅英年早逝了，否則他這個皇帝要當魁儡到三十歲都不止。所以，在田蚡死後，劉徹決定樹立自己的執政團隊。找到一些看上去很有抓人魄力的人來為自己賣命。

劉徹決定把那些傳統利益集團都狠狠地打壓一遍。數十年來，朝廷由於都是竇家、王家之類的外戚當

第一節　酷吏發跡之路

道，貪腐盛行，地方上也出現了大批豪強，一個比一個霸道，一個比一個無恥。把這些人打下去，一來可以再來一次權力重組，二來也可以搜到大筆財富。

劉徹多年用兵塞外，國庫已經不堪重負，因此正好利用這些滿臉橫肉的人拿著狼牙棒到處打壓豪強，把錢往國庫裡塞。

劉徹的這個意圖，王溫舒他們未必懂得，但是這傢伙天生殘忍，只要給他權，他就敢殺。劉徹此時正需要這樣的人，於是王溫舒就不斷地被重用。

王溫舒傍上張湯之後，不久就被提拔為廣平都尉。職責仍然是抓捕盜賊。他到任之後，什麼也不說，親自挑選了十多個都是滿臉橫肉的人物當他的打手。這些人也跟他一樣，身上有很多前科，只要聽王溫舒的話，他就可以隱瞞對方的犯罪事實，作假他們的個人資歷，偽裝成良民，然後讓他們出來對付那些街頭小混混。當然，如果不好好地為他服務，不好好地完成他交辦的任務，他立刻把舊帳翻出來，直接砍腦袋。有的甚至把全族老少都抓來，一併抄斬，讓所有的人知道，不聽他話後果有多嚴重。

這些人一來怕死，二來手頭有權，本來人品就很惡劣，這時得到大都尉做後盾，哪不敢盡心盡力、盡職盡責。一番行動下來，不但本地的盜賊不敢作案，連外地的小偷都不敢入境。在短短的時間內，把廣平一帶的社會治安整頓得一片平和，真的做到了夜不閉戶、路不拾遺。

這樣的成績，上級當然很高興，於是又任他為河內太守，讓他成為封疆大吏、主政一方。

所有被貼上酷吏標籤的人，都有一個共同的特點——辦事效率很高，而且腦袋裡的想法也與眾不同。這些人為了把事情處理得與眾不同，一般都會想出一些很有個性的招數來，然後突然出招，或者提出個聞所未聞的概念，或者做出個見所未見的動作，讓大家眼前一亮，很能吸引別人目光。百姓眼前一亮之後，立刻認為他果然不一般，於是，人氣狂飆。

作為史上酷吏的代表性人物，王溫舒當然也精通這一套。

他當太守之後，手頭的權力比過去大了許多倍，站的角度比過去也更高了，手段更是比過去強悍無數倍。以前，他的眼裡只有小偷小摸。這些小人物，抓多了一點不夠刺激。因此，他這次把眼睛盯上了那些土豪。打擊土豪比抓小偷好玩多了。

他於當年九月到任。為了搶時間、抓進度，他下令拿出五十匹快馬當傳送快遞的驛馬，專門往來傳達命令和信件。然後下令在郡中大力開展打擊犯罪的命令，只要被扣上奸滑豪勇之徒這幾個字，一個都不能漏掉。一道命令下來，沒幾天時間，就查扣了一千多家。首次打擊犯罪，果然成績斐然。他迅速做好資料，派人快馬送報朝廷，要求朝廷對這些人重典處罰——罪大的誅殺全族，罪小的只本人處死，反正不能留一個壞人的活口。家產全部算作贓物沒收。

王溫舒的上報資料不過三天，朝廷就批覆下來——准奏！

大家一看，他辦事的效率實在太高了。

他得到批覆之後，更是覺也不睡，連夜宣判。由於牽涉人員太多，光正式抓捕的人就有一千多戶，再加上那些族滅的牽連人員，被判處死刑立即執行的人數就很多了。河內街道上，一下就人頭滾滾、血流成河，吹進鼻子裡的全是腥風和腐屍的惡臭。

短短三個月，河內社會治安「大治」，大家說話的聲音都不敢放大，夜間連門都不敢出，不管是農村還是城裡，基本沒聽到狗吠生人的聲音。

郡裡有名姓的有害分子都抓完、殺完了，王溫舒就開始追捕外逃的犯罪人員。

第一節　酷吏發跡之路

他這麼一跨省，很快就抓到一批可殺之人。可是當這些人送到他眼前時，十二月份已經到頭。當時的法規，春天全國都停止行刑。他只得拿著屠刀站在那裡，一聲長嘆：「嗟乎！令冬益展一月，足吾事矣！」如果冬天延長一個月，那該多好啊！如果他讀過那「冬天來了，春天還會遠嗎？」的詩句，他大概會拿刀去找作者。

這麼大張旗鼓地嚴打，殺得一郡之民，夜不敢出，注定要聞名天下。漢武帝就是在這個時候知道王溫舒這個河內太守的。劉徹初聞時，臉上全是笑，說：「這是個能吏啊！」

被最高領袖貼上能吏的標籤，哪有不能提拔的道理？王溫舒在大砍大殺一陣之後，被破格提拔——擢為中二千石。這可是僅次於一級公務員的薪資。當時，最高薪資號稱萬石，實發四千二百石。接下來就是二千石了，而二千石還分為四個等次：中二千石、真二千石、二千石、比二千石。太守是二千石，而九卿是中二千石。王溫舒越過了真二千石，直接躍身最高級別。

當然，薪資提高了，職務也得往上調。他這次的任職是中尉。

這一年是元狩五年（西元前一二二年）。

據說這個年號的來由是漢武帝於當年的十月，到雍這個地方，先舉辦了一次祭祀活動，然後打了一場獵，得到一隻頭上只長一隻角，卻有五條腿的怪獸。漢武帝剛看到這個怪獸時，心裡大概很是驚訝，這到底是什麼東西啊？這傢伙是不是基因突變，致使頭上的部件轉移到下體，於是角少了一隻，腿卻多了一條？

在劉徹還一臉嚴肅的時候，主管的官員立即奏道：「這是因為陛下剛剛祭祀，上蒼感動了，就賜給陛下這個獨角之獸。我想，這一定是麒麟。」

劉徹一聽，大喜，那肯定是麒麟了——反正誰也沒見過麒麟。於是，把這個獨角獸再獻於五祭壇，每個祭壇再加一頭牛，然後舉行了一次全牛燒烤活動。

如果那些大臣只把話說到這個地步，他們肯定不會得到這麼大的職務。過了幾天，他們又上奏——元宜以天瑞命，不宜以一二數，一元曰建元，二元以長星曰元光，三元以郊得一角獸曰元狩云。

劉徹是漢帝中最迷信的皇帝之一，一聽到這個奏報，毫不猶豫地准奏。於是，元狩元年就這樣產生了。

第二節　元狩年間

其實，在劉徹使用這個年號的時間段裡，打獵的次數倒不是很多，但內外大事倒是出現不少。

首先是淮南王造反事件。淮南王劉安，算起來是漢武帝的堂叔，很有學問，也養了很多門客。人家養門客，只顧天天吃喝玩樂，他還跟門客們合作推出一部《淮南子》來。據說他在主編這部書時，運用的門客數千人。如果他只老老實實做學問，再加上漢武帝對他很尊重，他為我們留下的精神財富會更多。可惜，他除了愛學問之外，還有另一個愛好——造反。當年吳王造反時，曾跟他有過約定，讓他也跟著起兵。他很爽快地答應了。他的相國說：「大王要是想起兵，請派我當大將吧。我願帶著部隊到前線去。」

劉安想也不想，直接把部隊交給了相國。相國帶了部隊，去守城，卻全是防備叛軍的，全力配合朝廷圍剿吳王，反而拖了吳王的後腿，被吳兵包圍了起來。後來朝廷派兵前來救援，淮南才保全了下來。如此一來，劉安還被朝廷記了一功。只是他的相國很有良心，不但沒有去揭發他造反，反而都歸功於他。

第二節　元狩年間

如果他沒取這個教訓，他仍然可以過著幸福的王爺生活。可造反不成之後，他又生出一個偉大的理想——當皇帝。

他想當皇帝，是受一定的客觀條件影響的。當時，在諸侯王中，他跟劉徹的關係最緊密。劉徹除了愛神仙外，也愛文學，是標準的文青。劉徹因為打匈奴，得了個「武」的謚號，好像是個赳赳武夫的形象。其實，他的文才也是十分了得的。他寫的〈李夫人賦〉成為中國歷史上悼亡賦的開山之作。他對劉安叔叔的學問很佩服，他寫信給這個叔叔時，極為認真，而且寫完之後，還讓大才子司馬相如審稿點頭同意之後，才定稿寄出。如此一來，誰不知道兩人的關係非別人可比。當然，如果僅僅都愛好文學，劉安還是不敢有別的想法的。能讓劉安勇於有當皇帝的想法，是因為劉徹還沒有生出接班人。大家看到這個情況，都在猜測，如果劉徹也像他的父親那樣，死得很早，那誰來接班？

當大家腦子裡都冒出這個想法時，幾乎所有的人都認為，一定是劉安。

連田蚡都這樣認為。當年田蚡還當太尉時，聽說劉安來首都了，就跑到霸上迎接劉安，直接就對劉安說：「現今陛下沒有太子，大王是高皇帝的親孫，施行仁義，天下無人不知。假如有一天宮車晏駕皇上過世，不是您又該誰繼位呢。」劉安一聽到這話，心裡很高興，當場賜給田蚡很多財物。

劉安不光有這個遠大的理想，卻沒有實現遠大抱負的能力。

他天天跟兒子劉遷商量著讓自己的職務從淮南王變成大漢皇帝，父子倆常常在一起謀劃。開始時，劉安並不想透過武力把皇帝趕下臺，而是怕劉徹突然過世，其他諸侯王也過來搶這個紅利，因此就預先打造了很多武器，制定了一系列計畫。只要劉徹一嚥氣，他立刻就帶兵衝出，搶在時間面前，誰擋打誰，確保自己成為皇帝。

他幾乎天天都盼望劉徹死去，還派自己女兒到長安，專門打聽宮裡的事，一旦有什麼大快人心的消息，就在第一時間告訴他。

這個想法在腦子裡泡久了，他就特別敏感。誰要是說皇帝生了個兒子，他就氣得想打死對方；誰要是說皇帝沒有兒子，以後這個位子就是劉安的了，他就高興得給對方很多錢財。很多人都知道他這個痛處，只要跟他一碰面，就說這些好聽的話，於是就大發大利。

就這個境界，能當得了皇帝嗎？

但是他認為自己能。

後來，劉徹真的有了兒子。劉安也知道了。如果此時，他就死心，他仍然沒事。可是這個遠大理想在心裡久了，已經深深扎根其中，不可磨滅。

於是，他決定謀反。

謀反可不是鬧著玩的，有了謀反的計畫，還得有幫自己打天下的人才啊！劉安到這時才發現，自己真的沒有人才，總不能靠自己和兒子親自上前線吧？

他請來郎中伍被，請伍被當自己得力的助手。可是伍被認為，現在謀反除了失敗，沒有第二條路可走。劉安大怒，綁架了伍被的父母。

「你跟不跟我共事？你敢不做，我就敢對你的父母不利。」

伍被仍然表示時機不成熟，而且力量太過弱。吳王當時的力量比劉安強多了，最後還不是戰敗身死？現在的力量還不如吳王的十分之一啊！朝廷不用動一根指頭，就可以把他們打得全盤皆輸。

劉安一聽這話，當時就哭了起來。如果哭了之後，就摔幾個碗、罵幾個手下，然後徹底死心，也還可

第二節　元狩年間

以救命。可他還是繼續賭下去。

但是很快有就人告發了他。而告發者不是別人，而是他的孫子。他除了劉遷外，還有一個兒子叫劉不害。劉不害是長子，卻是小老婆生的。於是，劉安以及全家的人都看劉不害不順眼。劉不害低調慣了，也沒什麼，偏偏他生了個兒子叫劉建。這小子很有能力，最看不慣叔叔劉遷。於是，就蒐集了劉遷的黑料上報朝廷。這個黑料雖然跟謀反無關，但罪名卻不少——劉遷想刺殺中尉！

漢武帝當然很重視，連他派出的中尉都想殺，不查是沒有道理的。立刻下令廷尉處置。

劉安知道後，立刻亂了手腳，找來劉遷和伍被，要宣布起事。

劉遷當然舉雙手贊同，但伍被仍然不同意。可是劉安等不得了，跟伍被進行幾番對話後，終於果斷地拍了板，決定起事。其他準備事項都沒有做好，卻先刻了皇帝的大印，以及二千石以上官員的印綬，還有皇帝的使節。好像這些東西在手了，他就可以成功了。

當然，他還是籌劃了一個陰謀詭計。當時漢武帝手下能人很多，尤其是衛青這個史上有名的大將軍。劉安雖然覺得自己是當皇帝的料，但也知道在戰場上是打不過衛青的。於是派人到首都去，到大將軍府裡當工作人員，以便找個機會把衛青殺掉。他以為，只要衛大將軍死了，就沒人帶兵來打他了。

劉安也知道自己這麼做，反對他的人很多，尤其是手下那些二千石以上的官員。因此他想把這些人集中起來，全部砍死。然後讓人冒充南越的土人造反，他要帶兵去圍剿，最後打進首都。只要稍用點腦子去想，就知道這個計畫跟小孩子玩遊戲沒什麼兩樣。

更嚴重的是，他的這些行動都還停留在計畫上，長安那邊的廷尉已到來，宣布逮捕劉遷。父子兩個頓時慌亂起來，手忙腳亂地把那些官員召集過來，準備大開殺戒。那些官員都不蠢，並沒有一個奉召而來。

劉遷知道大事完了，立刻抽出寶劍往脖子一抹，要自己解決自己。哪知，那把寶劍只劃破了一點皮肉，卻沒有把他割死。

伍被前去廷尉那裡自首，把劉安前前後後的事都全部提供給朝廷。漢武帝一聽，十分惱火，一個史上有名的文學大師，居然也造反。下令懲處劉安。劉安自殺。

史上有名的淮南王就這麼完蛋。只是後來大家都謠傳他昇天成了神仙，而且連他養在院子裡的雞呀狗呀也都上了天，成了仙雞仙狗，於是就有了一個成語：雞犬升天！

淮南王事件才一結束，匈奴那邊又來事了。

曾被衛青打得遍地找牙的匈奴，經過一段時間的整頓之後，又派出一萬多人出來，侵入上谷地區，一口氣殺了幾百名平民百姓。消息傳到長安，漢武帝當然不能等閒視之。

元狩二年三月，他派霍去病帶一萬多騎兵出隴西，對匈奴進行軍事打擊。霍去病果然厲害，一路打過去，每戰都大獲全勝。深入焉支山一千多里，殺折蘭王、斬盧侯王，還把渾邪王的兒子以及很多高官全部俘獲，共殲敵八千九百級。

漢武帝大喜，加封霍去病二千戶。

過了幾個月，霍去病又帶兵出擊，

這一次，霍驃騎的戰果更加輝煌，在友軍無功的情況下，孤軍深入二千多里，斬敵三萬二千級，俘獲匈奴大小王七十多個。

匈奴這些年來，被衛青和霍去病連番打擊，損失慘重，單于十分生氣。於是，就產生了內部矛盾。匈奴單于把責任都推給渾邪王、休屠王身上，想把他們都殺了。兩人聞知後，便決定向漢朝投降。

漢武帝派霍去病帶兵去受降。

休屠王害怕了。渾邪王便果斷地舉起大刀，把休屠王殺掉，自己獨立自主地向霍去病投降。

當霍去病帶著休屠王進長安時，漢武帝大喜，決定舉行一個超級隆重的歡迎儀式，徵調二萬乘去迎接。雖然計畫很可觀，但實行起來卻碰上了困難。原來政府沒錢，難以付現金，於是就寫白條，向民間賒購。大家看到政府的白條，都怕這個白條最後只是白拿，於是把馬都藏了起來。

漢武帝大怒起來，下令把長安令抓起來殺了。幸虧汲黯進諫，長安令的腦袋才保住。

漢武帝對投降的匈奴人十分優待，為了讓他們好吃好喝，花費大量的金錢。這些錢可不是天上掉下來的，而是透過各種手段，從百姓中搜括而來的。

漢武帝知道，要取得這些錢，必須用非常手段。

漢朝的酷吏團隊就這樣個個滿臉橫肉地登上了歷史舞臺。

第三節　以酷行貪

王溫舒也是這個時候成當中尉的。

喜歡看歷史書的人，也許對這個中尉不怎麼了解，但是對王溫舒而言，卻是人生的一大轉折。因為他的身分從地方官員轉換成京官了。

職務變了，但工作作風一點變化也沒有。他永遠相信，他能有今天，除了會投靠權貴之外，就是因為他敢打敢殺。因此，他把在河內的那一套都全盤殖株到長安來，加以發揚光大。

此時，王溫舒手下有一大批打手，天天幫他嚴打，打得無法無天。不過，他也跟很多所謂的「能吏」一樣，在下級面前，盡顯驕傲，但對級別比自己大的人，基本都保持低調，不敢說半個不字。

另一個酷吏義縱，此時也被任命為內史，態度比他更惡劣，而官職比他大。王溫舒看到義縱時，也怕三分。

義縱的出身跟王溫舒基本一個樣。他之前的職業是小偷，偶爾也會搶劫——從這個角度上看，他比王溫舒更強悍，老早就打下了殺人的堅實基礎。

不過，他跟王溫舒不同的是，王溫舒是靠自己的打拚一步一個腳印位居高位的，而他是憑著姐姐得到官位的。他的姐叫義姁。義姁並不是大美女，但是她的醫術卻很高明，王太后的病都是靠她醫治的，因此很得王太后的歡心。於是，義縱直接成了中郎，成為漢武帝身邊的工作人員。

之後，漢武帝把他下放去當縣令。他當了縣令之後，也跟王溫舒一樣，基本是大刀治縣，只要被他抓到把柄，不管是誰，他絕對不手下留情。這樣的治理效果，也跟王溫舒一樣，在考察政績時，他得了第一。

於是，他被提拔為長安令。

作為全國的首都，長安城裡最多的就是皇家貴族。這些皇族可不是像普通小偷那樣好管理。抓到個小偷，直接砍頭，誰也不會怎麼樣。可是這些貴族，誰沒有個強硬的後臺？他們當中的很多人，天天都在做違法亂紀之事，可是有關部門就是不敢對他們怎麼樣。

義縱到了之後，什麼也不管，誰犯法誰負責，後臺再大也沒用。就是王太后的外孫犯了事，他同樣派

第三節　以酷行貪

人過去，把案犯抓捕，再繩之以法。漢武帝一看，就高興了。於是，不斷地提拔他，從地方太守到內史。

他當內史時，王溫舒正好當中尉。漢武帝把這兩人擺放在這兩個位置，是有深意的。

大家都知道，漢朝立國之初，市場上的強勢貨幣，並不只由政府鑄造的，而是公私並行。只要掌握了冶銅技術，就可以打造銅錢。

漢武帝已下令收回鑄幣權，並立了法律，嚴禁民間鑄錢。可是市面上仍然大量私鑄的銅錢。而長安的假幣又比別處的更多。劉徹覺得如果不用非常手段，這些私幣是永遠查緝不完的，於是在任義縱為內史的同時，再把王溫舒調進首都，以雙酷吏的配置來對首都進行嚴苛的整治。

酷吏一般都是很有個性的，喜歡我行我素，什麼事都愛自己說了算。如果這也請示，那也顧忌，就絕對不是一個稱職的酷吏。因此，義縱和王溫舒成為同事後，兩個人心裡都不開心。同行是冤家，放在酷吏這個行業也很切貼。

當然，王溫舒更不開心。因為義縱的官比他大、後臺比他硬，手段也不比他弱。所以，他的不開心只能壓在心裡，見到義縱時，仍然要把最恭敬的神態掛到臉上。

可是不久，義縱犯了一個錯，被漢武帝殺掉，接著，王溫舒的另一個恩公張湯也被誅殺。於是，王溫舒成為廷尉，成為大漢王朝的首席大法官。

王溫舒終於迎來了自己酷吏事業的巔峰時代。

他擔任廷尉一職不久，就被換了下來。原來他讀書不多，精通的業務除了殺人之外，就是拍上司的馬屁，至於法律條文，跟他一點關係也沒有。判案時，從不按律量刑，愛殺便殺，對一些大案、要案，根本無法依照程序進行審理。大家一看，都大搖其頭。

漢武帝也沒有辦法，只得再把他換回中尉的位置上。

從職務上看，他這是降了職。但是他高興。當首席大法官，天天審案子，而且很多大案，都牽涉到比他職務大官員。他可以對平民百姓、地位比他低的人大開殺戒，但對級別大他半格以上的人，是從不得罪的。當這樣的官，他覺得索然無味。

前次任中尉，得天天看義縱的臉色辦事，這次沒有了義縱的冷眼圍觀，他可以放開手腳，好好整治一場了。他曾混過黑道，一到長安，就把首都的社會狀況從裡到外都摸得清清楚楚。哪些人該辦、哪些人可以利用，他也是瞭如指掌。他想辦起誰來，立刻就會羅織出一千條可以讓對方族滅的罪狀來。誰一旦落入他的手裡，一律無情拷打，最後基本都「盡靡爛獄中」，基本上沒有生還的奇蹟發生。

這麼一頓無情打擊，那些豪強一聽到就覺得痛，當然全都收斂了，表面上社會治安，局面大好。

王溫舒透過把一大批人打得血肉模糊，把自己酷吏的形象塑造得十分成功，誰都怕被他抓住把柄，最後送掉小命，無不想辦法巴結他。王溫舒不光殘暴，腦袋裡不僅裝了花樣無數的酷刑，同時也狠狠開發生財之道。他知道，他的形象一樹立，只要他稍有表示，錢財就會滾滾而來。

那些有錢人看到王溫舒的臉色，立刻知道原來王大人這麼狠打、狠殺，完全是為著一個錢字而來的。於是，紛紛把錢送到他的面前——這個投資，相當於以錢買命。他當然也依照規矩辦，認真踐行「拿人錢財、替人辦事」的潛規則。只要送錢給他，他就幫到底，不管犯了多大的罪，一到他手裡，都能大事化小、小事化無。

那些有權勢的人有了他這個保護傘，也是百倍珍惜，不斷地幫他造勢背書，把他說成鐵面無私的青天大老爺。於是，他的人氣直線上升。因為這個酷吏雖然手段狠毒，卻很愛財。如果是汲黯一類的酷吏，只要落到他的手裡，再怎麼掙扎也只有依法辦事。因此，對於很多人來說，他們真的寧願碰到王溫舒，而不願落入他人之手。

王溫舒覺得很舒爽。

第四節　酷吏的下場

那些送錢給他的人也鬆了一口氣。但是他沒有想到，這種幸福日子不會長久。

太初元年（西元前一〇四年），劉徹決定出征大宛。這次，他要求那些豪強、及小官吏都應該從軍。如果讓這些豪強去當將軍，他們大概會很踴躍應徵入伍，可是現在卻讓他們拿著刀槍當義務兵，他們會高興嗎？於是，很多人都出錢，請人替他們消災。

王溫舒也收了人家的現金，讓人家藏匿起來，躲避兵役。

他只天天抓著別人的把柄，哪會想到，很多人也緊緊地盯著他，一旦發現他的把柄，也會做成黑料，向上告發。

以前，當然也有人告他，結果是他依然高高在上，誰也動不了他。但這一次，他被告倒了。

其他人一看，這傢伙的末日就要到了，都紛紛站起來，也替他羅織了很多罪狀。其中最嚴重的一條就是「謀反」。至於平時的貪腐、當黑社會的保護傘之類的證據，更是多如牛毛——當然，那時不叫行賄受賄，不叫黑社會保護傘，而叫「受員騎錢」、「好利事」。他當了這麼多年的執法人員，知道這些罪名一成立，他會死得很慘。於是，他果斷地自殺身亡。有關部門在查抄他的家時，發現來歷不明的財產「累千金」。於是，按律，他的兩個弟弟和岳父一家也跟著滿門抄斬。他被殺後，光祿勳徐自為大為感嘆：「悲夫！古有三族，而王溫舒罪至同時而五族乎！」

王溫舒死了，但其負面影響卻遠沒有消除。因為他靠嚴刑峻法，不惜濫殺無辜來取得政績，最後官至三公，成為官員們的榜樣。於是，上行下效，一時之間，大漢王朝酷吏盛行，冤獄成風。而個個又以酷行貪，一面打擊犯罪，一面當黑社會的保護傘，底層民眾沒辦法活了，最終釀成多起民眾鬧事事件。有些事件的規模多達千人，衝進街門，奪取武器，幾乎成為陳勝吳廣，弄得漢武帝不得不派兵鎮壓。

漢武帝當然沒有想到，這些事件發生的原因何在。

而酷吏們更沒有想到，他們從成長到死亡的原因是什麼。

他們在當時的社會背景下，能從街頭小混混爬到幾乎位極人臣的位置，全是因為劉徹的需求。當時劉徹對既得利益集團的膨脹感到害怕，於是重用這些沒有根基的小混混，讓他們以流氓的手段對付豪強，從豪強們的手中奪取財富，以供軍需。

於是，酷吏們應而生。他們揮舞著劉徹授予他們的權力，大打出手。而劉徹卻冷眼旁觀，等到他們勢力看漲時，立即收回賦予給他們的權力，把這些酷吏全都誅滅。

這些年來，劉徹最致力的事就是把權力收回自己的手中。獨尊儒術、推恩令、抑制豪強等等措施，其實都是因為這個原因。

這些酷吏猜想到死都不知道，他們由草根成長為酷吏，最後死得那麼慘，所走的每一步，都是劉徹幫他們設計好的。他們只是皇帝手裡的一顆棋子。他們在拚命殺人、拚命製造冤假錯案、拚命以酷行貪時，

第四節　酷吏的下場

皇帝正在下一盤很大的棋。

當覺得這個棋子已經沒價值了，於是他們就該死了。

劉徹在這盤棋中，他下得似乎很不錯，讓他手中的權力無窮大。

然而，皇帝的權力得到了鞏固，國家的元氣卻受到了大傷。

第七章 主父偃：瘋狂斂財，最後身敗名裂

第一節　前半生窮困潦倒

從景帝以來，諸侯王都是讓皇帝最為頭痛的一件事。劉邦建立漢朝時，也想到過，諸侯王權力過大，以後會對中央造成威脅。所以，他下了一個規定——非劉氏不得封王。

韓信封過王，但不久被押回首都，降為侯，再後來就乾脆讓他死在長樂鐘室。劉邦這時仍然很天真地認為，只讓劉氏封王，這個天下就太平了。自家兄弟，互相幫助還來不及，誰還會造反？何況，當了王，不用做事情，照樣領薪資，每天都過著吃喝玩樂的幸福生活，還拿腦袋去賭幹什麼。

這個想法，好像很對。好像很對，其實就是不對。

到了他的孫子劉啟當皇帝時，那些王就都起來起事了。這些王雖然都還姓劉，都是劉邦的直系親屬，但是經過幾代分支，他們跟劉啟的血緣關係越來越遠。血緣一拉開距離，政治就很不可靠了。劉啟也感覺到了嚴重的威脅，他知道，他的那些近親叔伯兄弟們越來越不老實。於是，他採納了晁錯的建議，進行削

著。可是那些擁兵自重、手中權力很大的諸侯王會同意嗎？大家誰也不服誰，終於引爆了七國之亂，後來靠周亞夫費了九牛二虎之力，這才得以平息。

由於鬧了這麼一場，中央政府再也不敢輕言消藩。諸侯王依然我行我素，覺得差不多時，就玩一些謀反的小把戲。就連淮南王那樣跟漢武帝像好朋友似的諸侯王也天天撲在地圖上，謀劃打進首都的進軍線路。

劉徹實在忍無可忍，可是鑒於父皇的深刻教訓，再加上匈奴的麻煩，他在處理跟諸侯王的關係上，一直很小心謹慎。生怕一著不慎，全盤皆輸。

他沒有動手，但是他的腦子裡永遠沒有消停，總是在尋找著一個可行的辦法，讓他的這些遠近皇親國戚的權力消弱下去，最後變成一群沒有權力，只有金錢的土豪。

劉徹想了很多年，腦袋都想得痛了，仍然想不出一個辦法。主父偃卻卻幫他想了出來。

主父偃是山東臨菑人，從小就是個愛學習的好學生。他小時候很崇拜張儀、蘇秦那些人物，總幻想著有朝一日能像張儀一樣，透過言語就可以打動最高領導者，得以位極人臣。所以，他最先學習的專業是縱橫術。他自認為可以靠嘴巴吃飯之後，就離開家鄉去混社會。可當時學界大佬們基本都是學儒術的，他插到中間一開口發言，便被大家猛拍磚頭，誰都對他毫不留情。他在齊地轉了一圈之後，到處碰壁，不但沒有一點成績，反而被批得體無完膚，只得灰頭土臉地回家。主父偃崇拜蘇秦，而出山求仕的前期還真的跟蘇秦一樣。

他家本來就窮，一家老少就指望他讀完書之後混出個名堂來，然後一人當官，全家幸福。可是看他讀了這麼多年書，出去一圈，回來時，居然是這個樣子，哪裡還肯收容他。史書上說「不容於齊」。到底是誰不容他，史書上沒有註明清楚。我想，以他當時的身分，那些學界大佬看他不順眼，最多只是把他從圈子裡踢出來，哪還有心力去把他驅逐出境？真正不容他的，只有他的家人。家裡窮，沒錢讓他去旅遊了。愛去哪就去哪。

他仍然沒有反省自己，這些年來努力攻讀的這些書本知識，到底是不是學以致用？戰國時代，縱橫家們靠著一張嘴，一套連橫合縱，可以把那些霸主說得渾身熱血沸騰，然後立即從一介布衣而至卿相，玩弄國與國的關係於股掌之間。連橫合縱術適用於國與國之間的關係。但現在是大一統的時代啊！皇帝需要的是海清河晏、一派昇平。主父偃光崇拜張儀、蘇秦，卻不能連結現實，努力攻讀了一門早已過時的專業。

但是他仍然不死心，以前蘇秦比他還慘呢！家裡不給錢，就借。可是自己家裡都不相信他了，誰又對他抱希望呢？誰會借錢給一個沒有希望的讀書人呢？

他對他的家鄉失望了，於是就離開了齊地，前往燕趙一帶。不是說牆裡開花牆外香嗎？也許本地人不把他當人看，但到外面了，人家會對他另眼相待。可是一番徒步旅遊之後，他深刻地體會「天下烏鴉一般黑」這話絕對不是白說的。他跑了燕、趙、中山等地，小腿都跑腫了，所得的待遇跟他在齊地沒有一點差別，那些外地學界大佬看他的目光跟齊地的一樣。

不過，主父偃仍然沒有絕望。他要是放棄，他就不是主父偃了。

他把所有的政界大佬都考慮了一番，覺得所有的人都不可能聽懂他的理論，只有衛將軍是自己的知音。這個衛將軍是誰，誰也說不清楚。很多人都認為就是衛青。可是主父偃是元光元年去長安面見衛將軍的。那時的衛青還不是將軍。

但是不管怎麼樣，主父偃這次的眼光還是不錯的，衛將軍並沒有嫌他窮，而是耐心地聽著他把一套理論全面地說明白，最後覺得還真的耳目一新，便向漢武帝推薦了他。

我們無法知道他到底在衛將軍面前說的具體內容，但可以斷定，肯定是縱橫家的那一套方略。現在漢武帝需要的不是鬥狠，而是維穩高於一切。

衛將軍雖然不是衛青，但也是軍方高層之一，負責保衛皇帝，深得皇帝信任。連他的舉薦都沒用。如果是別的人，大概早就跑回去老老實實地種田種地了，但主父偃不是別人，仍然留在長安。在長安是需要錢的，他沒有錢，只得去當大家的門客混飯吃。可是這口飯也不好混，所有的同事都討厭他，恨不得一天踢他幾次。他在這個時候，大概知道自己真的學錯專業了，於是，把《易》、《春秋》等等書拿來研究。

主父偃終於發現時代不同了，戰國時，天下紛爭，那是國際間的爭鬥。連橫合縱之術，放到國與國之間的關係上，是很有用處的。現在一統之時，縱橫之術到哪裡施展？這個曾經最為熱門的學科，這時已經沒一點用處了。

可以說，主父偃的眼光還是很獨到的，看得出大一統王朝，需要拿出穩定局勢的方針政策來，而儒家學說在這方面是最適合不過了。戰國時代，儒家的大佬們雖然學問高深，說起道理來，一套連著一套，但去遊說諸侯的時候，那些議論基本都成了聽眾的催眠劑。而兵家、縱橫家們一登場，霸主們都聽得口水直流。那時是鬥狠的年代，誰狠誰才能生存下去。

主父偃把這些課程學完之後，覺得可以出來試試了。這次，他沒有走別人的門路，而是直接跑到皇宮前向皇帝上書。

第二節　提出推恩令

他是幸運的，早上投書，傍晚就得到劉徹的召見。當時與他一同被召見的還有嚴安和徐樂兩人。

他這次上書的主要內容基本貫穿了儒家的和平思想，得到劉徹的讚賞。據說劉徹在跟他們三人熱聊之後，說：「公等皆安在，何相見之晚也。」當場任命三人為郎中，讓他們成為劉徹的顧問。劉徹這時對主父偃特別喜愛，一年之內，提拔了他四次，讓他成為中太大夫。

主父偃從齊地走來，花了大半生的時間，苦了幾十年，突然從一個天天遭人白眼的窮書生，變成皇帝身邊的隨行人員，幸福真的來得太突然了。此前受盡苦難，他的主父偃之夢，就是當大官發大財。現在夢想終於實現。

很多人此前雖然都看他不順眼，但是現在看到他天天跟在皇帝的身後，皇帝有問題便常常問他如何處理，大家知道他的話是很有份量的。而且大臣們都知道他的嘴巴很毒，也很會記恨，又精通縱橫之術——此術雖然已沒有生成的大氣候，難以發揮其真正的作用，但要是用在人與人之間的關係上，也是很可怕的——要是被他在幾個人之間玩連橫合縱，再加上皇帝的力量，不死才怪。於是，便都拿錢來到他家，求他老人家笑納。

他當然照收不誤，家裡的財產在短期內暴漲，不到幾個月，就累有千金。這千金，全是受賄所得。

主父偃雖然透過儒家學說得到劉徹的信任，不斷地被提拔當官，天天都有人對他行賄，讓他天天數錢數到手抽筋。但是他的骨子裡仍然是縱橫家的那一套，只要有機會就向皇帝大聲提出自己的意見。當然，現在的意見不是以前那些舊的方略。

他現在深知劉徹心裡想的是什麼。

這些年，劉徹雖然拚命打匈奴，但是他最怕的並不是那一群馬背上的民族，而是他的那些遠近親屬。這些親屬雖然跟他同姓同宗，見面說起話，說「我們全是高祖的後代，我們要團結一致」。可是私下裡，哪個不在磨著大刀，準備把皇帝拉下馬？

雖然七國之亂後，沒有再出現大規模的內鬥，但陰謀造反的王仍然不斷地出現。規模不大的原因是因為這些王都只有造反的想法，卻沒有造反的能力。要是這些王當中哪天出現一個天才軍事家來，那可就不好處理了。

這個問題不解決，劉徹死也不安心。

主父偃很快摸到了劉徹的痛點。

劉徹現在有兩個痛點，一個是各地豪強越來越強大，一個是他的那些叔伯、兄弟、姪子們越來越不聽話，個個腦後總有一塊反骨正在茁壯成長。

主父偃知道，要是能幫劉徹解決這兩點皇帝的煩惱，他的前途會更加光明。

主父偃雖然是官場新秀，但是此前他靠兩條腿走路，到處遊歷已經四十年，有實力的王國，他基本都到過。所以，他對這些王國的情況是十分了解的。他一成為劉徹的高參，就一邊收受大額賄賂，一邊動腦筋想著解決這些王國的辦法。

主父偃雖然年紀大了，但是腦子還沒有老化，思路仍然活躍，沒幾天，就想到了解決的辦法。而且這個辦法的成本為零。

他找到劉徹，直接進言：「古時候的諸侯，地盤都很少，中央政府控制他們起來，十分順手。可是現

第二節　提出推恩令

在我們的這些諸侯啊，占有的國土面積實在太大了，有的居然連城十多座，跟一個中型國家沒什麼差別。中央政府對他們放任時，他們就無法無天，什麼事都做得出來，敗壞國家的形象；中央政府要是管他們嚴一點，他們就生氣起來，然後互相串通，公然對抗中央，硬是讓皇帝的政令出不了長安城。要是立法來削弱他們的勢力，他們就會發動叛亂，拿起武器跟中央政府作鬥爭。七國之亂，就是因此導致的。所以，以正常手段的話，是無法解決這些問題的。我有個辦法。現在很多諸侯王的子弟多達十幾個人，而按法規只有嫡長子可以繼承王位，其他人卻無寸土之封，這就有失公平。大家都是王家的兒子啊！所以，希望陛下可以釋出個詔令，把朝廷賜給嫡長子的恩惠推廣到其他子弟身上，用本封國的土地封其他子弟為侯。他們肯定會很高興，好像掌握了封侯的權力，實際上卻讓他們的封國不斷地被分割，勢力也會不斷地消弱。朝廷根本就不用再採取什麼措施，他們就會衰弱下去了。」

劉徹一聽，沒辦法時，事情很複雜。可是一旦開竅，就真的太簡單了。

他當場拍板，然後下詔：「諸侯王或欲推私恩分子弟邑者，令各條上，朕且臨定其號名。」這幾行很簡潔的文字，就是史上著名的「推恩令」。而這是主父偃才剛進權力中心不到一年就提出的方法。

這一招確實很厲害，一經頒布，立刻得到諸侯王們的熱烈響應。個個忙著為兒子們瓜分家產，沒有想到這背後的政治用心。他們這麼分下去，直接結果就是，第一代王子成了縣侯，再一代就只能成為鄉侯，繼續下去，就是亭侯了。看過三國演義的都知道關羽就是亭侯，而諸葛亮是鄉侯。亭侯以下，就沒侯了。實在分不到的，只得淪落到去種田種地的地步，如劉備，雖然從小就靠擺地攤、賣草鞋維持生活，但是仍以自己是中山靖王的後代為榮，其實三十歲之前，根本不知道王爺的生活到底有多幸福。

王爺們就這樣被一紙推恩令推出歷史舞臺，劉徹的心腹之患就此化掉。

不過，那些豪強也很討厭。

於是主父偃又出第二招。

第三節　專剋豪強

豪強集團向來是中央政府頭痛的根源之一，不光是漢朝，幾乎歷代都存在，好像大家都拿他們沒有辦法。而漢朝的豪強比以前更為強悍。

主父偃對漢武帝說：「那些豪強之所以強悍，無非就是地頭蛇。他們只能在自己的地盤上囂張，做著收取保護費、壟斷資源的勾當，要是把他們拉到別處，他們立刻就老實了。所以，我建議，把全國的豪強列個名單，凡是名單內的人都做異地安置，遷到茂陵。」

知道茂陵是什麼吧？就是漢武帝劉徹提前為自己修建的陵墓。此時，陵墓的工程已經初具規模，正需要大量的民工。如此一來，既有人手修茂陵，又增加了首都的人口。這些人背井離鄉之後，失去原來稱王稱霸的根據地，就無法再為非作歹了，就算不殺他們，也能除去禍害。他的原話是「茂陵初立，天下豪傑，併兼之家，亂眾之民，皆可徙茂陵，內實京師，外銷奸猾，此所謂不誅而害除」，同樣很簡短，但是效果卻很好。

漢武帝大喜，立即行動，「徙郡國豪傑及訾三百萬以上於茂陵」。那些所謂的豪傑，還有其後代，通通強行發給首都戶口，然後趕到茂陵。這些人個個壞事做盡，有的是黑社會的保護傘，有的自己就是黑社會，做的都是魚肉鄉里的行徑。官府拿他們都沒辦法。現在到了茂陵，這是個不能亂來的地方，要是鬧事，那可是對皇帝的大不敬。對皇帝大不敬後果如何，可以試試看。

很多人實在不願搬，但是誰不搬，政府就搬誰的腦袋。史上著名的俠客郭解就在這批異地安置的名單之中。他不願搬，就找到衛青，請衛大將軍幫他在皇上面前求個情。

當時劉徹正倚重衛青，只要衛青提出的要求，沒有不答應的。哪知，當衛青對漢武說：「郭解家裡很窮，沒有三百萬，不用搬了吧？」

劉徹那張臉一端，毫不猶豫地對衛青說：「郭解不就是平民一個？可是他居然能動用到大將軍為他求情，可見他的家不窮。」

由此可知，劉徹對這些豪強的態度是何等的決絕。

讀過金庸的小說都會知道，江湖上有一個職業叫俠客，這些俠客都身負絕世武功，其本事基本當相於半個神仙，到處行俠仗義，快意恩仇，一言不合，就拔刀相見。典型的形象就是郭靖、楊過等人，讓人讀得十分過癮。當然，這些俠客都是活在書裡的，真正的俠客到底長得怎麼樣，很多人是沒見過的。史書上最先對俠客做出評價的，好像就是韓非子先生。他說了一句——俠以武犯禁，屬於必須剷除地社會毒瘤之一。而史記裡也有〈游俠列傳〉。郭解的傳記就記載在內。

司馬遷對郭解的評價還是很正面的。郭解雖是個草根，但是他有一個很有名的親戚，就是著名的面相專家許負。據說他是許負的外甥。我們無法知道，許負有沒有替他看過相，但是他的相貌絕對不威武，而是屬於短小精悍之類的男人。

郭解從小就做了很多違法亂紀之事，誰敢得罪他，他就敢殺誰，長大後，有所改正，但是他覺得該殺的時候，仍然殺。由於他辦事很講義氣和信用，黑白兩道都混得很好，縣裡誰去服兵役，他都可以說了算。

如果他光在本地那裡鬧事，那也沒什麼，可是這傢伙的名聲已經全面傳開，全國每個地方的人都知道他。不光底層民眾希望他來到身邊行俠仗義，而很多拿著國家薪資的大小公務員對他也是敬仰之情如黃河之水滔滔不絕。現在連當朝大將軍都為他所用。劉徹由此一想，就覺得此人是朝廷的威脅。對這類人，是必須懲罰的。

於是，衛青的求情也沒用。然後，郭解被遷到茂陵的富人小區，再然後犯了命案，落於郅都之手，最後斬首！一代俠客就這樣死於非命。

由此可知，主父偃提出的這個措施對漢武帝的幫助實在太大了。

難怪主父偃越來越囂張，大大方方地接受大臣們的隨賂。而且收過人家的金錢，還是這麼大大咧咧，一臉橫蠻地看著大家。有人提醒他：「老大，您雖然得意，但也不要這麼橫啊。」（原話是：太橫矣！）他仍然囂張地說：「我如果還活著都享受不到列五鼎進餐的富豪生活，那就在死的時候受五鼎烹的大刑了。」他的原話是：吾生不五鼎食，死即五鼎烹耳

千萬不要以為他是個為了糜爛生活勇於命都不要的人。他只是太過囂張，以為自己跟皇帝這麼好，為皇帝作出這麼大的貢獻，收點大臣的賄賂算什麼？又不去挖皇帝的私房錢，皇帝會殺他嗎？以前這麼多的高官，誰不貪汙腐敗？如果把錢全綁住，然後問他要錢還是要命？他肯定會要命的。

這個心態其實也是很多貪官的心態，總以為自己大權在握，屬下們天天送錢給自己，還幫自己擬廉政報告的講話稿，上級也願意當自己的保護傘。誰能奈我何？

是的，主父偃，誰也奈何不了他。

但是後來，他卻把他自己搞死了。

第四節　專橫之人的下場

這段時期，漢武帝對他有著絕對信任，但是他仍然保留著縱橫家的性格。他憑著腦袋反應快捷，口才了得，意見常得皇帝採納，於是誰都敢得罪。得罪了別的人也沒什麼，可是他卻偏偏得罪了公孫弘先生。

事情的起因是主父偃建議設立朔方郡，以便更好地對付匈奴。漢武帝把這個建議交給大臣們討論。大家都持反對態度。而反對得最堅定的就是公孫弘。公孫弘當時是御史大夫，他很有心計，看到大家一邊倒地反對主父偃，他當然就站在大多數人面前，成為意見領袖。他以為，他背後有大多數，他就掌握了真理。哪知，有時真理真不是掌握在大多數人手裡，而是掌握在當權者的手裡。這時，大漢王朝的真理只掌握在劉徹一個人的手裡。

劉徹現在傾向於主父偃的意見。

主父偃平時大概就看公孫弘不順眼，這時就跟公孫弘論理起來。他徹底忘記了公孫弘的人品跟他是同一個級別，是很能記恨的人。而公孫弘比他更有心機，董仲舒就被他玩得好苦。

主父偃可不管公孫弘當時的心情，在大堂與他一陣對話，覺得很過癮，雖然對方人多勢眾，他仍然舌戰群儒，覺得自己的人生價值得到滿滿地實現了。更讓他高興的是，後來劉徹採納了他的建議。他那雙眼睛就更加讓人不敢直視了，他收人家的大禮就更理直氣壯了。

當年張儀在楚國遍體鱗傷、動彈不動，問他老婆：「看我的舌頭還在否？」老婆說還在。他說：「只要舌頭還在，我的價值就還在。」

可見縱橫家最自信就是口才。主父偃也有這個習慣。哪裡有熱鬧，那裡必定有他的聲音。他是靠聲音來獲得關注的。而且，他的聲音絕對不會像相聲演員那樣，講幾個段子，逗人笑笑就完事，而是聲音一出，大動靜就會跟著來。

這一次，他終於向諸侯王試水溫。

當時，燕王叫劉定國。這人有個愛好，就是亂倫。先是跟父親的小老婆有著不正當男女關係，而且很快結出不正當關係的果實來——生了個兒子。接著，他看到自己弟弟的老婆也很性感，於是叫弟弟把這個美女轉讓給他。最後，他看到自己三個女兒個個長得都很漂亮，這麼嫁給別人也太可惜了，於是命令女兒都陪自己睡覺。

主父偃知道這個事後，立刻將此事告發到漢武帝面前。

武帝現在完全信仰儒家學說。

漢武帝把這事拿到朝堂上讓大家討論，如何處置劉定國？

大家的意見空前統一——誅！

劉定國這才了解事情的嚴重性。他自殺了。他自殺之後，劉徹不再封劉定國的下一代，而是讓燕國的土地成為國家地皮。可以說，劉徹又打贏了削蕃的一場戰鬥，而主父偃的政治資本又加了一層。主父偃讓所有人知道，他現在完全有把一個蕃王弄垮的能力。

第四節　專橫之人的下場

主父偃把燕王弄垮之後，那雙老眼盯上了齊國。

從他的履歷看，大家都知道他的籍貫是齊人。

可是大家也知道，他在老家那裡是很不得意的，先是被諸儒踢來踢去，哪裡都容他不得，接著家裡的人也把他趕出門，最後落得個「不容於齊」的下場。這一直是他的心病。現在他在朝中當了大官，他的話有時能左右皇帝的意志，大臣們天天把行賄的現金送到他的家裡。可是他總覺得，四十多年前在家鄉丟掉的面子還沒有撿回來。連項羽那麼大的英雄，都說不回家鄉，跟衣錦夜行沒什麼差別。

主父偃也決定衣錦還鄉一次。

當然，如果他只是帶著一幫人大張旗鼓的回去，大大方方地在家鄉露個臉，讓那些曾經看不起他的父老鄉親對他另眼相待，那也沒什麼。可是他的衣錦還鄉計畫實在太厲害了。

他的這個計畫當中，把齊王劉次昌也捆綁其中。

此前，他做過一次摸底調查，知道現任齊王劉次昌也跟劉定國是一樣的人，居然跟他姐姐發生不正當男女關係。主父偃當然不會覺得這是傷風敗俗的事，他知道這件事後，只覺得自己掌握了對方的把柄。有了把柄，提什麼要求，對方都會乖乖就範。

他立刻向劉次昌提出：「我們當個親家吧！我把我的女兒嫁給你的兒子。」

劉次昌沒意見，但是劉次昌的母親有意見。我們堂堂皇親國戚，哪能跟一個草根出身的家庭結為親家？娶誰都好，就是不能娶主父偃的女兒。

主父偃知道後，就更恨了。他本來想到齊國那裡撈個臉面回來，哪知，這個臉丟得更大了。

「好啊，你是皇親國戚，看不起我草根出身，我就讓你這皇親國戚死無葬身之地。」

他這次沒有破口罵，而是找了個理由對劉徹說：「皇上啊，齊國是個重要地方。那裡戶口不下十萬戶，財政稅收排在全國前列，繁榮富裕的程度比長安還要高。這樣的地方，如果不是天子的弟弟、兒子等最信得過的當王，是很危險的。現在的齊王和皇上的血緣關係已經有了好幾代，遠得跟沒有親戚關係一樣了。近來又聽說他跟自己的姐姐都長期有不正當關係，皇上是不是該調查他呢？」

劉徹一聽，說：「你想怎麼查？」

主父偃說：「讓我去當齊相，再慢慢查。」

當時，由中央政府空降到地方當某個藩國相，大多都屬降級行為。一般是皇帝覺得誰太煩了，又找不到其他把柄，就讓誰去某地當相國。賈宜去當長沙王的相國，最後鬱悶而死。

當然，還有一點就是皇帝發覺某個藩王要圖謀不軌了，就派個得力的人去當其相國，其主要職責是監視那個藩王。但是這是個危險的差事。

主父偃現在的這個請求當然是去監視劉次昌，他一點不覺得危險，因為現在的藩王已沒有多大勢力了。何況一個愛搞亂倫關係的腐敗藩王，能對他造成什麼危險？依照他現在的能耐，只要他一到任，劉次昌一家都得天天送他錢，送過之後，還得在他面前裝孫子——「讓你叫親家你不叫，那就只好當你爺爺了。我不能當齊王的親家，但是同樣可以在齊地當個有臉面的大人物。」

連齊王都怕了，別人還不把他當祖宗看？

主父偃的心理活動都往好的方向去開展，哪知這一次他真的搞錯了。危險不是來自於齊王劉次昌，而是來自於朝中，當他還在皇帝身邊時，他可以蠻橫，誰也拿他沒有辦法。可是當他離開長安，就意味著遠離了權力中心。政客遠離權力中心，其結果往往就是「你懂的」。

第四節　專橫之人的下場

劉徹發委任狀給主父偃時，還附帶著一項工作，就是對劉次昌與姐姐的私德問題「且正其事」——就是要切實地查一查。

主父偃很快地就來到新單位報到。

他到任的第一天，做的第一件事，並不是回到老家炫耀，而是把齊王後宮的宦員都抓起來，讓他們揭發齊王的問題。

劉次昌雖然色膽很大，但面對上級有關部門審查的抗壓性很差。他聽說那些宦官都在揭發他，立刻想到自己犯的錯跟劉定國差不多。現在皇上派主父偃前來，就是要定自己的罪啊！這麼一想，立刻覺得世界末日就在眼前，最後徹底崩潰，偷偷將毒藥放進嘴巴，一死了事。

主父偃還在朝中當皇帝高參時，一紙狀子，搞死劉定國，他到齊國一上任，劉次昌立刻吃藥死。大家一聽到這個事，立刻把他想像成是藩王們的催命符。於是，周邊的人都拿他的經歷來看，主父偃還困窮的時候，先是在齊國，然後到燕國，然後又到趙……。現在齊王完了，燕王死了，接下來是不是要到趙王了？

趙王的名字叫劉彭祖。這個名字跟史上傳說的長壽老人一樣。但是他現在就怕自己活不下去了。劉彭祖覺得如果不先把主父偃搞定，自己很快就會死。於是，他一咬牙，也在第一時間裡派人猛查主父偃的把柄。主父偃的貪腐是很公開透明的，弄得人盡皆知，所以查他的問題實在花不了多少精力。劉彭祖很快就坐實主父偃的黑料，直接上報劉徹，說主父偃長期大受主諸侯的賄賂，所以諸侯王的子弟們大多都得以封侯。

這個狀子寫得並不高明。因為諸侯後代大量封侯，正是推恩令所要的預期效果，劉徹看到大家都在忙著封侯，心裡高興得要命。但是這個狀子提醒了劉徹，以後這些人想起推恩令的結果來，肯定會生他的氣，現在正好把這個責任推給主父偃。於是，他裝著大怒的樣子，說主父偃劫持齊王，迫使劉次昌自殺，下令把主父偃召回首都，然後逮捕下獄。

主父偃到現在仍然沒有意識到問題的嚴重性，大大方方地承認自己收受了很多賄賂，但是真的沒有逼劉次昌自殺。他以為，只要給武帝一個交待，他仍然可以活著出來，繼續當皇帝的顧問，繼續向大臣們索取巨額賄賂。

劉徹深知主父偃是個不可多得的人才，雖然天天受賄，人品不怎麼樣，但是他有很多解決困難的辦法，留下他還是很有用的。

哪知，這個時候，公孫弘出場了。

公孫弘說：「齊王自殺，再沒有繼承人，封國被廢為郡，領地歸屬朝廷。這是一起滅人之國的惡性事件。這個事件的第一責任人就是主父偃。如果陛下不殺主父偃，拿什麼向天下交待？」其原話是：「齊王自殺，無後，國除為郡入漢，主父偃本首惡。陛下不誅偃，無以謝天下。」

劉徹的心頭被「無以謝天下」四個字重重一擊，知道只有拿主父偃的命才能為推恩令負責了。於是，下令將主父偃滅族。

主父偃的一生還是很傳奇的。在這個國度上光著腳跑了四十多年，在別人看來已經絕望的時候，居然得到武帝的召見，從此儕身廟堂之上，成為皇帝的高參，連續推出「推恩令」以及遷天下豪強於茂陵的兩個措施，一舉解決了讓劉氏幾代皇帝都頭痛的問題。其政治才幹不可謂不高明。然而這傢伙貪婪成性，一

第四節　專橫之人的下場

旦得志，便大肆受賄，對別人的勸告，還十分囂張地宣稱即使死也要貪。最終落得悲慘的下場。當然，漢武帝殺他，並不是因為他貪，而是為了「謝天下」，拿他當替死鬼而已。

但主父偃悲劇的根源之一就是太過貪，又太過橫，即使劉徹想留他一命，但是大臣們都不願他再活著。

第八章 公孫父子：捲入巫蠱案，貪腐遭滅門

第一節 扶搖直上

在武帝一朝中，父子同時都在公卿之位的，大概只有公孫賀父子了。很多人看到父子同為卿相，肯定以為這對父子一定有過人之才，否則無以至此。其實，公孫賀真的沒多少能力。

公孫賀的父親叫公孫渾邪，別以為我記錯名字了。他就是這個名字。當然，如果說出他的來歷，就不會覺得這個名字古怪了。因為他是胡人，在景帝當政時就當過典屬國、隴西太守。

一個北方來的胡人，能把官做到這個份上，其能力是備受肯定的。後來，他參加了平定七國之亂，是五個最有功的能人之一，於是被封為平曲侯。公孫賀是個徹頭徹尾的官二代。

劉啟確定劉徹為接班人後，選一批人當太子舍人。當時公孫賀就被選中。他跟劉徹的年紀相仿，天天陪太子讀書，與劉徹很合得來。

劉徹即位之後，最先重用的人就是這位從小到大的朋友，讓他當了太僕。太僕就是主管皇帝的車馬，好像沒多大的位力，但卻位列三公之後、九卿之中，是很有地位的。試想，皇帝會讓自己不信任的人管他的馬嗎？

一看到這個安排，就知道人要是生對時間、生對地方，那段勵志的奮鬥史就根本不用出現。主父偃少年苦讀，中年跑遍各地，直到進入老年才有翻身的機會。而公孫賀只憑著是劉徹朋友的身分，就直接從太子舍人成為太僕。這也太不可靠了吧？但當時就是這麼不可靠。

你有意見，那是你的意見，而不是漢武帝的意見。

漢武帝的意見是，只算個朋友，也太平常了，還要透過關係成為親戚那才開心啊！

劉徹當皇帝沒多久，就迷上了衛青的姐姐衛子夫。劉徹重重地賞賜衛家。他很快就發現，衛夫子還有個姐姐，目前正過著單身生活，於是就讓公孫賀跟她辦了結婚手續。如此一來，公孫賀跟劉徹就成了連襟，雖然不能算直系的皇親國戚，但轉折一次之後，就可以跟皇家扯上關係了。反正轉折的親戚也是親戚。

當了幾年的拐彎親戚，劉徹又覺得不夠新鮮了。而且想想，就這麼直接讓公孫賀加入國家領袖行列，實在有點不好意思，因此也找機會讓他立個功，一來堵堵人家的嘴，二來也賜予他創造封侯的機會。劉邦在立國時就宣布，非劉氏不得封王，不立功不得封侯。劉徹再怎麼任性，也不敢打破高皇帝立的規矩。

劉徹決定讓公孫賀去立功。那時大漢王朝已經歷了幾代皇帝，還算太平，要立軍功好像沒機會。雖然國內沒機會，邊境那邊卻把機會送了過來。專門為立戰功創造機會的就是匈奴人。

反正派別人去立功也是立功，派自己人去立功同樣是立功，為什麼不派自己人去？

劉徹在跟匈奴人打交道時，用人是很正確的，比如後來的衛青和霍去病。這對舅甥也是因為衛夫子而得到重用的，而公孫賀也是因為衛夫子而重用的，條件是一樣的。他們能上陣殺敵，公孫賀為什麼就不能立大功？

第二節　百戰卻無功

元光二年（西元前一三三年）十月，漢武帝劉徹決定下一盤大棋。

這盤大棋是針對匈奴人的。

大家知道，劉邦剛取得天下沒多久，就跟匈奴人槓上了。那時劉邦手下還有很多軍事能人，但是最後劉邦率這些能人帶著三十三萬部隊與冒頓單于對決時，打敗過項羽的劉邦居然被這些沒有文化內涵的軍隊包圍在白登七天七夜而動彈不得，如果不是靠陳平的陰謀詭計，中國的歷史有可能不是這個樣子了。劉邦立刻意識到，大漢政權剛剛建立，經歷這麼多年的戰亂，目前國家虛弱得像個剛生孩子的產婦，根本無力跟匈奴騎兵硬碰硬，便問大家有什麼辦法讓匈奴不再進犯。

婁敬說：「跟他們和親。」

「怎麼和親？」

婁敬說：「從民間找個相貌還不錯的美女，替她化妝，就說她是公主，然後嫁給冒頓單于，再送許多的嫁妝。匈奴人既沒文化內涵，又沒見過公主，哪知道我們是欺騙他們的？等這個冒牌公主生下兒子之後，肯定是單于二代，而這個單于二代就是我們的外孫了。哪有外孫天天侵略外公的道理？」

劉邦一聽，妙計啊妙計，一個大漢美女就可以頂住幾十萬部隊，這個生意可做。便派婁敬身為使者去見了冒頓單于。冒頓單于看到中原美女雖然不比匈奴美女高大，但是卻比匈奴美女溫柔、可愛多了。又看到那麼多的金銀財寶，越看越心花怒放。他南下打中原，其實並沒有搶占地盤的雄心壯志，只是想搶點東西和婦女而已。現在不用去搶，人家自動送來，那真是太開心了。

劉邦雖然無賴，但是在跟冒頓單于和親這事上，還是很講信用的，每年定期送去很多東西，讓單于笑得合不攏嘴。

從漢高祖七年（西元前二〇〇年）起一直到現在，漢朝與匈奴的和親政策已經堅持七十年不動搖。這期間雙方各換了幾任領導者，中間也發生了多次邊境衝突，有幾次規模還是很大的。比如漢文帝三年，匈奴人就大舉進入河南地，攻上郡，大砍大殺了一陣，這才作罷；文帝十四年，匈奴動員十四萬武裝力量進攻蕭關，殺北地都尉，擄掠了大批人員，而前鋒部隊甚至衝到雍、甘泉附近，燒毀回中宮，首都震動。那時，漢朝仍然沒有辦法跟他們對抗，仍然咬著牙和親——反正中原有的是美女。

到了漢景帝時代，匈奴軍事行動的規模稍為小一點，但是也沒有停歇過。

劉徹知道，如果光送美女，匈奴人只會更加驕橫，結果是讓大漢王朝賠了夫人又折兵。他早就想大打一場，把匈奴打殘。

時機終於來了。

這個機會是聶壹製造出來的。聶壹不是什麼大人物，只是一個愛國商人。他長期在雁門關那裡做生意。雁門關是邊關，因此，聶壹常到匈奴那邊走走，對匈奴的情況十分熟悉。聶壹在發財的同時，仍然忘

第二節　百戰卻無功

不了國家利益，覺得匈奴不滅，他發再大的財也沒用。於是，他找到大行王恢。在這裡說明一下，大行是個職務，主要掌管朝廷的外交事務，幫皇帝接待賓客。

他對王恢說：「匈奴人剛剛跟我們和親，現在對邊境很放心。我們完全可以利用他們的這個弱點，用財物利誘他們前來，然後設伏兵把他們狠狠地痛打一頓，一定能把他們打得落花流水。」

王恢一聽，覺得也是妙計一著，趕忙向劉徹提出。

劉徹召集群臣前來討論這個建議。

儘管王恢說得恢宏大氣，但是韓安國仍然反對：「當年高皇帝被圍匈奴圍在平城，餓了七天的肚皮，這才突圍出來。但是高皇帝回到首都後，並沒有像以往那樣甩東西、發脾氣，而是認真反思、反覆總結，最後以大局為重，派婁敬去跟匈奴和親。和親政策一直延續到現在。所以，我認為還是保持和親政策為重，不要輕啟戰端。」

王恢說：「韓先生的話好像有道理，其實是沒有道理的。當年高皇帝親自衝鋒在前，打了幾十年的仗，後來他沒有再向匈奴報仇，並不是因為他能力不夠打不過匈奴、怕那些騎兵，而是想讓老百姓休養生息。現在情況不同了，我們的邊境經常受到匈奴的侵擾，邊境老百姓天天被匈奴人欺負；我們的邊防戰士被他們打死了無數。作為對老百姓負責任的天朝，我們能容忍下去嗎？」

韓安國仍然反對，認為不打才是最好的，而且打仗的結果是最不好預測的。萬一失敗了，連和親都保不住了。

王恢繼續堅持自己的意見：「況且這一次出擊，並不是主動深入敵境到處找敵人決戰，那是很不明智的，而是設了埋伏，利用敵人的無知和貪婪，把敵人引進埋伏圈，然後一舉殲滅。如果連這樣的戰鬥都打不贏，我們還養這麼多部隊做什麼？我認為，只要我們做好部署，勇於戰鬥，肯定能擒住單于，大獲全勝，幾十年的屈辱，一戰洗白。」

劉徹一聽，覺得這話太讓他感動了，於是當場拍板——打。

劉徹也認為，這場戰鬥是沒多少懸念的，除非他不想取得勝利，否則非勝不可。於是，他決定讓公孫賀參加。雖然公孫賀沒有打仗經驗，這些年也一直當書生，但是只是帶著部隊去埋伏，然後順手拿到個戰功，讓他人對公孫賀有個認知——原來皇上提拔的人文武雙全，皇上對人才有高度的辨識能力。回來之後，就可以讓他封侯了。

劉徹下達了出征命令——御史大夫韓安國為護軍將軍、衛尉李廣為驍騎將軍、太僕公孫賀為輕車將軍、大行王恢為將屯將軍、太中大夫李息為材官將軍，共同統率三十萬大軍在馬邑邊的谷中，打造一個規模巨大的埋伏圈，只等匈奴頭號領導人單于過來中計。當然，他們也知道，單于近來剛結婚，肯定不會主動前來上當的，因此就派聶壹過去把他請來。

聶壹不但是個成功的商人，也是個很好的間諜。他直接跑到匈奴那裡，面見單于，說：「我可以去殺掉馬邑縣的縣長和其他官員，把馬邑城變成您的地盤。那裡的財物真多啊！」

單于說：「有這麼容易？」

聶壹說：「只有更容易。信不信由你。」

單于這時的頭腦還是很簡單的，就說：「那你就去吧！」

聶壹立刻告辭，然後到牢房裡砍了一個死刑犯的腦袋，上交給單于，說：「這就是縣令的腦袋。我已經砍下來了。請單于驗證。如果不趕快過來，我就守不住馬邑了，到時別怪我不提醒。」

第二節　百戰卻無功

單于本來就很豪爽，而且又不認識馬邑縣的縣令，根本沒有查驗，二話不說，帶著十萬部隊向馬邑進軍，那裡有很多財物啊！

情節發展到這裡，證明王恢的判斷很正確。單于已經上當，而且只帶十萬人。他們有三十萬，又是突然襲擊，三個打一個，哪有不大獲全勝的道理？

單于繼續前進，到了離馬邑還有百多里。只要再加把勁就中了漢武帝的計策。

哪知，單于此前那個簡單的頭腦，這時突然開竅了起來。他看到這裡怎麼到處都是馬、牛、羊之類的畜牲，卻沒有一個人？他摸了摸腦殼，想起了中原人最愛玩陰謀詭計，嘴上都有一大套讓人聽著舒服的理論，但私下裡全是玩陰的。於是就警惕了起來，讓部隊停止前進，轉個彎去攻打亭隧。

漢朝這邊沒想到這一著，因此沒有一點防備。結果，單于俘虜了雁門尉史，然後把大刀在這個尉史面前晃了幾下，說：「告訴我，你們是不是在玩陰謀詭計？不說，就殺你。」

尉史果然怕死，把漢朝的計畫全盤告訴了單于。

單于一聽，差點被中了埋伏，當場下令撤兵。

王恢他們在那裡埋伏了很久，還不見前頭塵土飛揚，心裡直罵單于動作太慢了，還世界一流騎兵呢，派人去勘查，回報：「匈奴後兵撤走了。」

王恢一聽就急了，下令部隊追擊，可是哪能追得上。王恢讓其他軍隊撤回，自己帶一支部隊從代出發，要截斷單于的供給，替自己挽回一點面子。哪知還沒有行動，就聽說單于帶著大軍殺過來了，又急忙飛快撤退，回去向漢武帝交差，就當是帶兵過來演習。

可是漢武帝卻不爽了，人家實戰演習，都還射出很多箭，場面多壯觀，但三十萬人悄悄地去，卻又悄悄地溜回來了。

「不是說匈奴人沒文化容易上當嗎？為什麼不上當了？依朕看，不是匈奴人太厲害了，而是你們太蠢了。」

儘管王恢進行了辯解，但劉徹仍然把他交給廷尉。廷尉辦案很迅速，很快就給出結果——死刑！王恢拿出大量的錢財，到處請人幫忙，連王太后都出來求情了，劉徹仍然不鬆口。王恢只得自殺。

漢武帝把這次失敗的責任都推給了王恢，自己一點責任都沒有，他的朋友公孫賀也好像沒有參加這次事件一樣，繼續當自己的太僕，當皇帝的連襟、好朋友。

漢武帝用王恢的鮮血把自己和公孫賀都洗白了。

不過，漢武帝這次行動雖然無功，但是他仍然想把可惡的匈奴人痛扁一頓。因為他知道，如果不把他們打痛，就會永遠痛苦下去。

四年之後的元光六年，匈奴入侵上谷，漢武帝大怒之下，派出四路兵馬出擊——車騎將軍衛青出上谷，騎將軍公孫敖出代郡，輕車將軍公孫賀出雲中，驍騎將軍李廣出雁門，各領一萬騎兵。

這一次沒有設埋伏圈，直接找到匈奴兵就打，將對方「大破之」。四路大軍出擊的結果——衛青大勝；公孫敖和李廣分別被匈奴打了個大敗。公孫敖損失了七千部隊，李廣更慘，連自己都成為人家的戰俘，幸虧他自己武力高強，又逃了回來；公孫賀無所得，跟帶著一萬人到北方用公費旅遊一趟差不多。因此，結果只有衛青脫穎而出，被封為關內侯；公孫敖和李廣被下廷尉處理；公孫賀繼續當太僕。

劉徹很鬱悶。「公孫賀啊，你怎麼就這麼沒有運氣，人家帶兵過去，都打了仗，你卻連個敵人都沒有碰到。看來你的封侯只能再等等了。」

第二節　百戰卻無功

當然，有匈奴在，這個機會是不用等太久的。

元朔五年（西元前一二四年）的春天，匈奴的右賢王不斷地帶著部隊侵犯朔方，讓漢武帝很生氣。他覺得現在除了開戰之外，已經沒有其他途徑可以跟匈奴相處了。他決定向匈奴開戰。

以往的部署基本都是分幾路大軍，各打各的，各軍之間互不相干。這一次，他讓衛青當第一把手，統一指揮戰鬥。蘇建、李沮、公孫賀、李蔡都成為衛青的部下，一起戰鬥。

衛青確實了得，以最快的速度向匈奴境內進軍，夜裡趕到右賢王的駐地。右賢王這些天都在邊境製造流血衝突，基本都是他在打敗漢朝的邊防軍，在他的認知裡，漢兵除了被他打敗之外，沒有第二項選擇。所以，他晚上基本都大吃大喝，在大醉中進入他的匈奴夢。哪知，衛青卻殺了上來，一下就將他們全部包圍。右賢王的戰鬥經驗還算豐富，在這萬分危急的時刻，居然還能帶著幾個死黨拚命衝出，得以保全性命。

右賢王一逃命，匈奴兵再沒有誰能組織起有力的抵抗，於是全部被俘。這一戰，衛青俘獲匈奴兵一萬五千人，馬、牛、羊百萬頭，勝利班師。

這可是這麼多年來，漢兵對匈奴的首次大捷，劉徹高興得就差跳起舞來了。幸虧得了這個衛夫人，幸虧衛夫人有這麼一個弟弟。有時發現一個美女，也能帶來一個天才。衛青絕對是天才。衛青小時候只是個奴僕，沒上過什麼學，可是打仗卻比很多軍事家都厲害。

劉徹在接到大捷的消息之後，也不等衛青回到首都，就派使者帶著大將軍的印跑到前線，在軍中拜衛青為大將軍。此前，似乎只有韓信當過大將軍。當然，公孫賀也被封為南侯。這一次，公孫賀在戰場上的表現如何，史書沒有記載，但是我相信，他只是跟著大部隊往返一遭，跟到戰場上視察一次沒什麼差別。

這次是集體記功，參加的基本都有賞，其實，全是沾了衛大將軍的光。

在以後的幾年裡，公孫賀都作為衛青的下屬，在衛青的領導下出征匈奴。衛青的仗越打越好，立的功越來越大，而公孫賀卻再也沒有立過功。經歷了這麼多次出戰，只在那次搭衛青大勝的順風車，這才立了一次功。

劉徹肯定知道這位連襟雖然可愛，但是打仗確實很無能，將他放到戰場上，能活著回來，已經是天大的造化了。看看李廣，大家都公認他是個能打仗的英雄，連匈奴人聽到他的名字都怕，但就是立不了功，朝廷想替他封侯都沒辦法。

劉徹讓公孫賀出征，只不過是讓他以後在歷史記載中多了幾行文字而已。

第三節　失而復得的官位

公孫賀雖然在戰場上表現得很不好，一點沒有立大功的欲望，但是他對金錢的欲望要比衛青強烈多了。

劉徹雖然想盡辦法讓公孫賀封侯，但是他天天板著手指頭把這些列侯數來數去，發現列侯的數量實在太多了，得想辦法再精簡一部分。藩王們是因為跟劉家有血緣關係才得以封王的，這些王雖然薪資高、生活高度腐化墮落，但都沒多少能力。而侯們卻不一樣，這些列侯都是靠軍功封侯的。即使李廣那樣的能人，最後都難以封侯。要是想精簡這些侯爺，麻煩就會源源不斷。當年七國之亂，還是靠周亞夫這些列侯去平定的，要是這些人造反起來，誰來幫他平息？

劉徹這些年來，實行推恩令、對豪強進異地安置、獨尊儒術、打擊匈奴，都很成功，可以說內外政策都已經驗豐富。

他知道，只要不是硬來，抓到這些列侯的把柄，總是可以把他們拉下去的。

劉徹透過觀察，發現這些列侯在上酎金的時候都做了手腳。什麼是酎金？其實就是酎和金的合稱。酎是一種最好的酒，據說造這個酒很麻煩，要從一月到八月加三次料、反覆釀成的酒；金就是黃金。漢文帝立了個規矩，在每年八月舉行的祭高祖廟獻酎酒時，蕃王和列侯都要依照封國人口數獻黃金助祭，一起把場面做得盛大，讓高祖在天之靈能夠感到高興，這就是漢代的酎金制度。諸侯們獻金時，皇帝親臨受金，如果所獻的黃金成色不足，沒達到標準，就要被奪去王侯之位。

這個規定雖然很嚴厲，但是這些年來執行得實在不怎麼樣。所以，諸侯們大多都在獻金時，在黃金裡參雜使假，能節約一點是一點。

哪知，劉徹卻偏偏拿這個來大做文章。在受金時，讓少府認真驗收，果然發現一大半的諸侯不老實，獻來的黃金，不是分量不夠，就是成色不足，都在做著欺騙皇帝的勾當。經過統計，此次涉案人員共有一百零六名列侯。

劉徹一看這個數，差點哈哈大笑起來，這個辦法還真有效啊！一次就可以削掉這麼多列侯。於是，他下令，嚴格執行有關法規，該免除爵位的就免除爵位，不管他的功勞有多大、職務有多高，都不能以功勞來抵罪。丞相的職位夠高了吧？同樣不能放過，當場拿下，送入監獄，等待處理。時任丞相趙周就這樣被一把抓住。而且他的罪名還不是酎金不足，而是知情不報。趙周當慣了大官，一下獄，精神狀況就崩潰了，沒等人家宣判，就先自殺了。

公孫賀先生也在這次名單中。劉徹想保也保不住，只得在心裡大罵。「上場戰殺敵你不突出，居然是在這個事情上很有與時俱進的精神！」沒辦法了，先免再說。

於是，公孫賀那好不容易得到的爵位，就這樣被免除了。

但是沒多久，劉徹又創造了一個讓公孫賀再度封爵的機會。

這個機會仍然是——讓公孫賀去打仗。

知道張騫吧？因為出使西域回來之後，不但人氣大升，而且還被封侯，當大官，領高薪資，過著幸福的列侯生活。因此，很多人都要求出使西域——拿著公款到西部旅遊一趟，回來就可以封侯，比在戰場上拚死拚命舒服多了。劉徹看到這些人這麼熱情高漲，個個一副為國家的外交事業一不怕苦二不怕死的精神，就都批准他們的請求，讓他們組成西域訪問代表團，拿著大漢的節符出使西域。

這些人只想立功封侯發財，其實並沒有多少能力。他們發現朝廷給西域的禮品實在太豐富了，就都發揚雁過拔毛的自私精神，把所有禮品先拆來看看，好的留給自己，那些中看不中用的，就當作國禮送給西域那些人吧！有本事你叫他們回到長安，跟皇帝對質。

他們以為他們的這些做法做得很高明，可以瞞得過所有人的眼睛，可是仍然瞞不過劉徹。劉徹很快來個人贓俱獲，宣稱要治以重典。這些人一聽，便都慌了神，紛紛表示要立功贖罪。由於當時缺乏外交人才，劉徹就又讓他們出使。

這些人把出使西域當成自己的職業來做，雖然外交水準沒有提高上來，但是對漢武帝的愛好卻摸得很準確。他們知道漢武帝最想聽到的消息是什麼。於是，他們在漫長的出使路上都開始動腦筋，編造一些離

第三節　失而復得的官位

奇的情節，把圍觀的人都聽得流口水。原來遙遠的西域這麼精采，什麼時候也可以去走一走啊？這些會欺騙人的，最後都被任命為正使，那些只會走路，不會貪財、不會講故事的，只能當副使。如此一來，無形當中培養了一大批愛說謊的正使。

這些正使連聰明的漢武帝都能欺騙，那些沒有文化的西域王爺，他們還能放著不騙騙他們嗎？結果是，漢武帝還生活在他們的謊言當中，西域的王爺們卻先受不住了。以前，聽說是天朝外交代表團來了，都依照禮儀進行高規格接待，讓這些在國內什麼都不是的正副特使們大吃大喝。可是後來發現這些人除了會吹牛、會把國禮轉化為自有財產外，沒別的能耐，而且每個代表團的說法都不一樣，就宣布不再接待這些人了。反正漢朝軍隊離這裡很遠，不會來打他們的。

使者們都氣憤起來，回來之後，都一致地說，現在匈奴那邊的兵力很弱，很容易戰勝。只要國家勇於出兵，就可以把他們打得滿地找牙、服服帖帖，哪用得著天天派使臣帶著國禮去跟他們打交道。以前王恢主張打擊匈奴，這也是重要原因之一，因為他當時的身分就是大行！

謊話說得多了，也就成了真話。劉徹這些話聽得多了，也就相信起來。於是，決定再攻打匈奴一次。他把這次出征的機會塞給公孫賀和趙破奴。趙破奴也在酎金事件中被奪了侯爵。

這一次，公孫賀被任命為浮沮將軍，自帶一萬五千人出征。我們無法知道公孫賀當統率帥時，內心世界是什麼想法。總之，這一次，他同樣是不幸的，也同樣是幸運的。

說他不幸，是因為他帶著大軍從九原向匈奴境內出發，卻連一個匈奴兵也沒有碰到。說他幸運，是因為他只在匈奴境內進行了一次長途行軍，而沒有跟敵人有過一次接觸。因為照他的能力，要是真的打起來，被匈奴騎兵「大破」的可能大概要多一些。原來，這些年來，劉徹對匈奴輪番猛打，還真的把匈奴打怕了，尤其是在元狩四年之戰，匈奴被衛青和霍去病一番痛打，敗得慘不忍睹，便遠遁北漠，至今元氣未復，哪敢南望一眼。公孫賀這次走了二千多里，一直到浮苴井，基本都是如入無人之境。公孫賀望著無邊無際的大草原，鬆了一口氣，班師回朝。

這一次他獨當一面出征，只有苦勞沒有功勞，仍然不能封侯。

劉徹仍然不甘心。公孫賀打仗不行，當官總可以吧？劉徹決定培養公孫賀為丞相。丞相都是列侯才可以擔任的，於是，他決定硬封公孫賀為葛繹侯。

第四節　因貪腐而喪命

太初二年，丞相石慶死去。

劉徹立即讓公孫賀填補石慶的遺缺。可是當劉徹宣布這個決定時，公孫賀卻不想接受。公孫賀雖然打仗的能力不好，但混官場的能力卻很不錯。丞相這個職務雖然很誘人，大權在握，除了皇帝之外，不用再怕誰，可這也是個高危顯職業啊！這些年來，擔任丞相的有公孫弘、李蔡、莊青翟、趙周、石慶，公孫弘這傢伙城府極深，既能察顏觀色，又能和稀泥，最後自然死，而李、莊、趙三位都是被定罪後自殺的。石慶向來謹慎小心，但是仍然不時被劉徹責難，每天走路時，都能讓人看出他是在如履薄冰。現在幸而病死，算是得以正常死亡。公孫賀知道自己這點程度，陪皇上開心沒問題，討皇上喜愛也沒問題，在皇上的庇護之下發大財更是沒問題，可是這個重擔真的挑不起。

第四節　因貪腐而喪命

劉徹看到公孫賀居然不敢接受丞相的印信，不由生氣起來。「封你侯，你從來沒推辭過，怎麼讓你當丞相你就不敢了？都是從小一起長大的朋友，我連皇帝都當了，你怎麼不敢當丞相？」

公孫賀這時一點也不敢看劉徹的臉，只是跪在地上，不斷地叩頭，把謙虛的話都反覆說了幾遍，就是不肯接大印。

劉徹想不到這個老朋友平時很可愛，哪知到這個時候，居然一點面子也不給，就生氣起來，站起身離開現場。公孫賀沒有辦法，只得捧起丞相印綬，然後對著這套象徵最高行政權力的東西落下眼淚，哭著說：「我真的很危險了。」

公孫賀覺得自己很危險了，但是他的兒子卻認為公孫家族已經進入有史以來的顛峰時代。因為，劉徹在任命公孫賀為丞相的同時，還任命公孫賀的兒子公孫敬聲當了太僕，算是接了父親的班，成為九卿之一。父子兩人同時班列卿相，從古代一直數到現在，有哪個家族有過這樣的榮耀？

如果公孫賀是個合格的政治家，又意識到丞相這個位子是雷區，那麼肯定會有化解之法。但是他只是從前任們的下場去揣測，卻沒有從根本上找到這個危險的根源。他把危險的根源全放在劉徹那裡，認為只要劉徹的情緒一不穩定，就會拿丞相開刀。他沒有想過，固然有劉徹的原因，更大的原因還在於丞相自己。這些人首先能力欠缺，拿著這麼高的薪資，卻沒有做出多大的貢獻，貪腐的程度還比人家嚴重，最後當然都得死。

公孫賀自己就是個很愛財但又怕死的人。劉徹對他那麼好，憑著陪太子讀書幾年的感情，就讓他一步而登上九卿之位，之後不斷地找機會讓他立功得以封侯。得到這樣的恩典，他應該忠心耿耿才對，可是他仍然在酎金事上做短斤少兩的勾當。劉徹在這件事上，連當朝丞相都沒有原諒，但還是對他情感依舊，丟了南侯，又封繹葛侯，還提拔當丞相，簡直是把江山跟他一起共享了。這裡面的深層含意，大概從不在公孫賀的腦袋裡思考過。他只知在那裡面對著丞相的大印哭。

而公孫敬聲比他更差。他看到父親成為丞相，自己管理皇上的車馬，雖然表面上沒多少實權，但誰不怕領導者的司機呢？

公孫敬聲當太僕沒幾天，就到處耍大牌，進行貪汙受賄活動。最後，連北軍的軍費都敢伸手，一口氣拿了一千九百萬錢。

漢武帝這些年來，連續跟匈奴人開戰，雖然多次取得偉大的勝利，多次把匈奴趕到漠北荒寒地帶去受苦，但也讓國庫空虛。再加上那些將軍雖然打仗用命，但也十分貪汙，所以他也常常為軍費頭痛。公孫敬聲要是貪別的，劉徹看在他父親的面子上，可以不跟他一般見識。可是他居然連軍費都敢要，這不是要讓大漢子弟兵餓著肚子、裸奔著上戰場是什麼？餓著肚皮的士兵能打仗嗎？士兵不能打仗，這個國家還保得住嗎？只能先把他抓起來再說了。

公孫敬聲就這樣被捕入獄。公孫賀知道兒子被抓，心裡很急，但是他深知劉徹的性格，他再怎麼求情也是無效的。憑著自己當舍人而被劉徹喜愛，之後又憑著老婆是衛家大姐被重用，他那段屢次出征、屢次無功而返的時期，正是衛家最熱門的時期，他不立功也能得到獎賞。可是現在衛青已死，霍去病也死了，衛夫子的臉蛋身材也不是過去那個樣子了。宮中已開始變成江湖，城府越來越深。以前人家怕衛家，現在已經有人開始暗算衛家了。

公孫賀當然不知道誰在暗算他。他只知道在那裡抓狂，想著如何把兒子救出來。他就不想想，堂堂丞

第四節　因貪腐而喪命

相的兒子，才把那軍費貪到手，有關部門就立刻知情，這裡面肯定有人在緊盯著他們一家。他向來沒有做全盤考慮的習慣，只習慣於揣摸劉徹的脾氣。

這時，劉徹對一個人很憤怒。

這個人叫朱安世。

朱安世是個跟郭解一樣的人物，而且比郭解更厲害。漢武帝曾對這個大俠釋出過追緝令，可就是抓不到他，這讓漢武帝很惱火。以前抓郭解不是很容易嗎？

公孫賀知道這回事後，認為，現在只要抓住朱大俠，武帝一高興，就會放他兒子一馬。於是，經過嚴密部署，還真的把朱安世抓到了。

公孫賀聽說成功抓獲了朱大俠，心裡大大地鬆了一口氣，真想寫一封感謝信給朱大俠。幸虧有你啊！

哪知，公孫賀很高興，朱大俠也很高興。

朱大俠不愧是大俠，被抓之後，立刻知道自己這次鋃鐺入獄，就是公孫賀這廝要用抓到自己的功勞來換他的兒子。這生意果然好！他哈哈大笑：「公孫丞相很快就會全家玩完。」

一個本來跟公孫賀無關的人，竟然在被抓入獄之後，還能知道公孫賀抓他的目的。如果沒有背後人士傳遞消息，他能知道得這麼清楚嗎？

當然，如果只知道這些消息，也不能把公孫賀怎麼樣。

最嚴重的是，天天在江湖上行走的朱大俠，竟然對廟堂上的事知道得比誰都多。他竟然知道現在漢武帝正遭遇一件煩惱事。

漢武帝絕對是個有神論者，他向來相信天上有神仙、人也能變成神仙的傳說，也相信那些讓人摸不著頭緒的巫術。當然，現實生活中，他還愛美女。後宮中的那些美女也跟他一樣，相信鬼神那一套，她們為了能跟皇帝睡上一覺，用盡各種辦法。可是宮裡美女太多，皇帝只有一個，能爬上龍床的機率太低了，後宮面積又那麼大，就是天天站在門前微笑，皇帝也不會看到。因此，她們就想到了傳說中神通廣的女巫師，然後透過各種門路把這些女巫師請到宮中來，幫自己做法術。一來想透過幾次法術，讓皇帝鬼使神差地看到自己並被自己迷住；二來讓巫師們詛咒那幾個得寵的美女。只有她們死去或者發瘋了、皇上不愛她們了，自己才有機會被皇帝寵幸。

根據巫師們的說法，躲避災難最有效的辦法就是製作小木人，埋在屋子裡，然後祭祀這個小木人，弄得當時宮中的人製作小人的工藝越來越精製。埋小木人成為漢宮裡最為流行的行為。有一次，漢武帝白天睡覺，做了一個夢，有幾千個小人同時過來圍攻他。他一驚而醒，從此健康程度大幅度下滑。於是，身邊以江充為代表的工作人員，開始進行不計後果的告發活動。漢武帝對於宮中埋小木人的事很生氣，他沒有追究事情最根本的起因，總是往陰謀論那裡找根源，認為一定是某個人要置他於死地，才製作了這麼多小木人。

本來，他的這個想法，除了幾個人知道之外，其他人一點也不了解。哪知，那個在獄中吃牢飯的朱安世卻知道得跟劉徹一樣清楚。

他哈哈大笑之後，就拿起筆來，直接寫了一封告發信給漢武帝：公孫敬聲跟陽石公主有不正當男女關係，他知道皇上要去上甘泉，就請巫師在皇帝的馳道上埋小木人，詛咒皇上，而且罵得很難聽。

如果劉徹稍微用腦袋去想，就知道這封信百分之百是封誣告信。但是現在劉徹的腦子已經不好用了，

第四節　因貪腐而喪命

一看到這幾行字，原來那些小木人全是公孫敬聲做的。

「你跟陽石公主有不正當關係，朕也不會怪你的。朕這幾十年來，重用你父親，現在又重用你，可是你們仍然不知足，還想把朕害死，這也太不夠意思了。」劉徹的思維在年老後有些遲鈍，瞬間就有了被最好的朋友出賣的感覺。嘴裡那幾顆殘存的牙齒咬得幾乎要從根處斷掉一樣，下令把公孫賀也抓起來，交廷尉。

這對父子終於在獄中相會。他們貪腐做得很成功，連軍餉都敢拿來挪用，但是面對廷尉的嚴刑逼供的程度，就跟公孫賀打仗的程度一樣弱，鞭子還沒有打下來，就全低頭認罪。

於是，鐵案形成。

但是這對過著腐敗生活了一輩子的父子，在獄中過不了幾天，就死了。漢武帝的脾氣一暴發，從來都是不計後果的，他下令把公孫賀族滅。於是，毫無軍政能力而官至宰相的公孫賀就這樣死了。

很多人以為，如果公孫敬聲不貪軍餉、如果公孫賀不抓朱安世，那麼他們一族也許不會死絕。可是公孫敬聲會不貪嗎？公孫賀能不救他兒子嗎？

公孫賀從一個花花公子變成高官，而且全是被動地被提拔，是漢武帝創造機會讓他位居高位，即使他不會打仗，仍然讓他帶著部隊前去打仗，這就是想讓他來個「一將成名萬骨枯」，犧牲廣大士卒來成就一個朋友。至於公孫賀在酎金事上犯錯，劉徹仍然放過他一馬。生在這樣一個家族裡，公孫敬聲會不貪嗎？能不腐敗嗎？公孫賀當丞相時，只在那裡哭著說危險來了，卻沒有把家族成員集中起來反覆告誡，一定要不貪不腐，而是對兒子放任自流，自己卻在那裡擔心吊膽地過著丞相的煩惱日子。最後不死，那真的讓人無言以對了。

公孫賀家族死有餘辜，只是由此撕開了「巫蠱案」這個歷史劇的大幕，成為大漢王朝盛極而衰的轉捩點。這一點，大概連漢武帝也沒有料到。

當然，「巫蠱案」不是本文的重點，在此略過不提。

第九章 劉賀：荒淫無度，貪戀酒色的悲劇皇帝

第一節　劉徹晚年的煩惱

西元二〇一五年年底，各家新聞媒體強力放送一則考古發現的新聞。這個新聞就是有關海昏侯的發現。

海昏侯墓的墓主叫劉賀。

劉賀在成為海昏侯之前，還當過大漢王朝的皇帝。

話說，經過巫蠱案發後，被冠以雄才大略這四個字的漢武帝居然被江充這個逃犯玩弄得團團轉，逼得他的太子劉據起兵清君側，最後誅殺江充，而後雄才大略的劉徹派丞相帶兵鎮壓太子，太子兵敗自殺，衛皇后也自殺。這一場由小木人引起的血案，使得長安城中血流成河。雖然最後以劉徹的勝利而告終，但是連劉徹都不會說自己取得了勝利。

他失去了太子。而且過後，他那顆已經轉運不靈的腦袋也清醒了過來，發現自己居然被江充這個街頭

無賴耍弄得如此悽慘。一個反覆把匈奴騎兵鎮壓下來、把列侯和蕃王的權力全部收歸中央、改進了大漢王朝的貨幣政策、堪稱史上最有作為的君主之一，臨老了，卻跌在這麼一個道德敗壞、人品惡劣的小人之手，連兒子都被自己逼死了。其最後的心情可想而知。

本來，劉據是他最中意的接班人。雖然劉據是他的兒子，也是那個很能打仗的衛青的外甥，但是性格卻跟他一點不同。劉徹勇於打仗，劉據卻像個文人，心慈手軟，常勸他罷兵、休養生息。那幾個黃門怕劉據，就曾抓住劉據的這一點，說他不與皇上在政治上保持相同意見，皇帝喜歡征伐，他卻熱愛和平。很多人不打就不倒啊！

但是劉徹卻認為劉據做得對。他就該是一個守成的皇帝，像他的祖父漢文帝一樣。仗當然可打，但是不是每個皇帝都以此為志的。他打過了，下一任皇帝就不必再打了。

本來一切都按照劉徹安排發展下去。哪知，他一時昏昧，最後把他這個很中意的接班人逼死了。劉徹很後悔，後來在輪臺下了個罪己詔，雖然這個詔書沒一個字提到劉據，但是透過對他這些年四處征伐的反思來看，可以看到其中隱含著劉據的思想，因為劉據常勸他休養生息。漢武帝到了晚年，開始轉變信仰，相信黃老學說，實行無為而治——人老了，身體各個零件都已經嚴重老化，再加上受巫蠱案的打擊，每天都生活在崩潰的邊緣，想有為也不能了。

但接班人還是要定的。

漢武帝雖然愛美女又愛江山。江山倒是被他維持得固若金湯，越打面積越大，連西域那麼遙遠的地方都被他控制住。可是他愛了很多美女，兒子卻不多，一輩子只生了六個兒子。

長子就是劉據，平生熱愛和平，最後卻死於轟轟烈烈的流血衝突。

第一節　劉徹晚年的煩惱

第二個兒子劉閎，但是年幼夭折。

第三個兒子劉旦，因為他二哥早死，所以成為排行老二，因為大哥又死，所以成為老大。他認為自己是老大，所以應該當太子，於是寫了一封信給他的父皇，要求到首都來保衛父皇，也就是「宿衛」。漢字內涵豐富，依照字面說上的，宿衛就是入住宮中當皇帝的守衛。可是兒子提出當宿衛，其實就是當接班人的意思。劉徹正在悲痛當中，看到又一個兒子伸手來奪取皇位，立刻大怒，二話不說，直接把那個送信的使者砍了。後來，還派人去清查劉旦，查出他曾私藏逃犯，於是，不但不讓他當太子，就連封國裡的幾塊地皮：良鄉、安次、文安三縣也劃分了出去，讓他的封邑大面積縮水。劉旦口才很好，但一步走錯，最後就只能步步錯了。

第四個兒子劉胥，身材高大，是個大力士，能徒手打死老虎，性格跟他的同父同母哥哥劉旦有很大的差別，但是都有著同一個愛好——藏匿逃犯。而且是個好玩好耍的花花公子，劉徹一點都不喜歡他。於是，太子就輪不到他來坐了。

第五個兒子叫劉髆。照道理來說，該輪到他了。哪知，仍然不行。因為他是李夫人的兒子，而李夫人是李廣利的妹妹。李廣利的這個身分跟衛青有些相像，也同樣得到劉徹的信任，領兵在北方打仗，但是戰績卻平平。唯一能讓劉徹稱道的，只有征大宛之戰，但是敗筆也很多，一點都沒有像衛青和霍去病那樣氣吞萬里如虎的勝利。李廣利仗打得不如衛青，做人也比衛青差多了。當年衛青受封大將軍，位在群臣之上，人卻低調得很。李廣利卻很有野心。李廣利又跟丞相劉屈氂是兒女親家。現在知道劉屈氂為什麼打太子打得那麼迅速了吧？一半是因為劉徹的命令，一半卻是為了自己親家的外甥上位。

老劉借勢逼死劉據之後，就與李廣利在某個角落商量，設法讓劉髆早日當上太子。兩人只顧著去實現這個遠大理想，保密工作卻做得一點不完善，沒幾天就被漢武帝知道這個計畫。這段時間是漢武帝神經最為敏感的時期，本來一肚子的火氣正找不到發洩的地方，這兩個傢伙居然在背地裡搞小動作。李廣利在劉徹抓到他之前，逃到了匈奴，當了可恥的叛國賊。而劉屈氂就沒有這麼好的運氣了，被劉徹一把抓住，處理結果是——腰斬！在這樣的背景之下，劉髆還能當上太子嗎？

幸虧還有個兒子，也就是劉徹的第六個兒子劉弗陵。劉據死的時候，他才四、五歲，但劉徹仍然決定讓他成為太子。

劉徹死的時候，劉弗陵才八歲。一來劉徹已經沒有選擇的餘地，二來，這個小兒子身體強壯，人又聰明，很討劉徹的歡心。於是，劉徹只得立他為太子了。當老年劉徹那枯乾的手捋著那把稀疏的白鬍子，用那雙昏花的老眼盯著這個吃熱飯還哭鬧的小兒子時，心裡的感慨一定很多。劉徹雖然只活了不到七十歲，但是七十歲在當時已經算長壽了，而且也生六個兒子了，可是到頭來，這些兒子有的自己死去，有的比街頭小混混還不如，臨死前居然得把天下託付給這個小兒。這個小兒雖然是天子，可是天子並不是天才，八歲能懂什麼？

大漢開國以來，除了呂后那一朝外，幾乎所有的皇帝都是強勢皇帝，對手下群臣的生殺予奪，控管得很嚴密，對政權的控制也很準確，從來沒有大權旁落的時候。一個孩子當皇帝，能掌大權嗎？他連什麼是大權都不知道啊！

劉徹臨死前都還煩惱不已，但是煩惱之後還是得解決現實問題。

他想了很久，決定從群臣中找一個可靠的監護人，當劉弗陵的輔政大臣。劉徹那雙本來像老鷹一樣的眼睛，此時已常被淚水模糊。他一邊擦著淚水，一邊對群臣進行了觀察，最後目光鎖定了霍光。霍光就是霍去病的弟弟，霍去病是當年劉徹無限寵信的衛家成員之一。他此前曾經親手毀滅了衛家——衛青的兩個兒子，都被他殺死。想不到，現在又把這個天下託付給衛家的人。當他做這個決定的時候，心裡又會是無數感慨滾滾而過。當時，霍光任奉車都尉、光祿大夫，地位並不算高。

劉徹讓人畫了一幅周公背著周成王接受諸侯朝見的畫，然後賜給霍光。霍光並不知道這幅畫的真正含意。

劉徹這時的腦袋運轉不停歇。有了輔政大臣，還得為小兒子掃除其他障礙，現在其他障礙是誰？鉤弋夫人。

鉤弋夫人是劉徹最後寵愛的美女，這時還很年輕。大漢因為發生過呂氏事件，一直對外家干政很提防。現在鉤弋夫人還很年輕，雖然沒有搞出什麼名堂來，看不出干政的苗頭，但誰敢保證以後她不干政？何況，呂后那一朝還有陳平、周勃、灌嬰等老功臣，一旦時機成熟，還能幫劉氏挽回局面，讓大權重回劉氏的手中。可是霍光能有陳平、周勃那樣的膽略和氣魄嗎？

劉徹最後決定，為免除後患，把親愛的鉤弋夫人提前殺掉。

在劉徹送畫給霍光的幾天後，劉徹找了個過失，把近來最親愛的鉤弋夫人痛罵了一頓。鉤弋夫人跟隨劉徹已經有一段時間了，對他的脾氣還是很清楚的，知道他發這麼大的脾氣，是讓人去死的徵兆。她急忙脫掉首飾，跪下來向劉徹猛叩其頭，請皇帝陛下寬恕她。劉徹雖然很愛她，但是劉徹更愛劉氏政權。

他面對著親愛的鉤弋夫人，揮揮手，說：「拉出去。」

鉤弋夫人還是回頭向他求饒，但是劉徹能饒她嗎？劉徹現在已經把她當呂后了。他大聲對鉤弋夫人說：「快走！我不會讓妳再活下去了。」

鉤弋夫人聽到這話，這才知道，皇帝還真不是任何人都可以當得的，昨天還恩愛著，現在就可以翻臉。自己向來恪守本分，沒做過什麼壞事，他居然就這樣不明不白地處死自己。

鉤弋夫人死後，劉徹問身邊的人：「坊間對處死鉤弋夫人之事，有何評價？」

答：「大家都說，都準備讓兒子當太子了，為什麼還要殺他的母親呢？」

劉徹一聽，長嘆一聲，說：「這就不是一般頭腦不靈光的人可以知道的了。自古以來，造成國家混亂的，基本都是因為皇帝年幼而其母親還年輕啊！皇后一旦成為太后，就會驕橫不法，甚至淫亂宮中、為所欲為，誰也管她不得。以前呂后就是這麼做的。為了不讓她成為第二個呂后，朕必須下這個狠手。」

劉徹雖然是個虔誠的有神論者，花了無數精力要請神仙來跟他面對面，希望神仙返回天上時，順便把他也帶走，但是直到現在，他仍然沒有跟神仙有過接觸。而且他的病越來越重了。

累了一輩子的劉徹躺在那張床上，把霍光、金日磾、上官桀都叫了過來。霍光看到劉徹已經病得可以用奄奄一息這四個字來形容了，就大著膽子問：「陛下，如果，如果您老人家哪天真的離開我們了，我們該怎麼辦啊？」

劉徹說：「難道你沒有看出我送給你那幅畫的意思嗎？現在我決定立劉弗陵為太子，你以後就是周公。」

霍光一聽，當場有些嚇得發傻起來，哭著說：「我哪比得金日磾！」

金日磾一聽，也趕忙跪下來，說：「我既是外國人，能力又遠不如霍光。如果讓我來當監督者，以後匈奴會看低我們大漢啊！」

劉徹叫霍光不要再讓了，然後下頒布詔書，立劉弗陵為太子。次日即任命霍光為大司馬大將軍，金日磾為車騎將軍，太僕上官桀為左將軍，由他們組成新皇帝的輔政團隊，也就是後武帝時代大漢權力中心的三駕馬車。

三人都在劉徹的病榻前跪拜，接受新的職務。

劉徹在位五十多年，比當時大部分人在世的時間還長，做了很多值得史家大書特書的事情，絕對是一個很有作為的皇帝。雖然也做了一些蠢事，上了江充的當，把自己最好的兒子殺了，大傷了漢朝的元氣，但是在最後這一次，他選霍光還真是選對人了。

第二節　皇帝誰來當

按照劉徹的既定方針，劉弗陵即位後，由霍光、金日磾、上官桀三人全面主持朝廷工作。當然霍光是第一監督者，另外兩人是左右手。劉弗陵慢慢長大後，還真不辜負父親的期望，成為一個好皇帝。可是好皇帝往往有一點不好，就是壽命不長。他當了十三年的皇帝，還沒滿二十一週歲，就從現任皇帝變成了大行皇帝。他雖然也有後宮，但卻還沒有生出兒子來。

當時，劉胥成了劉徹唯一在世的兒子，照道理就由他來坐龍椅了。可是霍光不願他接班，因為劉胥四肢發達，是個力量型的男人，而且還有「不守法度」的習慣。這種人去當黑社會老大，亂來一氣，看來是很稱職的，但是能當皇帝嗎？皇帝要是亂來，這個天下將是什麼樣的天下？

霍光召集大家來開會，會議主題就是確立新的皇帝。大家一聽，想都不想，直接就說：「廣陵王劉胥。

現在只有他了。」

可是霍光不同意。大家也沒有辦法。因為劉徹就曾經堅決地否定過他。於是，會議就變得沉悶了起來，大家除了想打瞌睡之外，不再想別的，更不想再多嘴下去了。因為在這個關鍵時刻多嘴，有可能造成腦袋不保的嚴重後果。

「你霍大司馬想立誰就立誰，總之，不管立誰都不會立到我們這些人。」

後來，有一個郎官上書——以前，周太王就沒有立長子太伯，而是讓太伯的弟弟王季當了接班人；周文王同樣沒有把位子傳給伯邑考，而是讓伯邑考的弟弟當了周武王。這兩個歷史事例有力地說明了，只要夠條件當皇帝的人，就可以立為皇帝，哪怕廢長立幼，也是完全可以的，何必那麼死守教條。總之，廣陵王是不能當皇帝的。

霍光接到這個上書後，心情大為高興，立即讓丞相以下的大臣們傳閱，並提拔上書人為九江太守。

大家一看，就知道霍光的意思了——從下一代中找個接班人。

於是，大家努力尋找。這才發現，不光劉徹的第二代男丁不旺，就是孫輩現在也只能找到一人。這個人就是劉賀。

劉賀就這樣成為新皇帝的不二人選。

霍光的動作是很快的，決定之後，立即派人拿著皇太后的詔書，用七輛車把時為昌邑王的劉賀接進首都。

第三節　紈褲子弟的運氣

劉賀是劉髆的兒子。他父親因為李廣利和劉屈氂事件，被劉徹冷落，最後也鬱悶而死，於是，劉賀繼承了劉髆的爵位，成為昌邑王。

劉賀從小就是個紈褲子弟，一天到晚只想著瘋玩，別的都不在他考慮範圍內。即使是他爺爺劉徹死了，國喪期間，他仍然到處玩，帶著一批死黨大喊大叫去打獵。劉賀玩得很瘋狂，一天之內可以狂奔二百里。

中尉王吉覺得他堂堂蕃王，把吃喝賭嫖當做人生首重，實在有點不像話，就寫了一個長篇大論的文章給他，勸他要好好學習，不要做這些沒用處的事。要是讓皇上知道了，後果會很嚴重的。

劉賀讀過之後，覺得很有道理，對王吉說：「我反思了一下，真的做是不太對了。多謝你的提醒。」然後叫人挑了五百斤牛肉、五石好酒、五捆乾肉送給王吉。

很多人一看，覺得劉賀原來很懂事啊，也很能從善如流，以為他也會跟那個楚莊王一樣，會改過自新、重新做人。

哪知，酒肉送過去之後，他又繼續瘋狂如故。

郎中令龔遂是個性格很直的人，覺得自己領了這份薪資當了劉賀的隨行保鑣，看到自己的上司整天像個敗家子一樣荒淫無度，自己就要有責任當面提出建言，把這個浪子老闆拉回頭。

龔遂做事很有原則，一旦認定了就努力做下去，堅持不動搖，弄得劉賀一看到他就煩，見他要開口了就塞著耳朵逃跑，一邊逃跑一邊說：「郎中令又來數落我了。」

有一次，劉賀跟身邊的人在一起，長時間地大吃大喝，玩得很開心，突然龔遂推門而入，然後雙膝著地，跪著前進，一邊前進一邊哭。

所有的人都知道，雖然龔遂只哭而沒有說話，但是都知道他是來做什麼的。那些陪吃陪喝陪玩的人都在現場感動得跟著落下眼淚。

劉賀沒有流淚，只是在那裡裝傻，問：「郎中令大人，你為什麼哭啊？」

龔遂說：「我在哭社稷的危亡啊。你想知道其中的原因嗎？」

劉賀當然不想聽，可是到了這個地步，他不想聽也得聽了，於是叫那些喝得差不多站不起來的人都退下去，自己打著飽嗝坐在那裡看著龔遂。

龔遂說：「大王你知道膠王劉端為什麼因為大逆不道罪而完蛋嗎？」

劉賀繼續裝傻，說：「不知，真的不知。」

龔遂說：「劉端有一個手下叫侯得，是個專門拍馬溜鬚的壞人。劉端做了很多壞事，他卻說劉端是堯舜再生，於是，劉端只聽侯得的話，最後導致了敗亡。現在請大王把身邊的這些人都換上人品好的人，每天認真學習、努力工作。」

劉賀說：「對，你就選幾個人過來吧。」

龔遂就叫張安等幾個人過來陪在劉賀身邊。可是沒幾天，劉賀就覺得一點都不好玩了，把張安等人全部辭退，又把那群愛玩愛喝的人拉進來。

劉賀玩起來是什麼都不顧的。即使是碰到了那些所謂不祥的徵兆，他仍然堅定地不信邪。據說有一次，他看到一隻大白狗，這個白狗可不是一般的狗，頸脖以下都像人，還戴著一頂帽子，又沒有尾巴。

第三節　紈褲子弟的運氣

他覺得奇怪，想問身邊的人是什麼狗，可是他也知道，身邊這些人的酒量很大，學問卻很少，只得去問龔遂。

龔遂說：「這是老天在告誡大王啊！就是說，現在大王的身邊都是圍繞著狗一樣的人，這些人都是穿著衣服的狗，你只有遠離他們，才遠離禍害。」

劉賀一聽，覺得這也太扯了。

又有一次，他突然聽到有人大叫：「熊！」

轉頭過去一看，還真的看到一隻大黑熊。他問身邊的人：「熊來了，你們看見了嗎？」

所有的人都說：「沒有熊啊。你眼花了吧？這裡只有人，哪有熊？」

劉賀只得又去問龔遂。

龔遂說：「熊本來是野生動物，在深山老林生活，現在卻來到大王的宮中，而且只有大王一個人看到。這說明什麼呢？這是老天在告誡大王，大王的宮中就要變空了，這是大王的危亡之象啊！請大王看著辦。」

劉賀雖然玩起來無法無天，但他也不是唯物主義者，聽龔遂說得這麼恐怖，也怕了起來，長嘆一聲：「為什麼這麼多不祥之兆都排隊來呢？」

龔遂說：「我已經多次提醒過大王，要好好學習，當一個合格的大漢諸侯王。可是大王卻天天玩得胡天胡地，再這樣下去，只怕後果不堪設想啊！」

劉賀一聽，雖然渾身一震，但又暗道：「不會那麼嚴重吧？」

接下來怪異繼續發生。

有一次，劉賀去處理事情，突然看到座位上有一灘血，嚇了一跳，急忙問龔遂：「這又是怎麼回事？」

龔遂大聲叫道：「不祥的怪異之兆不斷地出現，王宮的災難就在眼前。血是什麼？血就是最凶之兆啊！請大王好好反省一下自己的行為。」

劉賀一聽，又是上天告誡論。不就是玩一玩，上天能有這麼多精力來告誡嗎？老天爺也忙得很，哪有這麼多時間天天監督？

這事過不久，長安那邊徵召劉賀去當皇帝的詔書就來了。詔書是半夜時分來的，他還是點著燈讀完那幾行讓他激動得架子都差不多散下來的文字，心裡很高興。

「龔遂不是說這個王宮要空虛了嗎？呵呵，現在倒真的要空了。我一走，這個王宮當然要空了。只是他說我要滅亡，哪有這麼滅亡的？看來龔遂的學問都是白學的。難怪會有『書呆子』這三個字的存在。」

這一夜劉賀無法入睡，第二天起來，叫大家以最快的速度做好啟程準備，他要上長安當皇帝了。當皇帝比昌邑王好玩多了，昌邑王只能在這個封國內瘋狂，稍一不注意，就會跑出境外，皇帝的地盤就大多了，率土之濱，莫非王土啊！只要有力氣，就可以無邊無際地玩。

到了中午，他帶著身邊的隨從，上馬朝長安飛奔，到黃昏時，就一口氣跑到定陶，行程整整一百三十多里。很多隨從人員的馬都在半路上跑死了。

王吉趕到後，立即對他說：「以前商高宗在居喪期間，三年不開口說話。現在大王因為喪事才受到徵召，應當夜以繼日地痛哭才對。即使到了長安，也不要輕易對誰發號施令。大王現在將要面對的不是別人，而是大司馬大將軍。大將軍的人品，大家都知道。他跟隨武皇帝二十多年，從沒出過差錯。後來武皇帝才把天下託付給他。這些年來，大將軍掌管朝政，釋出的政令都深得民心，就是拿周公、伊尹跟他比，

第三節　紈褲子弟的運氣

也未必比得過他。現在皇上歸天，卻沒有兒子。大將軍找來找去，最終選中了大王。請大王見到他之後，一定要好好對待他、尊重他，所有的事都由他定奪，大王只需在龍椅上坐好，就是一個優秀的天子了。」

劉賀一聽，這樣的規定，倒也沒有什麼難度。

但是一路要他哭，那不如要他的命算了。

他到了濟陽。劉賀別的學問倒沒多少，但在玩方面，知識倒是豐富。他雖然沒到過濟陽，但是知道這個地方有一種雞很好玩，叫長鳴雞。長鳴雞是什麼？有的說是啼聲長的雞。而《怪物志》裡則說：「長鳴雞，最長，聲甚好，清朗。鳴未必在曙時，潮水夜至，因之並鳴，或名曰伺潮雞。」像是夜潮的警報器一樣，看起來確實很有靈性。

他到濟陽的第一天，就派人四下尋找哪裡有賣長鳴雞，有多少要多少。據說這裡的積竹杖也很不錯，也一起收購了。到了弘農時，他車上的美女已經很多了。他也怕人家知道他拉很多美女去當皇帝，名聲會很不好，於是就叫一個名字叫做善的手下，放下簾幕把車子罩住，別讓人家看到一車一車的美女，那會在民間造成負面影響的。

但是仍然被前來迎接他的使者看到了。

使者覺得太不像話了，就把昌邑的國相安樂叫過來，狠狠地責備了一頓。

安樂也是個怕事的主，不敢直去找未來的皇帝當面勸誡，只是找來龔遂，把這事跟他說了。反正龔遂一聽，就會忍不住去跟劉賀講道理。

龔遂一聽，果然就直接找到劉賀，問大王為何會有這回事。

劉賀說：「沒有這回事啊！龔大人是不是搞錯了？」

龔遂這一次也學聰明了，說：「既然大王不知道這回事。那肯定是善自作主張了。大王不要為了一個小奴才而壞了規矩。請把善抓起來，交給有關部門處理，只有這樣，大王的名聲才保得住。」

劉賀知道，現在自己也只是候任皇帝，如果名聲真的毀了，就什麼都完了。於是同意了龔遂的建議，讓這個倒楣的傢伙為他洗白。

龔遂立刻把善抓了起來，讓衛士長拉出去砍了。

終於到了霸上，朝廷派的大鴻臚已經來到郊外迎接新皇帝的到來。

他也開始享受皇帝的待遇，所坐的車換成了皇帝的座駕。劉賀絕對不是個傻子，而且知道什麼樣的人是好人，什麼樣的人是壞人。到了這時，他並沒有叫身邊那些平時陪他吃喝玩樂的人當他的陪同人員，而是讓向來有好名聲的壽成來當他的司機，讓龔遂當他的主要陪同者，跟他一起坐在車上。

就要到廣明、東都門了。

龔遂對他說：「按照禮儀，奔喪的人一看到首都，就得放聲痛哭。前面那道門就是長安東郭門了。大王大哭的時候到了。」

劉賀這個時候的心情十分美好，要是讓他大笑，他可以一路哈哈而過，可是現在讓他哭，他哭得出來嗎？他很痛苦地對龔遂說：「我這幾天咽喉痛，哭不了啊！」

龔遂一聽，頓時無言。

但是到了城門，龔遂仍然提醒他：「現在到了門口，是一定要哭的。」

劉賀說：「城門跟郭門一樣。郭門都不哭，城門也可以不哭了。」

龔遂只恨得想用指頭插劉賀的眼睛，讓他的淚水流下來。

轉眼就到了未央宮東闕，龔遂說：「昌邑國弔喪的帷幕就在闕外御用大道的北邊。帳前有一條南北通道，馬匹一般走不了幾步。所以，大王現在應該下車，朝著門闕，面向西方，伏地痛哭，表現得很悲痛。我只能說到這裡了，哭不哭全看大王了。」

劉賀知道這時如果還不哭，以後就有得哭了。

於是，他下了車，之後按照禮儀大哭特哭，一點看不出咽喉痛。

第四節　皇帝生涯二十七日

劉賀就這樣，成了大漢王朝的皇帝。

劉賀如果是在黑道上混，絕對是個很夠意思的人。他當皇帝之後，最先落實的就是把原來昌邑國的那些大大小小跟班全都調進首都當京官，而且都是破格提拔，個個高升，然後跟他一起荒淫無度。

龔遂一見，劉賀比以前更不像話了，就去找安樂，要安樂跟他一起去說服劉賀，讓劉賀要擺正自己的心態。現在是皇帝了啊！皇帝就要有皇帝樣子。可是安樂卻不願出頭。

劉賀當了皇帝，可以毫無節制地荒淫無度，可是他仍然碰到一些煩惱，仍然像他當昌邑王時碰到一些怪事。有一次，他做了一夢。夢中，他來到殿堂西階的東側，看到那裡居然堆滿很多綠頭蒼蠅的大便，看上去絕對不少於五、六石。這要多少蒼蠅來一起方便才能有這麼多啊？上面還蓋著大片瓦。

他雖然很討厭龔遂，一見面就像老師對待差生一樣責備他，但是他仍然忍不住把這事跟龔遂講了，然後問這個夢是個什麼樣的夢？

龔遂對他說：「陛下不是讀過《詩》嗎？裡面有這樣的詩句：『營營青蠅，止於藩。愷悌君子，毋信讒言。』現在陛下身邊的都是什麼人？基本都是奸佞之輩啊！這些人就像陛下夢見的那些蒼蠅糞便一樣。所以，陛下一定要遠離這些人，把先帝的那些大臣的子孫選拔上來當作身邊的臣子。如果仍然把那些昌邑國的人帶在身邊，天天玩樂，後果將會是很嚴重的。現在，我將是第一個離開的。」

劉賀一聽，有這麼嚴重嗎？一個皇帝連自己身邊的人都不能提拔，以後誰為他賣命？他當皇帝，就是為了過幸福生活，而不是為了操勞而來的。這些人怎麼老想看到他規規矩矩、累得要吐血才高興？於是，龔遂的話跟以前的話一樣，只是一陣耳邊風。

後來，張敞也上書，指出劉賀剛即位就只知道提拔重用昌邑國的小官小吏，沒有制定一個利國利民的政策出來，這是大錯特錯的。

劉賀一看，又是這種論調。

「我就是不聽，你們奈我何？連玩的自由都沒有了，還當什麼皇帝？」

劉賀很無所謂。

「以前當昌邑王時，你們說我會玩完。可現在不但沒有玩完，反而成為皇帝。現在當了皇帝，又說再玩下去會惹禍。我是惹禍的人嗎？先帝不玩，非常勤政，最後不是死了？」

劉賀可以無所謂，但是霍光坐不住了。當初他反對劉胥接班，就是因為劉胥有亂來的愛好。哪知，劉賀比劉胥還要亂來。這個劉家的人啊，好的接班人全是短命，剩下的全是亂來的人，而且一個比一個更亂來。

第四節　皇帝生涯二十七日

霍光當初被漢武帝定位為周公。可是周公輔佐的成王，那是響噹噹的君主啊！現在自己選上來的這個劉賀，居然是這個樣子的。

他忍不住了，便把田延年叫來，問皇上怎麼會是這樣的人。

田延年倒很乾脆，直接就說：「大將軍現在是國家的柱石，既然覺得這個人不稱職，為什麼不去稟告太后，再換個人？」

霍光想了想，說：「我是有這個想法，可是古代有人這麼做過嗎？我總不能開這個歷史的先河啊！」

田延年說：「怎麼沒有？當年伊尹當商朝的相國時，就廢過太甲。後來的人都說他是大忠臣啊！如果大將軍也這麼做，就是當代的伊尹。」

霍光一聽，膽氣就上來了，立刻任命田延年為給事中，再把車騎將軍張安世拉來，一起商量，找個適當的時機，讓劉賀變成廢皇帝。

劉賀對這些一點也不知情。他這麼多天來，當皇帝還真當得很有感覺，天天瘋玩，誰也不敢說什麼。即使龔遂說了些難聽的話，對他卻一點阻力都沒有。

有一天。劉賀又帶著一批玩友出去玩。在他們整裝待發時，光祿大夫夏侯勝擋在他的面前，對他說：「天氣久陰不下雨，是老天在預告，將有大臣做不利於皇上的陰謀。皇上現在離開宮殿，要去哪呢？」

劉賀本來心情很好，突然聽到這話，不由大怒起來，這話是什麼話？陰天就有陰謀？那太陽天就是有陽謀？這些讀書人，嘴裡除了陰謀論，還會不會別的？這種專門製造妖言的人是要不得的。於是下令將夏侯勝綁起來，移送有關部門處理。

負責處理此案的官員報到霍光那裡。

霍光一聽，嚇了一大跳，難道他們商量的事讓夏侯勝知道了？當下命令先不法辦夏侯勝。他把張安世叫來，嚴肅地問：「你為什麼把我們的計畫洩漏出去？」

張安世說：「我沒有洩漏啊？」

霍光只得把夏侯勝叫來，問他說臣下要搞陰謀，根據是什麼？

夏侯勝說：「當然有根據。《鴻範傳》不是明明寫著：『皇之不極，厥罰常陰，時則有下人伐上者。』這話比我說的嚴重多吧？我是怕直說太難聽了，才改成『臣下有不利於皇上的陰謀』。」

霍光和張安世一聽，這才知道自己是虛驚了一場，原來只是從書本上撿出來的一句話。讀書人有時真的不簡單，隨便從書本中拈出一句話來，就把他們嚇得半死，計畫差點失敗。看來多讀書，還是很有用的。

但是劉賀卻沒有這樣的認知，誰反對他荒淫無道，他就把誰打倒，丟入監獄，用鞭子來封口。

劉賀抓緊時間瘋玩時，霍光們也在加緊時間做好準備。

霍光很快就把前期工作做好，然後派張安世去通知丞相楊敞，說要採取措施，把這個皇帝換掉，問他對這樣的決定有什麼意見。

楊敞一聽，嚇得癱倒在座位上，背後的汗水唰唰而下，幾乎能聽出流動的聲音來，嘴裡只是胡亂吐出幾個不規則的音節，連他也不知道這些音節連在一起時，到底能表達出什麼意思來。

這個局面弄得田延年也跟著冒汗起來，起身去洗手間。

這時，躲在後面偷聽的楊夫人趕緊過來，對楊敞說：「這個是國家大事，大將軍早就做好了決定，現在派老田來通知你。你卻不敢答應。這是不贊同他們的態度啊！我看接下來，你就會被宣布為反對黨，而被嚴加處理了。」

楊敞一聽，這才知道，有個好老婆真好，不但幫他生兒育女、接受賄賂，而且關鍵時刻還成為自己的大救星。這可是個歷史時刻啊！要是選邊站稍有點偏差，腦袋就會毫不猶豫地搬家。

不一會兒，田延年回來。

沒等老田開口，楊敞就大聲說：「聽從霍大將軍的指揮。」

霍光開始行動了。

他把丞相、御史、列侯、將軍等中二千石以上的高級官員都召集到未央宮。

當大家都到齊之後，他宣布開會，對大家說：「大家都看到了，昌邑王的所作所為，概括起來，就是四個字——荒淫無道。這樣下去，我們的國家就要完蛋。大家說，現在我們該怎麼辦？」

大家一聽，無不大驚失色，站在那裡全身發抖，誰也說不出什麼話來。這是準備要把皇帝廢掉的意思嗎？皇帝是可以廢的嗎？但又不能反對。現在朝中最大的權力不是那個天天遊玩的劉賀，而是眼前這個滿臉嚴肅的霍光啊！

田延年早有準備，從座位上站了起來，走到班列前面，手按劍柄，大聲喝道：「先帝此前把少主託孤給大將軍，並反覆囑託，國家大事一定要由大將軍作主。這是因為大將軍忠心耿耿，能夠保住劉氏的江山。可是現在朝廷卻被這些人弄得跟遊樂場所一樣，烏煙瘴氣，離國家危亡已經不遠了。大家都知道，漢朝皇帝的謚號都有一個『孝』字。為的就是使要永保江山萬年不變色，使宗廟祭祀永遠不斷。如果因為昌邑王而使宗廟的祭祀斷絕，大將死後還有什麼臉面見先帝於地下呢？今天，開這個會，就是要大家做出決斷，在座的，誰最後響應的，我就砍他的腦袋。」

大家一聽，再看看田延年的臉色，看來這次是玩真的了，但是仍然臉面抽搐，沒誰能說出話來。

霍光站了起來，做了個認錯的動作，然後說：「大司農對我的責備太正確了，我完全接受。現在國家不安寧，我應當受到處罰。」

大家一看這個場面，知道霍光和田延年已經暗中彩排了無數次，現在只是表演給大家看而已。這些大臣雖然都是高官厚祿，可是一旦發生什麼政治事件，他們是沒有多少發言權的，他們充其量只是政治事件的第一排觀眾。而且第一排觀眾基本都是劃在危險圈中的，要是稍一不慎，就會被捲入其中，血濺當場。顯然，霍光是下定決心拉皇帝下馬了。

於是，大家都說：「國家生死，都掌握在大將軍的手中。我們都聽從大將軍的命令。」

霍光鬆了一口氣，依照指令讓情節繼續展開，即帶著群臣去見太后，向太后轉達了群臣的意思。在大殿上由霍光和田延年把霍光的意思轉達給群臣，現在這個意思就成了群臣的意思。當然，太后是早就知道了，這時只不過配合大家把戲演下去而已。

霍光在那裡進行陳述，把劉賀這麼多天來的所作所為，聲情並茂地向太后作了彙報，最後得出結論：此人不可以繼承宗廟。請太后決斷。

於是，年輕的皇太后就來到未央宮的承明殿，下了一道詔書，命皇宮各門都布置安檢職位，只要是昌邑國來的臣子，都不能進宮。

到了這時，劉賀仍然不知情，傻傻地去朝見太后，之後返回溫室殿。這時禁宮的人員已經把好宮門，等劉賀一進去，就立即把大門關上，昌邑群臣被隔離在外。

第四節　皇帝生涯二十七日

劉賀轉頭一看，他那一群玩伴們怎麼都被關在外面了，就問：「你們這是在做什麼？為什麼不放他們進來？」

霍光跪下來，對他說：「這是根據皇太后的命令，不讓昌邑群臣進來。」

劉賀一聽，還不知道問題有多嚴重，說：「這事只要說一聲不就得了，不必搞得這麼嚇人嘛。」

他不知道，更嚇人的情節還沒到來呢。

霍光命令把劉賀帶來的人都趕到金馬門外。張安世早已帶著羽林軍在那裡等候，一看到這些人出現，便把他們全部捆綁，押送廷尉的詔獄。

霍光下令，在昭帝生前擔任過侍中的宦官過來看守劉賀，並要求他們：「一定要把他看好。如果他突然死去或者自殺，我就會背上弒主之名。」

即使到了這個地步，劉賀仍然不知道自己已經變成廢皇帝，他轉著那顆頭，對身邊的人說：「朕的那些玩伴到底犯了什麼罪？我覺得他們一點罪都沒有啊！為什麼大將軍要把他們關起來？」

沒有人回答他。這些人只負責看護他，不讓他出現睡覺猝死之類的事發生。答疑並不在他們的工作範圍內。

他覺得一點也不好玩，這麼多人，個個都站在那裡，一雙雙大大小小的眼睛都盯著他，他走到哪，那些目光就齊刷刷的跟到哪，好像他是個怪物一樣。他真想大聲告訴他們：「我是皇帝，皇帝也是人啊！為什麼要這麼看著我。好像我是怪物一樣。」

不一會兒，有人過來報，太后有詔，請皇上去見。

劉賀這才覺得有點害怕，不是剛剛才朝拜過她嗎？回來凳子還沒有坐暖又叫過去。看來是有什麼狀況了，是不是真的犯了什麼錯？他在那裡自言自語：「我有什麼罪，太后一定要詔見我？」沒人跟他解釋。

劉賀到時，就看到太后穿著禮服，很嚴肅地坐在武帳中，幾百名武士都手持武器站在大殿下，看上去很嚇人。大臣們也都按級別高低，排著隊進入大殿站好。這才大聲宣劉賀上殿。

劉賀不知道這些人在搞什麼名堂，把場面辦得如此隆重，但他還是顫抖著進了大殿。這時，他終於不敢亂來了，進去之後，就伏在太宣面前。

霍光宣布，啟動彈劾昌邑王的程序。彈劾書由尚書令宣讀。霍光他們一共蒐羅了劉賀幾條罪狀：服喪其間，無悲哀之心；廢禮誼，居道不食素；在赴長安的途中，還到處蒐羅美女，一路淫亂而來；立為皇太子後，還私下去買雞回來大吃大喝；在先帝的靈前接受大印回到住處後，就不再封好；派人手持皇帝的符節把原昌邑國的侍從官、車馬官、官奴等二百多人都調到宮中來，夜以繼日地玩樂；昭帝的靈樞還停在殿前，就搬來樂器，吹拉彈唱，玩樂無度；駕著皇帝的專車在宮裡到處狂飆；偷偷呼叫太后的小馬車，在後宮遊戲；跟昭帝的宮女淫亂，還下令封口……。

劉賀一聽，不就是玩玩，怎麼全成了罪名？這些人也真太嚴格了，他都不記得他做過什麼事情，他們居然數得清清楚楚。但是見太后越來越氣憤，看來今天真的不好玩了。

等尚書令把那個長篇大論唸完後，提出建議：「宗廟重於君，陛下不可以承天序，奉祖宗廟，子萬姓，當廢！臣請有司以一太牢具告祠高廟。」

劉賀臉無人色，只是跪在那裡，汗水布滿額頭。

太后冷冷一笑，只是一個字：「可！」

隨著這個字的出現，劉賀的皇位就到此為止。

第四節　皇帝生涯二十七日

霍光叫劉賀起身，去接太后的詔書。

劉賀接過之後，還心有不甘，說：「我聽說過一句話——天子有爭臣七人，雖亡道不失天下。」

哪知，霍光根本不跟他解釋，只是對他說：「皇太后已經下詔讓你下臺了。你怎麼還可以自稱天子？」上前握住他的手，把他身上那些代表皇帝符號的玉璽綬帶解下，獻給皇太后，然後扶著他下殿，從金馬門走出皇宮。群臣跟在後面，表示送別廢皇帝。把皇帝拉下馬的程序基本結束。

劉賀出宮之後，面向西方再拜，說：「我是蠢材，挑不了這個重擔。」

霍光把他送到昌邑王在首都的官邸，然後向他道歉：「這是大王自絕於人民、自絕於上天。我沒有辦法，寧願對不起大王，也不敢對不起國家。大王，以後你好自為之吧！」然後灑了幾把淚水，離開了。

劉賀最後的結果是，仍然回昌邑，賜給他二千戶作為湯沐邑，他當昌邑王時的全部家產也都歸還給他，另外姐妹四人，也各賜一千戶人家作為湯沐邑。當然，昌邑國也被撤銷，改為山陽郡。

對於劉賀這個廢皇帝而言，這樣的處罰，已經算寬大了。但是對他的那些下臣，霍光就一點也不客氣了。

朝廷指控那些臣子在當昌邑王臣下時，沒有人檢舉過劉賀平時的表現，使朝廷在考核時，沒有了解到真實的情況，又不能對劉賀進行正確的引導，把他引入正道上來，使劉賀在犯罪的道路上越陷越深，因此全部逮捕下獄。最後判死刑多達兩百多人。王吉和龔遂多次勸過劉賀，被免除死罪，但是卻被剃去頭髮，處以「城旦」之刑，白天守城，晚上做苦工。

劉賀就這樣退出歷史舞臺。

因為荒淫無道，因為只想玩樂，他只當了二十七天的皇帝，成為史上任期最短的皇帝。

第十章　石顯：善於弄權貪腐的一代佞臣

第一節　不得以當了太監

我們已經無法知道石顯的出生年月，但我們能知道他曾經是一個少年犯。據說他出身還是很高貴的，不像主父偃那樣，從小就窮，需要靠自己的努力去改變命運。石顯從小就有流氓的樣子，吃喝玩樂，什麼都敢做，最後犯了法。這次犯法倒改變了他的命運。他身為犯罪嫌疑人被抓之後，被判了宮刑。宮刑是什麼刑，大家都懂。

這一次的處罰對石顯的打擊是很大的。這個從小以當流氓為最高人生理想的少年，在宮刑之後，不得不重新定位自己的將來。成為刑人之後，唯一能從事的職業，恐怕就是跑到宮裡當太監了。

他一咬牙，離開了他曾為非作歹過的家鄉，從濟南出發，跑到長安。當時很多人看到他踽踽獨行而去，都鬆了口氣。望著他那遠去的背影，沒有人能預料到這傢伙多年之後會成為一個權傾朝野的大人物。

石顯最後用自己的成長經歷宣告世人——從宦官做起，也能爬上權力最高峰。

當然，他剛進宮時，只是圖個出身，讓自己有飯吃、有一批同病相憐的人而已。當時是漢宣帝在位，霍光之類的強勢人物主持朝政，他這個宦官除了把地掃好之外，不能做別的事。關於權力之類的東西，在他看來，仍然停留在傳說的層面上。

真正讓石顯的命運得以改變的是他認識了一個人。

這個人叫弘恭。

也是個太監。

弘恭的來歷也跟石顯一樣，同樣是犯了法，遭了腐刑，然後投奔宮中，成為太監——現在知道了吧？為什麼太監會有這麼多壞分子。

弘恭如果不做壞事，從小就努力學習，肯定會是個好學生。因為他當太監之後，突然發現，這裡也有實現人生價值的機會。漢武帝時，設立了一個中書機構，最高負責人叫中書令，所有工作人員，基本都由太監充當。中書機構主要職責就是負責一些詔令的起草，然後順帶處理一些政務。再加上他們都在宮中，跟皇帝接觸的機會比較多，權力逐步被放大。

弘恭知道，如果沒有一點能力，即使當上中書令，也不會有什麼作為。能幫皇帝處理政務，是需要能力的。弘恭透過努力學習，很快成為太監中的法學專家——以前趙高也是大秦帝國的法學專家。漢宣帝很快發現，弘恭不但太監工作做得很好，而且還「明習法令，善為奏請」，是宦官中的佼佼者，於是讓他當了中書令。弘恭終於從太監成長為一個政治人物。

石顯天天跟在弘恭的身後，也認真學習法學知識，很快就得到弘恭的另眼相待。石顯到宮中後，知道這裡不比在家鄉，因此一改自己的脾氣，把自己假扮成一個謙虛謹慎的老好人，一副處世圓滑的樣子。

不久，他就被提為尚書僕射，也就是副尚書令。

石顯和弘恭努力成為宦官的第一把手，其目的就是要成為皇帝最親信的人。漢朝設立中書機構，重用宦官掌管機要，就是因為這些人都是太監，再沒有直系親屬。用當時的話來說，就是「中人無外黨」。「中人」是什麼意思？顏師古做了一個精闢的解釋——少骨肉之親，無婚姻之家也。因為他們沒有直系親屬，不會像其他高官那樣，時時想著為自己的兒女謀利益。把一些權力交給他們，可以放心。後來的歷史證明，這個想法大錯特錯。

不過，在弘恭和石顯當上中書機構第一、二把手的前期，正是宣帝在位。宣帝是很精明的，而且手下也有幾個強悍的大臣，哪用得著他們這兩個太監插手國家大事？因此，他們在宣帝一朝，雖得宣帝的信任，卻沒有多少權力，人家也不把他們當一回事。如果宣帝能長壽一點，這兩個傢伙大概也沒有多少作為。

但是歷史還是讓他們到舞臺上大展拳腳一番。

第二節　蕭望之的學生

因為漢宣帝只活了四十二歲，就把皇位交給了他的兒子漢元帝劉奭。

漢元帝一上位，石顯的春天就到了。

漢元帝性格柔弱，做什麼事，總拉不下面子，猶猶豫豫、優柔寡斷，而且身體很差，一天到晚病懨懨的，一點工作熱情都沒有。石顯看清了他的這個性格，最後利用這個性格，將權力玩弄於掌間，成為史上太監專權的象徵。

當然，不光石顯懂得漢元帝這個性格，他的父親劉詢也知道。

劉詢希望自己的兒子將來也是個有作為的皇帝，因此很注重對劉奭的培養。劉奭還在當太子時，他就請當時號稱全國頭號儒士蕭望之當太子的師傅。

劉詢嚥氣之前，也為劉奭組成了一個輔政的團隊。這個團隊有三人——大司馬車騎將軍史高、前將軍光祿勳蕭望之、光祿大夫周堪。

劉詢在當太子時，對蕭望之很尊重，當了皇帝仍然尊重蕭望之。但是他同時也很喜歡石顯和弘恭。

蕭望之雖然是劉詢的老師，可是在揣摸劉詢心理這方面上，比石顯這個太監差太遠了。

蕭望之把劉詢培養得彬彬有禮，左看右看都是個好學生。可是這個學習成績很好的學生，卻沒有一點社會經驗，而且人又很懦弱，一碰到問題，需要拿主意時，總是轉著那張臉，向旁邊的人求救。當然，如果是好人在身邊，他這麼一求救，就會求到好的解決辦法；要是壞人在身邊，那後果就不好說了。不幸的是，蕭望之在他的身邊的時間遠比太監少。更嚴重的是，蕭望之雖然人品好，學問無人比得上，但是其性格，書呆子的成分也占很多。

石顯在這樣的人面前，要玩權術，那是一點難度都沒有的。

劉奭開始做皇帝時，面對那麼多的奏摺，覺得工作量太大，常讓石顯和弘恭幫他看奏章，然後在奏章上代批一下。

這是染指最高權力的開始。如果在這個時候，蕭望之對他們有所警覺，也許還可以阻止他。可這兩個人當時表現得比較有水準。漢元帝對他們很放心，覺得他們簽辦的水準還不錯，就更加信任了。蕭望之一看，也覺得這兩個太監不一般，讓他幫助皇帝，也是不錯的。

石顯和弘恭就這樣逐步進入了權力最核心地帶，而且一點阻力都沒有。

他們很快成為皇帝最信任的人。不久，佞臣的嘴臉就開始暴露，把打擊異己作為自己工作的重中之重。

不過，他們發現，他們靠著幫劉奭批閱奏章時，偷偷夾帶一些自己的私心進去，雖然使自己的權力不斷擴大，但是真正手握大權的仍然是蕭望和周堪他們。他們是顧命大臣，權力是法定的、是公開透明的，如果這幾個顧命大臣哪天不開心他們的所作所為了，他們就什麼權也沒有了。於是，石顯和弘恭就開始把打擊的矛頭指向了蕭望之。

兩人不愧是弄權高手，他們很快發現，這幾個顧命大臣當中，史高雖然排名第一，還加了大司馬，但真正的權力卻是握在蕭望之手中。史高因為是由外戚得寵，水準一般，蕭望之他們根本不把他當一回事，所以史高很不開心。

兩人很快就和史高取得聯繫，並形成了政治聯盟，相互配合，不斷地跟蕭望之作對。

蕭望之也生氣起來，立即向劉奭建議：「中書政本，國家樞機，宜以通明公正處之。武帝遊宴後庭，故用宦者，非古制也。宜罷中書宦官，應古不近刑人之義。」

這個建議很正確，就連劉奭也覺得正確。但是他有一個特點，在明知正確的建議面前，總是猶猶豫豫，下不了決定。而史高和弘恭、石顯則加快了倒蕭的步伐。不久，他們就找到了打倒蕭望之的突破口。

這個突破口就是鄭朋。

鄭朋是個投機人士，看到蕭望之行情看漲，就想辦法依附他。他也知道蕭望之跟史高和侍中許章有許多矛盾，因此便想從彈劾史高入手，算是一個加入蕭望之團隊的投名狀。他寫了一份奏章，說史高派門客到郡國四處活動，數落了一遍史高和許章的門人子弟，然後大大地讚頌了蕭望之一番。他寫完之後，並沒有立即送上去，而是先給周堪看。

周堪一看，寫得很好，便把他引薦給蕭望之。蕭望之跟他面對面地聊了幾次，很快發現這傢伙人品很差，實在不值得繼續交往下去，便斷絕了與他的往來。

鄭朋便生氣了。

「我幫你彈劾敵人，你就這樣對待我？你把我當小人看，那我就把小人做到底了。既然你不重用我，我就去投奔史高和許章。」

史高和許章都知道鄭朋彈劾過他們，因此對他的臉色也不很好，可是鄭朋早有準備，說：「那都是周堪他們叫我做的。兩位老大就不想想，我只是一個小平民，哪能知道你們之間的關係？」

許章一聽，就讓鄭朋過來見面。鄭朋出來之後，立即得意忘形地到處宣告：「俺跟侍中見面之後，主要羅列了前將軍蕭望之五點過失和一樁大罪。當時，中書令就在那裡旁聽，不信可以去問中書令。」

如果是別人，鄭朋這話一說，立刻就會領教到禍從口出這句老話的厲害。哪知，蕭望之不是別人，只是書呆子一個。他聽說之後，立即正義凜然地去找石顯和弘恭，問他們是不是真有這回事。

兩人一聽，知道如果不擺平這個事，蕭望之這個老頭就會拿這事到朝堂上，擺在大家面前讓群臣討論。討論的結果，就是用腳後跟去想，也知道他們的後果很嚴重。

他們果斷地決定不能讓蕭望之這麼做。他們要在蕭望之這麼做之前，先把蕭望之搞定。

第二節　蕭望之的學生

而蕭望之恰恰在這個時候，犯了一個致命的錯。這個錯就是行動緩慢，沒有當機立斷地召開群臣大會，把他們送進監獄。他只是一個書生，雖然對石顯他們恨之入骨，但是並沒有想到他們的能耐有多大，更沒有想到他們害死他的決心有多大。他在責問兩人之後，便休假去了。

石顯和弘恭一看，時機，這就是天賜良機。

兩人立即把鄭朋和另一個盟友華龍叫來，讓他們去搜集蕭望之和周堪、劉更生的黑料，趁蕭望之休假的時候，送了上去。

劉奭接到這個奏章後，居然毫無反應——人家都把他的老師往死裡告了，他那根神經居然保持麻木狀態，也像往常處理其他奏章一樣，叫弘恭去處理。

石顯和弘恭要的就是這個結果。

弘恭拿到劉奭賦予的權力，立刻將蕭望之找來，問：「蕭望之先生，你是不是跟周堪和劉更和一起，要把史大司馬拉下來？」

蕭望之在這方面也不比他的學生強多少，腦子從不轉彎一下去思考，而是十分老實地回答：「他們做了很多奢侈淫亂的事。我是為了國家而準備彈劾他們，這是十分正當的。」

如果在別的人看來，他這話回答得很正確，也無法從中抓到什麼把柄。但是他面對的是弘恭，人品既差，又是當時的法學大家。

弘恭的問話就此結束。他得到這麼一個回答，已經足夠了。

到了劉奭面前，這句話就成了打倒蕭望之的有力證據——蕭望之、周堪、劉更生他們結黨營私，多次誣告大臣、誹謗史大司馬、離間內外親屬，目的就是要專權，為臣不忠，請陛下處理。

劉奭對兩人的話向來是不經過腦子過濾一下的，聽到請陛下處理，順口便問：「如何處理？」

兩人答：「請謁者招致廷尉。」

如果是別的人，一聽這話，肯定會跳起來，你們居然要關我的老師？可劉奭連這話是什麼意思都不知道，只是在那裡弱弱地說：「准奏。」

石顯和弘恭一聽，簡直要高興到哭出來，他們在設計這個情節、要在文字上做手腳時，當然想到過劉奭會上當，但是沒有想到劉奭會上當得這麼容易。

「蕭望之啊蕭望之，你不死還真沒有道理了，居然教出這樣的學生，連致廷尉是什麼意思都不知道。」

蕭望之就這樣被關進了牢房。

過了一段時間，劉奭突然想起，這些天怎麼不見老師過來了？他問周堪和劉更生：「蕭老師這幾天哪去了？」

答：「他被關了。」

蕭望之有這樣的兩個盟友，也算是倒楣了。明明是一條戰壕裡的同袍，他都被人家關了，這兩人到現在居然一聲不響，天天像往常一樣上班、吃飯、睡覺。面見皇帝時，完全有機會把事情說出來，卻保持沉默，等到劉奭問起，才開口說話。

這次劉奭終於大吃一驚了，他大叫起來：「不是說只是交給廷尉嗎？怎麼會關了？」

他把石顯和弘恭叫來，大聲問他們是怎麼回事？

石顯和弘恭終於看到這個奇怪的皇帝生了氣，也不辯解，只是不斷地叩頭，說：「我們錯了。」

劉奭大聲說：「快快把朕的老師放出，讓他做事。」

正在不斷認錯的兩個人又抬起頭來，說：「讓他出來做事，是絕對正確的。可是陛下也要想想，陛下剛剛即位，就關了自己的老師。要是這麼直接把他放出來官復原職，天下會說陛下的壞話，對陛下造成負面影響啊！還是先赦免，把他赦免出來。」

劉奭一聽，覺得有道理，於是又同意了兩人的建議。他就沒有想想，只有有罪的人才可以赦免。這個赦免詔書一出，就等於向全世界宣布——蕭望之是有罪的，只是因為他是皇帝的老師，才被赦免的。如果是別的人，早就拉出去砍了。

既然有罪，就不能再當官了。於是，收了蕭望之的所有印綬，跟周堪和劉更生一起，都改做平民。而那個鄭朋則被提拔為黃門郎。

第三節　蕭望之終被害死

過了幾個月，劉奭又懷念起老師來，他那遲緩的腦袋，突然正常運轉了一次，下了個詔書，拜蕭望之為關內侯，給事中，然後準備任周堪和劉更生為請諫議大夫。接著，劉奭又有任蕭望之為丞相的想法。這個想法絕對沒有錯。而石顯和弘恭都怕了起來，他們當然想阻止，可是他們也知道，憑現在劉奭的態度，他們沒有實質的證據是阻止不了的。蕭望之要是當上丞相，他們的日子就會很難過。幾個人天天在一起，商量著如何解決這個問題。

恰在這時，發生了一場地震。劉更生就讓他的一個親戚上了一份奏摺，說是因為石顯和弘恭他們太壞了，老天爺這才來一場地震作為警告。一定要把這一夥人處理掉，讓蕭望之這樣的人上當高官，只有這樣，天下才會太平，這些災難才會停止。

劉更生就是劉向，也是個很有學問的人，在世的時候主編了很多書，比如《戰國策》，就是出自他的手。這部書裡面記載了那麼多策士提出的策略，他卻一點也沒有學到，在對付石顯這樣的奸滑之徒，居然跟蕭望之一樣，從不採取一點策略，想到就直接上書。以為上了這個奏摺，自己說得有理有利，就可以把這兩人廢掉，卻從沒有想過，這兩人已多次把他們打下來，而他們基本一點罪都沒有啊！這一次的上書，好像轉了一個彎，算是與策略沾了一下邊，可是這又算什麼策略？讓人看到的是一次信心不足的告狀。

這次上書，跟往常一樣，劉奭繼續先交弘恭和石顯傳閱，他們會同意劉更生的意見嗎？這兩個傢伙的眼光是很準確的，立刻猜出劉更生才是謀主，就向劉奭建議，先把劉更生抓起來，對他來個刑訊逼供，看他招不招。

劉奭向來對石顯和弘恭的話沒有免疫力，不管他們怎麼說，即使明知不對，也從不否決。於是，劉更生就被抓了起來，被一頓痛打之後，承認了確實是自己教唆的。這就夠了。於是，這個剛剛被重新錄用為國家公務員的學問大家沒幾天，又丟了官職，回家務農。

當然，他們的目標並不僅僅是這個《戰國策》和《烈女傳》的主編，而是蕭望之。拿下蕭望之，才是他們的終極目標。

眼看蕭望之成為丞相已是定局，誰也無法推翻了。石顯和弘恭等一夥人，還在那裡急得想哭。但他們還是抓到了一個機會。

這個機會居然是蕭望之的兒子蕭汲製造的。

第三節　蕭望之終被害死

蕭汲比他父親更天真，而且還浮躁。他看到自己的父親就要當丞相上，心裡居然有點想不通。皇帝既然這麼重用我父親，說明父親此前是沒有錯的，那次父親進了監獄然後被開除公職等等處罰是奸臣所為。既然是冤假錯案，就應該平反。這話看起來好像很不錯，可是他沒有想想，他現在面對的不是一個腦子正常的皇帝，而是一個經常被灌輸錯誤思想的皇帝。

鳴冤書上去之後，照例是石顯弘恭兩人經手。

兩人看到這個鳴冤書，如獲致寶的感覺油然而生，當場對劉奭說：「前次蕭望之老先生的犯罪事實，證據已經十分明白，沒有一點被誣告受冤的事實。現在他竟然叫他的兒子上書，說他無辜受罪，有失大臣體統，是對皇上的不恭敬。請先把他逮捕起來。」劉奭還有些猶豫。

兩人接著說：「蕭望之以前以將軍的身分輔政，隨時都想著把許章和史高排擠出去，好自己獨攬大權。最後不但僥倖沒有受到處罰，還得到賜給爵位，繼續參與政事，竟然還不思悔過自新，反而心懷不滿，教唆兒子上書。這是依仗自己是天子的師傅，不把王法當法了。如果不把他再放進監獄，他是永遠不會反思自己的過失的。我看，還是先把他關幾天，讓他清醒一下頭腦，要不以後朝廷還怎麼再重用他。」

劉奭一聽，覺得好像有點過分了，說：「朕知道蕭老師的性格。現在他年紀大了，再放進監獄去，他會自殺的。」

兩人一聽，想不到劉奭竟然聰明一回。

但是他們仍然繼續遊說劉奭。

石顯說：「陛下怎麼不記得了？他上次在監獄裡都不自殺。這一次，又沒有什麼大罪，只是因為一些言論而進去，只是讓他清醒一下頭腦而已，他怎麼會做出自殺的傻事呢？」

劉爽果然又被說服，點點頭，說：「那就這樣吧。」

兩人一聽，立刻以最快的速度辦好逮捕蕭望之的手續。命令太常急派執金吾帶著軍隊直接到蕭望之的住宅那裡，把蕭家豪宅重重包圍，然後依照石顯的交待，把蕭望之叫來，當面向他高聲宣布，奉皇帝陛下的命令，逮捕蕭望之。

蕭望之雖然活了六十多歲，除了讀書比任何人多之外，歷史典故也比別人精通，但就是政治鬥爭經驗比人家缺乏，雖然多次吃了政治鬥爭的苦頭，但就是不能汲取教訓。明知是自己的學生被石顯他們玩弄，只要想辦法面見皇帝，他就會有活路，甚至可以轉敗為勝。可是這位老人家只有一身正氣，卻沒有鬥爭手段。看到自己又要被捕了，徹底崩潰，仰天長嘆：「我做過皇帝的老師，也做過前將軍。現在都六十多歲了。以這樣的資歷和年紀，還要受辱去坐班房，活在世上還有什麼意思？」

於是，做好自殺的準備。

他的夫人勸他別操之過急，人死不能復生啊。

蕭望之轉頭一看，他的另一個學生朱雲就在身邊，就問朱雲：「你說，我是自殺，還是去坐牢？」朱雲說：「我看，不如自盡！」朱雲平時對老師的教導記得比誰都清楚，尤其是那些「士可殺不可辱」之類的名言，領會得比誰都深刻，現在老師一問，最先想到的不是如何去跟敵對勢力對抗、把這些壞人消滅，而是只想到進牢房是件羞事，不如自己了斷的崇高。

看來，蕭望之教出的學生，不是劉爽那樣的呆子，就是朱雲這樣的泥古不化之士。而他偏偏在最關鍵的時間點上，碰到這樣的學生。

第三節　蕭望之終被害死

常言說，有什麼樣的老師，就有什麼樣的學生。反之亦然。

蕭望之覺得這個學生的話太正確了，好像如果不趕快處理自己的性命，這個正確就會打折扣一樣，立刻對朱雲說：「朱雲，你趕快幫我配好藥，這個藥的品質要好，別讓我的死被耽誤了。」

朱雲別的社會經驗大概等於零，但是調配毒藥的水準卻很高。他很快就把毒藥拿到老師面前，像此前給老師端茶一樣，說：「老師，藥配好了。你吃下去，會死得很快的。」

蕭望之就這樣仰藥自盡。

劉奭很快就知道蕭望之死了。他聽到這個消息時，正是吃中午飯的時間。他不再吃飯，在那裡哭著說：「本來我就說過，他進監獄就會死去。現在果然這樣啊！我的好老師死了。」

大家看到他這是真的哭了，而且哭得很動人，都跟著流下淚水來。劉奭哭過之後，終於記得，是石顯他們建議一定要把老師關起來的，他立即把兩人叫過來，大聲責問他們。

兩人此時滿懷喜悅的心情。蕭望之都被他們玩死了，還怕這個智商不高的皇帝嗎？

兩人什麼也不說，只是脫下帽子，跪在那裡，不斷地叩頭請罪。最後，劉奭也無話可罵了，連處理兩人的想法也跟著消失了。

石顯和弘恭就這樣，透過請罪達到了無罪的目的。

第四節　掌握朝政大權

蕭望之死後沒幾天，弘恭也跟著死了。於是，石顯當了中書令，並兼管尚書。所有的障礙全部除掉，他終於成為朝中最有權勢的人。

石顯雖然到處陷害人，看誰不順眼就利用皇帝的力量公然把誰往死裡打，而且打死之後，從表面上，基本都是皇帝下令打死的。但是他也不是一個是非不分的人，他也知道什麼是好事，什麼是壞事，他同樣知道自己這些年來只做壞事，不做好事。他還知道，他雖然在與蕭望之的生死決鬥中，始終大占上風，把蕭劉師徒玩弄於股掌之間，最後直接讓蕭望之自殺，更妙的是，劉奭明明知道他們害了自己的好老師，居然沒有對他們做出處分，哪怕是象徵性的處分都沒有。但是他更知道，現在朝廷內外，都在對他議論紛紛，大家談到他時，基本都是負評。

他雖然把做壞事當成自己終生的目標來追求，但其實他也想要個好名聲，也怕壞聲名說得多了，哪天劉奭突然醒悟過來，自己也會沒命的。劉奭的腦袋雖然長期不靈光，但時不時會突然正常一下。所以，還是想辦法讓自己的聲名正面一點，以後這個世界才好混下去。

石顯知道，要想讓自己的名聲好起來，最好的辦法就是讓那些儒生都稱讚自己。那些儒生雖然學問高、書讀得很多，去當老師替學生上起課來，引經據典，說得頭頭是道，可是現實生活中，基本都是蕭望之那樣讀死書的人。他玩弄這些人已經有很豐富的經驗。

石顯立刻找到一個叫貢禹的大名士，直接舉薦他當了御史大夫，而且只要一見到他，就做出肅然起敬的模樣。

第四節　掌握朝政大權

那些儒生一看，立刻交口稱讚他，一談到石顯，都伸出大拇指，齊誇他是個舉賢任能的好太監。石顯的名聲一下就好了起來。

當然，如果以為他從此就改邪歸正當好人，那就大錯特錯了。

蕭望之雖然死了，但是周堪和張猛還在。這兩個人都是和蕭望之一夥的，不把他們全除掉，石顯的安全仍然是未知數。

蕭望之死後，劉奭比誰都明白，他的老師是冤枉死的，因此替周堪加了官位，算是給自己個安慰。當然，連同周堪的學生張猛也提拔了起來。張猛不但是周堪的學生，也是張騫的孫子，是個很有才的人。石顯當然不願他們的聲望漸長。他下定決心把這兩個人也除掉。

永光四年（西元前四〇年）六月三十日，出現了日食。這種事如果放在現代，除了會當作奇觀大家爭著觀賞，絕對不會造成別的影響。可是在當時就不同了，太陽都被擋住了，肯定不是好事。於是，就去追究到底是誰做錯事。

一些大臣上奏，說是因為周堪和張猛兩人亂來，引起了老天的憤怒，這才出現日食來警告大家。

這時，漢元帝難得清醒，說這些話全是胡說八道，是誣陷忠臣的鬼話，把那些造謠的人都叫過來狠狠地責備了一番，然後大力地表揚了一下周堪和張猛，讓周堪當光祿大夫，領尚書事。從這個方面看，周堪的權力得到了提升。

可是石顯卻不爽了。因為石顯現在是兼管尚書事務，現在讓周堪領尚書事，不是來分他的權是什麼？但是石顯知道，如果這時候出來反對，他是不會有好結果的。於是，他來了個釜底抽薪：「你可以領尚書事，但尚書機構裡的另外五個人全是我的人。」

於是，周堪雖然領尚書事，但跟光桿司令沒有一點差別。周堪不斷地向漢元帝提出很多建議。可是他跟皇帝見面的機會卻不多。他的這些建議基本都由石顯呈送元帝的。於是，石顯覺得對自己有利的，就送給元帝，覺得有損自己利益的，就壓在案底，讓這個建議永遠石沉大海。而周堪居然無可奈何。

更讓周堪無可奈何的是，他突然發現自己的咽喉出了問題，講不出話來了，不久就死去。

周堪一死，石顯在尚書機構裡的對手就自然消失了。

很快，石顯發現張猛跟他也很不對盤，於是再動了一些手腳，逼其自殺。

周堪死後，根據石顯的提名，石顯的朋友五鹿充宗當上了尚書令。兩人一內一外，基本上就把劉奭守住了。再加上劉奭的身體不好，大臣們上奏的文件都由兩個人合謀處理了。劉奭本來就是書呆子一個，偶然有個疑問，石顯立刻發揮大法學家的口才，把所有的疑問都解釋得合理合法，令劉奭覺得石太監的水準原來還這麼高，比自己高明多了。

石顯看到皇帝不斷地上當，心裡很開心，瞪著那雙眼睛，掃視著群臣，看誰敢不服。

很多人都不服，敢說出來的人卻不多。

但仍然有人說了出來，而且是當著劉奭的面說出來。

這個人叫京房，是個大名士，劉奭很喜歡請他到宮中跟他聊天。

終於有一次，京房在與劉奭的聊天中，把石顯定性為奸臣。他首先從周幽王、周厲王故事開始，以歷史事實為依據，先把奸臣的危害說出來，最後指出現在朝中也有奸臣。元帝問誰是奸臣。京房說我只能說到這裡了，誰是奸臣，「明主宜自知之」。

而劉奭仍然不知，問：「不知也；如知，何故用之！」

第四節　掌握朝政大權

京房知道再不能含蓄下去了，咬著牙說：「就是陛下現在最信任的人，天天跟他在宮廷中討論國家大事，誰上誰下，他都可以說了算的人。」他的原話是：「上最所信任，與圖事帷幄之中，進退天下之士者是矣。」

元帝終於明白，說：「我知道了。」

京房以為終於可以把石顯拉下去了。哪知，元帝過後仍然天天跟石顯在宮中繼續商討國事，仍然把石顯當成治世之能臣。他這才知道，皇帝一旦昏庸，是不需要賢臣的。

本來這番對奏是很隱密的，可是劉奭的那種智商能夠保密嗎？石顯很快就知道京房告了他一狀。石顯豈能放過京房？

劉詢當時還是很信任京房的，他叫京房從自己的學生中選拔一批有水準的來當官。

京房報了幾個人，說他們可以當到刺史之類的職務。

石顯一看，這還得了？要是讓京房再推薦下去，以後朝中的人豈不全是京房的人了？於是，直接向元帝建議：京房這麼有水準，為什麼不讓他當太守。

劉詢當然不明白石顯的真實用意，覺得這個建議太正確了，立即下文，任京房為魏郡太守，而且讓他有高度的自治權。

京房當然知道石顯的用意，但王命已下，哪能收回，只得在出發的時候，向劉奭提出一個要求：「到年終的時候，讓我坐著驛車到首都，當面向皇上彙報工作。」

劉奭當然很爽快地答應了。

京房知道自己跟石顯已經變成敵人，現在離開劉奭身邊，只怕自己到異地沒幾天，就會被石顯誣陷成罪人，因此想來想去，又上了一封密奏，內容是說，只怕我一出京，就會被奸臣陷害而死，所以才盼望年終能回來。可是根據近來的天象，陰風亂起，連太陽都被擋住了，這是奸臣矇蔽天子的跡象，也是奸臣使我與皇帝隔離的徵兆啊！恐怕年終回來向皇上彙報之事，是實現不了了。

密奏上去沒幾天，劉奭派王鳳傳達自己的意思，說以後不必乘座驛車過來彙報工作了。

京房一聽，臉色大變，知道自己被人陷害了。他沒有辦法，只得不斷地上密奏。可是這些密奏最後都落入石顯之手。石顯看到京房這麼強烈要求留在中央，就笑了。

「你以為你有水準，你就能玩得過我？」

京房上任不到一個月，就被召了回來。不是讓他去見皇帝，而是直接投進監獄。當然，是有理由的。作為法學大師的石顯，從不辦沒有證據的案子。

京房被抓的事由是——淮陽王劉欽覺得只當個藩王太不好玩了，很想回首都進入權力中心。於是，他就給了他舅舅張博很多錢，讓張博到首都幫他疏通。張博以前曾經跟京房學過《易經》，後來又把女兒嫁給京房。劉奭也喜歡京房，常叫京房進宮聊天。京房也是個沒有城府的人，回來之後，為了炫耀，就把自己跟皇帝的對話從頭到尾向自己的岳父複述一遍。他覺得自己在岳父面前很有面子，對方把女兒嫁給他真是嫁對了。張博嫁女當然嫁對了，可是京房選擇的岳父卻選錯了。

張博每次認真聽完京房的故事，回到自己房間後，就把這些對話中屬於機密的部分記錄下來。後來，他讓京房幫劉欽寫一份奏章，請求入朝工作。奏章中把京房曾跟他說過的那些機密的言詞，都寫進去。之後，他去找劉欽，把他自己記的那些機密語言以及奏章的草稿都給劉欽看，表示自己的工作做得很好。

哪知，他們的這些作為，全被石顯知道了。

石顯立刻在劉奭面前指控京房——他跟張博合謀，到處妄議中央，在皇上的身上造謠，順便還連累了諸侯王。

劉奭一看，既然是這樣，依法辦事。

京房就這樣被抓進了監獄。石顯辦案的效率是很高的，沒幾天，直接「棄市」。鄭弘因為是他的朋友，也跟著被處分了。

石顯後來發現，御史中丞陳咸比京房更可惡，只要有機會就罵他是奸臣。這樣的人是不能讓他繼續有發言權的。於是，他又製造了一個罪名——洩漏禁宮中的機密，把陳咸依法逮捕，判了髡刑，天天去做苦工。

「你愛吐槽，就跟那些黑煤窯的苦工吐吧！他們連飯都吃不飽，哪有精力聽你的吐槽？而且幾天之後，你也會跟他們一樣，連走路都不穩了，還有力氣說話嗎？」

這幾個人才開始批評石顯，就立刻被他消滅了，別的人還敢怎麼樣？誰還想說石顯的壞話，請先參見京房和陳咸的下場。

石顯又舉薦牢梁為中書僕射，與原先的那位鹿充宗結成鐵三角，誰敢與他們作對，鐵三角就打向誰，誰向他們靠攏，誰就得到提拔重用。當時長安流傳著一首歌謠：「牢邪！石邪！五鹿客邪！印何纍纍，綬若若邪。」用現在的話來表達，就是：「朋友，你是姓牢的人，或者是姓石、姓五鹿的門客嗎？難怪有手中的官印那麼多、身上的綬帶那麼長。」

連底層老百姓都知道了，可見當時石顯一夥的囂張程度。

第五節　罪無可赦

被當成奸臣的人，智商都很高。同樣，石顯絕對不是傻瓜。他清楚地知道自己的行為是多麼可惡，要是哪天事情敗露，下場一定會很慘。所以，必須讓皇帝徹底相信自己，不給那些人有在皇帝面前揭發自己的機會。

石顯處理這事時，下了一盤不小的棋，狠狠地把劉奭和群臣們玩弄了一回。

他先是對劉奭說：「皇上啊，有時候我出去辦事回來太晚，宮門都關閉了，我可不可說是奉陛下之命，讓他們開門？」

劉奭一聽，果然按照石顯預想的臺詞說：「當然可以。」

不多久，石顯出去辦事，故意拖到半夜才回來，然後拍著宮門大叫開門。人家說不開，他說是奉皇帝陛下之命出去辦事的，皇帝陛下允許他現在回來。於是，守衛打開宮門放他進來。

果然，就有人告到劉奭那裡，說石顯矯詔開宮門。矯詔的罪名是足以族滅的。這些告狀的人以為抓到了石顯的把柄，完全可以把他一棍打死。哪知，這狀子到了劉奭的手裡，劉奭看過之後，卻露出一臉和藹可親的微笑，然後微笑著交給石顯看。

情節完全按照石顯的預想發展。

石顯立刻哭著說：「陛下太過寵愛我了，放手讓我去辦事。很多人因此都恨我，到處找機會陷害我。而且已不止一地次地告我。幸虧皇上英明，知道我的忠心。我出身卑賤，向來被人瞧不起，實在不能擔當更大的重任。為了讓皇上不被人家說閒話，請允許我辭去所有職務，從此以後只在皇宮裡掃地灑水，做好

第五節　罪無可赦

太監的本職工作。」

劉奭連忙安慰他，然後又重重地賞給他很多現金。其他大臣看到連皇上都送他這麼多錢，他們不送，豈不與皇上作對？於是，大家爭著把錢送給石顯。石顯看到這些大臣排著隊來送錢給自己，那張太監臉笑得眼睛都看不見。據相關統計，透過這次大規模地收受賄賂，石顯家裡的財產已超過一億金。

當然石顯也很有危機感的，他知道現在他雖然權勢滔天，好像誰也動他不得，但是他還是想巴結一幫有權勢的人。劉氏立朝到現在，能持續保有權勢的，就是那些外戚了。只要皇帝還處於弱勢時期，朝中大權幾乎都是外戚說了算。劉徹都沒有辦法從根本上解決這個問題，最後只得用了最殘忍的手段把鉤弋夫人殺掉，以絕「外患」。其實連他都知道，這只是權宜之計，只解決了那一次的外戚問題。所以，很多政客想攀住權力高枝，仍然把外戚當成目標。石顯這時也想到這一層，因為他比誰都清楚，劉奭現在雖然百分之百的信任他，但是他的身體越來越弱了，說不定哪天突然宣布駕崩。新皇帝年輕，權力就會轉移到太后那裡，那時，太后說誰好誰就好，太后看誰不順眼，誰就完蛋。

因此，他也開始以拉攏外戚為目標。

現在劉奭很寵信馮皇妃。於是，石顯就對劉奭說：「馮皇妃的哥哥馮逡，是個德才兼備的人才，不能浪費啊！皇上應該讓他出來參與朝政。」

石顯就是推薦別的人，劉奭都會答應，現在推薦后妃的哥哥，他哪有不批准的道理？於是下令馮逡進宮陛見。

石顯這輩子推薦了很多人，雖然他給每個人的推薦評語都是「德才兼備」之類的話，可是真正配得上這四個字的，基本沒有幾個人。不過，馮逡倒還跟這四個字很接近。

馮逡見到皇帝後，做的第一件事就是「屏退左右」，然後把石顯的罪惡都數給劉奭聽，說石顯現在專權，是奸臣，請皇帝一定要認真防範。

以前，蕭望之他們說石顯是壞蛋，劉奭尚且不接受，而近來他一直聽到那些儒生說石顯是好人，現在就馮逡說石顯壞。

「他壞他會舉薦你來當大官嗎？」劉奭生氣起來，說：「你回去吧，你是當不了大官的。還沒有當官，就先說朕最信任的人是奸臣，那朕不是昏君了？」

石顯很快就知道，這個未來的外家原來這麼仇視自己，那當然不能讓他們出來掌權了。

過了不久，御史大夫的職位出現了空缺。在討論人選的時候，大家都認為，馮逡的哥哥馮野王最有能力擔任這個職務。

劉奭也覺得很合適，於是問石顯有什麼意見。

石顯現在最不願意的就是馮家的人出來掌權。如果是別的奸臣，這時肯定會列舉出馮野王如何沒水準、如何沒道德。但石顯不是別的奸臣。

他再次把他奸滑的一面表現得很卓絕，他笑著對劉奭說：「野王先生確實很優秀，不光為人正直、能力突出，是御史大夫最好的人選。只是有一點，他是馮皇妃的哥哥。皇上要是重用他，會不會有人說皇上是在任人唯親呢？而後世的人又會怎樣評論皇上呢？」

聽了這樣的話，真的沒有辦法不承認石顯當奸臣的水準。

劉奭一聽，這確實會造成負面影響，關鍵時刻，還是石顯有眼光。他卻沒有記得，就在不久前，就是石顯向他隆重推薦過馮野王的弟弟，那時，他為什麼不怕人家說「任人唯親」呢？

第五節　罪無可赦

當然，劉奭要是能想到這一點，他就不是劉奭了，石顯現在也只能白天扛著掃把掃地、半夜拎著尿壺去菜地施肥了。

劉奭對群臣說：「我要是用野王當御史大夫，後世的人一定會罵我徇私重用後宮親屬，並且為以野王為證據。」

石顯怕劉奭身體不行，還真有先見之明。

不久，劉奭真的駕崩了。

新皇帝劉驁即位，就是漢成帝。

漢成帝即位後，也像石顯預想的那樣，大權就落入新一屆外戚手中。只是這一屆外戚是王姓，目前的代表人物叫王鳳，被任命為大司馬大將軍，主管尚書事務。

漢成帝同時把石顯調任長信中太僕，算是提拔了。可是這個提拔卻讓石顯超級鬱悶。長信中太僕級別比原來的中書令高一格，職責卻讓他想哭——管太后的專車。他以前是幫皇帝處理文件啊！級別高了，但離皇帝遠了，手中沒有權了。

大家一看，此前最為有權的石顯終於失勢，那些痛恨他的人都紛紛奮筆疾書彈劾他。可是當相關部門審理時才發現，這傢伙雖然做了無數的壞事，連皇帝的老師他都敢害死，卻一點證據都沒有。這些壞事認真追究起來，全是先帝批准的。他們這才知道，法學專家石顯有多厲害；這才知道，石顯雖然不讀書，但他知法；這才知道，有文化的流氓雖然可怕，但有法律知識的流氓更可怕。

漢成帝無法坐實石顯的罪名，只得下令免除他的一切職務，讓他捲包袱回家。本來跟他同夥的人，也都全部免官。此時，他的財產不止上億。但是他知道，成帝和新外戚對他已經很生氣，現在是被掃出門，接下就會有更厲害的招數出現。這些，他都玩過，而且玩了十六年，玩得比任何人都熟練。於是，他一邊回去，一邊不吃飯。不吃飯的結果就是餓死。

紅極一時的石顯就這樣死了。

但漢朝也被他弄得又往衰敗的方向走近了一步。

第十一章 霍顯：迷戀權勢，終致滿門抄斬

第一節 幼年皇帝的監護人

說到霍顯，不得不提霍光。因為霍顯是霍光的原配夫人。霍光的發跡，是由於他的哥哥霍去病。

話說當年，霍氏兄弟的父親霍仲儒年輕時在平陽侯家裡當差。那時平陽侯有個侍女衛少兒。霍仲儒與她偷情，生下了霍去病。之後，霍仲儒回老家去，再也不跟初戀情人有往來，另娶了一個美女，又生了一個兒子。這個兒子就是霍光。兄弟倆小時侯都不知道自己還有一個兄弟。後來，霍去病成了驃騎將軍，知道自己的父親原來是霍仲儒，於是，在一次出擊匈奴的途中，順道去看望這個從未謀面的父親。當場出資購買了大量的田產送給父親做見面禮。

霍光也第一次見到這個哥哥。他跟他父親一樣，打死都想不到，名震天下、令匈奴人聞風喪膽的驃騎將軍，竟是他的親哥哥。

這個親哥哥雖然打匈奴很凶悍，卻對親人很好。他凱旋時，再過來探望父親，然後把霍光順便帶去首都長安。當時霍光只有十來歲，但因為他是當時大漢頭號戰神的弟弟，所以，他被任為郎官。後來，不斷地升遷，當了幾年的曹官，最後成為侍中。侍中的地位已經很高了，是皇帝身邊的高參。

兩年後，霍去病就死去。霍去病大名鼎鼎，大戰打了幾次，官居大司馬驃騎將軍，是大漢王朝最有權勢的大臣之一，另一個之一就是衛青。然後再沒有另一個之一了。劉徹當時覺得霍去病比衛青還要好。霍去病突然死去，劉徹很悲傷，就又提拔霍光成為奉車都尉、光祿大夫，讓他每天跟在自己的身邊，看到霍光就好像看到霍去病一樣。

霍光就這樣，一直跟隨在劉徹的身邊，而且二十多年如一日，從未犯過一次錯，連漢武帝都覺得驚奇，因此對他更加信任。

當然，這個時期，劉徹精力充沛，手下能人也多，霍光並沒有做出什麼成績來。

再後來，發生了巫蠱案，太子被江充逼死，徹底打亂了劉徹的接班安排。雖然還有幾個已經成年的兒子，可是沒一個被劉徹看得順眼，最後只得立年僅八歲的小兒子當接班人。

晚年劉徹的精神世界比常人更痛苦。自己都七十歲了，太子才八歲，他守得住高祖打下的江山嗎？但是他已經沒有別的辦法了。最後，他只得向周武王學習，找一個像周公的人。當年周武王讓周公輔政，心情大概要比劉徹輕鬆多了。因為周公是他的弟弟，是可以放心的。現在他去哪找像周公這樣的弟弟？他的那幫叔伯兄弟，恐怕都正在虎視眈眈，等他一撒手歸天，便都來搶皇位倒是真的。

他只得在群臣中找「周公」。他最後打起精神，在群臣中反覆思考，覺得霍光最誠實，是可以信得過的，是可以當他太子的周公的。於是，在他將死的時候，任命霍光為大司馬大將軍，讓他和金日磾以及上

第一節　幼年皇帝的監護人

官桀組成新皇帝的監護團隊。當然，霍光是第一把手，而另外兩人是得力助手。劉徹晚年老眼昏花，誤聽讒言，居然被江充那樣的小人玩弄了一番，弄得父子相殘，殺得血流成河、狼狽不堪，劉氏江山就此從巔峰迴落。但是，最後看霍光還是很正確的。

霍光成為首輔之後，如果他稍有私心，那麼大漢的國姓換成霍姓也不是沒有可能——即使不能取而代之，但是把漢家天下打亂，還是完全可以做到的。後武帝時代政壇三馬車——霍光、金日磾、上官桀都已經結成親家，如果團結起來，打倒劉氏，真不費吹灰之力。當時，金日磾的次子，是霍光的女婿；上官桀的兒子上官安娶了霍光的長女。

然而，霍光大權在握的時候，沒有別的想法。雖然輔政團隊有三個人，但金日磾是外來人士，平時就小心謹慎，不敢多說什麼；上官桀是個四肢發達的武士，沒多少治國經驗。因此，幾乎所有的方針政策，都由霍光制定，其他人基本都是舉手表示同意。霍光就這樣成為大漢王朝實際最高領袖。

不過，這個輔政團隊不久就出現了缺口。首先是金日磾重病死去，三人團只剩下兩人了。開始時，霍光和上官桀都能保持友好，相互配合，霍光外出時，上官桀處理朝政。可是，後來還是出現了問題。問題出在上官桀的兒子、霍光的女婿上官安身上。上官安絕對是個野心家，目光放得很遠。他當時跟霍光的長女生了一個女兒。這個女兒才六歲，他就想讓她嫁給漢昭帝，並立為皇后。

霍光當然不答應。

上官安一看，就生氣了，她不光是我的女兒，也是你的外孫女啊！她一當皇后，對我們兩家都好。你不批准，我就另找門路。他又找了昭帝的姐姐蓋長公主。

這位蓋長公主也不是省油的燈，長期跟她自己的門客丁外人有著不正當男女關係。丁外人覺得只當個門客，天天跟公主私通，地位實太不匹配，就想當個官，為自己加點自信。丁外人不但是蓋長公主的男寵，也是上官安的朋友。

上官安想巴結蓋長公主，就先走他的門路。他當然知道丁外人目前最強烈的想法，於是就對丁外人說：「我的女兒長得很不錯。如果能得到長公主的幫忙成為皇后，以後我父子在朝中的權力可就不一般了。這事成與不成，全看你願不願出力了。我朝的規矩是，公主必須嫁給列侯。你難道還怕不能封侯嗎？」

丁外人一聽也高興得差點跳起舞來，現在幫他講幾句話，讓他的女兒成為皇后，以後他幫自己講幾句話，自己就是列侯。這生意好啊！他立刻去說服蓋長公主。

蓋長公主更沒有意見，立刻去找自己的弟弟。漢昭帝當然聽姐姐的話，直接下詔，把上官小美女召進宮來，同時封上官安為騎都尉。第二年春，立上官美女為皇后。上官安的計畫得以實現。

對於這個事，史書沒有說霍光的意見。我猜想他是不反對的。霍光永遠掛著那副冷酷的臉，讓他直接為自己的人辦事，他是不會答應的，但是上官安自己走的門路，他就睜一隻眼閉一隻眼了。

上官桀透過蓋長公主的門路，讓自己的遠大理相得以實現，就想著該如何回報蓋長公主。他們找到霍光，請霍光封丁外人為列侯。霍光當然不答應。他們說：「不封侯就不封侯，那就替他安排個官階不低的職務吧！」霍光仍然不同意。

蓋長公主和上官父子同時恨起了霍光。而且這個恨是深仇大恨。他們立刻跟桑公羊和昭帝的叔叔劉旦結成反霍同盟，趁霍光休假時上書誣告霍光。

這時，漢昭帝才十四歲，正處於很容易受騙上當的年紀。哪知，劉弗陵居然一眼就看穿了他們的陰謀，使得霍光免了性命之災。

第一節　幼年皇帝的監護人

反霍同盟不服氣，既然小皇帝聰明，不能利用，那乾脆連他也一起除掉算了。於是，上官安策劃了一場政變。他對這場政策的預期是——先設計殺掉霍光，然後利用劉旦的力量除掉劉弗陵，自己再殺劉旦，然後讓自己的父親上官桀當上官王朝的開國皇帝。這麼多個步驟串聯起來，讓人看得有些眼花，足以證明上官安還真有點策劃能力。可是，他們的保密工作做得太差，這些環環相扣的步驟都還在圖紙上，就讓劉弗陵知道了。劉弗陵果斷地派兵鎮壓，把這個政變扼殺在萌芽狀態。上官一家和劉旦以及桑弘羊等政等人全部處死。

這個事件，充分顯示出昭帝的能力。霍光看到劉弗陵的手段後，肯定會更加小心謹慎。霍家在這一時期，非常規矩地遵紀守法。

當然，劉弗陵依然尊重霍光。他只當霍光的堅強後盾，國家的方針政策仍然讓霍光去制定。而且三駕馬車死了兩駕，霍光現在的權力只有比過去更大。

很快劉弗陵就到了二十歲，已經完全可以親政了。如果再幾年下去，霍光的權力大概也會逐步被消滅，歷史會是另一個模樣。

可是劉弗陵很聰明，所表現出來的智商比他父親還要高、辦事比他還要果斷。他爹二十來歲時，還被田蚡呼嚨著，他在十四、五歲時可以粉碎一場政變，而且處理得十分正確。但是，他的壽命卻很短，二十歲就宣布駕崩。

於是，霍光只得繼續掌權。

劉弗陵死的時候雖然已經二十歲，可是仍然沒有兒子。

霍光先找了劉賀當皇帝，可是二十七天後，就讓劉賀變成廢皇帝。霍光最後迎立劉據的孫子劉病已。

劉病已改名劉詢，也就是漢宣帝。

劉詢即位時已經成年，霍光就向劉詢表示要還政於天子，但是劉詢不接受。劉詢從民間而來，才出生不久就在牢房裡度過，說是九死一生，那是一點也不為過。他深知宮廷鬥爭的殘酷，他能成為皇帝，基本拜霍光之所賜。霍光能讓劉賀二十七天後滾蛋，同樣有能力讓他滾蛋。他即位當天去祭高祖廟時，霍光陪他坐車，他就感到很不自在，在說到這個感受時，他發明了「芒刺在背」這個成語。劉詢遍觀朝中的重要職位，基本上都安插了霍家的人員。史書在形容霍家的勢力時，說「黨親連體，根據於朝廷」。

劉詢對霍光的尊重程度超乎想像，只要霍光出現，他都立刻把恭敬的神態掛到臉上，還要做出匹配的動作。被人家看到，都覺得他尊重霍光尊重得有些過分了。可是他能夠不過分嗎？

第二節　故劍情深

霍光總攬朝政這麼多年，本人還算善始善終，沒什麼出格的事。但是他的家人這時已經忍不住了。最先忍不住的就是他的老婆霍顯。

劉詢還是劉病已時，是張賀出資撫養他，讓他去讀書的。張賀就是張安世的哥哥。張賀覺得劉詢很不錯，曾經想把女兒嫁給他。可張安世不同意。張賀沒辦法，他雖然是哥哥，但張安世現在是輔政大臣，地位比他大多了。

他覺得劉病已都這麼大了，總該結婚了，於是就想辦法幫劉病已找個對象。他就像農村裡的某個父母

第二節　故劍情深

幫兒子物色美女一樣，到處留心，看哪家有漂亮的姑娘。很快，他發現他的一個部下許廣漢有個女兒，還算不錯。許廣漢當時的官職十分低下，是暴室嗇夫。第一次聽到這個古怪的官名吧？嗇夫這兩個字，前面曾經解釋過。暴室是一個工作場所，職責是織作染練。染布是必須曝晒的，所以就叫暴室，絕對不是一個暴力機關。宮裡的女人有病了，不能履行宮中的職責之後，就放到這裡來，皇后、貴人等罪了，也被放到這個地方來，當紡織工人。這個工作場所隸屬於掖庭令。現在的掖庭令就是張賀。

於是，張賀就請許廣漢過來喝酒。兩人喝到差不多要醉倒的時候，張賀說：「你知道劉病已是皇孫吧？跟皇帝的血緣關係很近，將來封個侯應該沒什麼難度。你要不要把你那個女兒嫁給他？」

許廣漢果然很爽快地答應了。

可是他的老婆卻不樂意，怎麼能把女兒嫁給劉病已？難道天下的男人都死光了？什麼皇孫？一個破落的貴族而已，破落的貴族比一般的小平民還要苦啊！她不同意。可許廣漢不聽她的，他請人來幫他做媒，宣布把女兒嫁給劉病已。

這時，劉病已只是依附於張賀，吃飯穿衣全靠張賀供給，身上一分錢都沒有。張賀幫他出錢把婚禮辦了。

劉病已即位後，第一件事就是要立皇后。當確立皇后這件事擺到朝堂上，由群臣討論時，大家都認為應該由霍光的小女兒來當皇后。只是誰都沒有說出口。

劉詢一看，知道要是讓這些人做出決議，他的原配就成了情婦。當然，他不敢說得特別明顯。他只是說，我過去還在鄉下時，有一把好劍，現在不見了，大家能不能幫我找到它？

如果放在現在，大概沒有多少人領會他的意思。可當時的大臣們這方面的思維是很敏感的，很快就明白了皇上的意思，於是齊聲說，請皇上立許美女為皇后。這就是後來人們常說的「故劍情深」的故事。

從後來情節的發展上看，這次大臣們一致地認為應當由霍光的小女兒進宮當皇后的想法，絕對是經過策劃的。我認為，策劃者即使不是霍光，也是霍光的老婆霍顯。

霍光雖然大權在握，表面上看，卻還是很守本份的。但他的老婆也跟絕大部分人一樣，手中的權力大了，基本都不安分起來。

這次廷議，沒有讓她的女兒議成皇后，霍顯心裡很鬱悶。她知道丈夫霍光是有能力也有權力推翻這個廷議的，但是她知道他是不會推翻的。她只得咬牙等候。

她跟著霍光這麼多年，知道朝廷裡的事，變幻莫測，很多東西變得比翻書還快。像劉賀，明明是個現任皇帝，才一個月不到，就變成一個下臺皇帝；劉詢前一天，還是破落貴族，全靠一群底層人養活狗命，哪知突然就一步登天，成為皇帝。現在是皇后，說不定哪天出了狀況，就是廢皇后一個。很多事，只要願意等，就能等出個機會來。

可是她等了兩年，最後等到的是，許皇后又懷孕了。

霍顯很快就有了機會。

這個機會來源於淳于衍。淳于衍是個女人，也是個醫生。她經常進宮去幫許皇后看病，但是她跟霍家的關係很好。她的老公是個掖庭護衛，只有名沒有姓，只是個底層人士，即使往上追溯幾代，也不會追溯出一個有地位的祖先來。他的名字叫賞。

賞雖然地位低下，但是他很渴望自己以後能有點出息。於是，就對他的老婆說：「妳不是準備到宮裡去嗎？妳去之前，先去霍老夫人那裡聊聊，讓她想辦法安排我去當安池監。」

第二節　故劍情深

淳于衍說好辦，找了個機會去拜見霍老夫人，對霍老夫人提出了這個要求。

霍顯一聽，腦門突然靈光一閃，計上心來，說：「不過我也有個要求，妳能答應嗎？」

淳于衍說：「夫人吩咐的事，我還敢不答應嗎？」

霍顯說：「我和霍將軍有一個小女兒，叫霍成君。現在我們都想讓她成為全國最尊貴的女人。這個事只有妳能幫得了。」

淳于衍一聽，懷疑霍老夫人是不是腦袋不正常，這個世界還有他們辦不了的事？而他們辦不了的事，她還能辦成？但她看了看霍老夫人那張慈祥的臉，一點也沒有不正常的跡象，便說：「此話怎講？」

霍顯說：「女人生孩子時，九死一生。現在皇后就要生孩子了，你可以對她下藥，把她除掉。她一完事，我們家的成君就會成為皇后，她成皇后之後，肯定會幫妳榮華富貴的。」

淳于衍一聽，雖然嚇出一身冷汗，可是榮華富貴這四個字太有誘惑力了，她遲疑了一下，說：「這事不好辦啊！皇后吃的藥，都是由各位御醫一起決定的，而且藥做好了，還叫別人先嚐一下才吃下。」

霍顯臉上的慈祥消失了，冷冷地說：「這就看妳肯不肯幫了，只要妳肯幫，就會有辦法。現在霍將軍是天下最有權力的人，只要他不開口，誰也不敢出聲。即使妳出了什麼事，只要有霍將軍在，妳就一點事也沒有。現在就看妳的決定了。」

淳于衍在那裡沉吟了很久，心裡進行了一陣激烈的交戰之後，知道不按霍老夫人的說法去做，自己出了這個門，就會變成屍體，於是就說：「那就試一試。」

我們不知道淳于衍的醫術有多高，但她製作的毒藥還是非常厲害的。她事先在家裡配好毒藥，然後帶進長定宮。皇后生產後，淳于衍就取出毒藥，偷偷摻進御醫為許皇后開的丸藥裡，請皇后喝下去。

過了一會兒，皇后說：「我怎麼覺得頭越來越昏了？是不是藥裡有毒藥？」

淳于衍說：「沒有毒藥。」

皇后覺得更難受了，最後難受得死去。

淳于衍出宮來，面見霍顯，報告說完成任務。兩人在那裡高興得就差載歌載舞了。不過，霍顯還是很有腦袋的，並沒有當場重謝淳于衍，而是先等風頭過去再說。

皇后死去，那是天大的事。大臣們立即上書，指控御醫們犯了大錯，必須懲罰這些大內醫生。

劉詢看到「故劍」真的故去，當然勃然大怒，下令以大逆不道之罪把全體御醫都抓起來；先投到監獄，一定要審個水落石出。

霍顯看到這個陣仗，也慌了手腳。她也知道，只要一查下來，肯定會查到淳于衍的身上，一查到淳于衍身上，就等於查到她的身上。她急忙在第一時間裡把事情的前因後果向霍光陳述了一遍，最後說：「事情都到了這個地步，你再生氣也沒有用了。現在如何想辦法，不要讓那些人審到淳于衍。要是審到她，我們就完了。」

霍光一聽，嚇得差點坐在地板上。他聽了霍顯的話，心裡只想著，是不是要去告發這個老婆，以便洗白自己？可是他看看老婆，結婚了幾十年，現在一下把她往死裡告，也於心不忍。

告還是不告？

霍光的心裡還在激烈交戰著，有人向他送來一份文件。原來是主管部門向朝廷奏報有關皇后之死一案的處理意見。

他拿起筆，就在上面作了批示——此事與淳于衍無關，可免予追究。

這個指示是真的很不高明，標準的此地無銀三百兩。但是現在他大權在握，他說此地沒有三百兩，誰又敢說有？

霍顯看到這事就這樣結束，高興得心花怒放。既然丈夫有這麼大的本事，為什麼不再繼續推進下去呢？於是她又勸霍光：「把我們的女兒嫁給皇帝吧！讓她當皇后。如果讓我們不搶這個皇后，人家也會搶去，我這次不就等於幫人家毒死許皇后了？」

霍光一聽，這話還真有道理。

只要霍光願意，劉詢也不得不願意。於是，霍光的女兒嫁到宮中，被立為皇后。

前兩年冊立許皇后時，因為許家是底層平民百姓，一切都從簡，就是日常的車馬、人員配置，都很簡單。現在皇后是霍大將軍的女兒，大漢王朝大人物的女兒，所以，排場一定做足。車馬、侍從都有一大隊，官屬也有一大幫，跟許皇后比起來，是一個在天上，一個在地下。

兩年後的地節二年（西元前六八年）春天，霍光「病篤」起來。一般史書在敘述某個人時，如果出現這兩個字，基本就是說該人士的病已經沒救了。

霍光病重，也是重大的政治事件之一。劉詢帶著皇后去看望這個岳父大人，在霍光的病床前流著淚。

霍光上書謝恩，並要求從自己的封邑裡分出三千戶，送給哥哥霍去病的孫子霍山，讓霍山也成為列侯，以祀奉霍去病的香火。

劉詢同意霍光的請求，並於當日任命霍光的兒子霍禹為右將軍。

三月初八，霍光終於去世。

第三節　墮落的霍家後代

霍光死時的待遇很高，劉詢自己帶著皇后親自前往霍光的靈堂上香祭悼，所有規格都與御用同個級別，但是霍顯明顯感到霍家的權勢越來越縮水了。

過了一年，劉詢立劉奭為太子。劉奭是許皇后生的，而且是在劉詢還叫病已時就生的。

霍顯知道後，氣得吐出血來，大叫：「劉奭是皇上在民間時期生的兒子，哪有資格當太子？他當了太子，將來皇后生出的兒子不就只能當王嗎？這是什麼道理啊！」

可是她也知道，她再怎麼罵也只是罵，無法改變現狀。她知道，如果女兒的兒子不能成為太子，他們霍家的權勢就更小了。於是，她決定再來一次。

「你可以立太子，我可以除掉太子。」

她把女兒叫來，讓她設法把太子毒死。

霍成君雖然是皇后，下毒的水準卻遠不如淳于衍。她準備好了毒藥，然後召太子前來，說是請太子吃飯。可是太子的保姆和奶媽的安全意識強烈，每次都先把桌上的每一道菜都吃了一遍，這才讓太子動筷。霍成君拿著毒藥下不了手。

雖然史書沒有說是誰教太子這麼防範的，但我猜測肯定是漢宣帝劉詢的主意。劉詢是個聰明人。他很早就清楚霍家勢力的強大。等進了宮，更加深刻領會到霍家在朝中的強悍。他的幸運在於，霍光雖然強大，連皇帝的任免大權都掌握在手中，但他仍然是個小心謹慎的人，對劉氏王朝仍然忠心耿耿，內心世界從未有過別的想法，是以他面對強大的霍家勢力就只好一忍再忍。

第三節　墮落的霍家後代

劉詢對許皇后的死，一定會想到是霍家下的手。但是他知道，這個疑問只能留在心裡，不能洩漏出來。霍家不但想霸占後宮，更想讓他們的外孫成為下一任皇帝。既然敢毒死皇后，為什麼不敢毒死太子？因此，他就會有所防範，否則，皇后請吃飯，還需奶媽和保姆先嚐？

劉詢相信，霍家還會做出更多出格的事來。

霍光雖然一向小心，但他對家族成員的約束並不大，於是導致了以老婆霍顯領銜的家族成員對權力的渴望一天比一天嚴重。霍光的子姪們野心龐大，早已沒有霍光年輕時那個低調嚴謹、死守規矩的作風了。霍顯比她的二代們更想得遠。她在霍光還沒有得勢時，就嫁給霍光，看到霍光從一個權力有限的郎官成為一個權勢無限大的大司馬的過程。她深知，要控制權力，就必須控制皇帝。只要把皇帝控制了，權力才有絕對的保障，否則，最後只能成為田蚡之類的人物。霍顯這時的心態跟秦始皇差不多，希望霍家能千秋萬代都像霍光時代這樣，權力比皇帝還大。

可是劉詢願意嗎？

劉詢一面在表面上安撫霍家，不斷地為霍家子弟加官進爵，一面慢慢地稀釋霍家的權力，逐步降低霍家的影響力。

此時，霍山領尚書事，仍然是排名群臣首位，霍家特權仍然跟以前一樣。霍顯手中的錢多了，就開始修建豪宅，車駕的規格完全提升到皇帝的程度，豪宅裡裝修的豪華程度，也是當時最為高檔豪華的。這個時期，霍顯以霍光未亡人的身分，找了一個叫馮子者的年輕人。這座豪宅就是專供兩人淫靡的場所。霍家二代的代表人物霍禹、霍山也跟母親一樣，到處修建豪宅，每天帶著一批小弟到處騎馬狂飆。就連朝會時，他們也常請假不參加，跑到很遠的地方吃喝賭嫖，或者打獵玩樂。他們覺得，到處瘋玩，心情比上班處理公文舒暢多了。後來，他們覺得老是請假，也是很麻煩的，於是，他們便派個奴僕過去報到頂位子。大家都覺得這幾個霍二代太不可靠了，在場的都是高級官員啊！怎麼就派幾個掃地、洗碗的人員前來湊數？坐沒坐相，站沒站相，人家做會議紀錄，他們在那裡轉著那顆人的腦袋，卻散發著老鼠的氣質。

儘管很多人都想吐槽，但是沒有誰真的敢當面吐槽。

不過，我相信劉詢是很高興的。要是這幾個霍二代天天準時上班，也像霍光那樣把大權握得緊緊的，他這個傀儡就得做到死去的那一天，然後，他的兒子還得繼續當傀儡。現在很好，他們都不愛管事，不管事就等於主動放下權力，一旦放下權力，勢力再強大，最後也只是表面的強大而已。

霍顯更是把自己的特權彰顯得無人不知。她帶著霍家那一班女人，沒事就大搖大擺地進入上官太后的長信宮。太后雖然是姓上官，但卻是霍家的外孫女。

大家看到霍家如此賣弄權力，都不說話。劉詢更不說話。但是他不說話，並不表示他不做事。他迅速物色了一個霍家的反對派，並加以破格提拔。他知道，光靠他一個人的力量，打倒霍家的是很艱難的。

這個人就是魏相。

劉詢任命魏相為丞相、給事中，經常跟魏相處在一起。

魏相一直看霍家不順眼，看到這些霍二代們如此地囂張，就常向劉詢建議，把霍家的勢力滅掉，否則以後就不好控制他們了。

霍顯跟了霍光幾十年，很快就察覺到了魏相對他們家的威脅。早在魏相提拔成御史大夫、給事中時，她就把全體家族成員都集合起來，開了個會，對大家說：「你們天天玩耍，根本沒有去想著如何去繼承大將軍的事業。現在魏相的官越來越大，手中的權力也越來越重，皇帝也越來越信任他。如果哪天他到皇帝面前說你們的壞話，你們能救得了你們自己嗎？」

霍顯就這樣把魏相當成霍家的直接敵人，霍家上下就與魏相勢不兩立，就連看門的奴僕都敢跟魏家爭。有一次，兩家的奴僕在路上相遇，雙方都覺得自己很了不起，互不讓道，於是在大路上開罵，接著開打。霍家的奴僕直接打到御史府，把御史府的大門踢得山搖地動。最後，剛當御史沒幾天的魏相大人不得不出來，對著霍家的奴僕下跪，說了一大段賠禮道歉的話，霍家的奴僕這才昂著頭離開。

這事很快就傳到霍顯的耳朵裡，霍顯雖然恨魏相，但是她知道，現在魏相是皇帝面前的紅人，行情看漲。皇帝剛剛提拔，就有人大喊大叫地去踢人家的大門，這不是跟魏相作對，這簡直是跟皇帝作對啊！她也感到有點害怕。可她只是個有著極端權力欲望的女人，而不是一個有政治頭腦的政客，事情發生之後，除了在那裡擔心之外，其他補救的辦法一點也想不出來。

霍顯沒有辦法，但是劉詢辦法卻很多。

他知道，朝廷中很多重要的職位都是霍家霸占著，但這些人根本沒有履職能力，是典型的占著茅坑不拉屎式的權貴。剝奪他們權力的時候到了。

他提拔魏相當丞相之後，又讓他原來的岳父老許廣漢進入權力中心。霍山雖然仍然領尚書事，但遠不如霍光那樣有權。霍光當政時，所有文件都先經過尚書，由霍光圈閱之後，再轉皇帝批示。而現在霍山只是在尚書辦公室裡坐著，那些文件都直接送到皇帝面前，由皇帝親自批閱，基本都跟霍山無關。霍山只是在那裡領空餉。

霍家對此雖然很生氣，但是除了生氣，什麼辦法也沒有。紈褲子弟的面目完全展現在大家面前。

劉詢看到霍家的反應一點也不激烈，便進一步消弱霍家的權力。先把霍光的幾個女婿或明升暗降，或調出首都到外地當太守，然後提拔張安世為衛將軍，統領兩宮衛尉以及城門、北軍的警衛部隊。這些部隊，本來都掌握在霍家的手中。當然，劉詢還是要安撫一下霍家的，他任霍禹為大司馬。這可是霍光以前的職務啊！不過，霍禹只能當大司馬，卻不能得到與大司馬相匹配的大官帽，而只是戴著跟別人一樣的小官帽，連印綬都沒有，更沒有兵權，只是個名譽大司馬。

這樣一來，霍家已經被徹底架空了。

第四節　終致滿門抄斬

霍家兄弟不用清點也知道，自己雖然還有大量的財富，可是權力真的沒剩下多少了，領著最高薪資，卻跟個失業的人沒什麼差別。他們這才感到了危機。跟所有的官二代一樣，雖然平時嘻嘻哈哈，什麼都敢做，什麼錢都敢收，什麼財富都敢盤，什麼淫亂都敢進行，天下什麼都不怕，其實他們比誰都知道，他們之所以什麼都敢，就是因為他們手中有著極大的權力資源。當這些資源逐步減少的時候，這些本來什麼都不怕的人，會變得什麼都怕。

霍家兄弟此時都一副少年不知愁滋味的樣子，連工作都不做，文件也丟給別人批閱，但現在他們想批閱文件而不得時，就有一種世界末日來臨的感覺。他們深知，事態再發展下去，他們的下場會很嚴重。他們這一批人，以前仗著父親的權力，人家不敢說什麼，但是真要清算起來，他們這一幫霍家子弟，就得被

第四節　終致滿門抄斬

浩浩蕩蕩地被押赴刑場。他們不是革命家，不會有砍頭不要緊的大無畏精神，他們跟很多人一樣，砍頭最要緊。幾兄弟想到這個後果，都嚇得哭了起來。

後來，霍山說：「現在魏相當了丞相，皇帝什麼都聽他的，把大將軍的方針政策都變了，還到處揭大將軍的短處。另外，以前那些儒生來長安時，大將軍認為他們沒有能力，所以，從不重用他們，可是現在皇上都重用他們，天天跟他們湊在一起。這些人現在全成了批評大將軍的人了，天天都在宣揚大將軍的不好，都以指責我們家為工作的重中之重。以前，他們上書指責我們時，我都把這些奏報壓下。可是後來，他們變得狡猾，都以密奏的方式，直接上書給皇上，不透過尚書了。皇上越來越不信任我了。現在到處傳言，說是我們霍家毒死了皇后，這是不是真的？」

霍顯一聽，也感到怕了，就把事情的過程從頭到尾都跟他們說了。

幾兄弟一驚，嚇得幾乎尿了出來，盯著母親那張曾經非常慈祥的面容，說：「原來是這樣啊！妳為什麼不早告訴我們？現在皇上把我們霍家的女婿都外放當官，看來就是因為這個原因了。這麼大的事一旦事發，後果說有多嚴重就有多嚴重。我們該怎麼辦？」

幾個人討論了大半天，誰也不知道該怎麼辦。他們相信，即使霍光在，這事一發，也不知道該怎麼辦。

最後，他們認為，要保住性命，只有造反了。

於是，他們天天在一起謀劃著如何造反。當然，從目前的形勢上看，謀反也真是他們唯一的出路。可是這幾個傢伙平時只會打著霍家的旗號、利用皇帝給他們的權力，過著貪腐的生活。要是讓他們介紹起貪腐的經驗和創意來，他們可以幾天幾夜講不完，可是一講到謀反，水準就弱掉了。而且，這幾個傢伙抗壓性奇差，才商量造反沒幾天，就個個表現得膽顫心驚，走路的動作都像個正在進行時的小偷。

人家一看，就知道霍家兄弟要做什麼事來了。

霍去病的另一個孫子叫霍雲，也是這次的主謀之一。他有一個舅舅叫李竟。李竟有一個朋友叫張赦。張赦看到霍雲的情況很反常，也想立個大功，就私下裡對李竟說：「現在丞相和平恩侯許廣漢最得皇上的信任。可以叫太夫人跟上官太后講，把這兩個除掉，然後廢掉這個皇上，改立另一個皇上。這個權力全在皇太后手中。」

這絕對不是個高明的建議。可更不妙的是，建議還沒有到實施的地步，就被一個叫張章的人知道了。張章立刻去告密。

劉詢立刻叫廷尉和執金吾把張赦抓起來，然後下令，此事到此為止。

霍家看到張赦被抓，知道只要有關部門一審問，他們的事就會全面敗露，便又緊急開會，一致認為——現在皇上是看在太后的面子上，沒有繼續追查下去。但以後一定會再追查的。要是追查出來，肯定會滅族，與其等他們來滅族，不如先動手。於是，派人通知那些剛外調的霍家女婿們，大家都團結起來，否則，大禍臨頭，誰也跑不掉。

都到這個時候了，還在進行造反的前期準備工作，這能成功嗎？

他們早已在劉詢的監控之下。

劉詢在處理這個事時，是很聰明的。他並沒有直接向霍家開刀，畢竟他能成為皇帝，全靠霍光。他必須等霍家把造反之事做得更深入一點，暴露得更加多一點，這才收網。

劉詢又找了個理由，把李竟抓了起來。罪名是聯合諸侯，結黨營私。

第四節　終致滿門抄斬

李竟一被審問，便把自己知道霍家的那些事都說了出來。

這就夠了。

劉詢立刻下令：「霍雲和霍山，已經不宜在宮中任職了。都免職回家。」

到了這個時候，只有稍有頭腦的人都知道，霍家的囂張生活已經到了盡頭，接下來的路只有死路了。這是個關鍵時間點，選邊站，選對了，就可以升官發財。

於是，山陽太守張敞上書，請皇上把霍氏三兄弟都免掉職務，讓他們以列侯的身分回家。如果沒有誰敢提議，請讓張敞回京當眾提出。

劉詢一看，只是點點頭說好主意，卻沒有把張敞召到首都。

劉詢越不動聲色，霍家的人就越恐慌。

最後，霍山咬牙說：「我們還是從丞相那裡下手。他在主持祭祀時，擅自削減宗廟的供品，這是大不敬啊！我們就拿這個把柄來除掉他。」

他們隨即制定了一系列計畫——先以太后的名義設個宴會，然後請魏相、許廣漢等一批人過來，叫他們的女婿在宴會上宣布奉太后之命，把他們殺了。殺了這幾個之後，劉詢就沒有了幫手，就可以直接把他廢掉，然後宣布由霍禹當皇帝。

正當他們的計畫還在修修改改之時，劉詢突然任命霍雲為玄菟太守。

幾個人以為劉詢肯定已經發現了他們的計畫，就更加慌亂起來。一慌亂，計畫內容立刻外洩。劉詢還沒有下令追究他們，他們自己就先心虛了。霍雲、霍山以及霍家的一個女婿范明友先自殺了事。到了這時，霍家造反的證據都已經暴露無遺，劉詢下令把霍顯、霍禹等所有霍家的人都抓了起來，以最快的速度審理。結果，霍禹被腰斬，霍顯以及霍家的女人們，都被「棄市」。皇后霍成君被廢。

至此，霍光以及霍去病的子孫，一個不剩。

霍光秉政二十年，自己雖然沒有反心，但是為了霍家的利益，大量任用霍家的人，使得朝中重要職位，基本都是霍家的人以及霍家故人。而且縱容自己的子弟，明目張膽地貪腐，最後製造出毒死皇后的事來。如果他知道權力會害死人，會讓霍家在他身後會遭滅門之災，我想，他一定會在他臨死之前，讓霍家全部退出政壇，回家老老實實過生活。

但是權力實在是個好東西，有了權力就有了一切。他捨不得丟掉權力，他的老婆更捨不得丟掉權力。於是，不斷地挑戰劉詢的底線，最後劉詢將他們一家一網打盡。

劉詢雖然在打倒霍家勢力的過程中，表現得很寬大，好幾次差不多要查到霍家時，他都出面叫停。但是我想，他心裡恨霍家恨得要死，只是為了表現他的寬大。等到霍家坐實了謀反之罪，他就毫不留情了，把霍家一門男女老少，一個不留地斬盡殺絕。否則，依照以往的規矩，霍光那麼大的功勞，總會留下一個小男孩，繼承霍光的爵位，用當時的話來說是——祀奉霍光的香火。

但是他堅決讓霍光的香火斷絕。

後來，司馬光在評論此事時，說：夫以顯、禹、雲、山之罪，雖應夷滅，而光之忠勳不可不祀；遂使家無噍類，孝宣亦少恩哉！

可是他太恨霍家了，沒有辦法不「少恩」。

第十二章　劉驁：耽溺酒色，埋下亡國禍根

第一節　保住皇儲之位

如果認真研究一下中國的歷史，一個朝代的興盛，往往要靠數代明君接二連三地勵精圖治，可是讓一個朝代衰亡，往往只需一個皇帝的發昏。

大漢王朝從文帝開始，一直到宣帝，一個接著一個，基本都算是有作為的君主，不管是內政還是外交，都取得了史無前例的成就，即使是後來的史家，在寫到漢朝的段歷史時，用的大多都是褒義詞。「文景之治」、「昭宣中興」，共同構成了大漢王朝的盛世。

然而，當漢宣帝把國家交給劉奭之後，由於元帝的懦弱和書呆子氣質，才一上臺，就被石顯玩弄於股掌之間。做正確的事時，總是下不了決定，反而在自廢武功時，總是高效完成。最後能臣被殺，小人得道，大漢盛世的車輪終於在他的手裡剎停住，應了他父親對他的評價：「亂我家者，太子也。」

劉奭因為身體有病而懶政，因為懶政而大權帝落，導至大漢由盛轉衰。他在位只有十六年，如果繼任

者是個有作為的皇帝，也許還可以來個撥亂反正，讓大漢車輪再轉到盛世的軌道上來。可是他的兒子劉鰲比他更不成才。

不過，劉鰲還小的時候是個好學生，大家對他的評語也很正面——好經書，寬博謹慎。當時他的爺爺漢宣帝劉詢很喜歡他，天天愛把他帶在身邊。劉詢那時一定會堅定地認為，兒子不成材，但是孫子肯定會接自己的班。

哪知，劉鰲卻沒有把這個作風延續下去，年紀稍大之後就對酒感興趣，而且還喜歡玩樂，連他父親都認為，劉鰲完全是一個敗家子。

劉奭雖然離有作為的皇帝有一段很長的距離，但是他也不是一個蠢材，有時還是能分出好人壞人的，連他都認為劉鰲不成材，劉鰲肯定是個沒有能力的人。如果劉鰲是其他皇子，再怎麼愚昧，再怎麼昏庸腐敗，最多也只是在他那個封國裡吃喝玩樂，被老百姓罵幾句，不會產生別的影響。可劉鰲是皇太子，是未來國家最高領導者，大漢王朝最後要交由他去經營。他要是這麼下去，高祖打來的天下就危險了。

劉奭雖然昏庸，卻也知道把擔子交給這個兒子，漢朝的風險會大增，於是，就想換個接班人。

我們常常認為，皇帝的權力很大，天下所有人的生殺予奪大權，都握在他的手上。但有時他的權力也還是不能濫用的，尤其是在換太子這事上。立長立嫡的思想已經深深地植入所有人的腦子裡，這是祖宗之法，是千年以來誰也不能改變的，好像是天賦之法一樣，皇帝也不能任性改動。所以，歷代以來，哪個皇帝要換太子，必須下極大的決心，最後還得排除極大的困難，才得以成功。

劉奭這時認為他的另一個兒子劉康很有能力。他就常常在大家面前誇劉康。誇了幾次，很多大臣就知道，劉奭要換接班人了，因為劉康現在的母親傅昭儀正得劉奭的寵愛，幾乎長期霸占皇帝的龍床。

第一節　保住皇儲之位

別的大臣也就算了，反正不管立誰，都跟自己無關，自己只要能繼續在這裡當官、繼續領這份薪資，就可以了，管誰當皇帝。但是史丹就不一樣了。他是太子的老師。太子要是被廢了，他還有什麼前途？於是，在劉奭高度讚揚劉康時，史丹就大力反對。

劉奭本來性格就懦弱，聽到史丹的話，便閉了那張皇帝的嘴巴，但是心裡仍然堅持自己的意思。

後來，劉奭病重，天天躺在床上。傅昭儀和劉康天天守在床邊，皇后和太子都很少可以進來看望。劉奭稍一清醒，就問尚書，以前景帝是如何改立膠東王的？

劉奭平生懦弱，從不敢撕破面子，即使在這個時候，仍然說得很含蓄。可是再怎麼含蓄，人家也知道他真的想換太子了。

劉驁的人馬知道此事後，都怕得要命，要是劉驁成為廢太子，他們也跟著廢了。但是他們又有什麼辦法？現在連劉驁都見不到他父親，其他人就是著急到死都沒有用。

史丹找了個機會，硬是進了宮，看到已經病得沒有幾口氣的劉奭，直接撲通一聲跪在地板上，鼻涕眼淚一起流下，說：「劉驁以嫡長子的身分，當太子都十多年了，天底下的人個個都知道他是將來的皇帝，都願意當他的臣子。現在，山陽王劉康得到皇上的特別喜愛，大家都覺得再這樣下去，太子的地位就保不住了。如果真的是這樣，所有的大臣都會拚命為太子相爭，不接受這樣的結果。現在，我先請求皇帝陛下把我賜死，以為群臣的榜樣。」

劉奭看到史丹哭得這麼悲慘，心裡就不忍起來，只得一聲嘆息，說：「我現在病得越來越重了，太子還有山陽王劉康、信都王劉興，年紀都還小，我對他們都不放心。可是到現在也沒有改立太子的念頭。再加上，皇后從來也很小心謹慎，先帝又那麼喜歡太子，我哪能違背先帝的意旨？你是從哪裡聽說這些話？」

史丹一聽，大大地鬆了口氣，立即向後退了一步，再叩頭說：「是我太愚昧了，妄信沒有根據的傳言，罪當處死。請皇帝發落吧。」

皇上當然不會發落他，皇上要是真的有這個氣魄，他哪敢說這樣的話？

劉奭最後說：「我的病看來是難好了。你要好好輔導劉驁，不要辜負我的期望。」

史丹立刻告退。而劉驁的地位就這樣鞏固了下來。

劉驁的地位鞏固了，但是劉奭的性命卻保不住了。不出幾天，劉奭就在未央宮裡死去。

一個月後，劉驁即位，是為漢成帝。

第二節　浪子皇帝

劉驁當上了皇帝，幾個外戚的權鬥就宣布開始。

這時，劉驁的外戚有幾家——漢宣帝的外家王氏，代表人物是王商；一個是太后王政君的那一幫兄弟，代表人物是王鳳；另外一個就是史家，代表人物是史丹。

當年劉奭天天打著要廢掉劉驁的算盤時，這三家都表示堅決擁護劉驁當太子，尤其是史丹，不惜在劉奭面前以死抗爭。現在劉驁當皇帝了，他們突然覺得，居然有這麼多人一起分享權力，心裡都不開心。不開心之後只能生死對決了，除了生死，沒有別的方法。

當然，他們首先把石顯除掉，把掌握在宦官集團手中的權力拿出來，讓他們去搶。

第二節　浪子皇帝

最先動手的是王商和王鳳。

王商是漢宣帝時期的外戚，已歷三代，是絕對的資深外戚，在劉驁即位時，任右將軍，是託孤大臣之一。照理說，資歷深，又有能力，王鳳那一班人是贏不過他的。

可是權力不是大樹。樹大了，根越深，生命力越強。權力卻不一樣，有時新貴更能後來居上。

王鳳雖然出現得比王商晚，但他是現任皇后的哥哥、當今皇上的大舅。劉驁當皇帝的第一天就任命王鳳為大司馬大將軍，領尚書事。

自從劉徹建立了大司馬以來，誰能掛上這個頭銜的，誰就是老大，再加個領尚書事，基本就是主持中央政權的人了。當然，如果皇帝很勤政，這個大司馬領尚書事，也沒多大的權力。

但漢成帝劉驁是個勤政的人嗎？

大家都知道他勤於玩美女，只要讓他看到美女，他就不會那麼勤政了。

本來，丞相匡衡曾多次上奏給他，請他對於美女要有點節制，否則會弄壞身體的。他也表示虛心接受。哪知，過了不久，他的母后王政君卻下詔全國選美，把一大批漂亮的美女帶進後宮，盡量滿足兒子的生理需求。

王鳳手下的一個大將軍武庫令杜欽知道這樣下去，劉驁就會成為一個酒色皇帝，就對王鳳說：「依照古代的規矩，天子大婚，一次就娶九位美女。這主要是為了讓他多生兒子。之後，九位美女中某個人死去，也不再填補空缺，為的就是讓皇帝長壽。現在這麼大規模選美女進宮，就會有讓皇上有沉湎酒色的危險。請大將軍趕快建立一個九妻制度，本著認真負責的態度挑選一位美麗、端莊的美女進宮，然後把這個制度變成萬世之法。」

王鳳覺得很有道理，就把這話轉告給他的太后妹妹。

王政君一聽，立刻反駁：「我從沒聽說過什麼九妻之制。大漢沒有過先例，我們為什麼一定要造這先例出來？」

劉驁知道後，覺得母后真是太好了。

劉驁把大量精力投入與後宮美女相處之事，只得把政事交給別人去處理。開始時，他發現王商真的有能力，就把王商提拔為丞相。

王商當了丞相，王鳳很不開心。王鳳就到處找王商的把柄，向劉驁告狀。劉驁不是笨蛋，當然知道王鳳是在陷害王商，幾次都否決了王鳳的告狀，王鳳卻硬是繼續告狀，最後劉驁也不得不聽從大舅的話，收了王商的相印。罷相三天之後，王商吐血而死。

從此，大權落於太后家的一幫兄弟手中。

劉驁看到舅舅們忙著腐敗專權，自己就放心地吃喝玩樂。劉驁不但喜歡美女，也喜歡男寵。他發現張安世的四世孫張放長得「殊麗，性開敏」，於是，就讓他天天跟在自己的身邊。兩人在宮中玩得無聊了，就來個微服私訪。有些皇帝也喜歡微服私訪，那是想親自看看民間疾苦，是為制定政策找依據，可是劉驁和張放的微服私訪，是為了玩樂。他們通常十多個人，有時駕著車，有時騎著馬，有時到大街上狂跑，有時就到野外露營。還經常跑到首都效外的甘泉、長揚等地鬥雞、鬥馬、賭錢尋求刺激。

既然是私訪，是不能掛著皇帝招牌的。當時，張放是富平侯，於是，劉驁在私訪時，就自稱是富平侯的家人，在大街上當張放的跟班。

堂堂大漢王朝的皇帝去當跟班，這讓大臣們以及王太后情何以堪？

第二節　浪子皇帝

王太后可以不顧杜欽的反對，一口氣為兒子的後宮充實很多美女，但是她絕對不願自己的兒子有這樣的作風，更何況還去當跟班。王太后立即下令，把張放外調，任北地都尉。劉驁再怎麼愛微服私訪，也不會微服到北地郡，去當北地都尉的跟班吧？

哪知，過了幾個月，劉驁又把張放叫回宮中當侍中，兩人久別之後，情誼更加深厚。

王太后一看，這還得了，堂堂一個國家元首，好點色是應該的，可是怎麼老把心思放在這件事上？不但不理後宮的美女，連國家大事也不怎麼理了。於是，把劉驁叫了過去，當面責備：「我讓你把張放外調，你怎麼又把他叫回來？難道我說的話就不算話了嗎？」

劉驁一聽，知道母后真的很生氣了，只得說：「我馬上執行太后的旨意。」於是，把張放任命為天水屬國都尉，讓他離開首都。

這一次，王太后很生氣，劉驁也覺得有些恐懼起來，在外放張放之後，順便提拔了幾個大臣——許商、史丹、班伯，然後天天帶著這幾個大臣去面見王太后，參與國事討論，形成決議後，又派他們去向大臣們傳達。沒有了張放，劉驁覺得什麼也不好玩了，於是又拿起那些書來讀。王太后覺得劉驁原來還是有救的，是真的浪子回頭，心裡很是高興。

但是劉驁仍然很想念張放，不斷地寫情書給張放，苦訴衷情。而張放同樣很想念劉驁。只是，礙著王太后的面，後來又被趙氏美女看管得嚴，劉驁對於張放也只有思念而不能見面了。張放最後更慘，居然患了單相思死去。

第三節　趙氏姐妹花

劉鶩當時的皇后是許氏。許皇后當剛第一夫人時，很漂亮，劉鶩也很喜歡她，將很多她的家人都封了官。許皇后當了二十年的第一夫人，生了一男一女，但是全都夭折了。後來，劉鶩覺得許皇后的美麗不再，又看中了一位姓班的美女。封班美女為婕妤。這個班美女就是大名鼎鼎的班固的姑母，是真正的大家閨秀，非常有修養。

有一次，劉鶩在後宮的院子裡遊玩，叫班婕妤跟他一起坐車玩。如果是別的美女，肯定會一臉笑容地上車，挺著胸站在皇帝的身邊，向後宮所有的美女示威。可是班美女卻婉拒了，理由是：「古代賢君的身邊，都跟著名臣，只有末世君王的身邊才跟著美女。陛下想一想，我應該上車還是不應該上車？」

劉鶩一聽，這話還真有道理，也不強迫她上車了。此事傳到王太后的耳朵裡，王太后當場大力表揚了班美女。班美女繼續做好事。她覺得自己的侍女李平長得很好，就把她又介紹給劉鶩。劉鶩一看，班美女的眼光真不錯，李平也同樣可愛。

只可惜班美女只生了一個男孩，而且還夭折了。

於是，劉鶩覺得班美女也跟許皇后一樣，不再漂亮了。

他覺得皇后和班美女都不漂亮了，那雙色眼就不想再看這兩張曾經漂亮的面容。但是他仍然好色。於是，再找。

這一次，他不再讓母后幫忙找了，也不再全國選美了，而是選擇自己去挖掘。他在微服私訪的過程中，經過陽阿公主的家，就順道進去看一看。

第三節　趙氏姐妹花

陽阿公主準備了個歌舞晚會接待他。

劉驁那雙眼睛對人才很不敏感，到現在沒發現過什麼能幫他治國平天下的人才，但是對美女卻不一樣了。他很快就發現陽阿公主家的舞女個個都很漂亮，而其中有一個是最漂亮的。他一看到就發呆變痴了，馬上提出，讓他把這個美女帶到宮中。

趙飛燕就這樣走進了歷史舞臺，成為史上有名的美女。

關於趙飛燕的出身，正史上的記載並不多，只說她父親叫趙臨。但是因為她太過出名，民間也為她製造了一段傳說。據說她的父親姓馮，叫馮萬金，是個音樂家。據說他編的都是「凡靡之樂」——放到現在就是靡靡之音，不管誰聽到，誰都會心動。後來他和江都中尉趙曼成了好朋友，就經常到趙家來。趙曼的老婆是江都王的孫女。趙曼身體有問題，只愛音樂，卻能不近美女。於是，馮萬金跟趙曼的妻子開始亂來，多次發生不正當關係之後，趙曼老婆就懷了孕。因為趙曼身體有問題，是不能生孩子的，現在懷了孕，趙曼能放過她嗎？於是，她躲到父親的府中等待生產。之後生了兩個女兒，一個就是趙飛燕，另一個是趙合德。她不敢養這兩個女兒，就直接送給馮萬金，但仍然冒姓趙。

當時趙飛燕的名字叫趙宜主。據說她的家裡藏有一套彭祖留下的書，她天天努力學習這些書本上的知識。她身材苗條，於是大家叫她「飛燕」，而她的妹妹很豐滿，且音樂感很好，一開口，便讓人覺得舒暢。後來，馮萬金死了，家裡越來越窮，趙飛燕就去陽阿公主那裡學跳舞，再後來就被劉驁發現了。這段傳說出自一篇《趙飛燕外傳》，純屬小說家言，不足為信。

劉驁把她帶入宮中之後，「大幸」，據說幾天幾夜不離開。人家問劉驁：「新來的美女如何？」

劉驁答得很文學：「豐若有餘，柔若無骨，遷延謙畏，若遠若近，禮義人也，寧與女曹婢脅肩者比邪。」

劉驁認為沒有人比得上她，可趙飛燕卻認為她的妹妹比她更漂亮，而且是在劉驁面前說的。

劉驁一聽，口水又流了下來，把趙合德也召了進來。

趙合德入宮後，不但劉驁被她的美麗亮傻了眼，所有圍觀的人也都無法將視線移開，一雙雙眼睛在她的身上找瑕疵，但仔細端詳了無數遍，覺得比從鳥蛋裡找骨頭還要難。當時，有一位博士叫淖方成，也站在劉驁的身後當觀眾。他在一片讚嘆聲中，說：「此禍水也，滅火必矣！」漢為水德，滅火就是滅漢。淖方成預言漢家天下會被這個美女搞得亡國，這話說得很警醒，可是大家轉頭一看，淖方成的視線卻比誰都火辣辣，而且口水已經在鬍鬚上流淌。

劉驁才不理「滅火必矣」這四個字，他現在要滅的是自己的火。他當場讓姐妹倆都為婕妤，天天只跟她們在一起，別的事自有大舅他們一幫去理順，好像都跟他無關了。當然，許皇后和班婕妤也跟他無關了。

趙飛燕不光人漂亮，腦袋也聰明，覺得到了這個地步，還當個婕妤就太沒面子了。她想當皇后。可是皇后只有一個，許皇后現在雖然不比以前漂亮了，身體卻還很健康，履行皇后職責還綽綽有餘。如果不把許皇后廢掉，她這輩子就永遠當不了皇后。

她找了個機會，對劉驁說：「近來，許皇后和班婕妤都在用妖術詛咒我們這些得皇上寵愛的美女啊！據說，她們在罵我們的同時，順便也把皇帝罵了進去。」

劉驁當然很生氣。「朕以前不是寵愛過妳們嗎？誰叫妳們不再漂亮了！都這把年紀了，還想讓朕喜歡？看來，這個皇后也不想當了！」

劉驁基本不理國家大事，很少為國家軍政方針果斷地下指示，但是對許皇后的調查卻很果斷。只在很

第三節　趙氏姐妹花

短的時間內，他就把這件事告訴了王太后。王太后此時正跟自己的一班兄弟專政，想得最多的就是如何讓王氏外戚在權力場上永遠保持下去，對新生的外戚集團是十分提防的。漢朝到現在，劉氏本家對皇位的爭奪不怎麼厲害，但外戚在爭權時，往往鬥得你死我活。只要皇帝一換屆，前一批外戚就會被後一批外戚趕盡殺絕。此時，許皇后家的那一幫外戚雖然權力不大，但是等劉驁一換屆，大權就會落入許家，那時，王家就會被清算。與其讓王家被許家清算，不如現在先清算王家，把後患消滅在尚未萌芽狀態。於是，王太后在接到報告後，立刻大怒，下令廢掉許皇后，讓她從後宮遷到昭臺宮居住，至於她的姐姐等人，都得殺掉，其他親屬都被趕回原郡。

班婕妤也被審訊，問她為什麼要詛咒皇上？

她淡定地回答：「我小心行事，盡量要求自己做好人，尚且沒有得到幸福，如果做壞事，就更不用想有什麼好結果了。如果鬼神有知，哪會聽取那些詛咒？如果鬼神無知，那些詛咒又有什麼用？我為什麼會去做這些無用的事？」

劉驁一聽，有文化內涵就是不一樣。他就赦免了班婕妤，還賜給她黃金百斤。後來，班婕妤怕再被趙氏姐妹陷害，就請求到長信宮侍奉太后。太后和劉驁都批准。從這件事上看，王太后並不相信所謂的詛咒，而是想藉機除掉潛在的威脅而已。班婕妤說這番話，他們覺得是有理的話，如果同樣的話出自許皇后之口，那就是強詞奪理的話，結果是同樣被廢。

皇后的位子空了下來，劉驁就想下詔讓趙飛燕填補。可是王太后不答應。趙飛燕出身草根，家裡沒什麼勢力，這樣的外戚王太后是放心的，她不答應，是因為面子問題——趙家太卑微，不是侯門之女啊！

這似乎是個難題。

可是對於劉驁來說，這個問題根本不是問題。他很快就找到了個方法，讓王太后姐姐的兒子淳于長幫他在王太后面前說情。開始，王太后仍然不鬆口。經過一年多的時間，淳于長的嘴皮都磨得差不多薄了，王太后這才答應。

於是，劉驁直接封趙臨為成陽侯。只要趙臨成為列侯，趙飛燕就是侯門之女，就有了當皇后的先天條件。

太后答應了，但是諫議大夫劉輔仍然反對，上了個奏摺，請劉驁以周武王這樣的人為榜樣，時時自勉自勵，努力當一個好皇帝。何況現在皇帝還沒有一個太子人選，皇上應該好好反思一下，改過易行，以祖宗大業為第一要務，選取好的德才兼備的美女進宮，以便盡快生出一個像樣的繼承人來。可是現在陛下卻縱情聲色，以滿足生理需求為唯一重要的事情，跟出身卑微的賤人玩樂，還想讓這樣的女人母儀天下。有一句話：「腐木不可以為柱，人婢不可以為主。」這話連很多平民都知道，想來皇上更會知道。

劉驁一看，當時就龍顏大怒，下令御史立刻把劉輔囚禁起來。幾乎所有的大臣都不知道劉輔為什麼突然被抓了，都紛紛上書，為劉輔求情。於是，劉驁免了劉輔的死罪，判了個鬼薪之罪。其實就是做三年苦工。

請問還有人反對嗎？當然不會有人反對了。

於是，趙飛燕榮登皇后寶座。

照理說，當了皇后應該心情大好才對。可是趙飛燕又不開心了。因為，劉驁把皇后的帽子給了她，卻天天跑到趙合德那裡，讓趙合德當了昭儀。昭儀比皇后只差一級。

劉驁覺得趙合德太可愛了，讓她住在昭陽舍。他把昭陽舍裝修得一派豪華——中庭彤朱，而殿上髹漆，砌皆銅沓冒黃金，塗白玉，階壁帶往往為黃金，函藍田璧，明珠翠羽飾之，自後宮未嘗有焉。最後這句話才是重要——整個後宮從未有過的。

而趙飛燕則居住在另外一個宮裡。如果是別人這麼做，趙飛燕肯定會很氣憤，然後想辦法報復。但現在是自己的妹妹啊！她只有氣憤，但不能報復。於是，她也不管了，直接跟侍郎和宮奴們混在一起，每天玩得比劉驁更豐富多彩。

趙合德很快就知道姐姐近來已經瘋玩，更知道這麼瘋玩下去的結果，是她們姐妹都會被砍頭。她長得跟姐姐一樣漂亮，智商同樣不比姐姐差。她對劉驁說：「皇上天天都跟我在一起，我姐姐會很難過的。我姐姐的性格你是知道的，剛烈得要命。如果有人陷害於她，那麼，她肯定會去死，她死了，我們趙家就徹底完了。」她一邊說，一邊哭，哭得劉驁也差點跟著流下淚來，說：「我哪會相信別人的話？」

過了不久，果然有人偷偷前來打小報告，說趙皇后與宮中侍郎、宮奴發生不正當男女關係，而且是多次的。劉驁一聽，也不再問別的，直接下令把打小報告的人拉出去砍死。如此一來，再沒誰敢打這個報告了。趙飛燕玩得就更過癮了。

第四節　確立繼承人

這對姐妹花耍弄劉驁玩得很過癮，但是心裡還是很鬱悶。因為她們不管跟誰玩，幾年下來，肚子卻沒有一點變化，沒有一點懷孕的跡象。如果她們生不了兒子，而別的女人偶然生了個兒子，以後這個天下仍然會是別家的天下，她們的命運恐怕會比許皇后更慘。

漢成帝沒有兒子，不光趙氏姐妹鬱悶，很多人都跟他們一樣擔心。劉家怕沒有繼承人，王氏外戚集團更怕突然有個皇子從哪個宮女那裡蹦出來，以後他們也很不好過。大家都紛紛猜測著，下一屆接班人到底怎麼定？

如果劉驁有兒子，不管這個兒子優不優秀，大家都無話可說。如果他沒有兒子，那麼只能從跟他血緣最近的人當中挑選。

於是，大家很快就把目光聚焦在中山王劉興和定陶王劉欣身上。

劉興是劉驁的弟弟，而劉欣是劉驁的姪子。

劉驁對兩人都很好，而兩人也知道目前這個時間點很敏感，如果劉驁繼續膝下無子，他們是下一代皇帝最有力的競爭者，因此都暗地裡開展爭奪活動。

他們在暗中競爭，大臣們也都得暗中做好站隊的工作。要是站對隊了，接下去就前途光明；要是選錯邊，輕則辭官歸故里，重則腦袋落地。

趙氏姐妹也在兩人之間選擇站隊，而劉驁本人也對兩人進行考核。

有一次，劉興和劉欣一起到長安朝見。劉興只帶著自己的老師過來，而劉欣卻帶了一大幫人，老師、國相、中尉之類的國中大員都跟在他的身後。

劉驁看到他這個團隊太過龐大，就問劉欣為什麼來一趟長安，要帶這麼多人？

劉欣回答：「法令有規定——諸侯朝見天子時，可以由王國中官秩二千石的官員陪同。現在我帶的這些人都是二千石級別的，是依法帶領的。」

劉驁又請劉欣背誦《詩經》。他大段地背了下來，而且還能解釋大半天，劉驁也聽得嘴巴大開。劉欣真是努力用功。

不久，劉興到了，他的身後只跟著師傅。劉驁問他：「你只帶老師一個人來，有什麼法令依據？」

劉興一聽，這還要法令依據？打死他也沒有想到，只得摸著腦袋站在那裡，瞪著眼睛看著皇帝哥哥，什麼也不說。

劉驁再讓他背《詩經》，他用同樣的動作面對劉驁。接下來就是歡迎宴會，劉驁請弟弟吃大餐。劉興好久沒有吃到宮廷大餐了，這時看到滿桌的美食，胃口大開，一時吃得不亦樂乎。劉驁早已停筷，餐巾抹了幾次嘴巴，劉興還繼續猛吃猛喝，一直吃到肚子裝不下，眼珠子都瞪出來了，這才戀戀不捨地放下筷子。吃飽之後，起身離去，鞋帶都鬆開了，他也不管不顧，好像鬆的不是他的鞋帶一樣。劉驁看著他腳下那根長長的鞋帶不斷地在他的腳步中揮帶舞去，覺得很噁心。於是，劉興的形象就這樣敗給劉欣了。

從此，劉驁不住地誇讚劉欣，說他有水準。

劉欣知道後，立刻開展行動，跟自己的母親來朝見，順便拿了很多禮品過來，重點送給趙飛燕、趙合德以及驃騎大將軍王根。

這三個人現在都是劉驁最親密的人。趙氏姐妹夜夜跟劉驁混在一起，王根則天天幫劉驁處理國家大事。三人一直在劉驁面前說劉欣的好話，白天由王根說，夜晚則由趙氏姐妹說，再加上劉驁本人也對劉欣有好感。這樣，劉欣終於被宣布為下一屆皇帝的繼承人。到了這個時候，劉驁本人對自己生孩子的能力已經完全絕望。

趙氏姐妹本來只是底層屁民，最遠大的理想只是能在娛樂場所裡混口飯吃，那顆心本來也單純善良，可是一到宮中，立刻變成政客，先是把陷害技能學到手，輕鬆地除掉皇后，然後再把目光放遠，直接插手接班人的確立。

第五節　無法替代的死亡

後宮完全被趙氏姐妹全面掌握，好像什麼問題都沒有，而朝中的大臣們還在勾心鬥角。此時實際最高領導者是王根，而丞相則由翟方進擔任。如果沒有王根，那麼翟方進肯定是一人之下萬人之上的頭號大臣，現在有王氏外戚集團在把關著，翟丞相也就是橡皮圖章而已。他沒有權力，但卻要承擔著極大的責任，而且還要隨時準備著，為朝廷充當替罪羊。

不久，氣象官員突然發現，火星停留在心宿那裡，這個現象在當時有個專門術語：熒惑守心。熒就是火星，照古代星象專家們的定義，它代表戰爭、死亡。而心宿的三顆星則分別代表皇帝、皇子以及其他家族成員。現在死亡之星竄到這三顆星那裡，豈不是要讓皇帝、皇子以及皇帝家庭成員都受血光之災嗎？

大臣們都慌了起來，這可是關係到國家生死存亡的大事啊！

首先是丞相府議曹李尋向翟方進上了一道文書——災變迫切，大責日加，安得保斥逐之戮！闔府三百餘人，唯君侯擇其中，與盡節轉凶。這段文字很簡潔，前面是講天災已經近在眼前，迫在眉睫，如果不果斷處理，等老天爺真的表達他的憤怒時，國家的前途就完了。後面那句是重點：現在丞相府有三百個人，請丞相大人盡快物色一個合適的人選，然後跟他一起自殺，以謝老天，這樣，國家的危險就被轉移了。

如果在現代，說這些話的人肯定會被送到精神病院去。可是當時的人都認為他說得太正確了。就連被要求自殺的翟方進大人也覺得很正確，天天面對著這張字條，苦著那張丞相臉，毫無辦法。而其他人則都等著他的決策。

現在能救他的命的，只有皇帝。

如果是一個好君主，是不會把這話當真的。因為會明白，如果上天真的要懲罰他，他再拿一個丞相去當替罪羊，那是在欺騙老天爺，是在看低老天爺的智商，老天爺只會更憤怒。因此，只能自己勇於承擔責任，反思自己到底做了什麼錯事，然後重新制定方針政策，彌補自己的過失。可是，翟方進大人卻沒有碰上一個這樣的君主，而是碰上了劉驁這樣的酒色皇帝。

酒色皇帝的最大性格特質就是怕死。

這個是大事，很快就被擺在檯面上讓大家來討論。

討論了大半天，沒討論出一個好主意來。最後，郎官賁麗出來說話。他堅定地認為，只有大臣代替天子去死，才能擋住這場災禍。他發言完畢之後，大家都說，賁麗精通天象，他最懂得老天爺在想什麼，他說的絕對是對的。這些附和的大臣，其實比賁麗更懂，雖然賁麗說是大臣替天子去死，但能替天子去死的人，絕對不是一般人，一般人是沒有資格這樣做的。只有身分顯赫的人才有資格這樣死，總之，是輪不到他們這些人的。有資格幫皇帝去死的，只有位居群臣之上的丞相。

劉驁更知道這個道理，立即下令翟方進進宮，給了他一本小冊子，讓他回家好好讀。翟方進回家之後，急忙展開小冊子詳讀。上面全是指責他的話，說他把國家治理得亂七八糟，完全辜負了皇帝和全國人民對他的期望，更辜負了老天爺對他的期望，惹得老天爺都生氣了。

「老天爺向來很忙，現在居然花時間來警告，可見你的罪過有多大。本想把你的本兼各職都免了，但念你工作了這麼多年，於心不忍。現在派尚書賜給你上等好酒十石、肥牛一頭。你看著辦吧！」

翟方進知道他這次不死是不行了，只得自殺了事。這時他自殺，還可以保住一家老少的命，如果讓劉驁來殺，那被押赴刑場隊伍的規模就大了。

劉驁看到翟方進乾脆俐落地自殺，心裡很高興，終於有人冒名頂替自己去向老天爺報到了。他並沒有到處宣揚說翟方進丞相替自己去死了，而是隱瞞了自己的做法，派九卿帶著皇帝的策書，高調宣布，贈翟方進印信綬帶，賜給許多御用冥器，由少府供設帷帳，全用白布裹住，然後他自己親臨追悼會現場弔唁。排場做得很大，漢朝開國以來，沒有哪個丞相之死享受過這個待遇。當然也沒有哪個丞相代替皇帝去死過。

劉驁看到翟方進替他去死了，他以為的災禍就可以免了。而且他的身體向來強壯，除非狠狠打他，直接把他往死裡打，否則他是不會死的。於是，繼續把國家大事交給以王太后為首的王氏集團，自己繼續把百分之百的精力投入到淫亂生活中，天天跟趙氏姐妹混在一起。

他覺得當皇帝真好，有趙氏姐妹真好，有翟方進這樣的丞相也真好。可是沒幾天，他就跟在翟方進的身後，也去向老天爺報到了。

他死之前，也跟翟方進一樣，身上一點病都沒有。而且那天還接見了楚王劉衍和梁王劉立。結束接見之後，他回到趙合德的床上，第二天就被宣布駕崩。

第五節　無法替代的死亡

當劉驁殯天的消息傳出之後，坊間謦論譁然，到處都有板有眼地描敘著他由生到死的細節。

當然，史書上描述是這樣：「昏夜，平善，鄉晨，傅絝襪欲起，因失衣，不能言，晝漏上十刻而崩。民間歡譁，咸歸罪趙昭儀。」說他是中風而死。

但不管他是如何死的，其因都在酒色二字。一個皇帝好色好酒到不理朝政的地步，終究把漢朝推到了深淵的口子上。

他死了之後，劉欣順利當上皇帝。但是王氏家族已經穩拿軍政大權，再加上劉欣是個短命鬼，再下一個皇帝同樣是短命人物，大漢王朝終於徹底沒落，最後被王莽一把篡奪過去。

第十三章 王氏五侯：權勢滔天，強漢由盛轉衰

第一節 外戚崛起之路

外戚長期干政，是大漢王朝的一大特色。在漢元帝之前，那些外戚干政還有些分寸，大多數是在皇帝還年幼時，幫他出主意、做決策，等他成年了，基本都能還政於君，自己退回原位，老老實實地過著腐敗生活。但是到了成帝劉驁時，由於他把全部精力都放在酒色上，軍政大事基本都交由舅舅們處理。而王氏這支外戚的頭號人物皇太后王政君，顯然善於玩弄政治，她一來就替兒子選了大量美女，讓兒子天天沉溺於美色中，以便讓自己家的兄弟們牢牢地掌握大權。為了兄弟，不惜把兒子往壞處培養，她也算狠人了。而她外家又是盛產政治人物，個個都是弄權的高手，從王鳳以下，沒一個弱角色。

王鳳的父親叫王禁，王禁的父親就是王賀，曾當過監察御史。王禁跟很多官後代一樣，都好色、好酒。王禁一生娶了幾個女人，生育能力也很旺盛，一共有四女、八男——女兒王君俠、王政君、王君力、王君弟；兒子王鳳、王曼、王譚、王崇、王商、王立、王根、王逢。

據說王政君出生時，她的母親夢見月亮進入懷中（當然是編的，但人們就是愛聽編出來的話）。王政君長大後，她的父母兩次把她許給別人，可是都才定好結婚的日子，男方就死去。別人一看，這個美女肯定是剋夫的，於是都不敢跟她定親了。後來，東平王劉宇不信邪，決定把這個美女納為自己的小妾。可是嫁妝還沒有準備好，劉宇也死了。大家一看，連王爺命格都熬不過，更是沒誰敢娶這個美女了。美女雖然漂亮，但生命才是最可貴的。

王禁也怕了起來，生了這樣一個女兒，難道真的要注定一輩子在家裡到死嗎？為了證明自己的女兒不是剋夫命，他決定請人來幫王政君算命，要用八字來證明女兒一點也沒有剋夫的命格。算命的人大概拿了大錢，心裡哈哈大笑之後，算了算，然後直接大聲說：「恭喜老爺。此女大貴，貴不可言。」

王禁雖然有點不敢相信，但他又不得不信，不是女兒命硬剋夫，而是因為女兒命貴，別人消受不得。他的妻子那個夢大概也是這個時候編造出來的。貴不可言，這四個字是當年算命先生為呂后下的定義。這四個字，除了在宮中，別的地方都無法實現。於是，王禁就做好把王政君送進宮中的準備工作，請人來教王政君讀書識字，讓她成為一個知性女子。一切準備妥當，王禁把王政君獻入皇宮。此時，王美女已十八歲。職位是家人子。家人子就是無官職無名號的宮女，可以說是後宮中地位最低的女人。一般這樣的女人成為皇后的機會是很眇茫的。

王政君入宮一年了，連皇帝的面也沒見過幾次，但是最後機會卻屬於她。

當然，這個機會是很偶然的。

當時劉奭還是太子。他喜歡一個叫司馬良娣的美女。可是這個美女不久就死去了。她臨死時對劉奭說，是其他美女咒她死去的，劉奭因此很恨別的姬妾，不再與她們見面。劉奭的父皇漢宣帝劉詢知道後，便讓皇后在後宮挑選幾個宮女賜給太子。皇后挑了五個，其中一個就是王政君。

劉奭仍然不用正眼看這五個美女一眼，但是為了討好父母，只得說喜歡其中的一個。但並沒有說是誰，別人也不敢問。於是大家就猜，最後都一致認為，這個人是王政君，因為當時王政君坐得離太子最近，打扮得又最美麗。於是把王政君送到太子宮中。

王政君的好運就這樣來了。就在那一夜，王政君懷孕了。後來，她生下的那個孩子就是劉驁。她被封為皇后。

劉驁即位後，她就成了皇太后，而他的哥哥王鳳也成了大司馬大將軍，領尚書事，開啟了王家專權的新時代。河平二年，劉驁一口氣把他的五個舅封為列侯：王譚為平阿侯、王商為成都侯、王立為紅陽侯、王根為曲陽侯、王逢時為高平侯。時稱「五侯」。

所有的人都知道，王氏兄弟的權力已經過大，如果不抑制，後果比霍光時代更危險。但是沒有人敢出來說什麼。劉向明裡暗裡提醒了劉驁多次，劉驁也知道劉向所說的意思，但是他覺得要是把王家的權力收回，他就得天天自己處理那一大堆國家大小事，會浪費大量時間犧牲自己跟美女相處的時間，因此只是很感激劉向的忠心耿耿，卻仍然讓王家兄弟在權力場上揮舞長袖。

第二節　堅持到底就能勝利

王鳳當了大司馬之後，立即開展排除異己的工作。最先被他拿下的是丞相王商。

王商是丞相。自從有了大司馬這個職務之後，丞相只能算是二號人物了，而且這個二號人物卻沒有二號權力，最大的作用就是一號的替罪羊。不過，王商卻是個例外。因為王商也是外戚，資格比王鳳深，能力比王鳳強，而且也很得劉驁的歡心，要除掉他是件比較困難的事。王鳳剛開始還想等王商犯一些錯，再把他除掉。哪知，因為一件事，他決定提前除掉王商。

王鳳有個姻親叫楊肜，是現任琅邪太守。當年琅邪發生了一次嚴重災害，朝廷下令丞相負責追查此事。一般被追查下來，最後肯定會由太守負全責，因此，王鳳就去向王商求情。王商跟很多大臣一樣，對王氏越來越囂張已經不滿了，哪能在這個事情上看王鳳的臉色辦事？王鳳想不到自己的臉面在王商面前一點用也沒有，心下大怒。

「給你臉你不要，那只好要你的命了。」

王商查完楊肜的案子後，立刻做好資料上送皇帝，要求卸下楊肜的職務。可是資料送上很久，還不見動靜。王商知道被王鳳來個留中不報了。王商雖然不給王鳳面子，但對王鳳這個舉動卻一點辦法也沒有。

王商沒有辦法，但王鳳卻有辦法。

他下令手下人到處蒐集王商的黑料——在那個時代，官位當到丞相這麼大，要是沒有一點黑料才怪。這些黑料整理好之後，王鳳便叫一個叫耿定的人上書彈劾王商。彈劾的內容是——王商曾經跟他父親的婢女發生不正當的男女關係。他妹妹也不是好人，經常跟人家鬼混在一起。後來，王家的奴僕把他妹妹的姦夫打死，懷疑是王商指使奴僕打死人的。

劉驁一看，這算什麼事？而且這事也沒什麼根據。於是認為，不要因為這樣沒有根據的事去除掉一個大臣。

第二節　堅持到底就能勝利

王鳳卻堅持一定要把王商交給相關部門處理。

太中大夫張匡知道這是巴結王鳳的最佳時機，於是在第一時間上書，把王商狠狠地揭發了一通。其他幾個官員也爭著上書，要求皇上把王商送到詔獄進行審訊。

劉驁一看，知道這些人的話都不可信，直接指示——勿治。用現在的話來說就是不許追究。

可是王鳳仍然堅持追究。劉驁最後被王鳳堅持得煩了，只得下令，收繳王商的丞相印信和綬帶。王商被免三天之後，心情極端鬱悶，這才知道，在這個官場上，不會耍心機的話，只有失敗。王商最後吐血而死。王商死後，所有跟王商有關係的人都被清除，離開宮廷，不再給他們靠近皇帝的機會。

透過王商事件，王鳳知道劉驁雖然不算傻，性格卻一點也不強硬，只要自己能堅持到底，就能勝利。

王商死了，但是丞相還是必須要有的。於是，劉驁任命他的老師張禹為丞相，領尚書事。這就意味著，張禹將與王鳳一起主掌大政方針。

張禹知道，劉驁這一招是想讓他來瓜分王鳳的權力，但他更知道，連劉驁自己都不能奈王鳳何，他一個書生又能怎麼樣。他深知，瓜分王鳳的權力後果有多嚴重。王商死了，他的兒子還能繼承爵位，只怕自己被王鳳一棍打死之後，子孫都會受到牽連。

可是皇帝的任命是不能開玩笑的。不過，當了之後，他就不斷地裝病不上朝，成為了一個空頭丞相。

如此一來，在與劉驁的暗中競爭中，王鳳基本都是勝利的，劉驁手中的權力幾乎歸零。連劉驁身邊的人都覺得劉驁這個皇帝也當得太窩囊了，就偷偷對他說：「皇上，劉向的兒子劉歆很有能力，可以重用。」

劉驁把劉歆召到宮中，一試之下，覺得這個才子真不錯，就想任命他為侍中，並叫身邊的侍從把侍中的服飾拿來讓劉歆穿上。劉歆準備行拜官禮時，有人說：「還沒告訴大將軍。」

劉驁說：「這麼小的事，不必向大將軍通報了。」

劉驁身邊一大群侍從一聽，都怕了起來，集體向他跪下，說：「還是向大將軍通報一下啊。」

劉驁只得告訴了王鳳。王鳳一聽，只說了兩個字——不可。

劉驁就不再作聲。

王鳳這時大權在握，把王氏子弟全都提拔為官，布滿朝廷內外。杜欽是王鳳最親信的人之一，看到王鳳專權得也有點過分了，就對他說：「希望大將軍能像周公那樣，保持謙恭謹慎的態度，不要以魏冉和田蚡為榜樣。」可是王鳳會聽從嗎？杜欽這才知道，如果他教王鳳清除敵人的辦法，王鳳會全面採納，如果教王鳳去做周公，王鳳是一個字也聽不進去的。

王鳳知道，雖然自己掌握朝政大權，連皇帝都得聽他的，但仍然會有反對黨。朝廷其實就是個江湖，江湖還在，恩仇就還在。

只要誰靠近劉驁，王鳳就把誰當成王家的敵人。

劉驁雖然成日沉溺於美色中，但一直沒有個後代能順利存活下來。他的弟弟劉康來朝見，劉驁覺得十分親切，給予他的待遇也高於其他諸侯王，還把他留在首都，甚至對他說：「我沒有兒子，如果有什麼突發事件出現，也許將來就再也見不到你了。你以後就留在長安，跟著我吧！」

王鳳聽到這話，立刻覺得劉康要是長期留在首都，那肯定會成為劉驁重要的幫手，甚至有可能成為下一任皇帝，這是王家的潛在威脅。但人家是兄弟，能怎麼辦？

不久，發生了一次日食。

王鳳立刻把這個天文現象拿來說事：「發生日食，是陰氣過盛的體現。定陶王雖然跟皇上至親，但按禮應該回自己的封邑去當藩王。現在他滯留京師，天天隨侍天子左右，是不正常的，因此，老天在向我們發出警告。請陛下不要違抗老天的旨意，立即把定陶王送回封國。」

如果是漢武帝聽到這話，會先把王鳳遣回自己的封邑。但劉驁不是劉徹，一臉鬱悶地聽了王鳳斬釘截鐵的話後，強忍著淚水，用哭腔說了聲好吧。

當劉康過來辭行時，兄弟倆居然相對流淚起來。

這個場景一出現，終於激怒了另外一大臣。

第三節　沒有最過分，只有更過分

這個大臣叫王章，雖然跟王鳳同姓，也是王鳳提拔上來的，但總是看王鳳不順眼。看到王鳳以日食作理由，把劉康遣返，便也上了一道奏摺，說：「日食之咎，皆鳳專權蔽主之過。」把造成日食的原因全盤推到王鳳的頭上，說是因為他太過專權，有「蔽主之過」。

劉驁一看，覺得大獲朕意，便召見了王章，就此問題跟王章進行進一步對話。

王章也是個不怕死的人，當場發表了長篇大論：「老天爺是聰明的，向來揚善懲惡。他一般都用一些祥瑞或災異來表達自己的意見。現在皇上還沒有後代，因此把定陶王召來，這是為了宗廟延續的百年大計，是一件上順天意、下安民心的好事，上天應該報以祥瑞才對，怎麼會出現災異來？我認為，這個災異的出現，是大臣專權的原因。現在聽說大將軍把日食的發生歸咎於定陶王，要求把他送回封國。他這是在做孤立皇上、使自己得以專權、以便為所欲為的行為啊！現在朝廷中，大大小小的事務，全由王鳳定奪，皇上似乎連舉手的權力都沒有，更不用說搖頭的權力了。王鳳當權以來，做誣陷大臣、不忠於朝廷的事已經不止一件。前丞相王商，本來是先帝的親戚，人品、能力都不錯，是不可多得的棟梁之才，只因不肯向王鳳屈服，就被王鳳以私德問題這些小事搞得致罪，最後憂憤而死。現在天下的老百姓都還在同情王丞相。還有，王鳳小妾的妹妹張美人明明是個已婚女子，照禮節是不能再配上皇帝的，但是他硬是以張美人適宜於生男孩為由，將她獻入後宮，用不正當手段為小妾的妹妹謀利益。可是直到現在，張美人仍然沒有懷孕，可見他的話是騙人的。現在，他又用不正當手段，離間排擠定陶王。這幾件事，皇上都是親眼看見的、親身感受的，所以，建議皇上下令，不能讓王鳳這樣的人再掌握權力了，讓他退回府第，老老實實地過生活。皇上應另選更加德才兼備的人出來代替他。」

本來，劉驁對王商以及劉康事件，就很鬱悶，覺得王鳳做得實在太過分了，這時聽了王章的這一番話，覺得實在太有道理了，當時激動地對王章說：「如果不是你直言敢說，我真的聽不到這些話了。你以後的任務就是幫我找一個能替代王鳳的人才。」

王章很快就完成任務，上了封密奏，向劉驁推薦琅邪太守馮野王，說他有水準有能力，完全可以做皇上最得力的助手。馮野王也是外戚，當年差點就被重用，最後卻壞在石顯的手上。劉驁還在當太子時，就

第三節　沒有最過分，只有更過分

聽到過馮野王的名聲，這時看到王章重提，認為他確實是替代王鳳的最佳人選。

劉驁和王章都知道，此時王鳳的勢力已經很強大，朝廷之上、宮廷之中，到處是王家的眼線，有關王鳳的話題是不能亂說的。因此，兩人見面時，劉驁都屏退左右，單獨面對面。哪知，他們在商討這個話題時，仍然被王太后堂弟的兒子王音偷聽到了。

王音在第一時間裡向王鳳告密。

王鳳一聽，立刻憂懼起來，不知如何是好。他知道，劉驁雖然沒有性格，常被他抓住軟肋，軟硬兼施，達到自己的目的，但是他要是真的憤怒起來，自己的下場仍然是很嚴重的。

最後，仍然是杜欽幫他出主意，立刻搬出大將軍府，然後上書「乞骸骨」，裡面用詞十分哀傷。王太后聽到之後，知道要是劉驁准奏，他們王家的榮華富貴就會到此結束。她便在宮中大打悲情牌，天天流淚，還開始絕食，不管誰勸，她就是不往嘴裡送一粒米。

劉驁沒有辦法了，只得下詔慰留王鳳一番，請他一定要為國家著想，繼續在朝廷上為大漢盡一份心力。大漢王朝可以沒有王章，但不能沒有大將軍啊！王鳳這才勉強答應出來視事。

王鳳一出來，王章就慘了。

而且這一次，王鳳不親自動手，而是讓劉驁自己動手。劉驁只得命令尚書彈劾王章：「知野王前以王舅出補吏，而私薦之，欲令在朝，阿附諸侯；又知張美人體御至尊，而妄稱引羌胡殺子蕩腸，非所宜言。」說王章明明知道馮野王因為是王侯的舅父，這才外調補官，卻因為自己的私心，硬向皇上舉薦，想讓他在朝廷中掌握大權，以巴結諸侯王。又明明知道張美人已經入宮侍奉皇上，還在說她的壞話。

王章就這樣被抓了起來，廷尉最後的判決是——比上夷狄，欲絕繼嗣之端；背畔天子，私為定陶王。用現在的話來說就是：「把皇上比做夷狄蠻族，妄圖使皇上沒有後代，背叛天子，想為定陶作打算。」結論是大逆罪。王章最後只得死於獄中。

王章一死，王鳳那雙眼睛向大臣們掃來，大臣們基本都不敢抬頭迎接他的目光。「誰敢跟王家作對，王章的今天，就是你的明天。」

當然，馮野王也不能放過。

馮野王雖然沒有直接參與這件事，但身為事件中的角色之一，同樣不能讓他安心。馮野王也知道這個道理，他想了很多天，都沒有想出解決的辦法來，最後想得病了起來，就請了病假。病假期滿之後，劉驁批准他跟老婆一起回老家吃藥休養。如果是別人，馮野王把自己折磨成這個樣子，並徹底退出官場了，也就算了，可王鳳不是別人，仍然唆使御史中丞彈劾馮野王，說他被皇上準假養病時，私自帶拿著虎符越過郡界回家，犯了不敬之罪。

杜欽一看，覺得這個誣陷的痕跡實太明顯了，就對王鳳說：「這是有先例的。而且這個條例是在野王回家之後才頒布的。大將軍要謹慎一點。」

王鳳一聽，如果是別人，他就會照著先例。但是馮野王不一樣，他就是要將馮野王免職！

經過這一輪的鬥爭，王鳳的權力就更大了。為了表彰王音，他任王音為御史大夫。劉驁只得在委任狀上按下大印。

此時，王氏家族已經占盡朝廷要津，郡國守相以及刺史基本上都是王家的親信。

五侯經過這麼多年的排斥異己，終於迎來了前所未有的繁榮時期。這群權力場上的暴發戶拿著大權之後，貪腐心理就極端膨脹，到處炫富，爭相比拚誰最富有、誰最奢侈。

第三節　沒有最過分，只有更過分

官員們看到五侯這麼熱愛財富，便都盡心搜括，然後都當賄賂品獻給五侯。行賄的排場十分宏大，據史書描述：「賂遺珍寶，四面而至」。

這群外戚個個聰明，拿了錢財，還要有好名聲；在炫富的同時，還進行養士競賽，看誰手下的名士多、人才多，看誰資助的賢人多。那些名士拿了五侯資助的錢財後，便都對五侯連連稱道，為他們製造好的輿論氛圍。

其他人當看戲群眾，看著他們的表演，覺得很精采。但劉向卻不能只是看戲。他是皇室成員，看到自己劉家的天下被王氏搞成這個樣子，心裡很氣憤，寫了一篇奏摺給劉鶩，從歷史上找了很多鮮明的事例，說明外戚擅權的危害，說現在劉氏的天下已經全在王鳳的控制之下。春秋時代，齊國的田氏就跟現在的王氏差不多，如果任由他們繼續玩下去，以後劉氏跟姜氏的下場也就差不多。

這些話說得比較狠了，劉鶩讀了又讀，也覺得很對，於是召見了劉向。兩人見面之後，說著說著，劉鶩的淚水都流了下來，最後卻以這麼一句話作尾：「君且休矣，吾將思之。」思之之後，就沒有下文了。

王家越來越囂張，各地官員為了巴結他們，搜括民間的力度也越來越加大，終於導致了民變。

陽朔三年（西元前二二年）的六月，穎川暴發了鐵官徒武裝造反事件。鐵官徒就是在鐵官服刑的人員。當時各地都設立鐵官，利用刑徒鑄造鐵器。這些人忍受不了壓窄，終於拿起自己鑄造的鐵器，與政府有了流血衝突。穎川這次造反人員共一百八十多人，挑起造反的人叫申屠聖。申屠聖帶著這批人殺掉他們的管理人員，衝進武器庫搶到了武器，然後自稱「將軍」，規模比劉邦斬蛇時期還要大得多。而且，他們居然縱橫了九個郡，全國震動。最後，朝廷不得不認真對待，按戰時徵調部隊，由丞相長史、御史中丞前往督戰，這才將申屠聖及其黨徒拿下，全部處死。

申屠聖死了，劉驁和王家都鬆了口氣。可是王鳳這口氣一鬆，就再也沒有收上來。在取得鎮壓申屠聖勝利沒幾天，他也病了起來。身為大漢王朝實際最高掌權者，他的病就是國家的大事件。劉驁聽說之後，立即前去親自慰問。

如果劉驁稍有點個性，等王鳳一死，就可順便收回大權，則大漢王朝或許還可扳回局面。可是他只把酒色當成人生的目標，什麼高祖基業、大漢江山，他根本不上心。他看著病床上的王鳳，也知道他病成這個樣子，肯定已到無力回天的地步了，便抓著王鳳的瘦手，哭著說：「將軍啊，你要是出現什麼狀況，我就讓平阿侯王譚接你的班。你放心吧！」

可是王鳳卻一點也不放心，王譚跟他雖然是親兄弟，但王譚性格傲慢，不但看不起別人，連王鳳也看不起，這讓王鳳很生氣，王鳳哪能讓他接班？王鳳早就想好了接班人。這個接班人就是他的堂弟王音。他看到劉驁哭，便也跟著哭起來，說：「王譚雖然跟我是親兄弟，但是太過奢侈狂妄，沒辦法當老百姓的表率。只有王音向來小心謹慎，人品又好。我可以用人格擔保他。」

過了兩個月，王鳳果然死去。劉驁照王鳳的舉薦，任王音為大司馬車騎將軍，其他幾個王家兄弟也都提拔一級，主管城門的部隊。

這個任命名單一下，王譚還沒有發表意見，王譚的一個親信安定太守谷永就先不服，勸王譚不要接受主管城門的職務。於是，王音跟王譚就產生了矛盾。

王音雖然沒有王鳳那麼囂張，但是王家兄弟的作風並沒有因為王鳳死了而改變，而是繼續發揚王氏炫富的傳統。成都侯王商有一次生病了，覺得天太熱了，在哪裡避暑都達不到效果，就向劉驁要求借明光宮讓他住一段時間。劉驁無法不同意。後來，他想玩水，就鑿穿長安城牆，弄了個小運河，把灃水引進，注

第三節　沒有最過分，只有更過分

入家中的大水池。這個大水池大到可以在水上行船取樂。他製造了一艘豪華遊艇，上面樹立羽毛華蓋，四周全都掛滿帷幔，可以一邊划船一邊唱著歌。他覺得很好玩，還請劉驁到船上一起玩樂。

劉驁雖然也很會玩樂，玩得連國家都不管了，但身為大漢皇帝，他看到這個舅舅居然敢挖這麼大的水池，更過分的是池水居然是挖長安的城牆引進來的。這是什麼行為啊？玩水重要還是首都的安全重要？要是每個暴發戶都挖一段城牆，長安城還有城牆嗎？不過，劉驁雖然生氣，但他仍然保持他的脾氣，只生氣不說話。

劉驁以為王商這麼做已經很過分了，哪知到了王根家，他才知道，在五侯家裡，沒有最過分，只有更過分。原來王根的府第，園中居然修築土山和漸臺，跟白虎殿有得一比。這在當時完全是僭越行為。劉驁再怎麼沒有個性，這時也忍不住大發脾氣了，把王音叫過來，大罵了一頓。

「你們這麼做，是不是要想當皇帝了？」

王商和王根知道後，也怕了起來，這個罪名要是坐實，他們都得滅族啊！為了保住全族，兩人一再商量之後，想了個謝罪的辦法，就是在自己的臉上刺字然，後割掉鼻子，去向太后謝罪。

劉驁聽說後，更加大怒，馬上派尚書過去把司隸校尉和京兆尹都問責了一頓，罵他們明知二王做了這麼多的壞事，卻不舉報，不繩之以法。兩人還能怎麼樣？他們能對五侯繩之以法嗎？但是皇帝的問責，是不能辯解的。他們只是到宮外叩頭請罪。

一看這個狀況，原以為劉驁會把王家追究一番，然後收回權力。哪知，劉驁生氣之後，就向王音下了一道策書：「外家何甘樂禍敗！而欲自黥、劓，相戮辱於太后前，傷慈母之心，以危亂國家！外家宗族強，上一身弱日久，今將一施之，君其召諸侯，令待府舍！」很多人看到這段話，也只能笑了。

本來這兩人犯的是僭越之罪，是死罪。現在劉驁卻在指責他們太沒志氣，堂堂外戚卻要甘自墮落，打算做刺臉割鼻的事。這是什麼行為？是讓太后丟臉的行為啊！然後才話頭一轉，說這些年來，外戚專權太厲害，弄得他好一段時間都被人家說軟弱無作為。所以，今天他決定處罰他們。

王氏兄弟一看這個策書，心裡也很害怕，便又做了個自虐動作——王音坐在草墊上，做著等待發落的樣子。另外那幾個犯了法的兄弟則背著刀斧和砧板跪在那裡，表示要殺要剐，都由皇上。

劉驁讓他們把這個姿勢保持了大半天，心裡的氣就全部消了。就什麼也不做了，讓他們起來回家喝酒，繼續做大漢王朝的權臣。

王家度過了一場危機，但不久後，王譚就死了。

劉驁對王譚很有好感，覺得自己沒有讓王譚成為第一把手，有點對不起王譚。為了彌補這個遺憾，他又大大地提拔了王商一把，讓他跟王譚的權力一樣，主管城門的部隊，還賦予他很大的人事權，可以舉薦官吏。

王音此前跟王譚很不對盤，暗中相互不服，在王氏外戚當中產生內部矛盾，造成了很大的負面影響。因此，王音的小弟杜鄴就勸王音一定要跟王商團結起來，共同壯大王家的勢力。

「現在皇上特別下詔破格提拔王商，給予他這麼大的權力。你就應該明白皇上的意思了。所以，以後不管有什麼大事，都要好好跟王商商量，再做決策。」

王音覺得太正確了。於是不斷修補他和王商之間的裂痕，兩人的關係越來越密切，而王家的權力也就越來越大。

而這段時間裡，劉驁忙著享受趙氏姐妹的美色，對王氏外戚更是一點也不管，只要不找他麻煩就好了。

第四節　王莽嶄露頭角

王氏雖然連死了兩個兄弟，但王家下一代又已經成長起來了。下一代的代表人物就是著名的王莽。

王莽是王政君弟弟王曼的兒子。王曼沒等到王家發達就死去了，所以沒有被封為列侯。王政君覺得很對不起這位兄弟，因此就把王曼的未亡人帶到宮中養著。

王莽雖然是王家子弟，但是因為沒有爵位，又沒有父親提供資金，因此在堂兄弟們聲色犬馬、四處炫耀財富時，他只能老老實實地努力學習，當個好學生。他做人低調，對人的態度謙恭有禮，平時只穿著儒生的服飾。當王鳳病重時，王鳳的兒子們都還到處瘋玩，他卻跑到病床前照顧這位大將軍伯伯，餵他吃藥，一連幾個月都不能解衣入睡，把自己搞得蓬頭垢面，跟病人差不多，讓臨死的王鳳很感動。

王鳳在準備死的時候，向劉鶩和王太后鄭重推薦了王莽，要他們照顧一下這個沒爹的孩子。

王莽就這樣被封為黃門郎，不久再升射聲校尉。再後來，王商又上書，願從自己的封地裡分出一些地皮和納稅人，封給王莽。一些名士也紛紛出來為王莽背書，說王莽才是真正的人才。這些話聽得多了，劉鶩也就認為王莽是個人才，再加王太后也多次提到自己這個姪兒，劉鶩終於封王莽為新都侯，還升他為騎都尉光祿大夫、侍中，王莽的地位一下就提升了好幾個等級。

王莽沒有靠別的功勞，全靠表面低調做人，整天把那個謙恭的表情掛在臉上，就博得了大家的讚美，走進了官場。他深刻地了解，在這個社會裡，不需要去立功勞，不需要拚命，只要會做表面工夫，仍然可以出人頭地，出人頭地之後，人家還心服口服，不但一點意見沒有，反而覺得自己升遷得不夠快。

王莽當了大官，在宮廷中行走，官雖然越來越大，但是他的架子卻越來越低調，不但態度和靄可親，對人永遠保持禮貌，而且還很慷慨大方，連朝廷配給他的車馬以及衣物、皮裘也送給門下的賓客。大家看到他這麼大方，以為他家有很多財富。可是進他家一看，卻沒多少像樣的家具，沒一點多餘的錢財。他天天帶著那個謙恭的表情去與那些社會名流交流，大家都覺得他很好，於是輪流在劉驁面前讚美、舉薦他。那些門客全在為王莽宣傳，把他宣傳成當代聖人一樣，名聲蓋過王家所有的人。

其實都是裝的。他一面把自己裝成聖人，一面也做著那些不足為外人道的事。他的兄弟中有人發現，原來他也買了個婢女，然後問他：「你也做這種事？」

王莽不但臉皮厚，而且應變的速度也很快，笑著說：「我確實買了一個美女，不過，不是為我自己買的。後將軍朱子元沒有兒子，我聽說這個美女有宜男之相，這才把她買了，是要送給朱將軍的。」當天就把美女送到朱博那裡。

朱博白得了一個美女，王莽又搏得了一個好名聲。

王莽繼續裝，王商的身體卻越來越差了。

此前，王音已經死了，全部大權都落入王商的手中。可是王商也只掌握了兩年的大權，身體就吃不消了。元延元年（西元前一二年）初，已經病重的王商被封為大司馬衛將軍，到十二月，又加大將軍。當了十六天的大將軍後，王商宣布與世長辭。從王鳳以下，大漢的首席大臣都由王家兄弟輪流擔任，權力世襲已成為慣例。王鳳死了，王音接著；王音逝世，王商接棒。基本是依照兄弟長幼降序排列的。現在王商死了，就應該由王立上位。

大家都這麼看，劉驁也這樣打算。

哪知，還是有人不服。不服的人叫孫寶，現任丞相司直。他上書揭發王立此前派他的門客，去找南郡

第四節　王莽嶄露頭角

太守李尚，以草田的名義，搶占當地百姓新開墾的幾百公頃土地，然後利用職權，把這些田賣給國家，多收了一億萬以上——搶奪農民土地再套取國家政策，發土地大財的事，漢代的官員都已經做得如此嫻熟。這個情節也太惡劣了，劉驁拿著這份揭發書，也沒辦法讓王立當頭號執政大臣了，只得叫他讓開，然後把權力交棒給王根，任命王根為大司馬驃騎將軍。雖然王立有些鬱悶，但是大權仍然為王氏掌握。

在王氏這些兄弟中，王鳳是最能弄權的人，也是最強悍的角色，後面的王音、王譚、王商、王立、王根雖然都在權力顛峰上輪過一回，但都沒有王鳳那麼蠻橫。他們在王太后的庇護之下，霸占著權力大位，繼續開展腐敗的生活，努力維護著王氏手中的權力，而且他們都是王鳳同輩之人，等前面的兄弟死掉之後才接掌權力，年紀都已偏大，在大司馬的位置上沒待幾年，就走完人生的路。由於幾十年來，執政大臣都由王家世襲，讓大漢王朝變成劉家天下王家黨。劉驁天天酒色，王家子弟時時貪腐，用心搜括財富，導致了幾次民變，這些民變基本都能跨州連郡，動靜很大。然而，不管是劉氏當家人，還是王氏帶頭，在理政方面，都沒有水準。而在大權輪替的過程中，王氏集團也不是一條心的，兄弟之間，仍然相互不服。不過，他們雖然累積了許多的矛盾，但都是王氏內部矛盾，他們在關鍵時刻還是能夠互相協調的。

然而，在王根最後的日子裡，王氏集團又經歷了一次大規模的衝突。

這次衝突的導火線是淳于長。

第五節　表兄弟之爭

淳于長雖然不姓王，從表面上看，跟王家沒有一點關係。他的父親以及父親的父親都不是成功人士，可是他有個非常厲害的姨娘。這個姨娘就是王政君。王政君對自己的親戚基本做到「雞犬升天」。淳于長在王政君當權的時候，先撈了個黃門郎的位子。

這個職務不算高，但卻是一個很有特權的職位。因為他可以出入宮廷之中，天天在權力核心地帶行走，近距離接觸決策人物。他清楚地知道，他能有今天，全是因為舅舅家的權力，只要跟舅舅們保持好關係，他就能夠永遠榮華富貴下去。

當然，巴結舅舅也是需要時機的。

機會很快就到來了。這個機會就是王鳳病重的時候。

淳于長知道王鳳舅舅病重，心下大喜，立刻主動要求去侍奉舅舅，以盡孝心。他跟王莽兩個人天天在王鳳的病床前，發揚不怕勞累的精神，表現得比王鳳的子孫還要有孝心，讓王鳳很高興。

於是，王鳳在臨終前，在劉驁和王太后面前大力讚揚這個外甥，希望劉驁能夠重用他。

劉驁果然很聽王鳳的話，在王鳳死後不久，連續大力提拔淳于長，一直提到衛尉的位置。

衛尉掌管皇家的禁衛部隊，位列九卿之一，非皇帝信任者不能擔當。淳于長就這樣巴上了劉驁。淳于長對劉驁的愛好是很清楚的。他知道，除了巴結上級，他沒有別的本事。要想繼續往上爬，他仍然得發揮自己巴結上司的特長。在劉驁立趙飛燕為皇后被王太后否決時，淳于長出來了，他利用自己跟王政君的關係，不斷地去說服王政君，最後硬是讓王政君轉變態度，同意劉驁立趙飛燕為后的要求。

劉驁對淳于長就只有感激了。

感激之後，就封淳于長為關內侯，接著再封定陵侯。淳于長就這樣成為劉驁最信任的幾個大臣之一，手中的權力跟五侯差不了多少。

他跟很多拍馬屁的好手一樣，對強者極盡巴結之能事，對弱者卻欺負到底。許皇后被廢之後，就被淳于長欺負之後再欺負。許皇后有個姐姐，是個喪偶美人，但是又不願過著寡婦生活，就與淳于長私好了起來。後來，淳于長乾脆把這個喪偶美人娶為小妾。許廢后一看，又動了心思。她長期當皇后，知道淳于長是劉驁和王太后面前的紅人，如果得到他的幫忙，說不定自己又可以恢復皇后的身分，於是就透過姐姐向這個半路姐夫送了很多錢財，請他在皇帝面前說好話。

淳于長一看，立刻記起，她現在雖是廢后，但她畢竟當了很多年的皇后，手裡的私財一定還有不少，這可是發財的大好機會啊！他笑著對許廢后說：「皇后娘娘，妳是知道的，我的話語權也不那麼大，想讓皇上恢復讓妳當皇后，我辦不到。但我可以說服皇上，讓他封妳當左皇后。」淳于長聰明吧？當場捏造出一個左皇后來。

許美女長期當後宮第一把手，對後宮的規矩當然知道得比誰都清楚。再立個左皇后，合哪方面的規矩？可是，她仍然相信了淳于長的話。拿出大量的錢財，不斷地送到淳于長的手中，希望這麼投資下去，能當個左皇后。雖然是左的，但畢竟也是個皇后。

透過這場交易，許皇后的財產都變成了淳于長的財富，共計千多萬。淳于長迅速成為當時的富豪，雖然比不過五侯那麼奢侈，可以到處炫富，但也可憑著這些錢財，大建豪宅、大選美女，把荒淫無度的幸福生活過得有滋有味。只可憐許美女死抱著一個「左皇后」的虛無念想，除了比以前更窮之外，沒有別的收穫。

淳于長都敢造一個「左皇后」的概念，把廢后的錢財騙得一乾二淨了，其他大臣的錢他還不會要嗎？這時，朝中的大臣們雖然沒有出現著名的能臣，但個個都聰明得很，腦袋裡那根本來就不發達的為民造福的神經都已徹底被遮蓋住，一雙眼睛只盯著權臣的臉，盤算著權力的走向。誰要上來了，誰要下去了，他們算得比那些預言家精確得多。

此時，大家的眼睛基本都盯著王氏外戚們。他們都看得出，淳于長雖然不姓王，但現在王氏後代並沒有傑出的人才可以接班，以後大權落入淳于長手中的可能性很大。況且，現在劉驁和王太后都很相信他。於是，大家都排著隊，把錢送給他。淳于長拿著人家送來的大量錢財，覺得有權真好。

大臣們都覺得他接班王家的可能性越來越大，而戀權成癖的淳于長能不覺得嗎？他跟所有的人一樣，在這樣的社會裡，家裡的財富以及他的幸福永遠跟權力成正比。手中無權，就只能像許美女那樣，被他騙得一窮二白；手中有權，就會過得像趙氏姐妹一樣，他每天都向她們奉獻很多讚美話，連帶送她們很多錢。

於是，他一邊騙錢騙財，一邊盯著王根的動向。王根身體一不舒服，淳于長就覺得機會到了。他在王根身上投下的錢也很多，因此重病的王根早就把他當成王家自己人。王根覺得自己身體真的太差了，要求退休，然後舉薦淳于長接替自己。

如果按照慣例，到了這個時候，淳于長接替王根成為頭號大臣已經是不爭的事情了。

哪知，這個位子還有一個人緊盯著。

第五節　表兄弟之爭

這個人就是著名的王莽。

兩個人內心深處是完全相同的，但是表面上看，兩人完全不同。淳于長完全暴露在外，而王莽卻深藏於內；淳于長在大家面前高調著大呼小叫，好像最高權力的棒子已經手到擒來，王莽卻不動聲色，此前什麼動作都不做，好像這個權力跟自己無關一樣。

其實，當時那些選邊站的人，在看好淳于長的同時，也看好王莽。

王莽深知自己的優勢，更善於利用自己的優勢。他的優勢是他經過多年的打造，已經把自己打造成一個亞聖人。可以說，在與淳于長的對抗中，他的力量基本都是自己原生的，淳于長卻只靠幾個有權者的幫忙。而那幾位有權者也同樣認可王莽。

王莽在反覆權衡之後終於出手了。

王莽別的本事基本沒有，但抓住時機的眼光還是很精準的。

有一天，他去看王根，對著越來越瘦弱的舅舅說：「舅舅，你的身體越來越不樂觀了，我們王家都很悲傷。可是，有些人卻很高興。」

王根一聽就怒了，說：「誰？」

王莽的淚水差不多落了下來，說：「淳于長天天說大將軍的病越來越重了，大將軍必將不久於人世，到時他就是輔政大臣。現在都還在外面對人家到處許諾，封官許願。」

他看到王根真的憤怒了，便接著往下陳述，把淳于長如何騙許皇后、如何大力收受賄賂的事都向王根娓娓道來，直說得王根恨不得吐血出來。最後，王根對王莽說：「既然他是這樣的人，你為什麼不早說？」

王莽說：「我不知道舅舅內心的想法，所以不敢說啊！」

王根說：「你也要向王太后反映一下。」

王莽一聽，心裡哈哈大笑，勝利的天秤就這樣逆轉，徹底倒向他了。而淳于長還在外面做著春秋大夢。

王太后一聽，也大怒了，要王莽趕緊告訴劉驁。

劉驁不怎麼相信。可是太后生氣了，他也沒有辦法，只得把淳于長免職，然後回封國去過生活了事。

淳于長正開心地等著王根死去，讓他接過權力大棒，哪知卻突然接到處分詔書，悲憤得想拿腦袋去撞牆壁。大臣們知道他已經完了，立刻轉而巴結王莽。捧王莽比捧淳于長好多了。只需要說王莽好話，說他是當代的聖人，說過之後，就可以回家吃飯睡覺，等著升官發財。而捧淳于長卻不同了，不光要說他好話，還要送出大量錢財。

可是仍然有人看好他。這個人叫王融，是五侯之一的王立的兒子。當年王立沒能從王商手中接過權力，就懷疑是淳于長搞的鬼，心裡恨淳于長恨得要命。可是他的兒子王融卻不跟父親在這方面有相同的看法。王融知道淳于長有輛豪車，馬匹也不錯，一直很眼紅，現在看到淳于長要回封國了，就請淳于長車馬留給他用。

淳于長一看，覺得機會又來了，在送車馬的同時，還向王立送了大量的錢財。王立雖然年紀很大了，但仍然貪得要命，一看到錢財就什麼都忘記了。淳于長在大方送錢的同時，是有附加條件的，這個條件就是讓王立出面幫他到皇帝面前說情。

王立也果然照辦，直接找劉驁為淳于長說情。劉驁雖然表現得很昏庸，但他的智商並不低。他老早就知道王立恨淳于長恨得要命，現在王立居然為死對頭求情，立刻覺得此事必有蹊蹺，他直接下令徹查。

第五節　表兄弟之爭

有關部門根據線索，決定先逮捕王融。王立慌了起來，動員兒子。「看在爹的面子上，你自殺吧！你自殺了，爹才能活命。」王融沒辦法，只得照父親的指示辦事。

這個人為了一輛車丟了性命，還不止他自己的性命。

劉鶩聽說王融自殺，就覺得此事的蹊蹺更大了，立即抓住淳于長，來個嚴刑逼供。淳于長一點也不堅強，老虎凳還沒有整理好，就全面招供了。最後被定了個「大逆」之罪，直接在牢房裡砍頭。許皇后因為想當左皇后，也被強迫喝下劉鶩派人送去的毒藥而死。

還沒有結束。

丞相翟方進又彈劾王立。最後，王立因為是皇帝的舅舅沒有被處理，但他的死黨全部被開除。

王氏遭此一劫，元氣大傷，但權力仍然牢牢地掌握在王家的手裡。而淳于長的死、王立的徹底靠邊站，為王莽掃清了通往權力路上的最大障礙。在王根的保薦之下，王莽一步登天，穿著儒生的服飾隆重出現在歷史的舞臺上。

王莽就任大司馬時，只有三十八歲。

王政君看到權力順利轉移到王氏下一代人手中，感到很滿意。她也看好這個姪子。她肯定知道，王氏經過她幾個兄弟的折騰，現在已經名聲不佳，但王莽的名聲不一樣，完全可以發一塊道德模範的匾牌給他。有這樣的後生當王氏外戚的帶領者，一定會把王家帶進一個偉大的境地。

很多人都以為，他們非常了解王莽，因此天天不遺餘力地傳頌著王莽的光輝事蹟。可是最知道王莽的人，是王莽自己。

他知道自己有多大能力，更知道自己有多大功勞。他能走到今天，不是靠能力，更不是靠功勞，而是靠著自己是姓王，然後靠自己會裝。能從一個沒爹的孩子一路裝到現在，也是不容易的。其裝功，在中國歷史上無人能出其右。

他雖然已經是位在所有大臣之上，但是他對整個局勢還是看得很清楚。

雖然不斷地受到其他大臣的彈劾、挑戰，但王氏還是能夠把權力握得這麼緊，主要原因固然有王政君做堅強後盾，更深層的原因是劉驁這個傢伙是典型的酒色之徒，雖然坐在皇帝的位子上，但對國家大事不聞不問。王氏要是不管，還真沒人管了。

饒是如此，只要劉驁一生氣，王氏集團還是要承受很大的衝擊，這說明，皇權這時還是堅挺的。一不小心，仍然會被皇權一棍打倒。

所以，仍然不能囂張。

不能囂張，只有繼續裝。

不但要自己裝，還要家人裝。他的母親生病了，大臣們都去探望。有一個穿著布圍裙的中年婦女出來迎接，大家以為是王家的婢女，都不怎麼在意。後來知道居然是王莽的妻子，都是大吃一驚。

看到大家的表情，王莽心裡就笑了。這世界上的人真好欺騙。

大家看到王莽這個樣子，覺得大漢王朝又有救了，說不定會再來一個昭宣之治。

但是歷史最終證明，大漢王朝在王家掌權的這些日子裡，已經極其腐爛，終於到氣數將盡的日子了。

第十四章 劉欣：壓垮西漢的最後稻草

第一節 好多太后

西元前七年，漢成帝劉驁在趙合德的床上駕崩。他年紀雖然不大，但卻換了七個年號，這年是綏和二年。

漢成帝雖然勤於房事，但卻沒有一個後代。他死後，他的姪子劉欣接班，也就是後來的漢哀帝。

王莽仍然當大司馬。此時，王莽的權力已經很大，但是還沒有成為說一不二的大權臣。劉驁活著時，只是把大部分權力交給這些外戚，但偶然清醒時，仍然記得自己是皇帝，是天下權力最大的人，時不時出來表現一番。所以，王莽在劉驁時代仍然裝。

劉欣雖然是新皇帝，但已經是成年人，王莽想當霍光也是不可能的。如果劉欣稍有作為，那麼王莽也就只能一裝到死了。而劉欣剛即位時，確實「躬行儉約，省減諸用，政事由己出」。大家一看，新皇帝看來還真有點不同。

跟往常一樣，劉欣一當皇帝，他的外戚也跟著都冒泡出來。尤其是劉欣的奶奶傅太后，權力欲望極強，而且很有心計。劉欣能成為接班人，她是出了很多力的。她本來是劉奭的昭儀，生了劉康。劉奭死後，她跟著劉康跑到劉康的封國裡。後來，劉康的妃子丁美女生了劉欣，但傅老美女硬是從兒媳婦手裡強奪撫養權，自己把劉欣撫養長大成人。

現在劉欣當了皇帝，傅太后覺得自己的幸福時刻來了。

可是大漢王朝幾十年來，總是太后專政，然後外戚擅權，大臣們都覺得不開心了。現在王太后還很健康地指手畫腳，王家勢力隨處可見，遠沒有退出歷史舞臺的徵兆，又來個傅太后，以後這個朝廷不亂成一鍋粥才怪。於是，大家都不想讓傅太后擠進權力的中心。他們想再修個宮殿讓傅太后單獨居住，離劉欣遠一點，免得她天天跟劉欣見面，對劉欣指指點點。後來，大司空何武說：「讓她住北宮吧。」

劉欣同意。

他們以為北宮離劉欣很遠了，可是他們沒有想到，北宮一條紫房複道，可直通未央宮。傅太后進北宮之後，幾乎每天早晚都經過複道去看劉欣。剛開始時，她並沒有對國家大事說什麼，只是要求孫子皇帝為她加封號，然後提拔她的兄弟們。而且囉嗦得讓劉欣無法做其他工作。

其他大臣都不幫她說什麼話，只有董宏認為，自己巴結新外戚的機會到了，於是上書稱：「秦莊襄王，母本夏氏，而為華陽夫人所子，及即位後，俱稱太后。宜立定陶共王后為帝太后。」

董宏覺得自己說得非常有道理，透過列舉歷史事例來說明，傅太后當帝太后是順理成章的、有史可循的。

哪知，當劉欣把這份奏章交給大臣們討論時，卻讓王莽、師丹抓到了把柄，直接把他打倒：「知皇太后至尊之號，天下一統，而稱引亡秦以為比喻，詿誤聖朝，非所宜言，大不道！」

這兩人知道他們無法阻攔傅老奶奶當皇太后，但打擊董宏卻是完全可以的，說他居然引用秦朝的事例來類比大漢天朝。秦朝是什麼朝代？是已經被滅亡了的朝代啊！這話不是想讓他們也步秦朝的後塵是什麼？於是，定了個大不道罪，要求劉欣嚴厲處理董宏。

劉欣本來也想加封自己的奶奶，可是因為剛當皇帝，不好否決王莽的意見，只得把董宏開除公職。既然上書要求加封傅太后的人都被免了，傅太后加封的事，也只好擱置。

傅太后知道後，大怒起來，見到劉欣時，也不管他怎麼解釋，只是要他一定加封自己。

「至於透過什麼手段，那是你的事，哀家只當太皇太后。」

劉欣也沒有辦法了，只得去問王政君怎麼辦？

這時，王政君已從皇太后成為太皇太后。以前她當皇后時，傅太后是昭儀，在後宮中地位僅次於她。而且有一段時間，劉奭差點讓劉康當接班人，要是劉奭的這個打算成為現實，現在太皇太后就是姓傅而不是姓王了。她當然知道傅女士是什麼人，知道這個姐妹是得罪不起的。於是，只得同意。於是，依照程序，先封劉康為恭皇，定陶太后為皇太后，劉欣的生母為丁皇后，終於為傅老太太的進一步加封撫平了道路。

傅太后仍然不滿足。她有個堂弟叫傅晏。傅晏生了個女兒，已經嫁給劉欣。因此，她又讓劉欣立這個傅氏為皇后。

由於已經有了太皇太后，要是再任一個太皇太后，王政君的臉上是不好看的。現在劉欣雖然當皇帝，傅家雖然也有一幫人爭著上位，但大權畢竟還掌握在王氏集團手裡，而且王莽又很得人心，想不照顧一下王家的感受還真不行。於是，劉欣下詔加封傅太后為帝太太后，還有那個趙飛燕，名聲雖然沒有多好，但她畢竟是漢成帝遺留下來的皇后，不給予個名分是說不通的。於是，也封為皇太后。但自己的母親也不能晾在一邊看人家當太后。於是，劉欣又封自己的母親丁姬為帝太后。這幾個詔書一下，大漢王朝的宮中，有四個女人的頭上都頂著太后兩個字。這在歷史上也是絕無僅有的。

還沒有結束。傅太后當了帝太太后，傅家的人也得跟著水漲船高，一大幫人都等著被提拔到朝廷裡當大官。

這個帝太太后來得太猛烈，讓王政君也有點擔心起來。王莽也知道，只怕再過一段時間，這個天下就成了傅家主宰的天下。他以前靠著王家兄弟幫忙，爬上高位，又靠著自己的裝，成為大司馬，現在雖然名聲不錯，誰一提到王莽，都是豎起大拇指，但他知道自己的根基其實沒有很牢固。王政君更知道這個道理，立刻來個以進為退，要求王莽交出全部權力，回家穿著儒生的服飾讀書，過著退休的生活，讓路給傅家。

這時侯的劉欣還算清醒，知道這只不過是王家在以進為退。而且他知道王莽目前的社會聲譽，正如日中天，自己才一上來，就大舉提拔外家的親戚，而讓這個亞聖人退下去，全國人民會如何看待他？

劉欣派尚書過去請王莽出來，繼續當大司馬，還派丞相孔光和師丹去向王政君彙報，說：「皇上聽說太皇太后下詔讓王莽退休，都悲痛得想哭了。他說，如果王莽不出來任職，他也不敢上朝了。」

王政君一聽，心裡就笑了，派人過去請王莽出來視事。第一個回合，王家勝。

第二節　連兄弟都要打倒

兩家外戚接著鬥。

有一次，劉欣在未央宮舉行宴會。當時，相關人員把帝太太后的座位安排在王政君的旁邊，表示兩人的地位是平等的。

王莽過來巡視，一看到這個情況，立即把相關人員叫過來，狠狠地責備了一頓：「定陶太后是什麼出身？能跟太皇太后坐在一起嗎？」

傅太后知道後，感到憤怒，不肯去赴宴會，咬牙切齒地罵王莽。

王莽知道自己惹禍了，但是他還有什麼辦法？只好又來辭職這套。

王莽去職之後，王家在政壇上的大旗就沒有了。大臣們發揚落井下石的精神，羅列了王家的大量黑料，最後連因為主動讓位的王莽也被送回封國了。王氏集團在與傅家的爭鬥中，處於下風。

傅太后上位後，動不動就大怒，態度要比王政君囂張多了。她連王政君也看不順眼了，在跟王政君交談時，居然稱之「嫗」，也就是老太婆。王政君雖然不開心，但能有什麼辦法？誰叫她沒有孫子。

以前外戚當政時，除了太后之類在宮裡當堅強後盾，還得有一個男性掌握大權在外。現在傅太后掌權於內，大家都認為，傅家也會推出一個能人出來掌權。於是，那些投機人士的眼睛都努力搜尋。搜尋的結果是，傅家子弟中最優秀的人物是傅喜。傅喜是傅太后的堂弟，這時的職務是右將軍。據說人品很不錯，也很有能力，大家都認為傅喜會接住因為王莽辭職而空缺出的頭號大臣之位。

劉欣也有這個想法。

但傅老奶奶卻不同意。她不同意並不是要避嫌，而是傅喜不跟她站在同一陣線。傅喜覺得自己這個堂姐一上來就到處伸手干政，囂張得有點過分了，就勸她檢點一些。她一聽就憤怒起來。

「我們傅家忍了這麼多年，好不容易熬到今天，為的就是要掌握大權。你不掌握這個權力，人家就會搶過去。人家搶過去，你的命運就會掌握在人家的手裡。我們才剛掌權幾天而已，別人都還沒有發表意思，你就先過來勸諷老娘？你還是不是傅家的人？」所以，她堅決不讓傅喜當大司馬。誰反對她，她就反對他，管他是誰。

劉欣沒有辦法。他夾在王傅兩個太皇太后之間，那張臉一天到晚都是苦瓜臉。再加上他的身體也很差，才當幾天皇上，天天處理幾個太后的關係，早就心力交瘁了。

於是，他只得聽從奶奶的安排，不讓傅喜當第一把手，而任命師丹為大司馬。

可是這個任命書才發下來，大臣們就都上書表示堅決反對，說傅喜是個大人才，國家需要他，人民需要他。就因為傅太后不需要他，就讓他捲包袱回去。現在全國人民都在談論，當年項羽丟天下，就是因為不用范增，如果陛下重用傅喜，不但是大漢朝的榮幸，也是傅家的榮幸啊！

劉欣讀著這些文字，覺得太對了，又把傅喜召來，重用他。

傅太后雖然很生氣，但是看到劉欣這次很堅決，也不好意思再說什麼了。她又派另一個堂姪傅遷來到劉欣身邊，盯著劉欣。傅遷人品十分不好。劉欣一看到那張陰險狡猾的面容，就有想吐的感覺，沒幾天就忍不住了，直接叫傅遷走人。

傅太后大怒起來。

第二節　連兄弟都要打倒

「你就只會跟老娘作對。老娘叫你趕走傅喜，你偏要重用他；老娘讓你重用傅遷，你偏叫他滾蛋。」

劉欣一看，傅太后這次憤怒的程度大大超過以往，只得又下了個詔書，讓傅遷恢復原職。丞相孔光一看，只半天時間，怎麼下了兩個內容完全相反的詔書，就跑去問劉欣，直接跟劉欣說一定要把傅遷遣走。劉欣苦著臉，無話可說。從此他又得天天面對傅遷那張陰險的臉。

劉欣最後也做了一次回應。「妳既然一定要留住傅遷，那我就一定重用傅喜。」於是，不久之後，他任命傅喜為大司馬。

此時，傅家和丁家聯合在一起，有福同享、有錢同貪。因為傅喜不貪，因此他們一談到傅喜就生氣。後來，在擬定封傅太后尊號的事件中。一大群傅家子弟都要求讓傅太后加封。但身為大司馬的傅喜和師丹、孔光都表示反對。

傅太后大怒，但又不好當面生氣，就發動傅家的人不斷地搜集三人的黑料，只要有機會見到劉欣，就非常積極的抹黑三人，說他們的壞話。劉欣雖然軟弱，但是腦袋並沒有壞掉，知道傅太后一定要除掉這三人，只得下詔免去傅喜的職務，讓丁太后的哥哥丁明為大司馬。

劉欣終於妥協，但傅家仍然放不過傅喜，要讓大家看到，反對傅家者的下場不是普通的嚴重。傅太后直接下詔給丞相和御史大夫，稱：「高武侯喜附下罔上，與故大司空丹同心背畔，放命圮族，不宜奉朝請，其遣就國！」

這份詔書的措詞十分嚴厲，要他們回到封國去，不再讓他們有見到皇上的機會。

劉欣這時已經毫無招架之力，唯有照辦而已。

傅太后接著又把矛頭指向丞相孔光。這傢伙歷來都是傅家的反對者，所以也不能留。於是，她跟御史大夫朱博一起，不斷地抹黑孔光。最後劉欣也沒有辦法，只得也讓孔光走人。

孔光一走，朱博就當上了丞相。

第三節　癡迷於董賢

劉欣的身體本來就不怎麼好，被這些太后家族折騰來折騰去，才當兩年的皇帝，就病得很厲害。劉欣也跟他的很多先輩一樣，都是徹底的有神論者，吃了很多藥都沒有恢復健康，就信了方士夏賀良的話，說只有改年號，才能讓皇上的病好起來，大漢王朝也才能中興起來。劉欣一聽，這好辦啊！於是把自己年號改為太初，還自稱「陳聖太平皇帝」。

可是這些事都做好了，龍體卻仍然欠安。

大臣們就都上書直指夏賀良是騙子。在事實面前，劉欣也沒辦法，只得下令把夏賀良這些人抓起來，全部處死。誰不好騙，一定要騙皇帝。騙皇帝的後果有二——要是成功了，飛黃騰達；要是失敗了，代價就是腦袋落地。

傅太后並不在乎劉欣的身體，她只在乎那些曾反對過她的人現在過的怎麼樣。傅喜一直是她心目中最大的敵人。她覺得傅喜現在仍然過得不錯，應該繼續打擊他。此時，丞相朱博是她使用得最順手的工具。朱博也知道，只要巴上了這個老太太，幸福日子就會長長久久。

傅太后把朱博叫過來，表示她覺得傅喜還然是列侯，仍然可以過著好的生活，這讓她很不高興。

第三節　癡迷於董賢

朱博一聽，立刻領會了帝太太后的意思，立刻開始計劃除掉傅喜。他覺得只靠自己一人去工作，力量不夠大，於是又去找趙飛燕的兄弟趙御史大夫趙玄，要聯合起來，把傅喜往死裡打。趙玄雖然覺得有點過分，但禁不住朱博的威逼，只得答應。朱博後來覺得，既然已經要陷害人了，只陷害一個人，為免不夠有效率，乾脆把何武也一起除掉。何武也是傅家最強力的反對黨之一。於是，把兩人放在一起，加以彈劾。

劉欣一看，根本不用動腦筋就知道，一定是傅太后指使朱博和趙玄他們這麼做的。如果光朱博一個人，他還真不好處理。現在搭進一個趙玄，那就好辦了。

他把趙玄叫了過來，讓他到尚書那裡交待清楚。趙玄果然全部招供了，說全是朱博讓他這麼做的。

劉欣跟傅太后明著暗著鬥了兩年多，搞得他差點精神分裂，仍然時時處於下風，這時好不容易抓了個把柄，立即下令把趙玄、朱博交有關部門審查。結果定了個「不道、不敬之罪」，全部下獄。

朱博他們還想等傅太后來救他們，哪知，卻完全沒有音訊。這才知道，天下最有權的人有時也沒有權。他們以為巴上了最高權力，什麼事都可以做，卻沒有想到，他們只是這個權力的一個工具，當工具沒用時，就得報廢。朱博在權力場上混了這麼多年，靠巴結傅家、幫傅太后打擊異己而做到丞相這個位子，知道一旦失去權力，最後的下場是很慘的。於是，在確定傅太后不會出手救他之後，只得自殺了事。他用事實證明了一個道理——靠權勢上位，必將死於權勢！

劉欣這次痛快地把朱博除掉，似乎贏回一局。其實，他還是贏不了。之後，他不得不提拔傅太后的堂弟傅商，讓他成為列侯。他準備下詔任命時，大臣們都反對。傅太后再次大怒，把他罵了一通：「何有為天子乃反為一臣所顓制邪。」堂堂皇帝，竟然要被一個大臣控制。

劉欣面對傅太后的怒容，還有什麼辦法？任命傅商為汝昌侯。

最後，劉欣還提拔了一大批傅、丁兩家的人員，每個人都在實權部門任職。

劉欣到了這個時候，只能更鬱悶了。

鬱悶的劉欣很快就找到了安慰。

這個可以安慰他的人就是董賢。

董賢此前是駙馬都尉侍中。董賢長得很可愛——至少劉欣覺得他超可愛。劉欣發現董賢之後，就叫他到宮中來，跟他相處在一起。他們相處得一點也不隱祕，即使出去，劉欣也叫董賢跟他一起坐在車上。雖然劉欣很多權力都被奶奶抓過去了，但手中還是有部分權力，比如提拔一些人、賞賜一些人，這他還是可以做到的。當然，這也得看提拔誰，只要不提拔傅太后的反對者，阻力還不是很大的。

劉欣每覺得自己得到安慰一次，就大大地賞賜董賢一番。幾次下來，董賢成了大富豪，而且富得很誇張。史書上的描述是——貴震朝廷。雖然只有四個字，但這四個字充分說明了董賢的權勢。

他常常跟劉欣睡在一起。有一次，他們倆一起午睡，劉欣身體差，睡眠品質不好，睡了一會就醒了。他醒來時，發現自己的衣袖被壓在董賢的身下。他看到董賢睡得入眠，怕自己抽出衣袖會將董賢吵醒，就用劍把衣袖割斷了。於是，就有了「斷袖」這個典故。

劉欣覺得只提拔和賞賜董賢，不足以體現他對董賢之間的友愛。於是，又把浩蕩皇恩觸及到董賢親屬的身上。他為了董賢能長期在宮中跟他相處而又免除其夫妻兩地分居之苦，就下詔讓董賢老婆有一個特權，她可以直接到宮中找董賢，只要報上名後就可直接進出內宮。而且為了進出方便，她就住在董賢宮中的住處。劉欣還召董賢的妹妹進宮，封為昭儀。夫妻二人連同妹妹同侍皇上，也算是史上奇特之事了。當然，他更沒有忘記董賢的父親，沒有父親，哪有董賢？於是，任董賢的父親董恭為少府，封關內侯。

應該可以了吧？可是皇恩一浩蕩起來，就沒完沒了。劉欣繼續下令，建設部門在北宮門外興建豪華宅邸，那是要賜給董賢的禮物。規模宏大，分前後兩殿，殿門都寬大威嚴，裝修更是豪華。很多人一定以為這是皇帝的新宮，而不是一個老百姓的宅邸。董賢覺得已經很好了，可是劉欣仍然覺得不夠氣派，派人到武器庫裡拿了一大批武器放到新董宅，最後把宮中的一些珍寶也搬過來，放到董宅裡。劉欣看了又看，覺得這些都是活著者的用品，人總是要死的。為了讓董賢死了也要享受到他的恩典，他又下令，把皇家喪葬用的棺木、珍珠連綴製成的壽衣、玉璧製成的壽褲，都賜給董賢。當然，他不光為董賢想到了身後的事，更為自己死後著想。他自己的陵墓旁邊也建築董賢的墓園，而且這個墓園規模也很巨大，裡面還修有別室，整個墓園十分堂皇。

劉欣在做這些事的時候，那個經常大怒的傅太后一點都不怒了。劉欣心裡很開心，他終於可以獨立自主了一回。

但是仍然有人反對。當然反對的聲音絕對不是來自丁家和傅家甚至王家，而是來自一個叫鄭崇的大臣。鄭崇在這個過程中，不斷地向劉欣進諫，說這樣做是要亡國的。不信翻翻書本，歷史上哪個帝王會做這些事？做這些事的帝王，哪個有好下場？

這時，傅太后沒有大怒，劉欣卻大怒起來，抓住一些公事，大力指責鄭崇，一點臉面也不給。

「你不給我臉面，我就天天罵你，看誰比誰狠。」

鄭崇仍然不屈服。不久，他的脖子上長了顆毒瘤。毒瘤把他折磨得很痛苦，他想退休靜養身體，卻又不敢直接向劉欣上奏。

大漢王朝發展到今天，朝中的鯁骨之臣都已經十分稀缺，多的都是那些善於諂諛、勇於陷害忠良之士的奸臣。尚書令趙昌就是靠這爬到這個職務的。趙昌向來不喜歡鄭崇，這時看到劉欣不斷地指責鄭崇，再加上鄭崇又有了病，是陷害鄭崇、搏得皇上好感的大好機會。於是緊急上了一道奏摺，說鄭崇與皇家宗族人士往來密切，有圖謀不軌不嫌疑。請皇上把他拿下。

劉欣拿到這個奏摺之後，在第一時間就把鄭崇叫來，大罵他：「你他媽的，家裡天天門庭若市，朋友來來往往，熱鬧非常。為什麼就看我跟人家交往不順眼？」

鄭崇是個硬頸人物，聽說之後，忍著脖子的疼痛回答：「臣門如市，臣心如水。願得考復。」我雖然門庭若市，可我的內心世界清靜如水。

劉欣一聽，差點大爆粗口。

「你內心世界清靜如水？那朕的內心世界怎麼了？居然敢諷刺皇帝。」當場下令，將鄭崇逮捕下獄，然後嚴刑拷打，看看是你嘴硬還是我的手段硬。

結果是雙方都硬到底。

司隸孫寶看不過去了，上書給劉欣稱：「趙昌指控鄭崇一案，現經過反覆審訊，鄭崇已經被打得即將死去，但他還是沒有認罪，不發一句口供。現在連很多民眾都說鄭崇是冤枉的。我也懷疑趙昌是在陷害鄭崇，請皇上也追查一下趙昌。」

劉欣會答應嗎？他下了個詔書，直接免孫寶為庶人，看哪個人敢再為鄭崇說話。他就是要冤枉鄭崇。於是，鄭崇就在獄中死去。

終於沒誰再敢拿董賢說事了。

劉欣突然記起，雖然他已經給予董賢很多好處了，可是現在董賢還沒有成為列侯。劉邦在立國時就有

第三節　癡迷於董賢

明確的規定，無功是不得封侯的。董賢只當他的密友，雖然他自己覺得董賢是有功的，但這個功勞能拿出來說嗎？

得找個機會讓董賢有點功勞。

正好這時他收到一份奏章，是息夫躬和孫寵兩人告發東平王的事。他突然靈機一動，說是董賢最先發現東平王的事，早已向他告發，才讓他知道這件事的。這是件大大的功勞啊！於是，他就讓以此為理由封董賢為列侯。

但畢竟覺得這個事情做得有點假，又怕丞相王嘉等人反對，就派傅晏先拿詔書去給王嘉看。王嘉和御史大夫賈廷看過之後，就向劉欣上了一道密奏，說：「據我們所知，皇上封董賢為侯時，大家都在議論，說董賢是因為貴寵而被封的。現在這些議論還在到處流傳。如果皇上真的要獎勵董賢，獎得讓大家心服口服，就應當把董賢告發東平王奏章的原文公布出來，然後讓有關部門評議，看是不是符合封侯的標準。這樣一來，人們才不會有話說。」

劉欣一看，只得暫時作罷。

可是他只忍了一個多月，終於找了個機會，把一群大臣召來，然後大罵一通：「以前，幸虧有汲黯，最後挫敗了淮南王的陰謀。現在東平王有刺殺天子陰謀，你們這些身為國家棟梁的大臣，居然毫無察覺，沒有把事態消滅於萌芽狀態之時。幸虧駙馬都尉及時發覺，在第一時間告訴了朕，這才使得劉雲組織被粉碎，挽救了朝廷、挽救了國家。這個功勞是說有多大就多大。所以，朕現在決定封董賢為高安侯。」

當然，息夫躬也被連帶重用，天天跟在劉欣的身邊，睜著一雙尖銳的眼睛看著各位大臣，看誰不開心，就直接向劉欣告發。告來告去，幾乎所有的大臣都被他告了一遍。弄得大臣們一看到他，都怕得把腦袋低了下來，眼睛只敢看腳尖以內的範圍。

董賢和息夫躬覺得開心，劉欣更覺得開心。

劉欣本人身體很弱，但是覺得兵器很好玩，覺得董賢可愛之時，就派黃門跑到武器庫那裡，把大量兵器搬出來，送給董賢，最後董賢送得多了，就送給董賢的乳母阿舍。

執金吾毋將隆覺得這樣做實在有點不像話，上奏稱武庫的兵器是天下公用的東西，怎麼能送給私人使用？請劉欣把這些武器歸還國家。

劉欣一看很生氣，但因為毋將隆在他還當定陶王時，曾向成帝進言把他留在首都，當作接班人。所以，他就放過毋將隆一馬。

息夫躬也是個野心家。他靠董賢爬了上來，可是才爬到了上來，立刻就看董賢不開心了，開始聯合傅家來對付董賢。

當然，他們知道，想直接除掉董賢幾乎是不可能的。他們只有想出其他辦法來建功立業，讓劉欣覺得他們是人才，這樣才會把權力下放給他們，讓他們的權勢超過董賢。

他們找啊找，終於找到了一個機會。這個機會是從匈奴那邊轉移過來的。

當時匈奴單于要求前來朝見大漢皇帝，但是因為生病，把朝見的時間推遲了。息夫躬就對劉欣說：「本來單于應該十一月入塞，可後來卻推說有病不來。我猜測形勢有了變化。烏孫國的兩個老大向來沒多少勢力，倒是逃亡在外的那個卑爰疐強悍得很，他早老就跟單于聯合在一起，還讓自己的兒子去當單于的人質。我看他們這是在聯合，準備以武力吞併烏孫。烏孫被吞併之後，匈奴的勢力就會大漲，我們的西域就會陷於險境。所以，我們可以找個胡人假扮成卑爰疐的使者，讓他來長安上書，請求借天朝之力去威脅單

第三節　癡迷於董賢

于，讓其歸還人質。我們在辦這個事時，一定要讓匈奴的使者知道，就可以達到間離他們的目的，削弱他們的力量。這就是兵法上所說的『上兵伐謀，其次伐交』。」

被幾個太后夾持了幾年的劉欣，性格早已變得軟弱，此時，突然看到這個奏章，裡面居然隱藏著謀略，心思不由得顫動了一下，覺得說得很對，於是召集息夫躬以及文武大臣，對這事進行討論。

左將軍公孫祿認為不可。理由是：「我們向來以威望和信義讓周邊少數民族心服口服，現在息夫躬卻出這個不講信義的臭點子，想對匈奴玩陰謀詭計，這是不可行的。而且單于長期以來，早已自稱藩屬，為我們保衛邊疆。現在他因為有病不來朝見，已派使者前來說明理由，並沒有失禮。我可以保證，匈奴絕對不會出來鬧事的。」

息夫躬本來以為，這個議題由皇上丟擲，肯定不會有反對意見，哪知，第一個發言的公孫祿就鮮明地表達了不同的立場。他也急了起來，上前去拉扯公孫祿的衣裳，說：「你是著眼於近期，我是為萬世著想。我們的想法不同，眼光不是同一個等級的。」

劉欣一聽，當即就說了一個字：「善！」然後手一揮，命令文武大臣們都退了下去，只留下息夫躬與他繼續商討。

息夫躬一看，看來這個計策有效了。在這樣的皇帝手下，太容易立功了。於是，又出了個主意：「近來災異頻繁出現，我怕會發生一些意想不到的變故。可以派大將軍巡視邊防部隊，然後找個藉口斬殺一個郡守樹威，一來可以威震四邊的少數民族，二來可以應對近期發生的天象。」

劉欣覺得有道理，於是再問丞相王嘉。王嘉一聽，立刻發表了個長篇大論，把這個點子批評得體無完膚。但劉欣還是覺得息夫躬講的對。

連續幾個建議，都被劉欣當作金點子，息夫躬覺得自己立刻就要成功了，立刻就可以比董賢更被看重了。

哪知，他做的這一切，董賢全看在眼裡。董賢雖然沒別的本事，但對這個事還是看得很清楚的。「你們想掌權，我沒話說，可是現在想把我拉下馬，我會裝不知道嗎？」

息夫躬雖然越來越取得劉欣的信任，但是想跟劉欣說話，還得在公眾場合，而董賢卻可以在任何時候。董賢在一次跟劉欣歡愉過後，也談了一大通天象，說這樣的天象是不能耍弄匈奴的，誰提出耍弄匈奴的主意，誰就是在圖謀把國家搞亂。

劉欣聽了這個話，覺得更有道理了，於是就對息夫躬和傅晏他們生氣起來，直接把傅晏的印綬收繳，讓他離開朝廷，回去家鄉了。

而這時，又一個好消息傳來，就是傅太后死去。

劉欣不由鬆了一口氣。他當皇帝這幾年，幾乎都是在這個老奶奶的眼皮下生活著，自己的一舉一動，都被盯得緊緊的，現在她終於死了。以後自己可以獨立自主了。

接著丞相和御史共同彈劾息夫躬和孫寵。劉欣順手就簽了個准奏，把兩人全部免職。息夫躬這才知道，你可以跟任何人鬥，但千萬不能跟皇帝的密友鬥。再怎麼狠，也狠不過對方。

很多人一看，連息夫躬這樣的陰謀家野心家都鬥不過董賢，別的人就想都不要想。但是仍然有人上書，要求免去董賢所有職務。

這個人叫鮑宣，他上的這個奏章很長，說：「元旦時發生的日食時，陛下能公開進行一次深刻的檢討，讓大家都來指陳皇上的過失，這是很英明的。現在又查覺了息夫躬和孫寵的罪惡，把他們免官遣國，實在是一件大快人心的事，災異的天象就自然會化解。但百姓仍然有話說。因為董賢本來跟皇上一點親戚關係也沒有，更沒有別的本事，只是憑著他那個臉蛋和拍馬屁的能力，一天到晚只知道博取皇上歡心，就能到皇上大量的賞賜。就連他父親都可以對朝廷的使者指使來指使去，連夜間為他巡邏的安保人員都能得到皇上的賞賜。他家祭掃祖墳和舉行其他聚會，也都由太官供應。各地的貢獻，本來都是送給皇上的，現在卻全擺在董賢的家裡。這符合天意嗎？這順從民心嗎？天意是不可被矇騙的。如果皇上真的愛董賢，就應該免掉他的官職，把他遣送回原職，沒收所有的賞賜。只有這樣，最後才能保住董家父子的性命。否則作為全國人民最仇恨的人，他的後果會很嚴重的。至於息夫躬和孫寵兩個奸臣，連封國都不應該擁有，要全部剝奪。這才對得起所有人民。」

幾乎所有的人都以為，這個奏章一上，鮑宣就會下廷尉。哪知，劉欣卻越看越覺得驚奇，居然提拔他當了司隸。

由此可知，劉欣也是個聰明人，知道誰是壞人，誰是好人；什麼事是壞事，什麼事是好事。只是他無法不愛董賢。然後就甘願充當一個昏君而已。

第四節　王嘉的悲劇死亡

劉欣繼續賞賜董賢。劉欣做別的事都不怎麼動腦筋，在對付傅奶奶時，除了把那張臉變成苦瓜臉之外，沒有別的辦法。可是愛起董賢來，卻常常有新的想法。

傅太后才死沒多久，他突然又來了靈感，藉口說是傅太后有遺詔，請太皇太后下詔給丞相和御史，請他們做好增加董賢二千戶采邑的手續。當然，如果只增加董賢一個人的采邑，有點說不過去，於是，順便還增加了其他幾個傅家人的封國。

這個詔書一到丞相王嘉那裡，王嘉就知道傅太后的遺詔絕對是個假冒品，而且這樣做實在太不合理也不合法，就把這個詔書封了起來，還上了個奏章，把劉欣跟董賢的關係批評了一番。

「皇上喜歡董賢，其實就已經不對了，這些年來還毫無理由地賞賜他那麼多的東西。現在全國人民都在罵他。董賢已經成為千夫所指的人了。得到的太多了，卻仍然不滿足，而皇上居然也還無度地滿足他的要求。我不敢把這個詔書公布出來，現在把它封還。」

劉欣一看，覺得這個王嘉實在令人生氣。「你當朕的丞相，不為朕辦事，卻老是跟朕作對。就在前段處理東平王的案子時，也同樣不跟朕保持相同立場。」

原來，劉欣派廷尉梁相主持處理東平王劉雲的謀反罪時，覺得這個案子越看越像個冤案，證據明顯不足，就建議把這個案子轉到長安，改由公卿複審。尚書部門的領導者也表示同意。

可是劉欣卻堅決反對。他冷笑一聲，當場找到了個理由，把這個建議猛烈批評了一頓：「梁相看到朕的龍體欠安，至今沒有起色，就想為後路作準備，是典型的兩面派。他現在是想拖延時間，等過完冬天，可以僥倖免死。這是不忠心的具體表現。」於是，當場下令免掉梁相。

過了一段時間，實施大赦，王嘉又推薦梁相出來做官，劉欣一聽，臉上就全是憤憤不平之色。只是當時沒有發作。這才過二十天，王嘉又提出了個「封還增益董賢采邑」之事來，劉欣就更憤怒了。

劉欣這時直接下令，讓王嘉到尚書那裡接受尚書的審問：「當初梁相犯了不忠之罪，罪大惡極，你為

第四節　王嘉的悲劇死亡

此自我彈劾過。可現在你卻又來讚美他們。要朝廷重用他們。你這是什麼意思？」

王嘉只得脫帽謝罪。但劉欣不止讓他謝罪那麼簡單。

他下令把這事交付文武大臣們討論。

大家一看，就知道王嘉這次真的完了，於是，紛紛表示與皇上立場相同，彈劾王嘉，建議把王嘉「詣廷尉詔獄」。

劉欣當然龍顏大悅，同意照此辦理。

當使者拿著詔書來到王嘉的宅邸時，丞相府的那些人都哭了起來。他們知道，王嘉這次必死無疑。於是，流著淚調好毒藥，送到王嘉面前。與其被折磨而死，不如現在吃藥了斷。

王嘉看著毒藥，不肯喝。

他的主簿過去勸他。他仍然不肯。

使者還在等，主簿再端著藥送到王嘉面前，

王嘉抓起毒藥，用力甩在地板上，大聲說：「我堂堂丞相，位列三公，如果做了辜負國家的事，就應該就受刑而死，向全國人民宣告。為什麼要喝藥而死？」

然後穿好官服，出來拜受詔書，登上小吏乘坐的車，去掉車蓋，讓大家都看到他。

到了廷尉衙門，廷尉收繳了他的印信，把他綁了起來，送到詔獄。

劉欣一直在睜著那雙無力的眼睛，密切關注著這件事，當他聽說王嘉竟然活著親自去見廷尉，就勃然大怒，下令由將軍以下的官員和五名二千石的官員組織成一個小組，共同審問王嘉。

面對他們的提問，王嘉回答：「梁相等人去審理東平王一案時，並不認為劉雲沒有罪，他們提出由公卿複審，只是為了表示慎重。我實在看不出梁相有二心的罪證。後來，他們又因為獲得大赦出來。他們都是很優秀的人才，我推薦他們只是為國惜才，沒有別的意思。」

獄吏再問：「如果事實是這樣的，那你為什麼又有罪？你還是有負國之罪的。不是白白受冤枉的。」於是，就進入拷打模式。

王嘉還有什麼辦法？只有一聲嘆息：「我有幸成為丞相，不能推薦賢能之士、斥退奸佞之徒，確實有負國之罪，死有餘辜。」

獄吏再問：「誰是賢者？誰是奸佞之徒？」

王嘉大聲說：「孔光、何武是賢能之士，我卻不能舉薦他們出來；董賢父子是搞亂朝廷的奸佞之徒，我卻不能把他們打倒。我罪當致死，死而無憾！」

就這樣，王嘉被關在獄中二十多天，不吃不喝，最後吐血而死。

照理說，王嘉一死，劉欣應該感到開心才對。可是他並沒有把笑容掛在那張滿是病態的臉上，而是讓人把王嘉的供詞拿給他看。他看了之後，居然下令提拔孔光為御史大夫，過了不久，再任為丞相，恢復其侯爵；接著任何武為御史大夫。他還為孔光翻案，說以前被免職是因為被傅嘉陷害，把誣訴大臣的傅嘉免為平頭百姓。

這件事再次證明了劉欣的腦袋完全有分辨是非的能力，然而他就是故意顛倒是非，只為自己喜愛一個寵臣。

他只想讓董賢過上更加幸福的生活，因此不惜故意製造冤假錯案，把他這一朝最有能力的丞相弄死。孔光雖然被王嘉稱為賢能之士，但此公素來小心謹慎，不敢得罪上級。就在王嘉被劉欣冤枉之時，他為了獨善自身，就領銜彈劾王嘉。此時，雖然當上丞相，也只是個空殼而已。

不久，大司馬丁明因為同情王嘉，被劉欣免職。

劉欣任韋賞當大司馬。可是韋賞太老了，大司馬當不了幾天，就死去了。

劉欣知道，該董賢出場了。王嘉因為反對董賢，王嘉就死在獄中；丁明因為同情王嘉，丁明就被罷免。請問現在誰還敢反對董賢？

第五節　最後的快樂時光

在韋賞死後的次月，也就是元壽元年（西元前二年）的十二月，劉欣任董賢為大司馬衛將軍、常給事中、領尚書事。大司馬是西漢王朝的首席大臣，再加上常給事中和領尚書事，手中拿的全是實權。

這年，董賢二十二歲。

為了表示董賢這個大司馬跟丁明等人的大司馬不一樣，劉欣特別附加了一個特權——以後文武百官的奏章都必須交由董賢轉達皇上。

董賢的各個親屬都被大大地提拔了一把。

大家只在那裡眼睜睜地看著，誰也不敢做聲。就連丁、傅兩家的人，看到董賢的權勢遠遠超過他們，也只能保持沉默。

那個被王嘉稱為賢能之士的孔光，此時也表現得十分老實。孔光當御史大夫時，董賢的父親董恭曾在他手下做事。現在董賢為大司馬，地位在孔光之上。劉欣想試試孔光對董賢的態度如何，於是，故意叫董賢到孔光的府上串門子。

孔光雖然老實，但是智商很高，知道現在皇上正用盡所有力氣來寵幸董賢，因此向來不敢在董賢面前擺高姿態。這時聽說董大司馬來了，立刻穿好官服、戴好官帽，出大門等候。當他看到董賢的車隊隆重開來時，才退入大門。董賢到達中門後，孔光進入客廳。董賢下車後，孔光才出來拜見，禮節做得恭恭敬敬，滴水不漏，遠遠超出平時迎接賓客的等級。

董賢回去之後，把整個過程向劉欣進行了詳盡的彙報。

劉欣很高興。很高興的劉欣立刻拜孔光的兩個姪子為諫議大夫、常侍，讓大家知道，只要擁護自己愛董賢，就有好處。

連號稱群臣之首的丞相都對董賢此持禮，其他大臣就更不用說了。董賢手中的權力，到這時已跟劉欣差不多了。只是董賢雖然長得好看、花言巧語的水準很高、很懂得如何與劉欣相處，但是別的能力都太差，因此並沒有把這個權臣做到曹操那種等級。

不過，還是有人不願巴結董賢。此人叫蕭咸，是前將軍蕭望之的兒子，現任中郎將。當然，他還有個身分，就是王閎的岳父。王閎是誰？是王譚的次子。依照他現在的地位，跟董賢是掛不上勾的，但因為董恭把蕭咸當偶像，很想跟他攀上親戚關係，於是，讓王閎回去跟岳父大人說，請把女兒嫁給董恭的次子董寬。

蕭咸一聽，就怕了起來，不敢答應。王閎問為什麼？他偷偷對王閎說：「董賢當大司馬時，冊文中居然有『允執其中』四個字，這四個字是堯給舜禪讓文中用過的詞啊！按道理不應該出現在三公的冊文中。

第五節　最後的快樂時光

只要有點見識的人看到這四個字，都很害怕。我們是普通人家，哪擔當得起這句話？」

王閎向來聰明，聽了這話之後，馬上深刻領會了岳父大人的意思，回去向董恭彙報時，就說：「蕭家覺得自家地位卑微，高攀不上貴公子。並讓我代他們對大人表示歉意。」

董恭一聽，一聲長嘆：「我們董家到底怎麼了？人家這麼懼怕我們？」

過了不久，劉欣舉行一次酒會。參加人員有董家父子以及劉欣身邊的那些高級官員，包括王閎在內。大家喝得正開心，劉欣突然用那雙含情脈脈的眼睛看著董賢，然後夾帶著酒氣說：「我想向堯學習，把這個皇帝寶座禪讓給你，你看怎麼樣？」他的原話是：「吾欲法堯禪舜，何如？」

王閎一聽，大聲說：「天下乃高皇帝天下，非陛下有也！陛下承宗廟，當傳子孫於亡窮，統業至重，天子亡戲言。」這個天下是高皇帝打下的，不是陛下自己的天下。陛下繼承大統，應當傳給子孫於無窮。這是天下興亡的大事，皇上怎麼可以拿來開玩笑？

劉欣一聽，那張病臉刹那間變得難看起來，當場命令王閎滾出去，以後不得再進入禁宮之中。可是過了不久，王政君代王閎求情，劉欣又讓王閎回來。

王閎仍然不改他的個性，上了一道奏章，又把董賢的事拿來批評了一頓。說董賢既沒有為漢朝立過什麼功勞，又不是劉家親屬，在民間連個好名聲都沒有，現在皇上把整個國庫裡的財富都差不多賞賜給董賢，大家都覺得這是荒唐至極之事。這是有違天意民心之舉，如果繼續這樣下去，只怕陛下會受到人們的嘲笑，而董賢也會受到災禍。

劉欣拿到奏章之後，乾脆來個不理。

「你說你的，我做我的，看誰先累。」

劉欣也懂得，這些大臣之所以不服董賢，是因為董賢太過稚嫩。因此他也在想辦法為董賢樹立個好形象。

正好單于來朝。

單于及西域諸來朝，向來是國家大事，文武官員都得穿戴整齊，來參與這個盛會。據說，此次來朝的西域共有五十多個國家。這些老大以及翻譯人員共有三百七十六人，個個佩戴漢朝授予的綬帶，看上去很壯觀。

董賢是首席大臣，當然也赫然在列，而且處於顯赫之位。

滿臉鬍子的單于看到輔政大臣的位子上，竟然坐著這麼一個年輕人。當年霍去病也年輕，可是他到死的時候，也還隔著一個衛青，而且霍去病是什麼人？是天才啊！史上獨一無二。可是現在這個年輕人是誰？難道沒有戰爭了，誰長得好看誰就當頭號大臣？

單于最後忍不住問翻譯，這個人坐在這個位職，到底是什麼意思？

劉欣立刻對翻譯說：「你對單于說。大司馬年少，以大賢居位。」他沒有大功，但他是大賢。

單于立刻站起來，向劉欣祝賀，說天朝真有福氣，能得到這樣年輕的大賢臣。把劉欣祝賀得龍顏大悅。

可是龍顏大悅之後，劉欣又做了件讓人家有一點不悅之事。

原來，根據氣象官員的說法，今年太歲在申，壓伏南方。於是，就安排單于住在長安之南的上林苑蒲陶宮，想讓單于頂替他的災難。單于對大漢這個天象文化是一點也不知道的，這時看到能住這麼好的地

第五節　最後的快樂時光

方，感到很驚奇。劉欣那張病臉綻放著得意的笑容，說這是天朝為了體現對單于的特別尊重，才這樣安排的。

單于剛開始很感動，但是想來想去，又覺得好像不大對勁，就去問別人，終於弄清了劉欣的意思，很是氣憤。

劉欣以為，讓單于居住那裡代他受太歲伏壓，他就可以繼續健康地活下去。哪知，單于起床離開那裡之後，回到匈奴，身體依然像以前那麼強壯，倒是劉欣自己的身體越來越差了。單于正月離開長安，他五月就離開了人世。

劉欣在位七年，活了二十五歲。在他之前，雖然外戚輪流執政，他的前任劉驁把皇帝做到死的那一天，權力基本都掌握在王氏手裡，但如果要收回來，也沒什麼難事。而到他當皇帝時，傅太后一番猛搶，就把權力從王家轉移到傅家。傅太后權力欲望極強，一言不合，就勃然大怒，她卻死得早。傅太后死後，大權完全握在他自己的手中，他是完全可以獨立自主的，可是他卻把精力全放在董賢的身上，好像他當這個皇帝完全是為董賢當的，而大漢王朝是他和董賢共有的。雖然不斷有大臣警告他要遠離董賢、重振朝綱，把大漢王朝帶進一個新時代。可是誰說這話，他就打誰。而且不惜往死裡打。

劉欣以為，他這麼努力打擊董賢的反對者，他和董賢就可以永遠幸福地過生活，到地老天荒的那一天。這一點，他確實做到了。只是這個地老天荒的日子來得太快了。他死後，手握大權的董賢，只在那裡發呆，連國喪如何開始都不知道。這樣的人能保住性命嗎？

於是，曾被劉欣打壓下去的王家重新抬頭。

待在家六年的王莽再次出山，不費吹灰之力，就把大司馬董賢拿下，並被逼自殺。一對史上獨一無二的密友，終於黃泉相會。

我們無法知道，如果他還活下去，西漢王朝會是一個什麼樣的結果。但我們知道，他死了之後，這個天下就成了王莽的天下。不久之後，王莽廢掉漢統，成為新朝的開國皇帝，也是末代亡國之君。

雖然此事在劉欣死後數年才發生，但我們可以這樣說，當劉欣閉上了他那雙無力的眼睛時，西漢王朝已進入了實質的衰敗階段。

建立一個新政權很艱難，靠無數英雄謀臣為之衝殺謀劃，然後為之奮戰多年，殺得血流成河，人頭滾滾，方始取得最後勝利；

讓一個國家強盛，更是何其不易，往往要靠幾代人艱苦卓絕的努力，這才打下盛世的基礎。就如西漢，歷經漢文帝、景帝、武帝、昭帝、宣帝幾個皇帝連續的打拚，這才使得強漢大顯天威，盛極一時；

而讓一個國家哀落下去，又是何其容易。劉欣本來仍然有翻盤復興的機會，他同樣也有這方面的能力，但是他徹底放棄了，只顧過著腐敗的生活。終於，使本來就搖搖欲墜的大漢王朝徹底喪失了最後的機會。

後世很多人把前漢之亡歸罪於王莽和外戚。其實真正的罪魁禍首就是劉鶩、劉欣這幾個皇帝。

第十五章　劉玄：昏庸皇帝的最後結局

第一節　王莽篡漢

劉玄是誰，很多人大概都不知道，但一定知道更始皇帝。

劉玄就是更始皇帝。

本來，他是沒有資格當皇帝的。據說他是劉啟的後代子孫，跟皇帝的距離已經很遙遠，而且已經進入破落階段。在正常情況下，無論如何也輪不到他當皇帝的。

但歷史就是經常發生意外。

話說劉欣死後，那個躲在家裡的王莽在眾望所歸的情況下復出，重新掌握政權。

劉欣死得太倉促，不但沒有生出一個兒子，其他繼承人更沒有確定下來。於是，這個任務就由王莽來完成了。

王莽很聰明。劉欣即位的時候十九歲，已到成年人，一上位就把權力收過去，他們王家的好日子因此就告一段落。這一次，王莽學了個乖，不再找成年人來當皇帝，他把目光盯上劉箕子。劉箕子是劉興的兒子，也就是劉奭的孫子，這年才九歲。

一個九歲孩子能知道什麼是軍國大事？所以，所有的大事小事就全交給王莽處理了。

王莽這次掌權之後，面目一端，首先做的就是清除異己，傅家、丁家、趙家、董家的人通通被被劃進黑名單，一律從朝廷中掃地出門，嚴重的就讓他們去死。

大家對傅、丁家、董家都已經很憤怒了，這時看到王莽大刀闊斧地把他們一棍打倒，覺得是大快人心的事，因此對他充滿了期待，把他看成中興大漢的大聖人。

可是不久後，他看誰不順眼，就羅列罪名把對方往死裡打。

我們無法知道，他當初把自己裝扮成儒生形象，把自己打造成當代聖人時，腦袋裡是什麼想法，是真的要當大漢的忠臣，還是那時就有了篡漢奪權的想法？

但可確定的是，到了這個時候，他的內心世界一定充滿了當皇帝的理想。而且這個理想對於他而言，一點也不算遠大。他現在跟皇帝的寶座是沒有距離的，只要時機成熟，他放下屁股就可以坐上去。

當然，時機肯定沒有成熟。

他必須把潛在的威脅全部去掉。

現在朝中最有名望的大臣就是孔光，三公之一。孔光雖然被大家稱為德高望重的老人家，卻膽小得要命，看到誰權力大就怕誰。這樣的人只能利用不能殺。

王莽覺得誰該拿下，往往不自己動手，而是透過王政君去暗示孔光，由孔光出面解決。孔光沒有辦法，每次都只能照實完成任務，成為王莽手中最有力的工具。

當年王嘉死的時候，把孔光、何武、公孫祿並稱賢才，如果他看到孔光這些表現，大概會再次吐血而死。但何武和公孫祿還是不錯的。

兩人對外戚干政一直很擔憂。當劉欣死時，王政君讓群臣推薦大司馬人選，以孔光為首的文武百官異口同聲地把王莽當成唯一候選人。只有何武和公孫祿認為，再讓王家的代表人物出來執政，將是大漢的災難。於是，兩人各自推薦了對方。這讓王莽很惱火，於是直接把兩人免官，理由是——互相稱舉。用現在的話來表述，就是互相舉薦。

這也可以定罪？王莽說可以就可以。

王莽的面目也透過這四個字得到了體現。

不光那幾家外戚被王莽一舉拿下，就連王家有影響的人也不放過。大家肯定還記得王立。他還沒有死，還在當王莽的叔叔。如果他只當王莽的叔叔，也就罷了，偏偏他還有個身分，就是太皇太后的兄弟。他可以隨時見到太皇太后，可以跟太皇太后自由自在地談論事情，只怕哪天突然對王莽有意見起來，就在太皇太后面前亂說一通，對王莽可是致命的打擊。

這樣的潛在威脅也不能留。

王莽叫孔光把淳于長事件再炒了一遍，然後彈劾了王立，要求王立前往封地。王政君果然不同意。王莽立刻去說服王政君。

「現在太皇太后掌權，政出王家，天下人都在議論紛紛，都在看我們王家是否做得公道，是不是依法治國，是不是任人唯親。反正王立年紀也大了，待在長安也做不出什麼事業了，讓他回封地，表示我們現在公正嚴明。等輿論平息了，再把王立叫回來。這也是對他好。」

王政君沒有辦法，只得同意。

當然，只打倒人，不提拔人也是不對的。王莽向來注重收買人心，在打擊對手的同時，他也提拔了一大批官員上任。不過得有個前提，必須在政治上跟他是相同立場。

就這樣，朝廷上下全是王莽的黨徒。這些黨徒最擅長的本事就是看王莽的臉色辦事。王莽向來嚴肅，自己想要做什麼，從來不開口直說，而是不停地暗示。這些黨徒馬上就領會了王莽的意思，集體跑到太皇太后面前，把這些意思直接說了。而王莽這時卻還來個痛哭流涕，表示不接受。於是，大家按劇本往下演，個個都往死裡勸，直到勸得他不得不接受為止。

大家看到這裡，覺得這個過程很曲折。其實就是一個字：裝！

以前是王莽一個人裝，現在是大家一起裝。

誰最會裝，誰就提拔得快。人生如戲，全靠演技！

彭宣看到王莽搞這一套，心裡很不舒服。彭宣在劉欣時代時，多次冒著生命危險上奏彈劾董賢，但現在他不再說王莽什麼了。因為他知道，以目前的形勢，任何人都玩不過王莽，除了被他玩死之外，沒有第二條路可走。既然玩不起，躲總躲得起吧？於是，他抱著天真的想法，上報說年紀大了，身體也差了，不能再為國家效力了，要辭官回鄉。

如果是別的人，一接到這個報告，肯定會大喜過望，立刻准奏，然後禮送出門。可王莽不是別人。

「我剛剛執政，你就退休，這是什麼態度？你不給我臉面，我也不給你臉面。」於是，在彭宣退休之時，硬是不按規定給予彭宣應有的待遇，也就是不按慣例賜黃金、安車、駟馬給他，讓他以後過著沒車坐的退休生活。

第一節　王莽篡漢

這些敵對勢力全部打倒之後，王莽開始了第二波造神運動。

他的黨徒很快就按他的指示，把他往周公那裡靠，做了幾個手腳之後，就把他稱為當代的周公，要太皇太后封他為「安漢公」。

前期工作做好之後，朝廷把任命書發給王莽時，王莽繼續推辭，說現在這個局面是他和孔光等四人齊心協辦打造出來的，孔光比他更德高望重，要當安漢公，還是孔光當。

太后當然不同意，別人更不同意。王莽這次推辭的力度更加大，加大到裝病在床的地步。說無論如何都不能接受這個封號。

「你們不封孔光他們，我就一直病著不上班。」

依照指令繼續演，那些黨徒對王政君說：「看來不封一下孔光，大司馬是堅決不接受的。還是先封賞孔光他們吧！」

王政君只得把孔光以及王舜、甄豐都高調封了一遍，派人向王莽通報了。但是王莽仍然不起床。

最後，大臣們說，現在不是以他的意志為主的時候了。他對漢朝有大功，朝廷就應該封賞他。他接受得封，不接受也得封。

於是，太皇太后下詔：「以大司馬新都侯莽為太傅，幹四輔之事，號曰安漢公，益封二萬八千戶。」

到了這個時候，已裝到底了，再沒有裝的餘地了。王莽這才做著一副誠恐誠惶的樣子，從病床上起來，接受了封號，但推辭了采邑。他這些天在病床上不斷動著腦筋，知道大臣們已不敢反對他了，但全國還有人民，仍然需要收買。這就是所謂的「民心」。得民心者得天下啊！

他推辭采邑的理由是——願須百姓家給，然後加賞。等到老百姓都走上了富裕之路，我才接受這個封賞。

其實，他仍然是在裝，要讓老百姓也毫無保留地讚賞他。

他在成為當代周公之後，也對很多大臣以及宗族大加封賞，一個政策下來，從大臣到百姓，個個都在受其恩惠。

這些事做完以後，他知道自己的權威已經沒誰可以撼動了。不過，還有一個人可以動他。王政君。

因為他的權力就來自於這個老人家。而且這個老人家仍然是國家最高掌權者，隨時可以把權力收回然後親自聽政。

雖然是自己的姑媽，但權力場上姑媽也是障礙。一定要把這個障礙清除。當然不能硬來。

王莽有的是辦法，這個辦法仍然是老一套，讓他的黨徒們去跟王政君說：「現在既然有了安漢公，太皇太后年紀也太大了，可以不必事必躬親了，放手讓安漢公做決策吧！」

王政君本來就已經很累了，更不知道這是表姪搞的鬼，一聽這話，覺得有理，就立刻下詔：「自今以來，唯封爵乃以聞，他事安漢公、四輔平決。州牧、二千石及茂材吏初除奏事者，輒引入，至近署安漢公，考故官，問新職，以知其稱否。」

除開封爵之事，向太皇太后報告外，其他事都由安漢公處理了。

於是，王莽的權力達到了顛峰，比以前霍光的權力還要大。

但是他仍然怕劉箕子的外戚日後會掌權，於是把其外家衛氏全部都隔離起來。

這事連他的長子王宇都看不下去。他反覆讓衛皇后上書太皇太后，讓他進宮見劉箕子。劉箕子這時已經改名劉衎。王宇怕王莽這麼下去，會導致王家族滅，想勸王莽把大權轉讓給衛家。這事王莽是萬萬不能答應的。王宇又跟他的老師呂寬想動手腳，以鬼神事件來嚇阻王莽。可是被王莽發現。王莽大怒，立即把王宇下獄，然後強迫他喝藥死。殺死兒子之後，王莽仍然要討個美名。於是王政君又下了個詔書，將他大大地表揚了一次。

王莽借這個機會又開展一次大規模的殺人行為，誰不順眼就都把他們劃進王宇、呂寬集團，處理的結果是：誰不自殺，他就砍誰。連他的叔叔王立，也在這份名單上，最後自殺而死。

這一次，王莽一口氣殺了一百多個人，弄得「海內震焉」。

王莽當然不止於殺頭，還是會制定一些政策，讓老百姓獲得實惠的。比如立了個法律「婦女非身犯法，及男子年八十以上、七歲已下，家非坐不道、詔所名捕，他皆無得繫；其當驗者即驗問。」這樣的條例比先前要人性化多了。他最注重收買的是王政君身邊的人，經常拿出大筆錢送給他們，讓他們專門講自己的好話。

王政君這些年來當然不會懷疑自己這個姪子內心世界有其他想法，看到他成為當代的周公，心裡很高興。

王莽對王政君進行了一番研究，決定做些事情讓她高興高興。於是，在每年四季，都請太后到長安四郊旅遊，順便帶著皇家的溫暖，慰問鰥寡孤獨之類的弱勢民眾，賞賜平民百姓一些金錢。太后覺得做這些事情很好，於是專門從事這些慈善活動，權力不知不覺全交給王莽手上了。

王莽靠周公上位，此時大力推行周文化，推出了很多惠民政策，但卻全是空泛的，他沒有實際實施過任何政策。

但每次出個政策，大臣們就都歡呼一遍，然後又要求朝廷封賞他一次。他當然照例推辭。有一次，封新野的田地給他時，他推辭之後，黨徒們動員人民一齊上書要求他接受。據有關部門統計，這次總共上書的人數達四十八萬七千五百七十二人。吃驚了吧？但王莽要的就是這個效果。

封賞多了，最後就到封頂的地步——九錫！

讀過三國的人都知道，哪個大臣到了這個地步，離皇帝就只有半步了，只要再跨上去，國家的皇帝就得更換。

當黨徒們請求朝廷加王莽九錫時，王莽史無前例地沒有扭捏動作，而是快速地接受了。到了這時，其篡漢奪權之心已經全面顯露了出來。

九錫之後，繼續造假，說全國形勢一片大好，好到什麼程度？請看他奏摺上的描述：「市無二賈，官無獄訟，邑無盜賊，野無饑民，道不拾遺，男女異路之制；犯者象刑。」好到全國都沒有犯罪行為了。即使偶然出現犯罪行為，對其處理，也僅是象徵性的。

信不信由你，反正王莽信，太后也信。

能把國家治理到這個地步，歷史有哪個皇帝做到？當年周公也比這個差多了。所以，王莽必須超越周公。

於是，他的黨徒再建議，讓王莽代行天子事。

王莽同樣沒有推辭。但行天子事沒多久，王莽就沒有耐心了。他把周公的故事再翻版一遍，當然是有許多改動的。他把毒酒進獻給小皇帝，小皇帝就生病了，小皇帝一生病，王莽就把早就準備好的策書「請命於泰，願以身代，藏策金縢，置於前殿」。說皇帝病了，請老天讓他代替皇帝生病。當然，如果他代替

第一節　王莽篡漢

小皇帝喝了那杯毒酒，他會如願以償的。只是那杯毒藥由小皇帝喝了，老天爺也無可奈何。

沒幾天，小皇帝被宣布駕崩。

然後朝廷開會討論，論題很重大——誰來繼承皇位？

大家討論了大半天，還沒有討論出一個結果來，有個叫謝囂的大臣跑過來報告：「武功縣有人有挖井時，挖到一塊石頭。是白色的。」大家一聽，挖井挖到石頭有什麼驚奇的？挖不到石頭才是驚奇。可是重點不在這裡，而在後面的情節。

石頭上有一行字——告安漢公莽為皇帝。

大家一看，原來如此。可是這個行為也太幼稚了，連老眼昏花的王太后也不相信，說：「此誣罔天下，不可施行。」

王莽一看，這個姑媽到底還是維護劉家的權益。於是，王舜出面，赤裸裸地對太后說：「事已如此，誰也無可奈何了，誰也阻止不了王莽這麼做下去。況且，現在他只是想公開宣告他代行天子之位以鎮撫全國百姓而已。妳老人家就不要再說什麼了。」

王太后也只好不再說什麼。

王莽替自己安排了個稱號——攝皇帝，自稱「予」。當然，既是攝皇帝，就得還有個真皇帝。王莽這次找的是比漢成帝年紀更小的孩子劉嬰，只有兩歲，被他抱著坐在龍椅上。王莽的屁股終於與龍椅有了親密接觸。

當然，還是有人反對的。安眾侯劉崇看不過眼，就帶著一批人舉事，進攻宛城。但是因為人數太少，只半天就失敗了。本來，出現了這樣的事，王莽應該有些警覺才對，可是王莽很善於把負面影響轉變成對自己有利事來。他的黨徒說劉崇之所以造反，是因為王莽大人權勢不夠大，他應該當假皇帝。

太后當然同意。

王莽心裡很開心。可是翟義卻不悅了。翟義是翟方進的兒子，他現在是東郡太守，把王莽這些騙人的招數公布，宣布要打倒王莽。短時間內，「郡國皆震。比至山陽，眾十餘萬」。

王莽也慌了，急忙派兵去對付。可是京師附近的趙朋、霍鴻等人又鬧了起來。只幾天時間，他們的手下就發展到十萬人，天天高喊口號，要打進長安，活捉王莽。夜間站在長安城頭，可以看到這支部隊營地的火光。

王莽沒有辦法，只得任命了一大批將軍到處鎮壓。

然後他抱著小皇帝，到宗廟裡求老祖宗保佑。而他的黨徒們繼續發揚歌功頌德的精神，說以前周公執政時代，管叔、蔡叔也起事。沒有這些事件，哪顯得假皇帝的聖德。

吹牛拍馬的人水準就是高。

而沒多久，東征翟義的部隊還真的有捷報傳來。朝廷軍隊與翟義會戰，「大破之」，翟義也成了俘虜，被「屍磔陳都市」。接著打趙朋，同樣滅之。

王莽接著向太后奏，假皇帝太難聽，以後群臣奏報時，免掉假字。當然，他也不是真皇帝，等小皇帝大了，他再把權力轉移給他。太后沒有辦法不同意。王莽就這樣，把概念換來換去，終於把自己換成了皇帝。

到了這時，只有腦子進水的人才相信王莽會把還政於漢。有個江湖人物哀章，看到時機來了，就去買來兩塊銅片，分別刻了兩行字：天帝行璽金匱圖、赤帝行璽某傳予黃帝金策書。

後面這行字是重點。赤帝是誰？是漢朝在天上的後臺啊！現在他決定把大印交給王莽大人了。

王莽得了這兩個銅片，也不再做別的表演了，立刻宣布改朝換代。他派人去向太后索要玉璽時，太后才大吃一驚，這小子真的在篡漢了？

她不想給，但是現在她能不給嗎？王莽派王舜去跟太后談判。太后把王舜和王莽臭罵一通。可是臭罵之後，她還能怎麼樣？王莽不是臭罵一頓就可以解決的。

罵完之後，就哭。旁邊的人也跟著哭，連王舜也跟著哭。可哭過之後，王舜的話又重回主題：「難道太后能永遠不交出玉璽嗎？」

王太后只得把玉璽丟在地板上。「你們愛要就要去吧！」

玉璽因此缺了一角。

缺角的玉璽也是玉璽。王莽讓人用黃金把那一角補好，繼續使用，玉璽可以用舊的，但是國號得用新的。王莽的國號就是「新」。

於是，歷史進入了王莽的時代。同時，也是一個混亂的時代。

第二節　劉玄如何成為皇帝

王莽當上了皇帝，以為只要太后沒意見，這個天下就是太平世界。哪知，他當了皇帝沒幾天，就出現了「緣邊大飢，人相食」的局面。但是他仍然不管。繼續玩他的仿古遊戲，發表一系列方針政策，什麼「王田制」、禁止奴婢買賣政策等，搞得社會矛盾越來越嚴重。

更嚴重的是，財政發生了困難，連公務員的薪資都發放不起。這些官吏沒錢了，只得到處去做非法收益。他們很快發現，這麼做比領國家薪資來錢更容易，於是，無權無勢的小平民就慘了。而王莽仍然不理，他這時不再玩周公故事了，而是到處宣稱自己以後會像黃帝那樣，得道昇天。

天下饑民遍地，盜匪越聚越多。

終於，有人不服了，要武裝造王莽的反。第一個宣布起事的是個女性，叫呂母。只幾天時間，手下就有一萬多人；次年，天鳳四年（西元一七年），新市的王匡出來搞事；天鳳五年（西元一八年），樊崇也宣布造反。樊崇開始只有一百號人，規模還小。可他在泰山一帶打了幾天游擊，隊伍立刻壯大到一萬人。地方隊軍都被他打敗。

王莽派太師王匡和廉丹率兵剿，與樊崇的赤眉軍相遇，兩下決戰。新朝軍隊被打了個滿地找牙，王匡奪路而逃，廉丹戰死在戰場上。

王莽只得再派部隊鎮壓。可是仍然大敗。此時，全國各地到處是造反的部隊。不過，主力仍然是赤眉和綠林這兩支隊伍。

這些造反軍隊各自為戰，跟王莽的政府軍多次發生戰鬥，有勝有敗。造反軍隊越來越多。最後，造反軍隊發現，這麼打來打去，得有個核心來統一指揮，再跟王莽打，就好辦多了，他們想來想去，還是漢字旗號好打。漢朝雖然被王莽推翻了，但漢朝還是有影響力的，可以用來號召廣大人民。於是，造反軍隊基本都自稱漢軍。

打了漢家的旗號，就得有劉家的人當代表，否則是說不過去的。

第二節　劉玄如何成為皇帝

漢兵的各位當家開會討論，由誰來當這個代表。

此時，這些領袖中，最有資格當這個代表的就是劉縯。

劉縯是劉邦的九世孫，但現在已經跟皇家有了很大的距離。在王莽篡漢時，他就天天謀劃著造反的事。赤眉綠林很成功後，他才找了個機會在南陽宣布舉事。他在宣布起事之後，很快就發現，南陽那裡駐紮的王莽部隊很強大，他根本打不過他們。於是，他迅速跟平林、新市的綠林軍合作。新市綠林軍的首領王匡表示同意。兩家合兵，謀劃西攻小長安聚，途中拿下了唐子鄉，殺死了湖陽尉。哪知，因為分配問題又產生了矛盾。劉縯的弟弟劉秀把劉家同宗人所得的財物全部拿交出來。大家這才高興，繼續去戰鬥，攻下了棘陽。

劉縯再攻宛城。但被打了個大敗。劉秀單騎跑路。

後來，兄弟兩人再收拾殘部，退到棘陽固守。此時，王莽的大將甄阜、梁丘帶著十萬大軍前來討伐。新市、平林兵一看，才剛剛取得一次大敗，現在敵人又舉進攻，而且人數這麼多，再打下去，只有更大的失敗，個個都做逃跑的打算。

劉縯急得要命，可是又沒有辦法把人家拉住。正巧，原綠林軍的另一支人馬下江兵五千人來到宜秋聚。他就帶著弟弟劉秀去見這支部隊的老大王常。王常居然願意跟他們合併，並接受他們的指揮。新市和平林兵得到下江兵的補充，士氣也上升了起來。

劉縯立即把部隊分成六路，連夜出發，襲擊敵軍，把甄阜軍的軍用物資全部搶光。然後發動進攻，把新朝的這十萬大軍打得大敗，連主將甄阜、梁丘賜，也被「斬之」。接著，又大破「嚴尤、陳茂軍」，包圍宛城。

劉縯和劉秀就這樣威望大增。

赤眉和綠林雖然起義在先，但這些領袖素養基本不高，高舉著造反的大旗，卻沒有一個目標。宣布造反之後，個個只自稱將軍。而劉縯卻打著大漢的旗號，影響力很大，光從面上，就把那些「將軍」甩了幾條街。劉縯把漢字旗號一拉，連跟他合作的部隊也被拉進了漢字旗下。

到了這個時候，誰當老大的問題就不得不提到議事日程上來了。

南陽的兄弟們當然覺得由劉縯來當老大。他既有漢家的血統，又這麼能打，不給他說得過去嗎？可是其他幾派人就不這麼想了。劉縯兄弟才起義幾天，就能有這樣的成績，以後我們還能活嗎？現在劉氏兄弟的勢力沒有多大，漢兵的主力部隊仍然原綠林兵的，所以，不能讓他當老大。

但也得推出一個侯選人。

就這樣，劉玄出場。

第三節　除掉劉縯

劉玄早前就在平林兵中，也有個稱號，叫更始將軍。

劉縯知道，目前不宜為此事吵來吵去，再吵下去，這支部隊就成了一盤散沙，結果如何，不用多說了。於是表示同意。

劉玄當了皇帝。但是他抗壓性太差，即位當天，只是亂擺著手，卻說不出一句話，臉上全是一副困難

第三節　除掉劉縯

重重的樣子。

這次大會之後，王鳳和劉秀打敗嚴尤、陳茂，拿下了昆陽等幾城。王莽派王邑、王尋率四十三萬大軍前來與漢軍決戰。在劉秀的指揮下，漢軍取得了著名的昆陽大捷。而劉玄進入宛城，把宛當首都。

劉縯兄弟繼續衝殺，奪得大片土地，威名更盛。新市和平林兵的將領都有點擔憂起來，覺得再讓劉家兄弟威風下去，這個天下遲早還是他們的。於是，就祕密去遊說劉玄，說：「劉縯兄弟太厲害了，我們都不是他的對手，等革命成功了，我們都會被他除掉的。與其被他除掉，不如我們先下手為強。」

劉玄覺得有理。於是，一群人計劃了個陰謀詭計。

這個陰謀詭計其實很簡單，而且做得也不怎麼縝密，連劉秀都看得出。他提醒哥哥：「提防一下劉玄。我看他是不想跟我們合作下去了。」

可是劉縯卻不在意，笑了笑說：「他從來就不想跟我們合作。」

劉玄以及他的這幾個謀臣肯定聽說過鴻門宴的故事，因此把這個故事的概梗拿來，稍加修改，然後定案。

一切準備就緒，劉玄以皇帝的名義開了個大會。

劉縯作為主要將領之一，當然也來參加。

大會開到一半，劉玄笑著讓劉縯把他的寶劍拿來看看，其實就是繳了劉縯的兵器。劉縯向來大大咧咧，哪知是計，抽出寶劍就遞給劉玄。劉玄接過之後，下一個動作就是把那塊玉珮丟在地上，然後大家就動手。

此時，繡衣御史申徒建已經把玉珮獻給劉玄。劉玄拿在手裡，卻不敢丟出來。這個大會終於沒有變成鴻門宴。

劉縯的舅舅樊宏肯定也很熟悉鴻門宴故事，一看這個情況，覺得不大對頭，會後對劉縯說：「我看申徒建的動作跟范增太像了。」劉縯仍然不信。

劉玄在大會上沒有除掉劉縯，也很後悔。於是，只得再找機會。

劉縯手下有個小弟叫劉稷，很能打仗，向來不服劉玄，認為打到這個局面，全是劉縯兄弟的功勞，劉玄算哪根蔥，居然由他來當皇帝？

這話傳到劉玄那幫人耳裡，他們當然不舒服。

劉玄決定試一試，看劉稷服不服他，於是任命劉稷為抗威將軍。

劉稷果然不肯接受。

劉玄立刻以抗命為由，帶著諸將以及一千多士兵過去，逮捕劉稷，準備當場砍頭。

劉縯一看，就上前為劉稷爭辯。李鐵和朱鮪上來，勸劉玄連劉縯一起抓住算了。劉玄一聽，覺得有理，當場下令把劉縯拿下，然後砍掉。

劉玄本來很懼怕劉縯，哪想到這樣就把這個內部最難對付的敵人除掉，心裡很開心。劉秀知道後，立刻從宛城跑來，當面向劉玄謝罪。劉秀的表演功夫讓人很滿意。他跟哥哥的感情很好，但是他知道，如果現在他表現出一點悲傷來，他的腦袋立刻就被砍掉。因此，他從不談論昆陽之戰，更不敢為哥哥穿喪服，每天除了在大家面前不斷地檢討自己的過錯之外，就是跟大家一起吃飯喝酒，像沒事一樣。

劉玄雖然殺了劉縯，除了一個政敵，但看到劉秀這個樣子，居然覺得很對不起劉秀，就拜劉秀為破虜將軍，封武信侯。

本來，劉玄以及他身邊的那些陰謀家把劉秀也列為該殺的人，哪知，他們殺了劉縯之後，就把劉秀忘記了。

雖然最能打的劉縯被當成內部敵人除掉了，但是漢軍此時已經十分壯大。大家覺得王莽的新朝真的沒什麼前途了，於是到處有人聚眾造反，響應漢兵。劉玄一看，覺得真開心。沒有了劉縯，他的大漢同樣旺盛。

第四節　新莽滅亡

王莽已經非常著急了，他幾乎天天接到有人造反的消息，但他也沒有辦法，命令太師王匡、國將哀章守洛陽。

劉玄看到革命形勢一片大好，覺得老在宛城待著，已經沒意思了。於是，命令定國上公王匡攻洛陽，西屏大將軍申屠建、丞相司直李松攻武關。幾路大軍一直出發，三輔地區大為震動。

王莽還沒有做出應對部署，又傳來消息——析人鄧曄、於匡又在南鄉起兵，響應漢兵，而且已經向武關進軍。更嚴重的是，武關都尉朱萌不戰而降，由新朝官員轉為大漢官員了。右路大夫宋綱雖然在戰鬥，卻在戰鬥中被被殺。這支剛剛出現的武裝力量，現在繼續向西而來。

王莽拿著戰報，腦袋上只有汗水，沒有辦法。

他沒有辦法，但崔發說他有辦法。

什麼辦法？

崔發說：「可以哭啊！」

是的，他確實是在勸王莽去哭。他的原話是：「古者國有大災，則哭以厭之。宜告天以求救！」

王莽當場採納了崔發的這個奇妙建議，率群臣來到南效，大聲向老天陳述了自己受命於天的經過，然後仰天大哭。他這場哭，排場很大，而且他哭得也很投入。史書的描述是——聲嘶氣絕。

皇帝都哭得這麼大聲了，大臣誰敢不跟皇上一樣呢？於是，群臣都跟著放聲大哭，圍觀的群眾也跟著大哭，場面極為壯觀。他還命令諸儒生和老百姓每天早晚都聚在一起大哭，哭完之後，還有稀飯吃。誰哭得表情豐富、哭得聲情並茂，還可以當官。結果，五千多人在這場大哭當中成為郎官。哭得好也可以當官！

可是哭過之後，敵人仍然在進軍。王莽只得抹掉淚水，封了九個將軍帶兵去與漢兵對抗。王莽部署戰鬥一點水準都沒有，但任命將軍卻很有創意，這九個將軍，都用虎字作名號。他認為，只有用虎字，他的部隊就是虎狼之師了。

王莽很浪費淚水，但是對金錢就不那麼大方了。這些年來，他透過大力搜括，宮中儲存著六十多萬斤黃金，其他的珍寶數量也不在這個數字之下。王莽很熱愛這些東西，天天都想睡在這些東西上面，可是當九虎將軍出征時，他不但把他們的親屬都收容到皇宮裡當人質，而且只賞賜他們每人四千錢——以前他為了討好太后身邊的工作人員，給的要多得多。

大家一看，雖然當面不說什麼，可是在背後把他罵得狗血淋頭。不用想就知道，這樣的部隊再怎麼精銳，也沒什麼戰鬥力了。

他們和王匡部隊一交手，六位虎將軍直接宣布打了敗仗，然後逃跑，其中兩位虎將軍回到首都。王莽一氣之下，命令他們自殺，另外四位虎將軍只得再逃跑。剩下的三位，收集殘兵，守住渭口京師倉。

此時，李松帶的漢兵已到來。鄧曄開武關與漢兵會師，然後兩下合兵，進攻京師倉，但沒有攻下來。

鄧曄立刻命令部將王憲幾百人北渡渭水，進入左馮翊界；李松則命偏將軍韓臣西至新豐進攻王莽的波水將軍竇融。兩人一過招，竇融大敗。韓臣一路追擊，一直追至長門宮。

王憲本來只帶幾百號人，可是一路上王莽的部隊都主動投降過來，其他各縣的民眾也都起兵，舉著大漢的旗幟，跟隨王憲。

李松和鄧曄帶著大軍直至華陰。

而長安周邊造反的兵都來到長安城下，對著長安城門，做著攻城的準備動作。這些兵聽說天水的隗氏又到了，怕功勞被人家撈去，也沒誰釋出什麼命令，便都搶著想衝進城裡，既能立大功，又能搶到很多錢。

王莽做夢也沒有想到，這些高舉著漢字大旗的兵會來得這麼快，仗打得這麼狠，自己堂堂天朝的兵，每仗都是被人家打得落花流水、四處奔逃，而且大部分還變成人家的部隊，又過來打自己。

王莽現在手裡已經沒有部隊了，但是他終於想出了一個辦法。把牢裡的犯罪分子全部武裝起來，讓他們從囚犯的身分轉換成光榮的新朝子弟兵。他還殺了豬，跟這些子弟兵喝了豬血，然後惡狠狠地對他們說：「有不為新室者，社鬼記之！」哪個敢不為大新朝拚命殺敵，社鬼會記住他。

連他自己都知道，他這個新朝皇帝的威信已經無用了，需要借鬼神來恐嚇士兵們。

他說完這些話之後，就讓更始將軍史諶帶領，開赴戰場——當然戰場就在城外，跑幾步就到了。可是士兵們只怕敵人，不怕鬼神，才到渭橋，就全跑光了。最後，史諶一個孤零零地回到長安。

漢兵們衝上來，把王莽老婆、孩子、父親等等的祖墳全都挖開，把裡面的棺材以及九廟、明堂、辟雍一起放火燒毀。火光沖天，連城中也被照得紅紅的。

王莽這時除了看著熊熊而燒的大火外，腦子裡一片空白，什麼辦法也沒有想出來。

城外的大兵們當然不會因為王莽沒有辦法就消停，他們從宣平城門高喊著打倒王莽的口號殺了進來。王邑、王林、王巡等人急忙帶著剩下的部隊去跟敵人對抗。此時，天已經黑了，其他官員和土豪們都跑光了。城裡的青年人看到城裡亂成一團，怕被大兵們搶劫，就自動集結起來，然後火燒尚方工場門，舉起斧頭劈開敬法殿的小門，大喊口號：「反虜王莽，何不出降！」

大火迅速蔓延到掖庭、承明殿。

王莽這時已經不能發呆了，因為大火已燒到他的住處了。他跑到宣室前殿。可是還沒有喘口氣，大火就已劈劈啪啪地追到這裡來。而且大火好像是長了眼一樣，不管他逃到哪裡，就燒到哪裡。

王莽穿著青色的服飾，拿著虞帝的匕首，叫天文郎在他的面前按著占測時日的工具，自己轉動坐席，隨著斗柄的方向坐著，說：「天生德於予，漢兵其如予何。」老天把這個品德贈送給我。漢兵能把我怎麼樣？

兩天後，也就是更始元年九月的初三，天準備亮的時候，群臣都跑了過來，扶著王莽來到漸臺。此時，跟著他的高級官員還有一千多。這些人大多靠吹棒王莽而高官厚祿。他們最大的本事，就是能夠深刻了解王莽的意圖，然後努力幫他實現，天天以吹捧王莽為第一要務，別的本事卻是零。此時，看到漢兵衝殺進來，他們束手無策，只得跟著王莽到處亂竄了。

不過，王邑還在戰鬥。這三天基本都是他一個人在指揮，日夜都在戰場第一線，這時已經累得差不多舉不起刀了。他只得騎馬跑進殿中來，轉來轉去，也來到漸臺，首先看到了他的兒子王睦。這時王睦也知道大勢去矣，正手忙腳亂地脫衣服，想逃跑。他上前大罵王睦，讓他跟自己去保衛王莽。

這時漢兵都衝了進來，聽說王莽就在漸臺，便都一窩蜂殺了過來，把漸臺重重圍住。王莽的衛士還在臺上用箭跟漢兵對射。可是沒多久，箭就沒有了。雙方肉搏，王邑父子等人當場被砍死。

王莽躲進內室。漢兵衝上了漸臺。一幫人衝進內室，舉刀就砍王莽，並分王莽的身首，有的拿他的腦袋，有的拿他的肢幹，連他的舌頭都被人家割下來吃了。

王莽死得很慘。他靠著王氏集團起家，然後再靠演技，抓住了一個歷史性的機會，成為大漢王朝的實際掌權者。最後，篡漢奪權，成立了新朝。可是王莽平時靠裝，卻不知道裝的危害，重用的人也都是靠裝。他當了個假皇帝，也培養了一批假大臣。結果，表面上全是國泰民安的大好局面，而現實當中，國家已經陷入混亂狀態，最後失去控制。當各地起事的部隊殺上來的時候，他手下也沒有一個能打仗的人為他去戰鬥，來來去去就是幾個王家子弟在為他苦苦支撐，但程度太差，結果只有屢戰屢敗，一直敗到他死亡為止。

第五節　流氓皇帝

這支高舉著漢字大旗部隊的最高領導人就是王憲。

王憲雖然舉著漢字大旗，但一直沒有跟劉玄聯繫過。此時攻入長安，殺了王莽，心裡很開心，覺得功勞天下第一。於是，自稱大將軍，城中的十萬部隊全變成他的部屬。王憲本來也是草根人物，此時突然住進宮殿，覺得真的太爽了，就住在長樂宮，把王莽的大小老婆全當自己的大小老婆，把王莽用過的東西全變成自己的東西，覺得皇家的東西真好用，難怪街上的奸商們老愛把自己的產品貼上「皇家」兩個字。

他覺得過皇帝生活很幸福，真想繼續過下去。

可是沒幾天，九月初六，李松和鄧曄以及趙萌、申屠建也來到長安。這幾個人一看王憲居然敢用皇帝的器物，並且連傳國玉璽也不上繳，更要命的是，居然公開地使用皇帝的儀仗。於是立刻把他抓起來，當場砍頭。

皇帝可不是誰都可以當的。

長安已經落於漢軍之手，王莽也死了，但是洛陽還在戰鬥。

守衛洛陽的是王莽的太師王匡，進攻洛陽的漢軍是漢軍的定國上公王匡。兩個王匡對決的結果，漢軍的王匡把新朝的王匡活捉，然後斬之。

劉玄接到捷報，很是高興。前幾天，王莽的首級被送到宛城，他親自驗收了，當場對著王莽的腦袋說：「你要是不篡位，還可以跟霍光一樣。」

劉玄當了皇帝，也跟其他皇帝一樣，培養了一個寵妾，這個寵妾姓韓，大家都叫她韓姬。這時，韓姬也在旁邊，聽完他的話後，笑著說：「他要是不篡位，皇上能有今天嗎？」

劉玄嘎嘎大笑起來。

他決定到洛陽去，把首都定在那裡。

劉玄在這場混戰中，除了在殺劉縯時，表現了一回皇帝的狠毒外，沒有其他表現。能當皇帝，全靠是劉氏；能滅王莽，全靠別人去戰鬥，他連個部署都不用做。

但劉玄仍然講求皇帝的排場。此時，他決定定都洛陽，決定先派劉秀去那裡把的宮殿修一修。劉秀到洛陽後，立刻按漢朝舊例，設定官府，秩序井然，為廣大洛陽百姓留下了良好的印象。

劉玄的腦袋裡只顧高興，一點都沒有想到這一層，天天在喝酒，皇帝的生活過得很幸福。劉秀把前期工作做好後，請劉玄到洛陽去。

劉玄帶著他的一群小弟從宛城開赴洛陽。

大家看到新皇帝來了，便都來圍觀。可是一看之下，一群將領一邊走一邊鬧哄哄地說笑，而且用各色布包著腦袋，有的身上還穿著女人的衣服，跟一群馬戲團沒多大的差別，一點都看不出是皇帝的隊伍。

當然，劉玄還記得自己是皇帝，雖然殺了王莽、占領了長安，也占領了洛陽，但現在天下還是亂得要命，因此，他來到洛陽後，還是派出大批使者下到各郡、各封國，向大家宣布：「先降者復爵位。」

可是這些使者素質都很低，到處吹牛，有時人家過來上繳印綬之後，他們就不理人家了，於是很多人並不服氣。

赤眉軍的首領樊崇也跑到長安，被封了個例侯。可是只拿到了一張委任狀，卻沒有封地。樊崇一氣之下，連夜離開，又回到自己的軍營裡當他的赤眉軍老大了。

後來，劉玄看到很多地方的能人根本不把他的使者放在眼裡，便想用武力解決。只是他也不知道派誰帶兵去打這些能人。

大司徒劉賜說：「讓劉秀去吧。」

朱鮪說：「派誰去也不能派劉秀。」朱鮪全程參與了劉縯的事，對劉秀還是很警惕的。劉玄覺得朱鮪的話很有道理。

劉賜再勸了幾次，劉玄只得同意了，任劉秀行大司馬事，命他北渡黃河，鎮慰州郡。

劉玄雖然進了洛陽，但覺得還是長安好，於是決定把首都遷往長安，讓任劉賜為丞相，先到關內修建宗廟和宮室。

更始二年正月，申屠建和李松來到洛陽，迎接劉玄去長安。

當時，長安被大火燒了一場，但只有未央宮被燒毀，其他的宮室、倉庫、官府都沒有受到什麼損失。更始住在長樂宮，召集各位大臣升朝。他雖然熱愛皇帝這個位子，但從沒見過什麼大世面，這時群臣排列在那裡，整個大殿莊嚴肅穆，一雙雙眼睛都向他看來。這些大臣看他，當然都想從那裡得到封賞。而他一接觸那一雙雙目光，立刻低下頭來，滿臉通紅地盯著地板，用手指刮著席子。

大家都看得真切，一時大眼瞪小眼，你看我我看你，然後又都看皇上。

劉玄最後也沒有辦法了。他知道，今天無論如何都得說話。他想了很久，但也想不出該說什麼話來。最後一咬牙，吐出了他的開場白：「虜掠得幾何？」

你們都搶到多少東西？誰的收穫最大啊？

大家一聽，都昏頭了。這是什麼話？全是土匪口氣啊！現在他們可是大漢王朝的君臣，手下全是文明之師、威武之師，搶劫可是犯罪啊！

誰敢回答這個問話？

他說過之後，大家又都是瞪大眼睛看他。

瞪著他，他也沒有辦法。沒有辦法，只得散朝。

第六節　眾叛親離的下場

歷史上有過這樣的開國皇帝嗎？但李松他們很高興。劉玄一犯蠢，他們就有權了。李松和趙萌和劉玄建議，所有功臣全部封王。

朱鮪認為不可，說以前高祖有個約定，非劉氏不得封王。李松和趙萌只得住口。但他們仍然有辦法，先把劉姓的人大大地封了一批，然後再下個皇帝令，封王匡為陽王、王鳳為宜城王、朱鮪為膠東王、王常為鄧王、申屠建為平氏王、陳牧為陰平王、衛尉大將軍張為淮陽王、執金吾大將軍廖湛為穰王、尚書胡殷為隨王、柱天大將軍李通為西平王、五威中郎將李軼為舞陰王、水衡大將軍成丹為襄邑王、驃騎大將軍宗佻為潁陰王、尹尊為郾王。

但朱鮪不接受。不接受，劉玄也不勉強，但還是給他一些補償，任他為左大司馬。再任李松為丞相，趙萌為右大司馬，一起主理朝政之事。

那個正帶兵在河北打仗的劉秀沒有封王。

在整個起兵打倒王莽的過程中，趙萌並沒有多大作用，但他的女兒現在是劉玄的夫人。劉玄別的本事不高，卻很多疑，覺得讓岳父大人主持朝政才放心。

他覺得岳父很放心了，於是把工作全盤丟給岳父處理，自己天天跟一大群美女在後宮吃喝玩樂，一喝就醉，一醒又喝。

大臣們有時需要向皇上奏事，跟皇上反映自己的意見，可一看到皇上時，他總是處於喝醉的狀態，不管說什麼，基本上都等於白說。劉玄有時被逼不過，只得叫議事的大臣們都坐到帳中來，一邊喝酒一邊說話。

他現在仍然喜愛那個韓姬。

韓姬也跟他一樣，喜歡喝酒，但是脾氣比他大多了。他喝多了，最多不管事，韓美女在喝酒過程中，是不讓人打擾的。

有一次，她和劉玄喝酒時，一個常侍上來奏事，她很氣憤，罵道：「你沒有看到皇上正跟我喝酒嗎？為什麼一定要在這個時候來奏事？」罵完之後，覺得還不夠開心，就站了起來，砸爛了書案，把那個常侍嚇得不敢再說話了。

至於趙萌就更厲害了，女婿皇帝既然把所有的權力都交給他，他若不用，真的對不起女婿了。於是，在整個朝廷上，基本都是他說了算，他覺得不錯的人，就會給很多東西；他看不順眼的人，一揮手就可以拉下去砍掉。

大家都敢怒不敢言。有個不知天高地厚的郎官在劉玄面前告了趙萌一狀，說趙大人太亂來了。劉玄馬上就大怒起來，什麼也不說，直接拔出寶劍，把那個正告狀進行時的郎官砍死。

「我讓你告，到地獄告去吧！」

從此，誰也不敢做打小報告的事情了，只會拍馬屁。劉玄很愛聽這些話，誰說得好誰就提拔誰。於是，很多原來只是在宮中從事煮飯的大廚都封了官。

弄得民間都知道這回事，「灶下養，中郎將。爛羊胃，騎都尉。爛羊頭，關內侯」。

軍師將軍李涉覺得這也太不像話了，就勸他要注意一下，這是朝廷，朝廷有規矩，提拔要有依據，不是什麼人都可以提拔。

劉玄一接到這個奏章，立刻叫人去把李涉抓起來，「囚之」。

「現在懂規矩了吧？這裡的規矩就是我說了算。」

其他在外的諸將也跟他一樣，可以根據心情，高興的時候，就把覺得不錯的人提拔一把；不爽時，就把看不順眼的人拿來收拾收拾。

劉玄在皇宮裡亂來一氣，全國各地的民眾也到處在鬧事。此時，最著名的鬧事團體有：王郎、銅馬、大彤、高湖、重連、鐵脛、大槍、尤來、上江、青犢、五校、五幡、五樓、富平、獲索等等，合起來有百萬之眾。

而且王郎還是很有戰鬥力的，劉秀都被他追得滿地找牙，最後整合了幾個郡的的兵馬，這才站穩腳跟，大破王郎。

劉玄雖然過著糊塗的皇帝生活，但仍然警惕著劉秀。在劉秀大破王郎之後，就封他為蕭王，然後下令他罷兵回長安。但劉秀能回嗎？他說：「王郎雖然消滅了，但河北還有很多造反武裝，還需要平定。」不接受劉玄的命令，開始建立自己的事業。

劉秀這邊還沒有搞定，公孫述又動了起來。劉玄派李寶、李忠等人去討伐，卻被公孫述打了個大敗。公孫述自立為王。

樊崇的赤眉軍又拉起造反的旗幟，他帶著部隊進入潁川，一路都打著勝仗。赤眉軍是資深的倒王莽部隊，但並不像綠林兵那麼有大志，一直到現在，還沒有人稱帝。樊崇也曾想接受劉玄，只是劉玄太不把他當一回事，他這才憤而離開。他手下的士兵更沒有別的想法，此時雖然打了不少勝仗，但都不願再打下去了，個個心裡想回家。每到夜裡，他們都在營裡痛哭。

樊崇知道，再這樣下去，他的部隊就會完蛋。他造反到現在，最知道手裡沒兵之後的下場。於是，他決定西進長安。

劉玄接到消息後，當然沒有坐在那裡等樊崇來打，而是派王匡、成丹和劉均帶兵在河東、弘農一帶，堵截樊崇。

還沒有跟樊崇接觸，其他幾個地方的諸侯又紛紛宣布獨立，弄得全國到處是割據政權，有的稱王，有的稱將軍。最奇妙的居然有人自稱掃地大將軍。

最後稱皇帝的有公孫述，還有方望挾持的傀儡劉嬰。

劉玄對這些毫無辦法。目前他手下已經沒有多少人馬，劉秀雖然兵強馬壯，還在打著他的旗號，但已經不再接受他的任何命令了。劉秀知道赤眉西向長安，就派鄧禹虎伺在側，只等赤眉和劉玄大打一場之後，立刻出手，坐收漁利。命馮異帶兵征洛陽一帶。

當時，劉玄在洛陽的守將正是劉秀的死對頭李鐵。他本來跟劉縯兄弟是好朋友，開始時，都在一起商議起兵，後來卻硬是投到劉玄的陣營，並力主把劉縯殺死。此時，他面對劉秀手下的強兵，內心很複雜。

第六節　眾叛親離的下場

而且，他也知道長安是守不住的，劉玄是撐不了很久的。

馮異寫了封信給李鐵，讓他投降，他回覆說可以跟馮異相約，兩不相攻。

於是，馮異放心征伐，先拿下上黨兩城，再南下一口氣攻取成皋以東的十三個縣，收降兵十多萬人。

劉玄看到大片土地變成劉秀的地盤，也慌了起來，立刻派武勃帶一萬人出來對跟馮異對壘。結果武勃大敗，連腦袋都丟了。馮異把李鐵的態度向劉秀報告了。劉秀大喜，回信給馮異：「季文多詐，人不能得其要領。今移其書告守、尉當警備者。」季文就是李鐵的字。說這傢伙詭計多端，要嚴加提防。最後是說要把他跟馮異祕密約定的信傳給手下，讓大家都防備他。

大家一看，都不理解為什麼要洩漏這個祕密。

這些人不是劉秀，當然不知道劉秀為什麼這樣做。

朱鮪聽說李鐵居然還有這個手段，大吃一驚，立刻派人去把李鐵除掉。

李鐵一死，洛陽就亂了，不少人出來向馮異投降。

到了這時，連劉秀都公開與劉玄對打起來。劉玄的地盤就更加縮水了。不久，朱鮪又被打了個大敗，一直退到洛陽，而劉秀的部隊緊追著來到洛陽城下。

而更要命的是，劉秀掃清北方，勢力大漲，然後在眾將的反覆勸進之下，自稱漢帝，公開挑戰劉玄。

劉玄很生氣，聽說劉秀手下大將鄧禹正在圍攻安邑，而且已經幾個月了，還在戰鬥。他就派樊參帶兵過去，一定要把鄧禹痛扁一頓。結果樊參倒被鄧禹大破，並被「斬之」。

劉玄大怒，派王匡、成丹、劉均帶十萬部隊浩浩蕩蕩殺出，一定要把鄧禹打敗。結果還真的把鄧禹打敗了一次。

本來，如果王匡他們繼續攻打，鄧禹繼續被打敗的可能性很大。哪知，王匡在準備出兵的時候，翻看了一下日曆，原來這天是癸亥日，六十甲子記日的最後一天。這一天是不宜出兵的，於是他下令緊閉城門，待來日再戰。鄧禹一看，立刻抓緊時間整頓軍隊，做好了一切準備。

到了第二天，也就是甲子日。王匡覺得這個日子很好，天氣不錯，真的太宜打仗了。於是，下令全軍直出，向鄧禹發動最後的進攻。結果這個進攻真的成為最後的進攻。

鄧禹早料到王匡部隊前來猛攻，下令部隊都不要輕舉妄動，等王匡軍進逼過來後，這才傳令諸將擊鼓出戰，把王匡軍一鼓打敗。

王匡等人拚命逃跑，而劉均逃得稍慢，被打死在戰場上。王匡隻身逃回長安。

這次大敗，劉玄以及他的死黨們大受影響。

所有的人對前途都產生了悲觀的情緒。張卬在跟大家商量時，竟然提出：「鄧禹我們打不過，現在赤眉又打上來，看來長安是守不住了，我們乾脆把長安擄掠一遍，然後到南陽去。如果還打不開局面，又重操舊業，跑到江湖上，再次當土匪，也是不錯的。」

劉玄一聽，不由大怒起來。堂堂朝廷，怎麼能當土匪？他第一次表現得很堅決，果斷地否決了這個動議。他雖然蠢，但也知道，土匪大當家雖然快活，但是比起皇帝生活差遠了。

在這樣的情況之下，劉玄終於叫停了一次喝酒，著手進行了一次軍事部署，讓王匡帶一批部隊守新豐，讓李松負責對付赤眉。但張卬他們雖然嘴上不說，心裡仍然堅持自己的主張，看到劉玄答應，就決定聯合廖湛、胡殷、申屠建以及隗囂來個兵諫，把劉玄抓起來，逼他服從。

哪知，向來很蠢的劉玄，這時突然機靈了一次，就來個以毒攻毒，說自己病了，請張卬幾個人進宮來。可是隗器很狡猾，怕劉玄搞陰謀，也請了病假，帶著部隊自護。劉玄看到隗囂不來，就沒有動手。那幾個人一看這個情況，都覺得不對勁，就都衝了出來。只有申屠建還呆在那裡，劉玄只得把申屠建抓起來，當場殺掉，然後下令鄧曄去抓隗囂。張卬、廖湛和胡殷出來後，並沒有躲起來，而是帶著部隊前來，放火燒劉玄的宮門，殺入宮中，把劉玄打了個大敗。

隗囂也帶著部隊逃回天水。

第二天，劉玄從皇宮裡逃了出來，跑到新豐那裡。他的岳父大人趙萌在那裡。到了這時，只有岳父的地方才是最安全的，這個皇帝也算當得窩囊了。他沉迷於美色跟飲酒，把喝酒好色當成皇帝工作的重中之重，直到現在才知道，皇帝光喝酒是不行的，還得跟人家爭奪天下，還得需要人才幫忙打江山。

而且皇帝在這個世界上的敵人是最多的，不光有外部敵對勢力，還有內部的敵人。

劉玄這麼一想，那雙眼睛裡就充滿了多疑的光芒。他把所有人都打量了一遍，覺得王匡、陳牧、成丹三人也很靠不住。他就沒有想想，以前就是這幾個人把他找回來，讓他當上皇帝的。如果這幾個傢伙都靠不住了，他還有誰靠得住？韓姬當然靠得住，但是她能幫他打下錦秀河山嗎？

但是他這麼一懷疑，便又用老一套辦法，要召見他們一下。

陳牧和成丹思想沒那麼複雜，一接到通知就去了。可是才到劉玄面前，還沒有打聲招呼，幾個武士就跑了過來，什麼也不說，揮刀就把他們砍了。

王匡知道後，立即逃了出來，帶著自己的部隊，進入長安，真的跟張卬合作了。

劉玄就這樣，把自己手下最得力的人，都變成了自己的敵人。

此時，樊崇的赤眉軍也立劉盆子為皇帝，把自己也當成漢朝的正統。

而劉秀掃平北方之後，也開始南下，派兵包圍洛陽。

劉玄已經處於四面為敵的危險時刻。可是他太恨王匡和張卬了，等李松回軍時，他就跟趙萌帶著這支部隊猛攻長安。兩下大戰一個多月，王匡還真的被打敗了，退出長安。

劉玄又回到長安，住進了長信宮。皇帝的地方就是好。

王匡和張卬逃出來後，正好碰上赤眉的大軍，他們就向樊崇投降了，然後兩下合兵一處，回攻長安。李松帶兵出戰，可是才一交手，就被對方活捉過去。這是劉玄最後的資本。李松的弟弟李況看到哥哥都打不贏了，自己再抵抗也是白抵抗，於是打開城門把赤眉軍放了進來。

劉玄知道沒人保往自己了，找到一匹馬，獨自逃命。

劉玄當了這幾年皇帝，手下沒有一個信得過的親信。倒是劉恭對他忠心耿耿。劉恭就是劉盆子的哥哥，他聽說弟弟被赤眉軍立為皇帝了，怕受到連累，就自己把自己捆起來，然後去詔獄當囚犯。聽說劉玄逃跑了，這才自己出獄，跟著劉祉和嚴本一起，跑到渭水河邊，找到劉玄，繼續當他的追隨者。而劉玄的其他文武大臣都舉著白旗，向赤眉軍投降。

赤眉軍對劉玄下了個命令：「聖公降者，封為長沙王；過二十日，勿受。」

劉玄一看，這是個有利的消息啊！馬上叫劉恭過去轉達他投降的意願。赤眉方面派謝祿過來跟他辦理投降手續，他跟著謝祿過來，光著身子，向劉盆子獻上玉璽。

赤眉諸將站在那裡，都看劉玄不順眼。「當年我們都向你歸順了，你卻不把我們當一回事，連封侯都只打個白條。現在你知道了吧？我們比你強多了。」

他們個個都要求殺了劉玄。劉恭和謝祿在那裡團團作揖，為他求情。但是誰都沒把他們的求情當一回事，都怒喝著把他下拉去砍了。

劉恭急起來，一邊追一邊大叫著，然後拔劍出來，要先自殺。赤眉一看，就慌神了。因為劉恭是劉盆子的哥哥啊！皇帝的哥哥都要自殺了，這面子總是不好看的。赤眉軍雖然匪氣嚴重，但也是要點面子的。於是，看在劉恭的面子上，放過劉玄一馬，要封他為畏威侯。劉恭還是覺得不夠意思，最後赤眉軍也就算了，給了他一個長沙王的爵位。

赤眉軍其實跟綠林軍沒多大區別，雖然都立了一個劉姓皇帝，個個宣稱自己是大漢正統，其實行事沒多少規矩，匪氣仍然十分嚴重。雖然劉盆子進了長安之後，沒有問大家掠奪的成績，但是大家都在做這些事。所以，百姓對他們都很不滿。後來，張卬就以此為藉口對謝祿說：「現在百姓對我們很有意見，就怕他們又擁戴劉玄起來，然後跟其他勢力合夥，我們的麻煩就大了。」

謝祿覺得有理，找了個機會，派幾個手下帶著劉玄到效外去牧馬，然後把他勒死了。

劉玄本來從沒有當皇帝的遠大理想，當被他投靠陳牧部的綠林軍，也只是想保住性命，在綠林裡他表現得一點不突出。可是在派系鬥爭中，他被推到了前臺，成為對付劉縯兄弟的工具。他根本沒有這個能力。可以說，他這個皇帝是被動當上的，只是他自己卻也沒有這個認知。一旦當了皇帝，發現皇帝生活真幸福時，就以酒色為第一要務，其他都不關心。

一個盛世太平的皇帝，都還要兢兢業業，何況在天下大亂的生死存亡時刻，劉玄卻過著荒淫無道的酒色生活，這樣的人不失敗，真是天理難容。

第十六章 劉莊：四夷賓服，肅清貪腐的皇帝

第一節 聰慧的皇子

王莽之後，天下大亂，各地豪傑風起雲湧，相互爭伐，最後劉秀勝出，再續漢統，史稱東漢。

劉秀在位三十年，於中元二年（西元五七年）去世，太子劉莊繼位，是為東漢明帝。

劉莊並不是劉秀的長子，而他當太子之前，是他的哥哥劉疆當太子。後來，劉秀廢掉第一任皇后郭皇后，讓陰麗華當皇后。按照皇后的兒子就是太子的邏輯，劉莊就成為太子。

劉莊當太子之前，名字叫劉陽。先封東海公。他從小就是一個好學而聰明的好學生。

建武十五年（西元三九年），劉秀因為全國的耕地面積都是由各地自報上來的，資料很不準確，而且各地的戶口增減不一，於是下令各州郡對這些情況都進行一次普查、考核，便於準確地徵收賦稅和徵發徭役。另外一個目的就是限制豪強兼併土地和奴役人口的數量。

西漢中期，士族勢力開始看漲，到處兼併土地，形成強大的既得利益集團，對中央政權產生威脅。漢

武帝為消除這些威脅，就曾下了個《遷茂林令》，把全國的土豪都遷到茂林，算是解決了一次中央政令不出長安的危機。可到劉奭時，把劉徹的這些禁令都宣布作廢。於是，士族集團重新抬頭。既得利益集團越來越龐大，不但皇帝被架空，老百姓更加苦不堪言。

王莽雖然實行了改制，要抑制這些豪強的擴張。但王莽是個空頭政治家，研擬了很多方針政策，最後也只是空話，雖然運動之後，大家都在歡呼改制取得了全面的成功，其實沒有一點實質性的動作。最後導致了全國性的動亂，這也是王莽政權快速崩潰的主要原因之一。

劉秀在基層長大，當然知道這個原因，因此在統一全國第三年之後，開始對土地戶口進行清查，以便抑制這些既得利益集團的膨脹。

劉秀是拿著大刀打天下的皇帝，固然很威武，平時那些豪強也覺得他很威武。可是一到觸動他們利益的時候，他們仍然不管威不威武，先保住自己的利益要緊。於是，各地第一把手們仍然做著上有政策下有對策一套，以丈量土地為名，把農民們都集中到田裡，然後連房屋、村落也一併丈量。而自己霸占的土地就少報甚至隱瞞不報了。這樣的結果是，所有賦稅都由沒有多少田的農民去承擔，而士豪們卻享受著免稅的幸福生活。老百姓們當然不忍了，紛紛跑出來，哭著上訪。

即使劉秀親自過問，官員們仍然勇於欺騙皇帝。

當時諸郡的文件都必須上報劉秀。有一次，劉秀發現陳留郡上來的簡牘上有一行字：「穎川、弘農可問，河南、南陽不可問。」

劉秀覺得奇怪，就問來人：「這是怎麼回事？」

那個官員說：「這是在長壽街上撿到的。」

第一節　聰慧的皇子

劉秀一聽就火了。

「你這個傢伙把朕的智商太看低了吧?街上撿到的垃圾也夾在奏本上?」

這時，劉陽就在幄後，對劉秀說:「這是他們的上司教他作弊的。」

劉秀問:「為什麼說河南、南陽不可問?」

劉陽說:「河南是首都所在地，有很多皇親國戚和大臣;南陽是陛下的家鄉，他們的田地住宅都超過規定，不能當做標準。」

劉秀立刻把陳留的官員叫過來問，果然跟劉陽的說法一模一樣。劉秀覺得這個孩子太聰明了，當時，劉陽只有十二歲。劉秀的度田事件，有人說很成功，但有的人說並沒有成功，但他在這個事件中發現這個孩子，是他最大的成功。

劉秀開始對他進行培養，讓他參與一些軍國大事的討論。

建武十九年(西元四三年)，單臣、傅鎮等人嘯聚了一批民眾進入原武城。兩人自稱將軍，宣布與漢朝為敵。

劉秀下令太中夫臧宮帶兵去圍剿。哪知，打了很多仗，卻沒有把這群看似烏合之眾的武裝消滅，而且政府軍的傷亡很慘重。

劉秀也坐不住了，把大家都召集起來，商量怎麼辦。

大家都傾向於「宜重其購賞」。就是重賞之下必有勇夫，提高拿下那兩個「將軍」腦袋的價格。

劉陽卻反對這樣做，說:「這幾個人利用妖師、巫師的鬼話，騙老百姓跟他們一起造反。這樣的隊伍是不能長久的。不明真相的老百姓加入以後，很多人都後悔了。只是我們攻得太急，他們沒有辦法逃出來。現在我們應該做的，就是放鬆對他們的進攻，讓他們有逃亡的機會。只要他們逃亡出來，一個亭長就可以把他們搞定。」

劉秀一聽，真是好辦法，下令臧宮撤圍。那些武裝分子果然四散而逃。最後，政府軍攻入原武城，兩個「將軍」全部被斬。

當時，雖然劉疆是太子，但是劉秀並不怎麼看重他。他看重的是劉陽。

而兩年前，劉秀就廢掉了劉疆的母親郭聖通。郭聖通能成為劉秀的第一夫人，當年完全是一樁政治婚姻，而劉秀始終喜歡陰麗華。當年需要郭家為他出錢出力，現在這個天下是他的了，郭家的利用價值已經歸零。於是，他一紙詔書就把郭聖通廢掉，立陰麗華為皇后。

母親被廢掉後，劉疆就覺得自己不安全了，但是又沒有辦法。

郅惲看到他超級鬱悶，就對他說：「老是這樣下去，以後你會被鬱悶死的。不如辭職，回家跟母親一起過日子算了。」

劉疆覺得也對，與其以後被廢掉，不如現在主動讓位。

劉疆雖然不比劉陽聰明，但並沒做過什麼壞事，也是個好孩子，所以劉秀看到劉疆的辭職書後，也有些不忍，直到兩年後才批覆答應了他的請求，然後任劉陽為太子，同時改名劉莊。

劉莊就這樣成為接班人，一點波折也沒有。

但當劉莊即位之時，卻差點出現了一次重大事故。

劉秀於中元二年二月初五駕崩，劉莊一邊治喪一邊即帝位。

他的兄弟們當然都來奔喪。他的弟弟山陽王劉荊不服劉莊為帝，寫了一封匿名信，派個僕人送給前太子劉疆。勸劉疆起來謀反，奪取帝位。劉疆向來小心謹慎，接到這個信後，便把那個僕人抓了起來，連同那封信一起交給劉莊。劉莊一查，原來是弟弟做的好事。只得把這件事隱匿起來，然後命令劉荊離開首都，到河南宮去住。

第二節　竇家的興衰

漢朝有一個傳統，就是豪強勢力太過強大。劉徹深知其害，劉秀也深知其害，一直在想辦法消弱這些豪強的勢力，但效果都不佳。劉秀的度田事件，主要目的就是打擊這些豪強，但效果並不理想。劉莊同樣知道這個弊端。

他即位後，就開始了整治豪強行動。

劉莊很快就找到了個機會。

這個機會就是竇融。

竇融算起來絕對是東漢老一輩革命家。據說他是漢文帝母親薄太后的弟弟竇廣國的第七代子孫，說是貴族也不算過分。但到了他這一代，家道已經有些沒落了。直到後來，他的妹妹嫁給王邑為小老婆，他們全家這才遷入長安，過上了幸福的貴族生活。

這一段時期，他是王氏集團的死黨。直到王莽時代，他仍然緊密團結在王家周圍。當赤眉、綠林起事，王莽派王匡出戰時，王匡就叫他跟隨過去打樊崇。

後來，他又跟妹夫王邑去打劉秀。昆陽一戰，劉秀把王邑打得滿地找牙。他只得跟王邑逃回長安。後來，王邑又推薦他當了波水將軍，讓他帶兵到新豐，但被打了個大敗。

王莽死後，他投靠了更始皇帝，被安排在趙萌手下當小弟，很合趙萌的脾氣。趙萌就推薦他去當鉅鹿太守。可他卻不想去鉅鹿，而是想去河西。原因是，他家幾代人都曾在河西當官，在當地的人脈很廣。他對他的兄弟們說：「現在全國亂得要命，誰也不知道最後會亂到什麼地步。現在河西一帶很富足，又有黃河做天險，張掖那裡還有一萬精騎，如果有什麼變化，我們只要切斷黃河渡口，就完全可以守得住。這才是安身的好地方。」

趙萌的腦袋當然不會想得這麼複雜，他看到竇融說要去河西，就很爽快地答應了，改任他為河西都尉。

竇融這是帶著目的來到河西的，所以一到任就開展籠絡人心的工作。不光他管轄的地盤上，大家都喜歡他，連酒泉太守梁統、金城太守庫鈞、張掖都尉史苞、酒泉都尉竺曾、敦煌都尉辛彤這些人都跟他成為了朋友，而且這些人都把他當成老大。

更始皇帝被摘牌後，竇融把梁統等人找來開了個會，說：「現在天下更亂了，我們都不知道投靠誰才最可靠。我們首先要聯合起來，推選一個人當老大，統一管理，守好我們的地盤。否則，再這樣各自為政、各管各的地盤，最後就會被人家各個擊破。」

大家都說有理，就開始選舉。因為當時只有梁統是太守，官階最高，所以大家都全票投給梁統。但梁統不願當這個帶領者。最後讓竇融出來擔任。於是，竇融就成了代理五郡大將軍，帶領一幫兄弟，把五郡治理得很好，連內地的很多老百姓都跑到那裡歸順他。

後來，劉秀稱帝，勢頭很猛，竇融一看，就知道劉秀一定能一統天下。於是，在建武六年，派他的弟弟竇友帶著他的信去洛陽向劉秀表達歸順的願望。

當時劉秀正想辦法對付隗囂和公孫述，得到竇融的歸順，大喜過望，表揚了他一番。竇融又寫了一封信給隗囂，把當前形勢分析了一遍，勸他歸順劉秀。但是隗囂會聽嗎？

竇融也知道隗囂也不會聽的，於是跟五郡聯合起來，做好準備，然後上書劉秀，請劉秀確定進攻日期。

劉秀更加高興了，派人拿了一封信，再次表揚了竇融。

竇融他們更意氣風發，立即帶兵進入金城，把隗囂的盟軍羌兵狠狠地打了一頓，然後再沿著黃河下來，高調宣稱「恭迎聖駕」。

哪知，竇融做得轟轟烈烈，劉秀的大軍卻還沒到來。他只得又帶著大軍掉頭回去。

劉秀知道後，更加感激竇融。他知道，這次寫信已經沒有意思了，便找到竇融父親的墳墓，派人去認真地修理好，然後用牛羊豬各祭祀一次，活動舉辦得很隆重。當然，安撫了死人，對活人也得有所表示。他派人帶著各地的土特產，快馬送到竇融那裡。這些待遇，在劉秀其他小弟那裡是沒有的。

當然，隗囂也在拉攏竇融。可是他的使者才到竇融的地盤，梁統怕其他人會聽隗囂的話，乾脆一刀把隗囂的使者張玄除掉，讓隗囂不敢再派使者來了，使得五郡的高層都變成劉秀的心腹。

到了建武七年（西元三一年），隗囂帶兵進攻安定。

劉秀決定親征，來信約竇融會師。哪知，卻碰上大雨天氣。而隗囂又因為打不過馮異被迫宣布撤軍。竇融與劉秀的會師再次沒有成功。竇融只得再次上書，請劉秀抓緊時間，跟他一起夾擊隗囂。否則，等久了，會出現意外。

劉秀於次年夏天，再發大軍西征隗囂。

竇融立刻動員五郡太守及周邊大大小小的少數民族部落，前來與劉秀會師。雙方在終於在高乎縣相會。劉秀舉行了一次隆重的宴會，對竇融這麼多年來鍥而不捨地要歸順他進行了一次盛大的表彰。竇融一投降，不但河西一帶可以不戰而獲，讓劉秀的地盤平添了五郡的地皮，更棒的是，五郡就處於隗囂的地盤邊上，策略地位十分重要。如果讓隗囂或公孫述拿到，劉秀要打敗這兩上敵人，要花費的氣力就大了。他不但禮遇竇融，還把竇融的兄弟們都封了大官。

宴會結束後，大家同時出兵。到了這個時候，隗囂也只能「大潰」，然後所有地盤歸劉秀所有。之後，劉秀封竇融為安豐侯，竇融的弟弟竇友也被封為顯親侯。其他河西的將領也得到了封賞。然後，劉秀帶著自己的大軍東歸，而竇融仍然當河西的老大。

竇融在很長一段時期內，知道自己雖然有大功，卻還是很小心做人。因為他知道，劉秀雖然對他很好，很信任他，把河西交給他，讓他成為河西王。但他終究無法跟劉秀那些功臣比。那些功臣雖然沒有貢獻五郡之功，但他們跟在劉秀的身後打打殺殺了這麼多年，是劉秀的心腹，個個功勞都很大。現在他們的待遇還不如他。

而且竇融更知道，皇帝的性格裡最重的成分就是多疑，一旦哪天劉秀的疑心一來，那些看他不順眼的功臣再在旁邊燒一把火，他的末日立刻到來，因此，他覺得很不安，多次上書要求離開河西。但劉秀不同意，叫他繼續安心當他的河西王。

不久，隴西和蜀地都平定了，竇融就帶著五郡太守到首都述職。

第二節　竇家的興衰

竇融這次進京的排場很隆重，部下的大小手下都跟著他一路而來，車隊就有一千多輛，還跟著無數牛羊，浩浩蕩蕩而來。到了洛陽後，劉秀再一次賞賜他。這次賞賜的規模也十分巨大，史書的記載是「傾動京師」，無與倫比。劉秀接著任命他為冀州牧，繼續當一個地方的土皇帝。

而且，才過十天，劉秀再提拔竇融為大司空，成為三公之一，位於群臣之右。

此時，竇融仍然很小心。因為他始終覺得自己是半路投奔的，比不上劉秀的那些故舊，因此，一直都低調做人，看到同事們，都夾著尾巴，態度都十分卑謙。但劉秀對他的態度是越來越好。他不斷地向劉秀辭職，把位子讓給別人，但劉秀就是不同意。後來，他也不敢再請辭了。

雖然後來，因為坐戴涉案，被免了大司空之位，但是劉秀仍然十分優待他。可以說，如果他和他的家人都這麼繼續低調下去，他們竇家也還會繼續過著幸福的權貴生活下去。

然而，當劉秀死去，東漢最有權勢的家族之一的竇家的末日也就到來了。

竇融雖然在天下大亂之時，能做出最佳的選擇，投靠了劉秀，成功地把竇家打造成當時最有權勢之家族之一。竇家最為鼎盛的時期，一門之中，「一公、兩侯、三公主、四二千石……自祖及孫，官府邸第相望京邑，奴婢以千數，於親戚、功臣中莫與為比」。然而，他家族中的二代們卻沒有像他一樣，保持夾著尾巴做人的態度，而是仗著手中的權勢，勇於做違法亂紀之事。

他堂哥的兒子竇林官居護羌校尉，連漢明帝也不放在眼裡，做出「欺罔」之事來，被劉莊抓了個正著。如果只是別的把柄，還真不好下手，可「欺罔」之罪是大罪，不抓還真說不過去。劉莊抓住竇林之後，立刻判了個死刑。劉莊知道，竇林之所以勇於這麼大手筆犯罪，根子全在竇融那裡。於是，他多次下詔給竇融，問責的力度一次比一次加大。最後，居然把「竇嬰、田蚡」的故事也寫了出來。

竇融一看，嚇得兩手發抖，只得要求退休。

劉莊不再像他的父親那樣挽留竇融，而是直接批准了同意。既然有病，就請回去養病。當然，如果竇氏家族就這樣老實下去，那也沒有什麼。偏偏竇融自己很老實，卻不管教好自己的下一代，讓他們都向自己看齊，不要那麼囂張。竇林就是因為太囂張而被下獄死的。他的長子竇穆在他交出衛尉的大印當前領導者後，仍然像以前那樣，到處做違法之事，而且膽子比他的堂哥竇林更大。

竇穆覺得六安侯劉盱很合胃口，想讓他成為自己的女婿，又怕人家不答應，居然偽造了太后的詔書，說是太后命令劉盱馬上辦理離婚手續，然後娶他的女兒做老婆。劉盱居然被假詔書嚇著，不得不按他的意思去辦。哪知，兩年後，即永平五年（西元六二年），劉盱前妻家人把這件事告了上去。

劉莊一看，差點大爆粗口，連太后的詔書都敢偽造，下一步恐怕連皇帝的詔書也會造出來了。當場把竇穆免了官，然後下詔一路追責。竇家幾乎所有的人都被牽扯進來，集體遣送回原籍，只留大功臣竇融一個人在首都。此時，竇融已經七十多歲，老態龍鍾，雖然衣食無憂，仍然可以過著富豪生活，但身邊卻沒有一個親人。不久，竇融就鬱悶地死去。

再過幾年，竇穆又犯了法，被劉莊抓了個正著。於是，把竇穆及其子竇勳、竇宣全部「下獄死」。竇家經過劉莊連續幾次打擊，終於使這個曾經的權貴徹底破落。再過幾年，劉莊才下詔，讓竇融的夫人和一個孫子回來，居住在雒陽，算是對竇融當年功勞的認可。

第三節　國舅也得處刑

當然，只拿著竇家開刀，劉莊仍然不能服眾。

劉秀為他留下的功臣太多，這些功臣原來很多人就跟竇融一樣，沒有跟劉秀之前，就是壟斷一方的豪強，此時成為大功臣，就更加囂張了。劉秀還活著時，他們還有點收斂，現在劉秀死了，劉莊這個小字輩，他們就不怎麼在意了。劉莊收拾竇氏家族，其實就是收拾給這些豪強看的。

當然，如果只除掉了個竇家，其他人仍然是不會收手的。

他們仍然以為，竇融跟劉家淵源不大，劉莊是看他們不順眼，這才做個選擇性肅清。於是，竇家就成了倒楣鬼。他們跟劉秀淵源深得很，劉莊這小子不會拿他們怎麼樣的。

劉莊打完竇家之後，又把眼睛盯向另一個家族。

這個家族比竇家更厲害。

因為，這個家族就是陰氏家族，也就是他母親的家族。

大家都知道，劉秀還在年輕時候，就十分喜歡陰麗華，曾經發出「仕宦當作執金吾，娶妻當得陰麗華」的感嘆。他一掃天下之後，就廢了郭皇后，立陰麗華為后。而劉莊也是麗陰華的兒子。

陰家在當時也出現了幾個有能力的人。比如陰識，他是陰麗華的哥哥。在劉秀兄弟宣布起兵的時候，他就放掉學業，從長安返回老家，跟劉氏兄弟一起革命，被劉縯任命為校尉。

而更始皇帝的時候，陰識居然還很得劉玄賞識，讓他代行大將軍之職。

當劉秀派人去新野接陰麗華時，也把陰識徵召過來，封為陰鄉侯。

當時不但劉秀認為陰識很有能力，人品也很優秀，同朝中的很多人也這麼認為。於是，劉秀就任命陰識為執金吾，跟他的弟弟陰興一起當劉莊的老師。陰興也是個人才，長期跟隨劉秀到處征戰，其口碑比不哥哥差。而劉秀定都之後，出征時，常常讓陰識當首都的留守。陰識雖然在上朝時，能夠「知無不言，言無不盡」，什麼話都敢說，可是退朝後跟大家一起聊天時，從不談論國事。因此，劉秀更賞識他。

而陰興比陰識更謙虛，劉秀準備封他為關內侯時，他堅決推辭，說自己並沒有戰功，不能封侯。他姐姐陰麗華問他為什麼辭封？他直接就回答：「如果外戚老是這樣，嫁女只想嫁給王侯，取老婆只想娶公主，這不是好事啊！富貴是不能過頭的，人應當知足一點才對。否則，不但會被人家笑話，而且後果也會很嚴重。」陰麗華聽到之後，覺得很有道理，因此這個皇后娘娘很少為陰家謀取什麼利益。

陰興也有一幫朋友，但他只跟這些朋友在一起聊天喝酒，覺得這些人喝酒聊天是很厲害的，但別的能力很有限，所以，從沒有幫他們討過一官半職，只讓他們跟自己永遠保持在聊天的程度上。

有這樣的外戚，劉秀覺得很高興。他雖然很優待功臣，但那顆皇帝的心裡仍然頑強地生成出疑心來。他覺得他百年之後，還是把接班人託付給陰家兄弟，這才可以放心地死去。

有一次，劉秀病重，連他都覺得自己馬上就要離開這個世界了，於是緊急把陰興召來，想讓他當大司馬。

陰興立刻趴在地上，不斷地叩頭，「流涕固讓」，堅決不接受這個任命，劉秀只得作罷。

劉秀老是擔心自己死去，想讓陰家兄弟當託孤之臣，哪知他自己重病了幾次，最後卻頑強地活了下來，倒是陰興比他還死得早。陰興只活了三十九歲。

劉秀看到這兩個小舅子實在太好了，常常號召外戚成員都向他們學習。

第三節　國舅也得處刑

劉秀後來，又想任陰識為太子太傅，因為張鐵堅決反對，說：「陛下立太子，是為陰家還是為天下呢？如果是為陰家，那麼可以把大權交給陰識。如果是為天下，那麼就要任用天下的賢才，而不僅僅把目光放在陰家上面。」劉秀一聽，只得作罷。

陰興死得早，陰識也活得不長。

劉莊即位才兩年，陰識就去世了。

在漢朝的這些外戚當中，陰氏兄弟堪稱為其中的楷模。

然而，陰家也跟竇家一樣，雖然竇融很小心謹慎，走路都不敢大踏步，但竇家二代卻不知天高地厚，勇於胡來；陰家的陰興和陰識雖然記住知足常樂的信條，卻沒有把這個信條有效地傳遞給他們的第二代。

陰麗華還有個弟弟叫陰就。他也很有能力，口才尤其了得，一有什麼論題出來，滿朝文武都辯不過他。但在做人這方面，他就比陰識和陰興差多了，老是覺得自己是國舅，對劉家有功勞，而且水準不一般，因此很傲慢，一天到晚板著不可一世的臉，讓人家看得很不順眼。

他的兒子陰豐就更不用說了。當年劉秀實在太喜歡陰家了，就來了個親上加親，把自己的女兒酈邑公主劉綬嫁給他。於是，陰豐就成了外戚加駙馬。

哪知，這個公主的性格更潑灑，一發起火來，誰也擋不住。陰豐是個花花公子。這個花花公子跟所有的花花公子一樣，除了貪財、到處炫富、做違法亂紀之事外，還好色。

「你去貪財我不管，你去違法亂紀，我同樣不過問——反正這個天下是我父親的天下，這個法也是我父親立的法，可是你不能天天在外面與女人廝混。」

公主一憤怒，就找來陰豐破口大罵。

陰豐當然不服軟，同樣用破口大罵來應對，雙方的火氣越來越大。

「妳以為公主就了不起了，老子同樣敢白刀子進紅刀子出！」

公主一聽，哭聲就更大了。

「你敢殺我？我的哥哥是現任皇帝，他絕對不會放過你。」

哪知，陰豐氣在當頭，當場找來工具，真的把公主一刀砍死。

眼看自己的老婆從一個破口大罵的潑婦變成橫在地板上的死屍，陰豐的腦袋也瞬間清醒，知道自己真的闖禍了。以前他到處打打殺殺，那是一點事也沒有的，可現在殺的人卻是皇帝的妹妹啊！

他傻著眼在那裡發抖，但是他還有什麼辦法？他像所有的花花公子一樣，在做違法亂紀之事時，表現得很瘋狂，好像這個天下是我的天下，誰也拿他沒有辦法。可是一旦事情敗露，立刻就腿軟了。

劉莊聽說妹妹的性命被這個表弟一刀結束了，立刻暴跳如雷。「陰家這些年做的壞事也不少，我正想找個到機會敲打一把，現在你居然連我的妹妹也敢殺，恐怕哪天跟我在一起，一言不合，也要舉起大刀朝我的頭上砍了嗎？如果犯了別的罪，礙著母親的臉，倒不好治罪。現在殺了公主，母親還有什麼話說？」

劉莊其實在看到陰家的勢力越來越膨脹，心裡也很不安穩，尤其是陰就，那一臉的驕橫，誰都不放在眼裡，仗著是太后的弟弟，什麼財都敢要，什麼話都敢說，滿朝文武敢怒不敢言。如果任其發展下去，只怕比竇家更棘手。劉莊立刻在太后面前，直接滿臉怒容地下令，判處陰豐死刑，立即執行。

劉莊在把陰豐押赴刑場之後，並沒有放過陰就。陰就沒有辦法，最後跟自己的老婆一起自殺。這還是劉莊看在他是國舅的面子上，把自殺的權利下放給他們，而沒有讓他們被處以極刑。

正蒸蒸日上的權貴家族陰家就這樣倒了下去。

劉莊透過陰家事件，再次向外界宣告，誰觸犯法律，誰都得承擔犯法的後果。而且，他的性格很剛烈，一旦執法起來，絕對沒有寬大這個字眼。

第四節　對親兄弟也不留情

在中國歷史上，劉秀絕對算得上是一個最為寬大的皇帝。但是，劉莊在性格方面跟劉秀差別很大。劉莊的脾氣很火爆，更是十分痛恨腐敗分子，一經發現就堅決從嚴處理，不管是誰，只要挑戰他，他就絕對不手軟。如果說竇家只是外姓功臣、陰家只是外婆家的人，算不了什麼，但是他的親兄弟犯事起來，他同樣毫不留情。

還記得劉荊吧？他在劉莊即位時，曾動員廢太子劉彊發動政變，被劉彊舉報後，劉莊因為剛剛即位，又念在兄弟份上，放過他一馬。哪知，劉荊老是覺得自己有造反天賦，又看到劉莊這些年大力反腐，大臣們都有些怨言，因此覺得造反時機已經成熟。

當然，如果他覺得時機成熟，就著手做好準備工作，然後反上京城，倒也算是個做實事的人，但劉荊除了在貪腐這事上有實做精神外，其他事都是玩虛的。就連造反這事，他同樣沒有腳踏實地地做。當年鼓動劉彊，也只是去偽造一封虛假的信，這時想自己舉起大旗，同樣只是請來幾個看相的江湖騙子，問他們：「我的相貌很像先帝。先帝三十歲取得天下，我現在也三十歲了，是不是可以起兵了？」

看相的本來就是憑著胡言亂語，靠在人前裝高深騙人家的錢財，從來不敢謀畫造反這樣的大事。這時聽說劉荊居然要造反，還要讓他們提供造反依據，一下就慌了神。他們沒有回答劉荊的話，告辭之後，第一時間就去向相關部門舉報。

劉荊也感到害怕了。劉荊雖然天天照鏡子，覺得自己不管從哪個角度看，都跟父親劉秀很相像，膽子卻遠沒有劉秀的大，智商更沒有劉秀的高。他聽說看相的告發了他，二話不說，立即找來一條粗繩，把自己五花大綁，然後自己步行到大牢裡，等劉莊兄弟的判決。

劉莊看在兄弟的面子上，再次放過他一馬，不追究他的刑責，只是下詔不許他統治封國的官員和人民，但其他待遇一律保留。當然，還派相國和中尉對他進行嚴密的監視。

如果劉荊就這樣老老實實地過著他的王爺生活，那什麼事也不會發生。可這傢伙就是不老實，從監獄裡出來不久，體內的反骨因子又活躍起來。這次，他沒有把希望寄託在相士的身上，卻把希望放在那些做巫術的人身上。

他請來巫師，讓他們透過祭祀活動，然後發幾個惡毒的咒語，要把劉莊詛咒死，讓他坐擁天下。這事好像動靜不大，而且做得十分隱密，完全可以在暗地裡進行，把劉莊弄死，然後自己鬼使神差地坐上皇帝寶座。哪知，還是讓劉莊知道了。結果，鬼神還沒有把劉莊弄死，他倒先被劉莊抓了起來。

劉莊這次不再放他，下令長水校尉樊儵對他進行審訊。

樊儵很快就結案，並建議對劉荊判處死刑。

案子報到劉莊那裡。劉莊大怒（肯定是在裝），大聲說：「諸卿以我弟故，欲誅之；即我子，卿等敢爾邪？」你們明明知道他是我的弟弟，都還要殺他。如果是我的兒子，你們還敢嗎？

樊儵說：「這個天下是高皇帝的天下，不是陛下的天下。根據《春秋》裡的說法，君王至親也不能謀反

第四節　對親兄弟也不留情

啊！誰計劃謀反，就殺誰。我們因為劉荊是陛下的兄弟，這才上報皇上，請示皇上。如果是陛下的兒子，我們的工作職責就是專斷誅殺而已。」

劉莊一聽，心裡哈哈大笑，老樊真有水準，幫他找到了理論根據，當場表揚了樊儵一通。

樊儵一被大力表揚，劉荊就必死無疑了。

劉荊那顆腦袋裡雖然不靈光，但也不是真正的傻子，他也明白這個道理。他最後還真給劉莊哥哥臉面，沒有讓劉莊派人來把他五花大綁，押赴刑場，而是自己解決了自己的性命。

劉莊在處理這件事上，還是很有策略的。反覆讓劉荊犯法，然後自己裝仁慈，最後借樊儵的嘴，讓劉荊死得很有合乎《春秋》之義。

「兄弟啊，不是我要殺你，是《春秋》要你去死。」

功臣殺了，外戚也殺了，親兄弟也沒有放過，應該沒有人敢再犯事了吧？

但仍然有。

而且又是劉莊的兄弟。

這次是劉英。

劉英是劉秀與許美人生的兒子，還在很小的時候就封楚王，而且跟劉莊的關係也不錯。劉英在歷史上並不出名，很多人都不知道，他是中國歷史上第一個有名有姓的佛教徒。劉英的封國就在淮南一帶，這說明當時佛教已經在當地流行。

劉莊因為當皇帝以來執法嚴苛，為了表示自己其實是很寬大的，就在永平七年下了個詔書，要求把全國的死刑犯都送往度遼營，然後下詔叫那些逃亡的罪犯可以用生絹來贖罪。這本來跟劉英無關。誰知，這個傢伙平時肯定心裡都在做著圖謀不軌的偉大夢想，看到這個詔書之後，居然心虛了起來，扛著黃縑、白執跑到相國那裡，對相國說：「我身在藩國，累積了很多罪行。現在朝廷讓我重新做人的機會，讓我很高興。現在送上這些縑帛，以贖我罪。」

相國把這事向朝廷進行了彙報。劉莊什麼也不說，只是下了個詔書：「楚王誦黃、老之微言，尚浮屠之仁慈，潔齋三月，與神為誓，何嫌何疑，當有悔吝！其還贖，以助伊蒲塞、桑門之盛饌。」這話用現在的話來說就是，楚王劉英向來精通黃老的理論，又崇尚佛家的慈悲仁愛，曾經齋戒三個月，對佛立過誓言，現在還有什麼可嫌疑，需要悔恨到這個地步？把他送過來贖罪的那些東西全部返還給他，算是贊助他信仰的佛門弟子。

據說這個詔書是中國第一次對佛教的記載，有極其重要的文獻價值。

當然，劉莊下的這個詔書絕對沒有考慮到什麼文獻價值，而是因為確實找不到劉英的把柄，與其把他大罵一頓，不如讓他繼續玩下去，等把柄露出來再行動也不遲。作為兄弟，劉莊肯定知道劉英有多少斤兩，更知道劉英不會無緣無故地向他贖罪。

果然五年之後，對佛教在中國流行做出重大貢獻的劉英真的露出了真面目。

劉英也跟劉荊一樣，覺得可以造反，而且手法幾乎雷同。劉荊先請相士鑑定自己的相貌，然後再請巫師詛咒劉莊，要把劉莊咒死，玩的是虛招。劉英玩的也是虛招。劉英大概是汲取了劉荊的教訓，沒有請相士和巫師，而是請來幾個方士，幫他製作了金龜和玉鶴，然後在這些東西上面刻上文字，表示老天爺決定讓他當皇帝。

結果也跟劉荊一樣，被人告發，說他蓄意謀反。

劉莊當然大怒，他當皇帝到現在，別人都不敢謀反，倒是兄弟們要反來反去，立即進行取證調查。最後證據確鑿。相關部門上了個奏摺，「請誅之」，但是劉莊仍然表示不忍殺掉兄弟，只是廢了他的爵位，然後「徙丹陽涇縣，賜湯沐邑五百戶」。

劉英到丹陽後，便自殺了事。

至此，不管是功臣還是外戚、宗親，劉莊都找到其中的代表人物，然後抓住把柄，進行強力打擊，把豪強、貴權們狠狠地修理了一頓。

第五節　威鎮西域

劉莊性格火爆，對犯罪分子動則大刑伺候，甚至有時還自己動手。據說，有一次他親自查帳，發現內朝一個小吏誤記了西域屬國的貢品，立刻把犯錯的尚書郎叫來，然後自己舉著木杖對尚書郎進行責打。那些官僚都很害怕劉莊，是以在明帝一朝，官場算是比較清明。

劉莊對當官的很嚴厲，但是對老百姓卻十分寬容。

他在當皇帝時，多次下詔減免田稅和瑤役，還發表政策，勸督農桑。他自己很節儉，在修建自己的墳墓時，就下令不得動大工程，而且專門下了個詔書：「令流水而已，無得起墳。萬年之後，掃地而祭，桿水脯而已。過百日，唯四時設奠。置吏卒數人，供給灑掃。敢有所興作者，以擅議宗廟法從事。」

但是在興修水利時，卻很大手筆。漢平帝年間，黃河和汴水曾經大決，沒有人修整。劉秀當皇帝時，曾經打算修一修，可是當時的浚儀縣令上書，說現在戰爭剛剛結束，不宜徵發徭役。劉秀只得作罷。

後來，決口越來越大，汴渠不斷向東氾濫，黃泛區越來越大，兗、豫百姓怨嘆，認為朝廷只是用心去做其他工程，沒有優先解決黃河決口之事。劉莊也很著急，正好有人向他推薦了個水利人才。這個人才叫王景，是個水利專家。他馬上下令王景和建設部門的官員王吳負責修築汴渠的防洪堤岸。這個工程十分巨大，從滎陽開始向東，直到千乘入海口，共一千多里，每隔十里修建一個水閘，使水閘之間的水流相互調節，徹底解決了決堤和漏水的隱患，從而使黃河中下游的農業生產得以正常進行。

王景在施工過程中，雖然很節省，但最後仍然耗費「以百億計」。

劉莊嚴以治吏，寬以治民，使得大漢王朝的元氣得到迅速的恢復。

於是，在國富民強之後，他也把目光轉向匈奴那裡。

漢朝立國至今，最大的邊患就是匈奴。西漢時，匈奴被劉徹幾次猛打，已經沒有了以前的囂張氣焰，但是這些年來，仍然不斷地製造著麻煩，讓漢朝很是頭痛。

劉秀時代，因為天下初定，沒有力量向匈奴開戰。

劉莊經過十多年的經營，國庫已經大為充盈，於是，決定開啟懲罰匈奴的戰爭。

永平十五年十二月，劉莊令竇固等率兵屯駐涼州，做好進攻匈奴的準備。

次年春天，劉莊下令四路大軍出塞，討伐匈奴。

竇固和耿忠一路直達天山，向北匈奴王呼衍王進攻，一戰斬殺匈奴一千多人，再追至蒲類海，之後在這裡設立了宜禾都尉，並組建了一支生產建設兵團，在那裡開荒屯墾。其他三路基本都像當年的李廣一樣，白白跑了一趟，沒有抓到立功的機會。

第五節　威鎮西域

竇固派班超跟著從事郭恂一起出使西域，以便與他們聯合起來，共同抵抗匈奴。

班超他們很快就來到了鄯善國。

鄯善國的國王聽說漢朝的使者來了，馬上以最高規格來接待。可是過沒幾天，這個國王的態度突然又變了起來，對班超他們的笑容顯得很僵硬。班超一見，就覺得不對勁，對他的同夥們說：「你們看出這個傢伙對我們冷淡了嗎？」

他的那些下屬一點不在意，都說：「胡人就是這個樣子，一群沒有文化的人，我們不能要求太高啊。」

班超說：「你們錯了。我認為肯定是北匈奴的使者也到了。他現在正不知道該怎麼辦才好，我們可以試探他。」

於是，他把鄯善國的侍者叫了進來，突然問了一下：「匈奴的使者來幾天了?他現在在哪裡？」

這個侍者哪裡會知道班超在套他的話，只是老實地回答：「他們來三天了，駐地離此三十里。」

班超馬上把這個侍者關了起來，然後把手下三十六人都召集起來，請他們喝酒。喝到酣暢之時，他突然大聲說：「現在我們遠在西域。現在北匈奴的使者才來了幾天，鄯善國的國王就開始不理我們了。如果北匈奴使者叫他把我們都捆了起來，送到匈奴那裡去，不用幾天，我們都會成為狼嘴裡的食物。我們現在應該怎麼辦？」

大家都齊聲說：「兄弟們只聽班司馬的。」

班超再次大聲說：「不入虎穴，焉得虎子。現在只有一個辦法，就是連夜火攻匈奴人，讓對方不知道我們到底有多少人馬。趁他們慌亂之時，把他們都消滅掉，鄯善國王就容易搞定了。我們的任務就完成了」

有人說：「這事很大，還是去向郭從事彙報一下。」

班超面色一端，道：「我們的生死現在必須做出決定。郭從事是個文官，如果聽到我們的想法，肯定怕得要命。如此一來，我們的計畫就會洩漏。洩漏計畫就等於沒命，到時我們就會死得很難看。」

大家一聽，真有道理，於是一致同意班超的意見。

到了夜裡，班超就帶著這三十六人跑到匈奴使者的駐地。

當時，大風呼嘯，風颳得臉面疼痛。但是班超很高興，真是夜襲的大好機會啊！他下令十人拿著鼓，躲到匈奴人帳後，說：「看到火起，就一齊擂鼓大喊。」

其他人都拿著大刀和弓箭埋伏在帳門的兩邊。一切準備妥當，班超自己去當縱火者。

大火一起，匈奴人帳前帳後都是鼓聲大震，殺聲連天，匈奴人正在酣睡，被這個陣勢一驚而醒，無不驚慌失措，亂成一片，到處亂竄。班超揮刀上前，親自殺了三個人。他的手下也奮力殺敵，一口氣殺了三十幾個。其餘一百多人都被大火燒死。

班超得勝歸來，這才把事情經過告訴了郭恂。郭恂嚇了一跳之後，隨著臉色一變。

班超很聰明，知道郭恂的抗壓性其實並沒有那麼差，而是怕自己沒有功勞，於是笑著說：「您雖然沒有前去參與行動，但這個功勞裡也有您的一份。」郭恂這才把大喜的神態掛到臉上。

班超立刻把鄯善國王叫來，然後把匈奴使者的腦袋丟在地板上，讓他仔細查看。鄯善國王一看，當場嚇尿。

班超向他宣布漢朝對西域的政策，要求他不得再跟匈奴來往。鄯善國王叩頭說：「以後再也不敢有二心了。」

第五節　威鎮西域

當然，口頭表態是不能算數的，他還派王子到首都洛陽去當人質。

班超回來向竇固報告。竇固很高興，將班超的功勞向劉莊進行了彙報，並請求再選派使者出使西域。

劉莊一看就笑了，說：「有班超這樣的人才，還用再選派他人做什麼？現在任命班超為軍司馬，繼續去完成他的任務。」

竇固又派班超出使于闐，並想多派些兵給他。班超卻擺了擺手，表示只帶原來的三十六人，理由是：「于闐國很大，也很遠。現在就是多帶幾百個人，算起來力量也沒有多少強大。如果出什麼意外，人多反而是累贅。」

于闐國雖然很大，向來是西域南道的老大，可是仍然被匈奴使者控制著。班超來到于闐後，于闐國王廣德並沒有用很高的規格接待他。而且這個國家的人都很信巫術，一碰到什麼問題，從不肯花自己的腦子去想辦法解決，而是都去問巫師。這次巫師大聲說：「現在天上的神仙已經很生氣，問我們為什麼要倒向漢朝？漢朝外交代表團裡有一匹黑唇黃馬，你們快過去拉過來當我的祭品。」

廣德立刻派他的宰相私來比過來跟班超要馬。

班超是什麼人？早已查出此事的來龍去脈，一跟私來比見面，二話不說，很爽快地答應了，但有個要求，就是讓巫師親自來取馬。

不一會兒，巫師就來了。

班超連話也不讓他多說一句，大刀一砍，把巫師的腦袋砍了。私來比一看，正想說什麼。班超卻把他捆起來，用皮鞭把他打了幾百下，然後自己拿著巫師的腦袋去見廣德，把廣德也狠狠地罵了一頓。廣德雖然在西域很厲害，但是看到班超這個樣子，也害怕起來，只得聽從班超的吩咐，把匈奴使者殺了，斷絕了與匈奴的交往。

如此一來，西域各國都派出王子到漢朝充當人質。西域跟中原的關係中斷了整整六十五年，到這時才全面恢復交流。大漢天威這才重新在西域那裡得到體現。

如果劉莊不能拿出雷霆手段，把豪強、外戚、宗親狠狠地打壓一頓，肅清整個大漢官場，提升生產力，使人口大幅度增加，國庫也大為充盈，讓大漢朝在短時間內得以強大起來，只怕此時他就會在這些傳統貴權勢力的肘掣之下，弄得灰頭土臉，談何富國強兵、國樂其業、遠近畏服？

這位很有作為的皇帝，最後只活了四十八歲，便在永平十八年的秋天，於東宮前殿駕崩。

後世對他的評價還是很高的。

曹丕的評語：明帝察察，章帝長者。

范曄的評語：明帝善刑理，法令分明。

曹范二人的評語是很中肯的。

第十七章 梁冀：罪大惡極的跋扈將軍

第一節 為所欲為的權臣之子

雖然劉莊曾經大力打擊外戚，在明帝一朝再無外戚干政的亂象，然而他的這些措施也只是治標不治本，並沒有制定出一套根本的制度來遏制外戚的干政。因此，他一駕崩，外戚們便又冒出頭來，跳上歷史舞臺，外戚干政亂象又如火如荼。

其中表現得最為高調的就是梁氏家族。

梁氏也是東漢的豪強權貴。梁氏第一代的代表人物就是梁統。

梁統在劉秀時期，雖不如竇融、鄧禹家族那麼厲害，但他的兒子梁松成了劉秀的女婿之後，整個家族就與皇家掛上了鉤，門庭越來越顯赫。在權力爭奪中，梁氏一門曾被竇家打殘，但仍然挺了過來。

到了四代梁商，梁氏終於爬上了權力的巔峰。因為梁商的妹妹和一個女兒被選進宮中，很快就得到順帝劉保的寵愛。這個女兒後來被立為皇后，而此前他的妹妹被封為漢和帝貴人。梁商不斷地被順帝提拔，只三年時間，職務就從侍中到屯騎校尉，再為大將軍。

梁商雖是官後代，但人品不錯，認為自己是靠當外戚而成為位極人臣的大將軍，而不是靠真本事，因此比較低調寬容，名聲還算不壞。

可是他的兒子梁冀卻跟他完全不一樣。

梁冀的妹妹雖然很漂亮，但梁冀本人卻長得很醜。史書對他相貌的描述是這樣的：「為人鳶肩豺目，洞精目黨眄，口吟舌言，裁能書計。」用現在的話來說就是，兩個肩膀聳立著，看過去像是鷂鷹轉世，而一雙眼睛完全繼承了豺狼的凶光，話說得不清不楚，肚子裡的墨水，只夠他勉強簽字計數而已，但吃喝賭嫖之事卻樣樣精通。史書還詳細羅列了他精通這方面的例子——性嗜酒，能挽滿、彈棋、格五、六博、蹴鞠、意錢之戲，又好臂鷹走狗，騁馬鬥雞。一看就知道，梁冀小時候就是怎麼樣的人了。他父親卻不管這些，在他很年輕的時候就培養他當自己的接班人了。

梁商在為梁冀鋪路時，還是很用心的。

劉保在陽嘉三年曾下令封梁冀為襄邑侯（關於這個任命，梁商事先肯定知道）。可是任命詔書還沒有下發，尚書令左雄就表示堅決反對，說高帝當年就立下規矩，沒有軍功不得封侯，不能壞了高帝的規矩。但順帝就是不聽。劉保雖然諡為順，但他只覺得梁家的話才順耳，別的話基本不能聽。

左雄仍然進諫，劉保還沒有答覆，梁商終於出面。這位老人這知道，雖然在自己多年的經營之下，諸梁已經占據權力要津，順帝基本都聽自己的話。但要是壞了劉邦立的規矩，天下是不服的，以後梁家也不好過。於是，他趕緊出來請求皇上不要封梁冀侯爵。順帝開始也不聽——他只可以在這方面表現一下自己的反對意見。但梁商繼續請求。前後拉鋸十多次，最後劉保才答應了。

第一節　為所欲為的權臣之子

侯封不了，那就當大官吧！兩年後的永和元年，劉保任命梁冀為河南尹，成為首都的一把手。當了大官的梁冀更加放縱自己，除了遵紀守法之事不做之外，別的事都天天在做。不說別人看不順眼，就是他父親的親信，雒陽縣令呂放也看不過去了，就跑到梁商面前，偷偷把梁冀專門做違法亂紀的事陳述了一遍。

梁商雖然做人很低調，但是一直在籌劃著梁氏的未來，很想把梁冀培養成下一代梁氏的領軍人物，把梁氏家業發展得更大更強。梁商的低調，一來是因為性格本來就柔弱，二來他也清楚看出自己的不足之處。其他外戚雖然也拿著大權爬上高位，但是基本上都有戰功。比如竇憲就打過匈奴，鄧騭也上過戰場。而他連邊境都沒有到過。所以，他必須製造出一個好名聲，透過人氣來站穩腳跟。

梁冀從小就是一個執絝子弟，喝酒玩美女之事，能瞞得過梁商嗎？但梁商卻沒有做聲。現在呂放當著他面前一說，他只得表示很憤怒，然後找來梁冀，黑著臉把他狠狠責備了一頓。

梁冀雖然勇於胡來，什麼人都不怕，什麼法規都可以跟他無關，但他還是怕父親的。他知道，如果沒有打小報告的人在父親面前告狀，他是不會被罵的。於是，他暗地裡一調查，原來是呂放這傢伙搞的鬼。

「你是什麼人？父親的門客一個，天天吃梁家的，這個縣令還是父親讓你當的，居然還敢告我？」於是，找來幾個人，在路上把呂放殺了。

梁冀雖然不讀書，但還是知道，這事要是傳出去，對他們梁家是大不利的，他父親是個要面子的人，肯定會真的憤怒起來。要是父親真的發火起來，他就混不下去了。於是，他又進行後續動作，嫁禍給呂放的仇家，讓這個仇家去死。然後，還請求讓呂放的弟弟呂禹繼承哥哥的職務，當雒陽縣令。

從這個事上看，梁冀確實很聰明。

呂端也是個糊塗蟲，一到洛陽縣令上，就立刻展開復仇行動，把呂放仇家的整個家族以及一百多個賓客全部殺掉。他覺得自己報了仇，很得意。但真正得意的是梁冀。

梁商確實是個老政客，一邊在人前裝君子，一面用那雙老眼緊盯著宮裡的人事。他很快發現，小黃門曹節現在是順帝眼前的紅人，在宮中很有發言權。於是，他就把梁冀和另一個兒子梁不疑叫來，叫他們到宮中去，跟曹節公公交朋友。

宮中那些太監雖然是弱勢群體，表面看上去，連個人都不算完整。可是正應了那句「有人就有江湖」，有江湖就會有恩仇。

那些資深太監看到曹節成為皇上的紅人，心裡都不服氣，於是就聯合其他的太監向順帝告狀，說曹騰和梁商圖謀不軌。哪知，這奏摺一上，順帝就大怒，說：「大將軍父子是朕最親愛的人，怎麼會造反？你們誣諂人要有點證據。」

那幾個資深太監居然做了個假詔書，把曹騰抓了起來。順帝大怒，立即把曹騰等人放了出來，然後一把抓住那幾個太監。

從這件事上可以看出，順帝對梁家的信任是無條件的。有這樣的皇帝，梁家想不專權都難。

第二節　毒殺幼帝

梁冀是在他父親死後，直接當上大將軍的。

梁商是在永和六年八月死的。梁商死的時候，繼續把好人裝到底，招來兒女們，告誡了一番，說等他死後，一定要喪事從儉，不得搞奢靡之風等等。然後就死去了。

順帝親自前來弔唁，梁家把梁商的遺囑向順帝轉達。可是劉保會聽嗎？結果是，梁商的喪事舉辦得超級隆重，而梁商死後還獲得大大的美名。

剛辦完梁大將軍的喪事，劉保就宣布了一項重大的任命：擢梁冀為乘氏侯大將軍、梁不疑為河南尹。也就是讓梁冀接他父親的班，成為當朝第一大臣，而讓梁不疑接過河南尹的大印，梁家已經形成權力梯隊，即使發生意外，也隨即可以按順序填補。

順帝在後期也開展了一次大規模的肅清貪腐運動。

安漢元年，他組成了一個中央督查組下到各地進行巡察，表彰清正廉潔的官員，抓捕貪腐官員。尤其是對那些刺史、二千石以上貪贓枉法的官員，都要收集好資料，直接快馬送報朝廷。

督查組其他成員都上了路，只有張綱把自己的車輪埋在地下，大聲說：「豺狼當路，安問狐狸！」然後彈劾梁冀：「大將軍冀、河南尹不疑，以外威蒙恩，居阿衡之任，而專肆貪叨，縱恣無極，謹條其無君之心十五事，斯皆臣子所切齒者也。」

張綱這次公開彈劾梁冀，奏摺上送之後，「京師震竦」，大家都等著好戲看。

哪知，奏摺到了順帝那裡，他只是看了看，沒有說話。劉保的智商並不低下，這些年來，他也知道張綱的彈劾沒有一點虛假成分，梁冀確實很壞。可是現在他正寵愛著梁皇后，而且朝中都是梁家的人，所以，也就算了。

不光梁家沒有受到一丁點處分，就是督查組呈送上來的很多違紀人員名單，最後大多都不了了之。原因是那些人多數都是宦官們的親戚和朋友。現在皇家的那些權貴正跟這些宦官打得火熱，於是都出面為這些人提供庇護。一場看似轟轟烈烈的肅清運動就這樣結束。大家都繼續貪，肅清只是個政治口號而已。

當然，如果這場運動只這樣自然消失，那也沒有什麼。過了不久，梁冀出場。梁冀被張綱告了一狀，心裡很氣憤，決定找機會報復張綱。梁冀雖然膽子好，平時作風像個大老粗，可在陷害別人時，並不蠻來，還是很講求策略的。

當時，廣陵郡有個土匪頭子叫張嬰。他在揚州、徐州一帶當土匪已經十多年，歷任太守都拿他沒有辦法。於是，梁冀就推薦張綱過去當廣陵太守。

「你不是有膽量嗎？連當朝第一權臣都敢告，打個土匪那是小意思了。」

張綱二話不說，並沒有像歷任太守那樣還沒到任就先請朝廷多派些武裝力量，而是隻身一人拿著委任狀前去赴任。他到廣陵之後，更沒有興師動眾，動員一切可以動員的力量去跟土匪拚命，而是自己一人直接跑到張嬰的營壘前，要張嬰出來見他。

張嬰聽說新太守來了，也大吃一驚，緊閉營門。張綱把跟來的人都打發回去，然後寫信給張嬰，要他出來。

張嬰一看，現在張太守身邊已經沒有什麼人了，便出來相見。張綱對他曉以大義，居然把張嬰說得眼淚流了下來，最後自己把自己捆起來，向張綱投降。

第二節　毒殺幼帝

張綱進入土匪寨子，跟所有的土匪一起喝酒，請他們都回家去，好好生活。朝廷中的人看到張綱真的了得，都建議為張綱封侯。可是梁冀會同意嗎？

一年後，張綱死於任上，終於免受了梁冀的再迫害。

這段時期，由於劉保精力還不錯，朝政政權基本還握在自己的手，所以梁冀也不敢太囂張。哪知，劉保也沒有運氣打破東漢這些年來皇帝都短命的惡性循環，才三十歲就死了。

劉保一死，太子就成為了新任皇帝。此時太子才兩歲。於是，依照規矩，太后臨朝。

漢朝的傳統基本就是，太后臨朝，其實就是外戚掌權。大權就這樣全盤落於梁冀的手中。

漢順帝不長壽，可他的繼承人更加短命，才當了一年皇帝，就又宣布駕崩。

於是，再立新皇帝。

大家都覺得清河王劉蒜人品和能力都很好，大家對他都心服口服，可以立為皇帝。梁冀卻不同意。讓能力好、人品好的人當皇帝，他還有什麼用處？他跟妹妹在宮中開了個兩人會議，最後決定立劉纘為帝。因為劉纘只有八歲，而八歲的孩子什麼也不懂，於是什麼事都得由梁冀做決定。

很多人都知道梁冀很貪，於是，都想辦法拿著錢財過來送給他。永昌太守張君世，行賄的方式很有創意。人家扛著麻袋去送錢，他卻把黃金鑄造成一條有花紋的大金蛇，準備送給梁冀。事情被益州刺史种暠知道。种暠立即把劉君世抓起來，然後派快馬將此情況報送朝廷。

梁冀很生氣，決定狠狠地報復种暠。

仍然是老方法。當時巴郡正鬧匪患，梁冀就叫种暠去剿匪。种暠只得跟太守去剿匪，還真打不贏那些土匪。於是，梁冀就以剿匪不力為罪名要逮捕他們。幸虧李固上奏為他們說情，太后這才赦免了他們，卻把他們的官都免了。至於那條金蛇，則收歸國庫，放在司農那裡。

梁冀很想念這條差點屬於他的金蛇，就去找大司農杜喬，想要借來看看，杜喬卻不給。

不久，梁冀的小女兒死去。他要求所有的公卿都得參加追悼大會，只有杜喬不去，於是杜喬又被他列入仇恨的名單之中。

當然，現在他只是恨杜喬，尚未有逼死他的想法。

但是小皇帝卻必須死。

他滿心以為自己立的這個皇帝，才八歲，什麼也不懂，哪知這小皇帝卻很聰明，只跟他共事幾天，就知道梁冀真的太囂張了。有一天竟然在朝會時，突然用那雙機靈而可愛的眼睛看著梁冀，然後大聲說：「此跋扈將軍也！」

梁冀心頭一凜，知道要是等這個小皇帝長大拿權了，自己就死定了。

梁冀當時什麼也不說，退朝之後，找來小皇帝身邊的僕從，把一包毒藥交給他，讓他把毒藥加到湯麵裡讓小皇帝吃。

小皇帝吃了之後，覺得很難受，急忙派人把太尉李固叫來。李固來到小皇帝的床前，問他吃了什麼，小皇帝說：「我只吃了湯餅，現在肚子很痛。拿水來給我喝，我就可以繼續活命。」

這時，梁冀也在旁邊，急忙說：「不能喝水啊！一喝水就會嘔吐。」

話還沒有說完，小皇帝就身子一挺，駕崩了。

李固立即伏在小皇帝的屍體上痛哭。梁冀又在自己仇恨的名單上寫了李固兩個字。

第三節　陷害忠良

接下來的大事，就是選拔新任國家元首。

所有的大臣又拿出舊方案，都傾向於劉蒜。可是劉蒜曾得罪過中常侍曹騰。得罪了曹騰等於得罪了宦官集團。宦官們平時沒多少發言權，可是由於他們長期在宮中，在關鍵時刻往往有著關鍵的作用。

當時，梁冀和他妹妹的意思是想立蠡吾侯劉志。就在此前不久，梁太后就看上了劉志，想把自己的妹妹嫁給劉志，因此徵召劉志入京。小皇帝死時，劉志正好來到首都，梁氏兄弟想立劉志為帝，卻又沒有辦法說服眾大臣，只能乾生氣。

梁冀沒有辦法，但曹騰有辦法。曹騰很快就知道了這件事，於是連夜去找梁大將軍，直接說：「清河王那麼精明，如果當了皇帝，只怕就會立即拿大將軍開刀。現在只有當機立斷，堅決否決群臣的方案。梁氏才會永遠富貴下去。」

梁冀一聽曹騰的話，便一拍大腿，決定照辦。

第二天，他再召群臣。大會還沒有開始，他就擺出那副凶狠的臉，然後用本來就很含混不清的聲音，大喊大叫了一陣，所有參加會議的官員都嚇得膽顫心驚，最後都說：「唯大將軍令！」

但仍然還有反對意見。

李固和杜喬仍然認為劉蒜才是最好的人選。

梁冀大怒，不再讓李固他們說下去，只是大吼一聲散會。

李固跟他的名字一樣很固執，散會之後，還繼續寫信給梁冀，勸他選劉蒜。

梁冀本來就對李固懷恨在心，現在看到他這麼堅持的反對自己，便叫梁太后把李固的官免去。

「你想反對老子，讓你到田野裡反對去吧！老子連皇帝都敢毒死，還不敢免你的官？」

這樣，劉志就成了皇帝，就是後來著名的漢桓帝。

這一年，劉志十五歲，大權當然掌握在梁冀手中。

擺平了李固，但還有杜喬。

劉志即位後，大力賞賜梁家，只要是梁冀和梁不疑的兒子，不管有沒有功勞，通通封列侯。梁冀自己就增封了一萬三千戶。想當初，劉邦只給頭號功臣八千戶啊！

杜喬又出來反對，說梁家一門封的侯太多了，這讓國人都很失望。可是劉志不理，梁冀更不在乎。他現在準備著手為自己的妹妹舉辦婚禮。他的妹妹就是劉志的未婚妻，現在要立為皇后。梁冀準備大辦一場。杜喬卻以舊有典章為由，堅決反對。梁冀除了再加一層深仇大恨外，沒有辦法。

不久，梁冀叫杜喬幫自己推薦一個親信出來當官，但是杜喬不應，梁冀氣得差點拿著斧頭去砍人。當然，他沒有去砍誰。而是找了個理由，把杜喬也免了。這個理由如果放在現在根本不是一回事——首都洛陽發生了地震，梁冀就把這個災異現象扯到杜喬身上。

如果僅僅只是免官了事，梁冀就不是梁冀了。

杜喬免官沒有幾天，幾個宦官就出來向劉志說：「以前在討論讓陛下即位時，杜喬和李固都堅決反對，說陛下不是當皇帝的料。」

於是，劉志也把李固和杜喬當成敵人。

當然，如果劉志只是稍微有點怨恨他們二人的話，杜喬和李固仍然不會死。

第三節　陷害忠良

情節繼續向前推進。

過了不久，清河人劉文和劉鮪發布了個預言「清河王當統天下」，到處散布，然後劫持了清河相，要他參與擁立劉蒜活動，他就可以當三公。清河相當然不從，被劉文殺死。官府把劉文和劉鮪抓了起來，全部誅殺。

這事本來跟劉蒜無關，但梁冀硬是認為跟劉蒜有關，於是坐貶王爵，降為尉氏侯。劉蒜知道，接下來梁家會有更厲害的手段對待他，讓他活得更慘。於是自殺。

照理說，這個案件到此，就應該結束。但梁冀沒有結束。他說李固和杜喬都是劉文組織的重要份子，請立刻抓捕。哪知，他的妹妹對杜喬的印象很好，覺得老杜是個忠臣，不讓有關部門逮捕杜喬。梁冀只抓到李固。

李固的門生王調戴著刑具上書營救老師，說李固純屬冤枉，還有十多人也跟王調一樣，都戴上刑具，來到宮門前，要求釋放李固。梁太后一看，急忙下詔特赦李固。

李固出獄時，京城裡的大街小巷都高呼萬歲。

梁冀知道後，開始感到害怕，立刻重新啟動劉文案，一定要把李固和杜喬坐實在這個案子裡。他的部下大將軍長史吳祐勸他不要再諂害李固了，但是他會聽嗎？於是，李固再被下獄，沒幾天就死在牢房裡。

李固死了，杜喬也不能活。

這次梁冀更是把流氓的嘴臉換上去，直接派人去找杜喬，叫他最好自殺，否則會更慘。但是杜喬不理。第二天，梁冀派人騎馬到杜家前面，沒有聽到裡面有人哭，知道杜喬沒有照他的指示辦，於是就又跑到太后妹妹面前，要求將杜喬抓起來。

這次太后沒有再顧及杜喬那張忠臣的面子，批准了梁冀的請求。於是，杜喬很快就死在牢房裡。梁冀仍然覺得不解氣，下令將兩人的屍體放到洛陽城北的十字路口上示眾，讓大家看到反對他的下場。

那個勇於勸他放過李固的吳祐也很討厭，梁冀把他下放為河間相。吳祐知道梁冀是不會放過他的，於是主動辭官回家，到死不再當官了。

和平元年（西元一五〇年），梁太后在宣布把朝政大權下放給劉志之後，也死去了。妹妹太后一死，梁冀更加囂張。剛剛安葬太后，劉志就又增封梁冀一萬戶，還封他的老婆孫壽為襄城君，待遇與長公主同個等級。

孫壽很會表演，善於做各種妖媚的姿態，把梁冀玩弄得很徹底。梁冀平時在朝中非常霸道，連皇帝都敢殺，可就是怕這個老婆。

梁冀很喜歡他的大管家秦宮，他讓這個大管家當了太倉令。這個太倉令有個特權，隨便可以出入孫壽的住所。所有的官員都怕秦宮，一時之間，「權威大震」，以致那些刺史和二千石級別的官員都把秦宮當老大，在赴任時，都會先到他家拜碼頭。

梁冀在朝裡氣焰非常高，可是孫壽在家中的待遇卻一點不比他低。兩人雖是一家人，卻硬是各自修建自己的豪宅。而且兩人就在大街兩旁修建豪宅，然後比一比，看誰的更豪華。兩人的家裡都擺滿了金銀財寶，以及其他罕見寶物。

比完了房子，又比園林。他們修的園林絕對不是一般的園林，而是規模巨大的園林，從各地運來土石堆成假山，裡面居然開有十里大道，而且九里都是靠近池塘邊的。讓人看過去，「深林絕澗，有若自然」。

第三節　陷害忠良

珍禽走獸在園林中飛翔奔跑。梁冀和孫壽常常坐著人力車在裡面遊玩。當然，他們並不自己玩，後面還跟著個歌舞團，一路唱歌跳舞。他們在遊玩時，基本上不見客人。很多客人想見到梁大將軍，只得向門客行賄。於是那幾個看門的人很快就成了千萬富豪。

這樣的園林還不止一處，首都附近各縣都建有這樣的園林。他還在洛陽城西建了一處兔苑，面積縱橫十多里。為了讓裡面跑滿兔子，他發下文書，要求各地政府向老百姓徵兔。每隻兔都剪掉一撮毛作為標誌，誰敢獵取苑兔，就直接砍頭。有個從西域來的生意人不知道這個規矩，殺了一隻苑兔，還沒有吃到一塊兔肉，就被抓獲歸案。結果有十多個人受到牽連，全部被殺頭。梁冀雖然當了全國最大的官，掌握著全國最大的權力，但仍然沒有改掉大老粗的習氣。他在洛陽城西建了一個別館，專門用來收容那些逃犯，還搶奪良家婦女，讓她們當梁家的奴婢。而且，數量龐大，有幾千號人。

孫壽雖然是個女流氓，但心思有時比梁冀更有政治頭腦。

孫壽認為，現在他們這麼囂張，很多人是看他們不順眼的，不如學學他們的父親，做點表面功夫來討點民心。民心雖然不能當飯吃，但有時民心還是有用的。

梁冀問她該怎麼做，她說：「最好的辦法就是把我們梁氏的一些家庭成員的官免了——當年父親就曾繳還過你的侯爵大印，後來父親的名聲就很不錯。」

梁冀當然照辦。其實他全上了孫壽的當。梁家成員被免的官，最後全由孫家的人頂替上去了。在這個過程中，孫氏家庭成員就有十多人成為侍中、卿、校、太守之類的大官。梁冀不但沒有博得好名聲，反而被人拿來當笑話。當然，誰也不敢當面笑他。

孫家這些突然冒出的暴發戶，比梁家的人更壞。

他們派出自己的手下，天天跑到各地進行富豪調查，只要被他們列進富豪名單的人，就都被逮捕關押，然後大打出手，不斷抽打，讓他們的家人拿錢來贖人，比綁匪更黑。如果家產不多，無法拿出指定的錢財金額，那就只有被活活打死的份。

有個富豪叫孫奮，看錢看得比命還重要。梁冀老早就惦記著他的財富。後來梁冀找了個理由，先送幾匹馬給他。他突然收到大將軍送來的馬，眼睛都瞪大了，以為自己白白地發了財。都說大將軍是個狠人，只會搶別人的錢財，不會送人家東西，現在他不是在送馬給自己嗎？而且跟他無親無故啊！

可是他高興的嘴巴還沒有合上，梁冀又派人來找他了。這次沒有送馬，而是向他開口借錢，借多少？五千萬！

孫奮是什麼人，當然知道大將軍打的借條是不用還的。他這才知道，原來這幾匹馬值五千萬啊！他苦著臉，最後只拿出三千萬送給來人拿回去。

梁冀一看，怎麼才三千萬？居然敢打折扣。大怒之下，立即派人到孫奮所在的郡縣，說孫奮的母親當年就是梁家看守庫房的奴婢，後來監守自盜，偷了梁家白珠十斛、紫金千斤逃跑了，直到現在才被發現。當地政府當然沒話說，依照大將軍指示辦理，把孫奮兄弟全部收監，然後一頓拷打，直至斷氣。所有財產全部沒收，共計一億七千萬。

梁冀還組成了一個尋寶隊，到全國各地到處走動，甚至還跑到塞外，廣求異物。他的這些使者，都仗著他的權力，所到之處橫徵暴斂，看到美女就強姦，看到財物就搶，甚至連地方官也常被他們拿來練拳。

梁冀到了這個時候，除了一幫貪腐的部下之外，誰也看不順眼，就連他的那個弟弟梁不疑，他也將之打入黑名單。梁不疑的名聲也不怎麼好，只是有一點跟他沒有一致，就是喜歡讀書，經常跟一群有學問的人在一起喝酒聊天。

梁冀覺得這個兄弟太討厭了。「我靠不讀書混到現在、靠沒有學問成為大將軍，你天天讀書，天天研究學問，這不是在跟我作對是什麼？」

於是，下了個詔書，提拔弟弟為光祿勳。梁不疑空缺出的河南尹就由他的兒子梁胤來填補了。誰都知道，光祿勳的級別雖然大，但一點實權也沒有，哪比得上河南尹這個首都第一把手。而且梁胤也才剛剛十六歲，相貌全面繼承他父親的特點，穿上官服後，更加難看。只要看到他那個模樣，沒有人不偷偷嘲笑的。

梁不疑看到哥哥居然連自己的權力也奪走，心裡很氣憤，覺得兄弟鬧到這個地步，更是一件醜事，於是辭去職務，回到家裡，跟另一個弟弟梁蒙一起，關起門來不理外面的世界。

可是梁冀卻仍然放不過他，看到他雖然很清閒，天天關著門，但仍然有一群朋友在那裡一起喝酒聊天、做學問，心裡仍然有氣。如果是別人，他早就找個罪名讓他戴上，然後除掉這個老不跟自己步調一致的傢伙，可是這個人到底是弟弟，這些手段是不好意思用上的。

奈何不了弟弟，就將那些勇於到梁不疑府上的客人列為打擊對象。他派人穿著便衣蹲在梁不疑的大門前，記下進入那個大門的人的名字。馬融和田明剛剛分別獲任南郡太守和江夏太守，路過梁不疑家門前。兩人沒有想那麼多，直接就進去面見梁不疑，向他辭行。哪知，梁冀知道後，立即叫人彈劾馬融在南郡搞貪腐，然後再把田明也誣陷一番，最後處以髡刑、笞刑，放逐到朔方郡。馬融一氣之下自殺，卻沒有成功，而田明死在發配的路上。

第四節　罪大惡極

梁冀這時的權力達到了巔峰。但他覺得手中的權力仍然不夠大。

於是，在元嘉元年，劉志又以梁冀在擁立自己的時候有大功，再次提高他的待遇。劉志這次還是很民主的，召來朝中二千石以上的官員來討論此事。

這些大臣都很聰明，知道如果提出反對意見，腦袋會立刻落地。於是，都說梁大將軍是當代周公，不管享受什麼待遇都不過分。所以可比照周公的待遇，封一個小國給他。只有黃瓊認為梁冀只能跟鄧禹一樣，最多合食四個縣。

最後，形成決議，讓梁冀「入朝不趨，劍履上殿，謁贊不名，禮儀比蕭何；悉以定陶、陽成餘戶增封為四縣，比鄧禹；賞賜金錢、奴婢、彩帛、車馬、衣服、甲第，比霍光；以殊元勛。每朝會，與三公絕席。十日一入，平尚書事。宣布天下，為萬世法。」蕭何、霍光、鄧禹是漢朝最厲害的丞相，蕭何是劉邦的頭號功臣，鄧禹是中興的重要人物，霍光被稱為漢代的伊尹，三人對漢朝的功勞是說有多大就有多大。現在梁冀一個人就集三人的待遇於一身，他應該哈哈大笑才對。可是他仍然不滿足，緊繃著那張醜陋的面容，讓人不敢直視。

梁冀天天覺得自己的待遇還不夠高，卻完全沒有為劉志著想。這個待遇再往上提高半格，那就是皇帝了。劉志雖然昏庸，但也深深地感受到了來自梁冀的威脅。於是，他也不開心了。

梁冀一路走到現在，前期靠父親拚命裝低調，為梁家撈足政治資本，再靠兩個妹妹是皇后，直接成為當朝首席大臣，之後全靠暴力手段鞏固手中的權力。本身並沒有一點政治能力，只是恨誰就打誰，並沒有

第四節　罪大惡極

別的手段，對政治走向也是從沒有過準確的評估，因此絲毫沒有預見到劉志內心世界的想法，繼續發揚跋扈將軍的霸道精神，想做什麼就做什麼。繼續睜著那雙凶光大熾的眼睛看著大家，要是看誰不順眼，誰就倒楣。

這次，他看不順眼的是陳龜。

陳龜本來是京兆尹。因為南匈奴各部眾同時反叛，和烏桓、鮮卑等聯合侵犯沿邊九郡，劉志就任命陳龜為度遼將軍，前去幫他守邊疆。陳龜到任後，採取各種措施，很快就讓邊境安定下來，而且為國家節省經費每年數以億計，劉志很高興。

但是梁冀不高興。梁冀不高興是因為老早就因為跟陳龜有矛盾，兩人互相看不順眼。他很希望陳龜在邊境那裡大敗特敗，然後治他的罪，至於大漢國損兵折將則不關他的事。想不到現在陳龜竟然把工作做得很出色，出色到連劉志都表揚他。

梁冀不能讓他繼續出色下去了。他直接誣陷陳龜把國家威嚴踩在腳下，牟取個人功名，其實是得不到匈奴人真正的敬重和畏服的。

劉志雖然感到高興，可是梁冀說陳龜在損害國家利益，那陳龜就是損害國家利益。於是，替陳龜定罪，召回首都。

陳龜當然知道這是梁冀在陷害他。他回到首都之後，什麼也不說，直接上報，要求「骸骨歸田里」。

「老子不跟你玩了，總可以了吧?」

可是不久後，劉志又把他叫回來，擔任尚書。

到了這個時候，梁冀囂張的程度一天比一天厲害。陳龜更是看他不順眼，既然在尚書這個位子上，他就什麼都不怕了，羅列了梁冀一大批罪狀，直接向劉志上書，請誅梁冀。劉志接了奏摺後，什麼表示也沒有。

陳龜這才知道，碰上這樣的皇帝，熱血再怎麼沸騰，也是白沸騰了。他知道，梁冀這次是必定放不過他了。於是，沒等梁冀發難，他就先絕食而死。

梁冀很放肆，他現任皇后的妹妹也遠比以前的梁家皇后放肆。梁家到了現在，出現了三個皇后、兩個大將軍、七個列侯、六個貴人，宮裡宮外，幾乎全是梁家的人。現在這個皇后雖然進宮時間不長，但因為上有太后姐姐，下有大將軍哥哥，後臺一個比一個硬，一個比一個更黑，所以比以前更加腐敗，把皇帝當成自己的專有男人，其他宮女一概不得靠近劉志。

等到太后姐姐死去，劉志的態度就大為轉變，跟她在一起的次數越來越少。她雖然單獨霸占了劉志幾年，可就是沒有生出個後代來。此時看到劉志老是躲著自己，內心就全是火氣。只要發現哪個宮中的女人肚子大，她就絕對不能讓那個肚子繼續大下去。但是仍然不能讓劉志回到她的身邊。她越來越鬱悶，鬱悶累積的結果，就是兩腳一伸，永遠離開這個讓她不斷鬱悶的世界。

雖然妹妹死了，但經過這麼多年的經營，宮裡宮外、朝廷要津，梁冀已經全部布滿自己的人馬。梁冀當了這麼多年的大將軍，從沒提過什麼利國利民的大政方針，對朝廷的控制卻很有一套。以前他靠妹妹控制宮裡，現在妹妹死了，他對宮中的情況仍然瞭如指掌。皇帝的侍衛以及身邊的工作人員，全是他的親信。這些親信每天都向他報告宮中的情況，以致劉志什麼時候睡覺、什麼時候起床，他都掌握得很清楚。

朝廷向各地徵調的物品以及各地依照規定送給皇帝的貢品，都得從中選最好的送給梁冀，然後才送給劉志。官員們受到提拔後，個個都必須先到梁冀的家裡送上一份謝恩信，然後才能到尚書台報到，接受皇

第四節　罪大惡極

帝的指示。

有個叫吳樹的人被任命為宛縣縣令，照例到梁府那裡辭行，梁冀列了一個大名單，交給吳樹，對他說：「這些都是我在宛縣的朋友，你要多多關照他們。」

吳樹看過之後，說：「這些人全是奸邪的小人，做的基本都是殘害百姓的勾當。這樣的人，即使是我的鄰居，我也要把他們全部誅殺。現在大將軍是國家第一號大臣，最應當做的就是尊敬賢能，把國家治理好。可是今天我到這裡後，沒有聽到將軍表揚過一位長者，現在還交待我去照顧這些壞人，我堅決不聽。」

梁冀本來口才就很差，聽了這話之後，只是板著面孔，把憤怒的表情掛在那裡，什麼也不說。吳樹到任之後，並不理會梁冀的那副表情，抓了老百姓痛恨的十幾個人，全部誅殺。這些人都曾在梁冀列給吳樹的名單之中。

梁冀很生氣，但又沒有辦法，便提拔吳樹為荊州刺史。

吳樹又來向梁冀辭行。

這次梁冀沒有拿出名單來給吳樹看，而是請吳樹喝酒。酒足飯飽之後，吳樹辭別出來，在半路上就死了。

而東郡太守侯猛死得比吳樹慘多了。他被任命為太守時，沒有去梁府拜碼頭，梁冀大怒起來，立即編造了一個罪名，將他判了個腰斬。

郎中袁著才十九歲，不知道從哪裡來的膽氣，跑到宮門那裡上書，要求中央抑制梁冀的權力，否則就等於害了梁冀。

梁冀一看，一個乳臭未乾的小子居然也來批判他，要皇帝削他的權。「你要削我的權，我就削你的腦袋。」於是派人去抓袁著。袁著也怕了起來，便改名換姓，假裝有病死了。家裡的人用草結成屍體，買來棺材，高調為他舉辦了一次喪事。哪知，梁冀不上當，派人繼續追捕，終於抓到袁著，然後用鞭子猛打，一直打到袁著斷氣為止。

袁著有兩個朋友叫郝絜、胡武。這兩個人並沒有官職，特長就是愛吹牛，他們也跟袁著一樣，腦子經常發熱。有一次他們聯名寫信給太尉、司徒、司空三人，推薦一些他們認為德才兼備的人才。這事本來不算什麼。可是梁冀知道後，仍然大怒。他大怒的理由竟是：「你們這兩個小子，為什麼只向那三府寫推薦信，卻沒有把推薦信投給大將軍？你們這是不把大將軍放在眼裡。」

再加上袁著事件，一時之間，舊恨新仇全湧上他的心頭，便命令下去逮捕兩人。胡武全家六十多人全部被砍。郝絜先逃了出去，後來知道他再怎麼能逃，也逃不過梁冀的手心，就帶了一口棺材，直接來到梁冀家的門前投案，把書投進梁府之後，喝藥而死。梁冀這才放過他的全家。

漢安帝的嫡母耿貴人死去，梁冀知道耿貴人家裡有很多寶物，就向耿貴人的姪兒耿承索要。耿承當然不給。梁冀只是冷笑一聲：「你不給，我就取你的命。你以為你是耿貴人的姪兒，我就不敢殺你？」

他連個罪名都懶得安上，直接就把耿承以及他十幾個家屬一口氣殺掉。

梁冀自己不讀書，也看不起別的讀書人，但崔琦卻是例外。崔琦的文筆很不錯，梁冀很喜歡他。崔琦以為梁冀對自己的文筆很欣賞，借用文筆對他規勸一下，覺得他不會把自己怎麼樣，於是就寫了兩篇宏文〈外戚箴〉、〈白鵠賦〉，主題就是規勸梁冀。誰知，梁冀仍然大怒，把崔琦叫來，大罵一通。

第四節　罪大惡極

崔琦當面跟他說了一堆大道理，把梁冀說得當場無語。最後，梁冀把他送回家鄉。崔琦知道梁冀不會善甘罷休，於是趕緊離開老家，到處躲藏。可還是躲不掉梁冀的追殺。

梁冀的這些所作所為，劉志其實都知道。很多人都把狀子告到他那裡，他基本什麼話都不說。他能說什麼話？現在連他自己的權益都維護不了。不管內務還是外交，都是梁冀說了算，自己只是負責蓋上公章，然後就沒有事了。

所以，他一直都很氣憤。他氣憤已經多年，但沒有爆發，而且無法爆發。

直到這件事的發生，劉志終於爆發了。

自從梁皇后死後，梁冀覺得皇后還是自己家裡的人才好。可現在他家已沒有美女了。於是，就跟他的老婆孫壽物色其他美女去頂替。

孫壽很快就找到了一個美女。

這個美女姓鄧，叫鄧猛。鄧猛的來頭很大，她的父親叫鄧香，是漢和帝第二任皇后鄧綏的姪兒。當年鄧家也曾經非常有權勢。鄧香死得很早，他的老婆嫁給梁紀。而梁紀又是孫壽的舅舅。

孫壽看到鄧猛長得很極漂亮，那張臉完全可以勝任皇后的面容，於是就把她推薦到宮中，被劉志封為貴人。梁冀決定認鄧猛為女兒，把她的名字改名梁猛。但他又怕鄧猛的姐夫邴尊不同意，就派人去把邴尊殺掉了。後來，又怕鄧猛的母親不同意，便又準備派人去殺她。

當時，鄧猛母親的家跟中常侍袁赦相鄰。那個刺客在一個月黑風高之夜，開始行動。他爬上袁赦的屋頂，準備進入鄧猛母親的家時，竟被袁赦發覺。袁赦便敲起皮鼓，召集很多人出來，通知鄧猛母親。鄧猛母親連夜跑到皇宮，向皇帝女婿報告。

劉志一聽，勃然大怒。這一次他真的憤怒了，覺得再讓梁冀這麼囂張下去，自己真沒臉當這個皇帝了。可是現在宮裡宮外全是梁冀的人，他連找個說悄悄話的地方都沒有。劉志雖然後來常被人家罵成昏君，可是這時他居然一點不昏了。

他知道，宮中的每個地方都有梁冀的耳目，就算自己偷偷放屁，梁冀也會知道。但廁所那裡還是安全的。於是，他起身上廁所。當然，他還把小黃門唐衡叫過去。確定再沒有其他人之後，小聲地問唐衡：「現在朕身邊這些人，有沒有跟梁家不合的人？」

唐衡說：「中常侍單超、小黃門史左悺老早就跟梁不疑有矛盾；中常侍徐璜、黃門令具瑗對梁家也很氣憤，只是不敢說出來而已。」

劉志立刻把單超和左悺叫到自己的內室來，連個開場白也沒有，直接就說：「大將軍兄弟專權專得太過分了，三公九卿都得照他的指示辦事，朕只是個掛牌皇帝而已。現在朕想把他殺掉。你們有什麼辦法？」

兩人一聽，當然都大喜，說：「梁家兄弟老早就該殺了。只是我們力量太單薄，地位又低下，不知道皇上心裡有什麼想法而已。」

劉志說：「現在我就想殺他。你們幫我想出個方法來。」

單超說：「我現在最怕的不是梁冀，而是皇上到時又猶豫了。」

劉志很果斷地說：「朕要殺國家的奸賊，有什麼猶豫可言？」

於是，又把徐璜和具瑗叫來。劉志當場把單超的手臂咬出血來，請大家一起發誓。五人擬定好了計畫，只等時機到來。他們深知，宮中到處是梁冀的眼線，因此保密工作做得很好。

但是梁冀對單超仍然有些懷疑。便派中黃門張惲到宮裡住宿，做好防範。哪知，宦官們動作更快。張

第四節　罪大惡極

惲才到宮中，還沒有坐好，就被具瑗抓住，理由是——輒從外入，欲圖不軌。沒有皇帝的命令，自作主張從外而入，這不是圖謀不軌是什麼？

劉志迅速上殿，把幾個尚書都召來，把張惲圖謀不軌的行為公開讓大家知道，然後命令尚書令尹勳帶著大家全副武裝，守衛要害部門，將皇帝節符都送到內宮。然後派具瑗帶著一千人和司隸校尉張彪一起包圍梁冀的府邸。

梁冀雖然是大將軍，平時都處於驕傲自大的狀態之下，以為劉志這個小兒性格弱得要命，見到自己那張凶狠的臉，都差不多嚇尿了，哪敢對他有什麼小動作。這個世界上，只有他把人家怎麼樣，絕對沒有誰敢對他怎麼樣。誰知，劉志居然能夠突然發難。

當他發現自己的府第被包圍時，那張凶狠的臉也呆了。

他雖然手中有大將軍的大印，可以調動全國的兵馬，但現在被困在府中，大印就跟石頭一樣沒有區別。他正在想辦法。

光祿勳袁盱拿著詔書進來，大聲向他宣布，要求他立刻把大將軍印上繳，貶為景都鄉侯。

梁冀知道，這只是第一步。他這輩子動輒跟人家翻臉，一翻臉就立刻把人家除掉。他這幾十年來翻了無數次臉、殺了無數人，深刻地知道，在這個權力場上，跟權勢翻臉的結果是很慘的。以前他拿著大將軍的大印，臉一翻，人家就掉腦袋。現在大將軍印被奪走，劉志一翻臉，絕對不會讓他好活下去的。

於是，他跟他的老婆孫壽在上繳大印之後，果斷自殺。

梁冀的兩個弟弟梁不疑和梁蒙此前已經先死，倒免了一場活罪。但梁家的其他人以及孫壽家的人，都全部被抓，不分老少，通通被押到鬧市當中砍頭，然後曝屍街頭。

梁冀的親信被處理掉的達三百多人，弄得朝廷為之一空，幾乎沒有官員來上班了。

劉志下令沒收梁冀的全部財產，居然有三十億，都充入國庫。當年就因此而可以免掉全國一半的租稅。

家大業大的梁冀家族就這樣滅掉。從梁冀當權的這些年來看，除了始展兇狠的手段之外，幾乎沒有別的本事，但卻能在權力最高頂峰上穩坐二十多年，不但皇帝的廢立由他說了算，連皇帝的性命他都敢要。可以說他是真正做好無法無天這四個字了。很多人都把原因歸結為他的人品問題，說他頑嚚凶暴。其實真正的原因仍然得從制度上尋找。

劉秀在光復漢室之後，為了保證自己的子孫能得到豪強的支持，就想了個自以為聰明的辦法，用婚姻手段與這些豪強結為親家——把自己的女兒嫁給功臣的兒子，也讓功臣們的女兒嫁給自己的兒子。搞來搞去，自東漢以來，劉家的皇后，來來去去，不是鄧禹家族，就是馬援家族，然後就是梁氏家族。最後，又沒有處理好外戚跟權力的關係，就使得這些外戚的權力越來越大，把西漢外戚干政的傳統推向極致。於是，形成了劉家天下外戚黨的局面。那些外戚也跟皇帝一樣，只要自己成為外戚，就理所當然地掌握大權。如果碰到人品好的外戚，那也還沒有什麼。可是，這些年來，好的外戚實在太稀少了。

梁冀就是在這樣的大背景下登上歷史舞臺的。所有的人都知道，這傢伙除了去當土匪頭子很優秀之外，別的職位都不會做得好，但就是因為突破不了傳統，讓他一把接過他父親的權力大棒，在這個權力舞臺上作威作福了幾十年。如果不是因為鄧猛之事，讓劉志突然開竅，把他拿下，他還會繼續在朝廷中無法無天。

第四節　罪大惡極

可以說，在那樣的社會背景下，在那樣的體制之內，梁冀的上臺、梁冀之類的胡來，是必然的，而最後他的倒臺也是必然的。只是，倒了這個梁冀，另一個梁冀或一群梁冀又會站起來。因為劉秀設計的這個權力體制，太適合梁冀這樣的人茁壯成長了。

第十八章　桓靈二帝：最典型的昏庸君主

第一節　權力再次落入宦官手中

劉志靠幾個宦官就把跋扈將軍搞定，而且事先沒有一點預兆，消息傳出，全國都大快人心。大家剛一聽到這個消息，覺得劉志肯定是個好皇帝，而且肯定很有能力，大漢王朝的偉大復興，看來是有著落了。

誰知，劉志咬牙拿下梁冀之後，到手沒幾天的權力便又轉交給那幾個宦官，一天之內把單超等五人封侯，單超食邑十萬戶，另外四人都是萬戶，史稱「五侯」。

歷史上某些群體被史書授予某個稱號，必定是某個勢力的代表。當然，他們代表的那個群體是好是壞，那就另當別論了。

這個五侯代表的是大漢末年一群宦官的利益。

於是，梁冀的時代剛剛劃上句號，宦官時代又緊跟上來。

劉志拿下梁冀後，手裡拿到了絕對的權力，心裡真的很高興，表現得很大方，只要跟自己有交情的，基本都大封特封。他當時最愛的當然是鄧皇后。就是因為這個鄧美女，他才冒死把梁冀搞定。現在自己有權了，當然要大大地封賜鄧家的人。

先是追封鄧美女的父親為鄧香為車騎將軍安陽侯。然後封鄧皇后的母親為昆陽君，姪兒鄧康、鄧秉也都被封為列侯，其他一些親戚也都被提拔為高官，至於金錢，一下就賞賜了一億。

劉志靠宦官除掉梁冀，因此，他覺得所以宦官都非常優秀。而那些宦官又最能猜中劉志內心世界的想法、投其所好，也大大地被他重用。

中常侍侯覽知道劉志愛財的程度跟他沒有兩樣，於是一口氣向劉志進獻了五千匹縑帛。劉志眼睛一亮，金口一開，找了個藉口，說侯覽也曾經在某個角落參與誅殺梁冀的密謀，是有功人員，然後封侯覽為高鄉侯。又用同樣的方式，有效地避開了高祖的訓示——反正密謀的事，只有天知道，別人是不知道的——封小黃門趙忠等八個宦官為鄉侯。

大家一看，這一代的功臣全是宦官們。劉志也只相信這些人閹人，而劉志又不勤奮，很多大事都委託這些宦官辦理，於是朝廷大權都落到了宦官們的手裡。

這些宦官本來素質就不高，很多人都是因為年輕時犯事了，才不得不自宮進來當了宮中的工作人員，如果只讓他們做本職工作，他們也只會低聲下氣地掃地擦桌子，看上去老實得很，可是一旦讓他們手裡有權，他們比其他人更囂張。

現在這些被封了侯、當了大官的太監，都是宦官中的野心家，個個又貪又橫蠻，此時拿著皇帝賜予的大權，哪能不貪腐呢？

當然，最囂張的仍然是「五侯」，貪得無厭，揮舞著權力大棒，誰都不怕。

第一節　權力再次落入宦官手中

大家一看，立刻知道，這些傢伙，並不比梁冀好到哪裡去。

首先是白馬縣的縣令李雲，寫了封沒有緘封的奏章，公開寄給劉志，然後還把副本寄給太尉、司徒、司空三府，毫不客氣地指出，劉志濫封宦官，並給予他們太大的權力，把高祖的政治遺囑當耳邊風，一定會被高祖怪罪的。現在，這些人公然玩弄權術，大肆貪汙受賄，政治生態越來越糟糕，連任命官員的詔書不經皇帝過目就直接下發，難道皇帝也不打算過目？

大家一讀這份致皇帝的公開信，覺得很過癮，可是劉志讀到後，大發雷霆之怒，下令有關部門把李雲抓起來，然後迅速成立以中常侍管霸和御史、廷尉為首的專案組，一同拷問李雲。

這事很就傳了開來，有個小官杜眾上書劉志，說：「李雲因忠心而被抓，我也甘願跟李雲一起同時受死。」

劉志更是氣上加氣，下令把杜眾也抓了起來，跟李雲一起交給廷尉。

劉志以為自己果斷地抓了杜眾，就不會有人反對了。但還是有人反對。

這次反對的人叫陳蕃，是大鴻臚。他說，李雲的話雖然很不順耳，有點難聽，冒犯了皇上，但他的出發點是好的、是忠心耿耿的、是為了國家的。如果皇上把他殺了，只怕以後人家會把李雲當成比干，把皇上看成商紂啊！

接下來，太常楊秉等人也聯名上書，請求赦免李雲。

劉志一看，更加惱火，找來幾個言官，交給他們一個任務：彈劾陳蕃和所有上書的人。罪名是「大不敬」。

彈劾奏章上來後，劉志在第一時間就下了一個詔書，把陳蕃和楊秉他們狠狠地問責了一通，然後宣布解除他們的職務，逐出首都，回到老家去。

最後連宦官管霸都看不過去了，對劉志說：「李雲算什麼東西？一個草根儒生而已，那個杜眾也只是個小角色，胡說了幾句話，不值得皇上這麼生氣。還是放了他們吧！」

劉志大聲說：「『皇帝不打算過目詔書』，這是什麼話？連這樣的人都想寬赦他們？朕現在宣布，判他們死刑，立即執行！」

大家一看，哪個還敢出聲？

如果以為劉志是個很蠢的傢伙，沒有一點是非分辨的能力，那就大錯特錯了。他也知道陳蕃是個人才，對陳蕃下了嚴厲的行政處分後，沒幾個月，又下了個詔書，重新任命陳蕃為光祿勳、楊秉為河南尹。

他只是想告訴大家，不要提他重用宦官的事，也不要罵他是昏君。

這時，首席宦官單超的姪兒單匡任濟陰太守。他仗著自己叔叔是頭號宦官，什麼都不怕，在太守任上，別的事都不做，只做貪汙腐敗的事。兗州刺史第五種（我沒有寫錯，這個人就是姓第五，名種），竟不管他是單超的姪兒，派從事衛羽過去進行調查，一下就查出單匡貪汙了六千萬。

第五種收集好了資料，上送劉志，並彈劾單超。

單匡也怕了起來，但又拿第五種沒辦法，就請來凶狠的任方，給任方很多錢，條件只有一個——除掉衛羽。

哪知，衛羽也不是吃素的，居然一眼識破這個奸謀，還沒等任方做好準備，就將他一把抓住，關進洛陽監獄裡。

單衛派出刺客之後，就在家裡坐等好消息，不想卻等來了這個壞消息。他也急了起來。因為他知道，

第一節　權力再次落入宦官手中

現任河南尹的楊秉對待宦官就像對待敵人一樣。看到宦官時，那雙眼睛閃出的光芒，基本都是仇人相見的光芒。現在自己派出的刺客落在他手裡，他們單家的下場就會很慘。他想了很久，終於想出一個辦法，利用自己的管道，讓任方越獄逃跑。

那邊尚書召見楊秉：「剛剛抓到的案犯任方在哪裡？」

楊秉拿不出任方，只得說：「案犯本來就是由單匡指使的，只要把單匡拿下，送到洛陽來，然後嚴加審問，一切就會明白。」

但是劉志能聽他這話嗎？結果，楊秉又被處理了一次，這一次比上次嚴重多了——送左校營去當苦工。

打倒完楊秉，當然不能放過第五種。

當然，陷害人也是要理由的。陷害第五種的理由更簡單。當時，泰山郡有個土匪叫叔孫無忌，多次攻打徐州和兗州，官府基本拿他沒有辦法。

單超說：「第五種你不是很厲害嗎？你這個兗州刺史是怎麼當的？你既然只會抓咱家的姪兒卻不能打土匪，對不住了，咱家只好拿下你了。」

於是，單超就以此為由，把第五種流放到朔方郡。

如果以為故事到此就結尾，那就把單超看得太善良了。這時現任朔方太守的人叫孫董援。孫董援除了有朔方太守的身分之外，還有一個身分，就是單超的外孫。

第五種還沒有被解那裡，孫董援就已經接到單超的通知，打算等第五種押到，就把他砍了。

第五種的朋友們更有種，知道了單超的這個陰謀，立刻狂奔而出，在太原那裡追上第五種，像強盜一樣把第五種劫走，把他送回家鄉，過著逃亡的心驚肉跳生活，後來遇到大赦，這才保住性命。

楊秉雖然被單超改變身分去當苦力工了，但陳蕃還在。陳蕃仍然像過去一樣，繼續看宦官們不順眼。他又向劉志上了一道奏章，說朝廷現在濫於封賞，超出了規定的封賞制度，某些人只要有一點功，就大力加封，甚至還讓其一門之內有幾個列侯，實在是太不正常了。另外，宮中美女人數也太多了。養這麼多的美女，會把國家搞得窮困下去的。

這一次，劉志居然沒有生氣，對這個奏章也採納了百分之五十。封賞的事繼續，但宮中美女的編制減少了五百個。

劉志做了這件事之後，覺得自己很了不起，就問侍中爰延：「朕何如主也？」你說一下，朕是個什麼樣的君主？

爰延居然也不給他面子，當場說：「陛下為漢中主。」最多就是個中等的君主。

劉志心裡不服氣，再問：「有什麼根據？」

爰延的根據很簡單：「如果重用陳蕃，則天下大治；如果再重用宦官，天下就大亂。現在就看陛下如何選擇了。」

劉志這一次居然又當了一次開明君主，表揚了爰延，然後封他為五官中郎將，之後又在短期內不斷提拔，一直讓他當到大鴻臚。可是不久後，當爰延再次向劉志提出忠告時，劉志就不聽了。

爰延一看，原來是讓他來當花瓶的，立刻就說自己身體有病，求免職。劉志當然同意。爰延就這樣回老家度過晚年生活。

從這個事上，再一次證明，劉志真的不傻，也懂是非，但他不願做一個好皇帝而已。他覺得現在只有宦官才是他最親密的同袍。

不久，宦官集團的領袖單超死去。本來一個宦官死了就死了，可是劉志卻不這樣想，他一定要讓天下人知道，他對宦官就像春天般的溫暖。因此，把單超的喪事辦得超級隆重，不但讓他使用御用的棺木和玉衣，還調發五營的騎士，由將作工匠任單超陵墓工程指揮長，全面負責單超墳墓的修建工作。

剩下的宦官四侯一看，這可是皇上對他們老大的蓋棺定論啊！其哀榮的程度就比皇上僅差一個等級而已。他們想想，論腐敗弄權程度，他們遠不如單超那麼惡劣，看來還得在貪腐工作上加把勁才趕得上單超。於是，都努力向單超看齊，比拚誰更腐敗、誰更富有。不但修建大量的豪宅，生活奢侈得差不多比上皇帝，連身邊的僕人都配備有牛車，更拉風的是，這些僕人出行，居然也有騎士跟隨，個個威風得要命。

如果他們只在京城裡玩玩，影響還不算大，可是他們的勢力遍布全國，那些刺史太守都是他們的親戚，都在幫他們做著搜括財富的工作，行為跟土匪沒有兩樣。如此一來，底層草民就沒有活路了，都不得不上山為盜。於是，直接把大漢王朝推進了一個亂世的前期。

而其他宦官也不甘落後。侯覽看到四侯到處囂張，他能忍得住嗎？侯覽透過幾千匹布，直接買通劉志，雖然不在四侯之列，但其權勢一點也不比四侯差。他在濟北那裡同樣掠奪了大量田產。他手下的小弟比四侯的小弟更誇張，居然拿著大刀做起土匪的工作，搶劫往來的賓客。

濟北相滕延一怒之下，立刻把這些人抓了起來，一口氣殺了幾十號人，並把他們的屍體丟在大街上示眾。

侯覽不做了，跑到劉志面前告滕延。

劉志根本不問事情的來龍去脈，下了一道詔書，把滕延召到首都來，然後下廷尉，處理的結果是免官。劉志就這樣，讓大家知道，宦官是不能得罪的，誰得罪誰完蛋。

四侯中的左悺有個哥哥叫左勝，此時任河東太守。他下轄的皮氏縣縣令趙岐覺得在左勝這樣的人帶領下工作，是一件十分丟臉的事，就自己把自己炒了，棄官而逃。當時，四侯中的另一侯唐衡是京兆尹。而趙岐正是京兆人。唐衡已經做好陷害他的準備工作，看到他又得罪了自己的左兄弟，便把趙岐的宗親全部抓了起來，說他們犯了重罪，全部殺死。

趙岐隻身逃跑，開始逃亡，幾乎跑遍全國，最後在北海那裡隱名埋姓，像武大郎一樣賣餅為生。後來有個叫孫嵩的人帶著他回家，把他藏在夾牆之中。直到唐家兄弟死後，他才敢出來。

還有皇甫規。泰山郡土匪叔孫無忌就是靠他平定的，絕對算是朝廷功臣。哪知這人不但打土匪有能力，性格也很直，在努力剿匪的同時，也在努力彈劾宦官。

宦官們很惱火，立刻聯合一批地方官吏一起陷害他，說他在平定羌人的叛亂時，是用錢財賄賂叛軍，讓他們假投降來為自己繳功。

劉志現在對宦官們的話已到無條件聽從的地步。他們說皇甫規搞假投降，那肯定是沒有錯的，於是天天派人拿著詔書過來問責皇甫規。

皇甫規只得上書為自己申辯。

劉志看到皇甫規申辯還是很有道理的，但又不能否決宦官們的陷害，就下了個詔書，叫皇甫規回朝，讓他當議郎。如果按照有關政策，皇甫規是可以封侯的。但宦官們等了很久，也沒有看到皇甫規送錢來，徐璜和左悺還多次派人前來，說是來了解皇甫規立功的情況，其實是在暗示皇甫規趕緊送錢過去。

「只要你給錢，你封侯的事，就不算是一回事了。如果你不給錢，就別想封侯了。」

第一節　權力再次落入宦官手中

皇甫規不答應，徐璜和左悺就生起氣來。

「你以為你會打仗，咱家們就怕你？告訴你，在皇上面前，不是以戰功論英雄的。」

兩人再次陷害皇甫規，把皇甫規抓起來，交到相關部門，準備治罪。皇甫規的家屬和部下開了個會，打算集資，把錢交給宦官們，並向宦官們道歉。可是皇甫規卻堅決反對。

宦官們大怒。於是，以沒有肅清餘寇的罪名，判處皇甫規到左校營當苦力。

這個判決一下，三公以及太學生們都憤怒了，集中到宮門前請願，為皇甫規訴冤。正好朝廷頒赦令，皇甫規這才回到家裡。

尚書朱朱穆上書說朝廷事務全由宦官們經手，這是不正常的，也是違反祖制的。現在宦官們的權力大得可以覆蓋全國，他們的親信都是高官厚祿，個個肆意驕橫，誰也無法控制他們，是天下窮困、民財枯竭的主要原因。所以應該把他們全部廢掉，恢復從前的體制，讓賢能之士來治理天下。

劉志看過之後，面部沒有一點表情，什麼也不表示。朱穆等了好久，也沒有看到皇上的答覆，就進去求見，再次口頭向劉志陳述了一遍。

劉志才聽到一半，那張天子的臉掛上了勃然大怒的表情，大聲說：「你說的這些鬼話，朕就是不能聽。」

朱穆居然就死死地跪在地板上：「皇上不答應，我就不起來。」

劉志身邊的人員都齊聲大喝：「出去！」

他們大喝了很多次，朱穆這才快步離去。

宦官們當然也不放過朱穆，天天在劉志面前說朱穆的壞話。朱穆也是個很有性格的人，天天生活在鬱悶之中，不久就「憤懣發疽卒」。

幾年來，宦官們基本都在做著陷害忠良的事情，而且從不失手，誣陷一個，就能害掉一個。雖然有幾次沒能徹底把對方打死，但都能讓他們大幅度的降職。

劉志明明知道宦官們陷害的都是人才，但他仍然最大限度地滿足宦官們的陷害，即使是皇甫規、楊秉這樣的他都認為是有能力的忠臣，他仍然把這幾個人都懲罰了，直到不得不用他們的時候，又讓他們復出。

此時，曾被宦官們放到左校營當苦力的楊秉又回到朝廷任太尉。因為現在天下不太平，需要有能力的人為劉家保住天下。劉志也知道，宦官們只能陪他玩，不能幫他打仗。

楊秉當了太尉，仍然保持著對宦官們的痛恨，隨時睜著那雙眼睛，死盯著宦官們。他終於抓到了一個機會，狠狠地打擊了宦官們。

當時，中常侍侯覽的哥哥侯參為益州刺史。這個侯參比弟弟更加殘暴貪婪，在刺史任上沒有幾年，靠貪贓枉法所得就以億計。楊秉接到舉報後，立刻進行彈劾。

劉志不是傻子，也知道宦官們再這樣下去，他這個昏君名號就坐定了。於是，命令用囚車把侯參帶回首都。

侯參做夢都沒有想到，自己昨天還威風凜凜地當著刺史，今天就成了囚車裡的犯人。他知道，這次看來真的要完了——當年梁冀那麼風光，也是說完就完，宦官集團的權勢比梁冀還是不如的。於是，他選擇了自殺。

第一節　權力再次落入宦官手中

侯參一死，他兄弟侯覽就呆了。因為有關部門一查侯參的車，裡面全是金銀財寶，而且有三百多輛。當然全是贓物。

楊秉拿到這個證據，就理直氣壯地彈劾宦官集團，直陳：「臣案舊典，宦者本在給使省闥，司昏守夜；而今猥受過寵，執政操權，附會者因公褒舉，違忤者求事中傷，居法王公，富擬國家，飲食極餚膳，僕妾盈紈素。中常侍侯覽弟參，貪殘元惡，自取禍滅；覽顧知釁重，必有自疑之意，臣愚以為不宜復見親近。昔懿公刑邴之父，奪閻職之妻，而使二人參乘，卒有竹中之難。覽宜急屏斥，投畀有虎，若斯之人，非恩所宥，請免官送歸本郡。」

當然，宦官們是不同意他的說法的，他們要求尚書把楊秉召來，當面指責他：「朝廷設立的官職，各有職守，三公的職責是統外，御史是察內。現在你越權彈劾宦官，從職責看，有什麼根據？」

楊秉會被這樣低程度的指責難倒嗎？他當場大聲說：「除君之惡，唯力是視。當年申屠嘉教訓鄧通，連文帝都支持。因此，漢家的故事就是，三公之職，無所不統。」

尚書一聽，當場啞口無言。

劉志一看，只得宣布把侯覽的官免了。

接下來，韓演上奏，又狠狠地彈劾了左悺，說：「左家兄弟狼狽為奸，殺人搶財，無惡不作，皇上難道一定要用這樣的人嗎？」

劉志知道，這些宦官真的不能再保了，再保下去，這些大臣就不再保自己了，於是准奏。左悺兄弟雖然囂張，但也知道，他們能囂張的原因就是得到皇上當他們的保護傘，現在保護傘不保他們了，他們除了死，沒有別的路走。於是，兄弟一起自殺。

韓演還沒有完，又把具瑗列為彈劾的對象。於是，具家兄弟都不得不自動跑到監獄中去，接受朝廷的審判。單超和唐衡雖然死了，但他們的繼承人都被貶為鄉侯，其他親信也全部取消封爵和食邑。

曾經顯赫一時、誰反對就能讓誰死的宦官集團就這樣結束了。

第二節　第一次黨錮之禍

劉志勉強把東漢末年第一代宦官集團清理了，但他對這些直臣仍然很不悅。

這些年，經過宦官和劉志的折騰，國家已經陷於田野空、朝廷空、倉庫空的「三空」狀態。大漢王朝進入前所未有的窮困年代。劉志知道再這樣下去，他連打仗的錢都沒有了，更不用說供他玩的費用。於是，他就以加重賦稅的辦法來解決財政困難。但財政困難還是解決不了。他再發表一個政策，對官員進行減薪，然而同樣解決不了根本問題。

延熹四年（西元一六一年），零吾羌和先零羌鬧事，而且規模很大，連三輔地區都變成他們鬧事的區域。劉志派兵鎮壓，但手中沒錢。他情急之下，又發表了一個政策，先是減發百官的薪資，再向王、侯們借一半的租稅，然後把關內侯、虎賁郎、羽林郎、緹騎營士和五大夫等官爵明碼標價，向全國進行拍賣，誰出得起價錢，誰就可以當關內侯，誰就可以買官。

這幾個政策的接連發表，讓很多士人都覺得不可思議，原來官員是可以像豆腐那樣擺到地攤那裡賣的，這還像個國家嗎？高祖立國時，有過這樣的規定嗎？

第二節　第一次黨錮之禍

於是，那些正直的讀書人，舉辦了一場「清議」活動。「清議」就是不斷地發表自己的意見，批評當前的政治，以及那些政治人物。當時，清議活動議的主要對象是宦官們。這些讀書人天天把宦官們當成靶子，無數投槍匕首打過來，宦官們能接受得了嗎？而當時劉志正超級喜愛宦官們，罵宦官等於罵他。

於是，劉志決定大打一場打擊清議政治運動。

劉志的矛頭先指向李膺。

李膺不但是當時的大名士，而且也是官後代。他的爺爺叫李修，在漢安帝時曾官至太尉，他的父親叫李益，是趙國的相國。他從小就很努力，學問超級好，而且人品同樣超級好，但性格很孤傲，跟人合不來。他還年輕時，只跟荀淑和陳寔交朋友。這兩人同樣是當時人氣極旺的大名士。有了這些軟硬實力當鋪陳，他想不當官都難。他很快就被舉為孝廉，然後不斷地被提拔，一直提拔到青州刺史。

他辦事只講原則，不講別的。要是犯了事，落到他的手裡，不管怎麼說，他只照法律條文來處理。很多官員對他的名聲早有耳聞，才知道他上任的消息，就都紛紛離職。

之後，他又被任為漁陽太守和蜀郡太守，再被調護烏桓校尉。當時，鮮卑人經常來犯境。李膺雖然是讀書人出身，可每次跟鮮卑人打仗的時候，總是發揚不怕犧牲的精神，帶著大家打敗敵人。鮮卑人後來也怕了他。

後來，不知得罪了哪個人，被免官回家。他也沒有灰心，在家鄉開設學堂，手下的學生數居然有近一千人。

延熹二年（西元一五九年），劉志又把李膺徵召來任河南尹。

李膺到任的第一件事，就處理了羊元群的案子。羊元群本來是在北海當官，是個大貪官，剛剛被朝廷罷免。羊元群雖然被免了官，但那些贓款、贓物卻仍然沒有上繳，一車一車地拉回老家。李膺就上書要求再查。

羊元群仗著手裡的金錢，迅速去賄賂宦官們，讓宦官們當自己的保護傘。宦官們拿了錢之後，開始誣陷李膺，很快就將他定好罪，把李膺發配到左校當苦工。順帶把李膺的幾個同盟廷尉馮緄和大司農劉祐一起送到左校營。

後來，司隸校尉應奉向劉志上書，替李膺申辯，劉志又把李膺赦免。

劉志跟所有的人一樣，都知道李膺是個人才，因此赦免李膺之後，又讓李膺當了司隸校尉，專管首都的治安。

他這一管，又管到了宦官的身上。當然，這一次他得罪的宦官已經不是五侯，而是另一個宦官集團的明日之星張讓。張讓的弟弟張朔這時任野王縣的縣令。張朔跟所有的宦官親信一樣，別的都不會，只會仗著自己宦官哥哥的勢力，專門做無法無天的事，殘暴得無邊無際，連孕婦都勇於一刀砍過去。

他也跟所有的貪官一樣，知道李膺這個人不好對付，於是在李膺到新單位報到之前就先掛印逃跑，逃回京師，躲在張讓家的夾柱中，接受哥哥的保護。

李膺根本無視他的保護傘，查到張朔的藏身之處後，就帶著手下來到張讓家，連個招呼也不打，直接在夾柱上寫個拆。於是，大家拆掉那根柱子後，果然看到張朔在裡面發抖。

李膺把張朔拿下後，交洛陽縣監獄，以最快的速度審問完畢，就地正法。

張讓沒有想到李膺辦案效率居然這麼高，自己的辦法還沒有想出來，他的鍘刀就已經落下，自己的弟弟就已經沒命。他只得跑過去向劉志哭訴。

張讓現在是劉志面前的紅人。劉志同樣看不得張讓的眼淚，立刻召見李膺。劉志同樣知道，張朔是該殺的，因此只得找了個理由罵李膺：「你為什麼要先斬後奏？」

李膺早有準備，回答：「皇上應該知道，孔子當年當魯國的司寇，只七天就殺了少正卯，我到任都十多天了，最怕自己辦事效率不高而辜負了皇上的期望。哪知，竟然被定了個辦案過速之罪。我也知道，我的死期就要到了。只有一個請求，讓我再多活五天，限期滅盡大惡，然後再交給有關部門，要殺要砍都由他們。」

劉志一聽，那雙眼睛看了看李膺，嘴皮動了幾下，居然說不出什麼來。但是他這時必須說話，於是只得轉過頭來，對張讓說：「此汝弟之罪，司隸何！你們都出去吧。這事就到此為止了。」

如此一來，所有的宦官都怕李膺，個個都活得膽顫心驚，就連休假時也不敢出門。劉志看到這個情況，就問他們為什麼？他們都叩頭流淚說：「怕李膺啊。」

其實宦官們並不是真的怕李膺，而是怕劉志。因為劉志這時情緒不錯，沒有對李膺有什麼不滿。宦官們無機可乘，只得怕李膺。

在這個世界上，最能看透皇帝的不是別人，就是這群宦官。不久，他們就發現，劉志已經不那麼喜歡李膺了。這是除掉李膺的最佳時機。

他們很快就抓到了李膺一個把柄。

這個把柄是張成製造出來的。

張成是個迷信之人，據說他精通預測之術。別人都是吹捧自己的預測如何如何的精確，然後騙幾個錢，他卻為自己打了一卦。他這次預測的結果是，朝廷馬上就要頒布大赦令了，可以殺人了。於是，他叫他的兒子去殺人。

李膺知道後，勃然大怒，馬上派人把張氏父子逮捕起來。才抓了張氏父子沒幾天，朝廷的大赦令還真的頒布了。李膺更加憤怒，也不管大赦令了，下令把張氏父子砍頭。

張成因為精通占侯術，向來跟宦官關係很緊密。一般這樣的人，一結交到宦官，接觸皇帝也就很容易了。因此，有時劉志也叫張成過來幫他預測一下。

宦官們知道張成被殺了，都喜出望外，立刻叫張成的徒弟上書，指控李膺「養太學遊士，交結諸郡生徒，更相驅馳，共為部黨，誹訕朝廷，疑亂風俗」。於是，一個歷史名詞「黨人」就此誕生。

劉志知道張成被殺之後，也很氣憤。

「你殺那些宦官子弟也就算了，現在居然連朕的國師也除掉了，你還把朕這個皇上放在眼裡嗎？」

立即下詔，要求各郡國逮捕所謂的黨人，不消滅黨人，決不收兵。

史上有名的黨錮事件就這樣發生。

陳蕃極力勸諫劉志，但都無效。最後劉志看到陳蕃不斷地上書，覺得也煩了起來，乾脆把他的官也免了。

李膺當然也被抓了。他周遭所有人也全被抓住。皇甫規看到李膺被抓，覺得自己也是名士一個，如果不被抓，就算不得名士，就上書說自己也是黨人的骨幹分子，請把自己也抓起來，投入監獄，與李膺一起坐牢。但朝廷不理。

在這場運動中，一共抓了二百多人。有些被列入黨人黑名單的人逃走，劉志也大發通緝令，要求務必抓到。

到了第二年，由於竇武求情，劉志的態度才軟化了下來，沒有繼續迫害黨人，而是都赦其歸田，但外加一條——這些人都得終身禁錮，永世不得為官。

透過這次反擊，本來勢力已大為疲軟的宦官集團又再度抬頭，使得大漢王朝繼續朝著衰敗的方向大步前進。

第三節　竇武的失算

黨人事件沒幾天，永康元年（西元一六七年）十二月二十八日，劉志在德陽前殿宣布駕崩。

劉志只活了三十五歲，對酒色的愛好超過他的前輩們，靠著宦官集團為他處理朝政，自己專門在宮中酒色，宮中的美女也為史上最多。可是二十多年來，居然沒有生出一個兒子來。

於是，大漢王朝的大臣們又一次履行挑選下一代皇帝的職責。

這一次全盤負責的是竇武。

因為劉志的皇后叫竇妙，而竇妙的父親叫竇武。

是的，又一個外戚集團上來了。你可能都覺得外戚這兩個字看膩了，但大漢王朝的皇家們沒有膩。

於是，我們只得繼續。

竇妙當皇后時，得不到劉志的寵愛，竇家幾乎沒什麼權。可劉志一死，權力就自動轉到了竇武的手上。

面對突然來到的權力，竇武也點茫然了。他也不知道讓誰來當皇帝才好。於是，他只得向劉鯈請教。劉鯈就推薦了瀆亭侯劉宏。竇武想也不想，直接就去向他的女兒現任太后報告，然後派中常侍曹節帶著一幫人去把劉宏迎來。

這時，劉宏只有十二歲。

接下來，劉宏按漢朝的傳統，先任命竇武為大將軍、陳蕃為太傅，與司徒胡廣一起主持朝政。連曹節也被封為長安鄉侯。

竇武和陳蕃都是李膺的朋友，同時也都是宦官集團的敵人。他們一掌權，立即把以李膺為首的黨人都提拔上來，讓他們重返工作職位。此時，陳蕃他們最想做的事就是清除宦官集團。

這也是他們放手清除宦官集團的大好機會。因為劉宏還是小學生，宦官無力可借，大小事務全由他們說了算。

竇武更想把宦官們除掉。只有把宦官們打倒，竇家才能安心掌權。

然而，劉宏沒有干涉他們的事，但另外一個人卻把他們的事搞砸了，這個人就是竇武的女兒，現任太后竇妙。

竇妙絕對不是一個有政治眼光的女人。這個美女當了多年的皇后，可是一直沒得到皇帝的喜歡，名為皇后實為守活寡，心裡一直鬱悶。此時大權在握，內心世界全是暴發戶的心態。

劉宏進宮時，帶來了一個叫趙嬈的奶媽以及一群女尚書。這些女人進來沒幾天，就適應了宮廷生活，

第三節　竇武的失算

天天圍在竇太后的身邊。她們都是奴僕出身，最拿手的就是拍馬屁，很快就得到竇太后的喜歡。當然，如果只是這些女性，以後的故事就沒多少可讀性了。竇太后的身邊除了這群女人之外，還圍著一批宦官。這些宦官經過這麼多年的鍾鍊，個個都把自己鍾鍊成一流的政客。他們知道，現在那些大臣們恨宦官恨得要死，他們要活下去，唯一的靠山就是竇太后。而要巴結竇太后，必須先巴結這些女人。就這樣，宦官們很快就將這些女人全數拉攏到自己的陣營裡。

這時，曹節已經成為新一代宦官集團的領袖。

竇太后每天生活在一片奉承的言詞中，覺得很愉悅，覺得這些宦官和女人真可愛，天天向她奉獻著那些讓她內心世界超級開心的話語，於是就不斷地頒布詔書，封他們官爵。

本來，身為竇武的女兒，向來處於弱勢地位的竇太后，權力運作對於她而言，基本是盲點，只要竇武和陳蕃堅持原則，只把她當作權力的招牌，利用她的太后地位，然後政由己出，其他的都不讓她說話，還是能夠做到的。

可是這幾個老人家只按照傳統的思考方式，對竇妙跟宦官們的關係只是咬牙切齒，恨得想去吃宦官們的肉，卻沒有去堅決制止。

最後，陳蕃忍無可忍了，就找竇武商量，說：「曹節和王甫這些宦官很早以來就操縱朝政、擾亂天下。如果現在不殺他們，以後就難收拾了。」

竇武點頭表示同意陳蕃的觀點。

如果他們立即就著手把宦官們抓起來，那是一點難度也沒有的。因為現在的宦官除了竇太后之外，他們沒其他力量。

這幾個老人家大概跟宦官們鬥爭久了，長期領教著宦官們的囂張，一談到宦官，內心世界就變得複雜，覺得宦官力量不可少看，必須認真對待。於是，他們找來幾個人共同密謀，要擬出一個沒有一點漏洞的方案來，以便一擊成功。終於犯了一個大錯。

其實，殺幾個宦官，根本不用什麼理由，宦官們長期干政就是除掉他們的理由。但陳蕃還是要找理由。這一次，他找了一個理由——日食。然後就跟竇武商量，說現在發生了日食，是老天在警告我們。所以必須把宦官們除掉。以應天變。

當然，如果竇武果斷地下手，仍然沒有事。

可是竇武卻硬是按程序走，進宮向他的女兒報告，要求重新明確宦官的工作職責，說這些宦官只是負責打理宮內的雜事，現在卻讓他們掌握大權，使他們的親信遍布天下，個個殘暴得要命，老百姓天天因此鬧事。所以必須盡誅宦官，以清朝廷。

太后一聽，就急了。

「你殺了宦官，誰來服侍我？誰天天來為我說那麼多好養耳的話？」

她不是政治家，她只是一個女人，腦子裡想的不是國家大事，而只是自己的生活瑣事。

但父親的話又不好推託，只好說：「朝廷世代都有宦官，這也是傳統。如果他們真的有危害，最多只是殺那些有罪的人，別的就不理了吧！」

即使到了這個時候，只要竇武和陳蕃下定決心，不理這個目光短淺的女人的話，大事仍然可定。可是他們仍然去執行太后的旨意。

他們知道，曹節這些人是太后的親信，只有管霸幾個人跟太后沒有走近，於是決定先拿管霸開刀。管

第三節　竇武的失算

霸其實是宦官裡較有良心的。於是，管霸和另一個中常侍蘇康被抓，然後被砍死。

竇武殺了管霸之後，接著又請求收拾曹節。太后果然不同意。

於是，幾個老人家除了嘆氣之外，沒有別的辦法。

過了不久陳蕃再上書，強烈要求清除曹節、侯覽、王甫等這些宦官，否則大漢的天下就會壞在他們的手裡。他在奏章裡的措辭雖然十分激烈，太后卻一點都不動搖，堅決否決了他的建議。

幾個政治大家居然被一個女人玩得無可奈何。這就是漢代的政治體制。

接著又發生了一個天文異象，就是金星侵犯房宿上將星，深入太微星座。侍中劉瑜是這方面的專家，看了之後，立即上奏，這個天象是在表示，奸人就在身邊，請加強防備。他還寫信給竇武，以天文知識當理論依據，現在這個情況，是對大臣不利，請他們趕緊定好大計。否則，受禍的將是他們。

陳蕃和竇武很感謝劉瑜，立刻提拔他當司隸校尉。

竇武被說多了，又下了一個小決心，把黃門令魏彪免官，讓自己的親信小黃門山冰去接替，然後讓山冰出面彈劾鄭颯，再然後把鄭颯投進監獄。一看到這個情節，就知道，宦官們到現在仍然弱得很，只要下定決心，根本不費什麼力氣就可以把他們抓起來。可是竇武卻仍然拐來拐去，反而把自己弄得很辛苦。

陳蕃也覺得竇武辦事也太繁瑣了，一點不乾脆，對他說：「對這些傢伙，抓住就應當立刻殺頭，還關什麼監獄去審問他們？」

可是竇武也像他女兒否決的他的意見一樣，不同意陳蕃的建議。他繼續走他的程序。

當然，這時事情的發展還是照他寫的劇本進行的。他讓冰山等幾個人審問鄭颯。鄭颯終於把曹節和王甫也牽連了進來。於是，山冰根據這個供詞，奏請太后逮捕曹節等人。

竇武去奏請，太后都不同意，一個黃門令算什麼？太后會准奏嗎？更要命的是，山冰還把這個奏章交由劉瑜拿去轉交給太后。

竇武以為，這個程序走得太有理有節有利了，只要劉瑜把這個奏章轉給他的女兒，明天就可以動手了。他很放心。

很放心的竇武再次放心地離開宮殿，然後回到家裡，準備好好睡一場。

他在家裡睡大覺時，宮中的那群宦官卻正在緊張地忙著。竇武和陳蕃這段時間的所作所為，他們比誰都清楚。他們已經分明感到大刀正舉在他們的頭頂。但他們有什麼辦法？眼看一個一個同行被抓走，他們急得要命。

當竇武爽快地回家時，劉瑜請誅宦官的奏章正好交給負責管理奏章的太監手裡。這個太監一看，全是誅殺宦官的內容，就在第一時間裡把這事告訴了長樂五官史朱瑀。

朱瑀跑過來打開奏章一看，嚇了一跳，大罵了起來：「那些有罪的人你們可以殺啊！我們有什麼罪，為什麼都要一起誅滅？」

朱瑀比曹節他們更狠，也不找誰商量，直接就大叫：「陳蕃和竇武他們要請太后廢掉皇帝，做大逆不道的事。」看到這個情節，就知道朱瑀遠比竇武強多了。

當然，如果他只是大喊大叫，那跟找死沒有什麼區別。他大喊大叫之後，連夜把自己的一幫親信叫來，開了個會議，一起發誓要除掉竇武和陳蕃。然後照他們的劇本往下進行。

先由曹節去找到小皇帝，對他說：「現在外面亂得很，請皇上到德陽殿前。」而且還教他做了一個動作，這個動作就是拔出寶劍做向前衝鋒的姿態。然後叫趙嬈和那幫女人跟在後面，拿好皇帝的印信，關閉

第三節　竇武的失算

所有的宮門。

接著把尚書台那一幫尚書叫來，把刀子架在他們的頸脖上，叫他們照宦官們的意思把詔書寫好。然後任王甫為黃門令，拿著皇帝的節符去抓山冰和尹勳。兩人不受詔。王甫就把他們全殺了。

王甫放出鄭颯，然後返回宮中，劫持竇妙。奪到玉璽。至此，朝廷的權力全在他們的手裡。

宦官們派鄭颯帶著一幫人持節去抓竇武。

竇武這才知道，事情糟了。他這時倒還冷靜，拒絕受詔，騎上馬逃到步兵校尉營中，跟他的侄兒竇紹一起把前來抓捕他們的使者殺死，然後集中北軍幾千人，進到都亭，對軍士們做了個簡單的動員：「太監們造反了。請你們努力殺敵，誰殺太監多誰就可以得到重賞。」

陳蕃很快也得到了消息。這位老人家雖然已經八十歲，在大漢王朝的政壇裡混了大半輩子，被打了很多次，照理說鬥爭經驗很豐富才對。可是當面臨這個歷史性的關鍵點時，只會把讀書人的迂腐特點發揮的十分徹底。

他並沒有出去，以自己的影響力去號召武裝力量前來平定宦官之亂，而是帶著一幫跟他一樣呆的官屬拿著兵器，氣喘吁吁地衝進承明門，然後來到尚書門，揮舞著手臂，大叫：「大將軍忠以衛國，黃門反逆，何云竇氏不道邪！」

他在大喊大叫時，王甫正好出來，跟他碰了個面對面，等他叫完，就指著他大罵：「先帝剛剛駕崩，墳墓都還沒有修好。竇武有什麼功勞？現在父子都封為列侯。天天花著國家的錢，飲酒作樂，過著腐敗的生活。不到十多天，他們家的財富都累以萬計。這算什麼忠臣？你是朝廷的宰輔，卻跟他互相勾結。哈哈！我們還要到哪裡去抓奸賊？」命令武士把這個老頭抓起來。

陳蕃到了這時，已經沒有辦法了，只得使勁罵王甫。王甫下令把陳蕃帶到北寺獄。一個太監用腳踢著陳蕃大罵：「老傢伙，看你還敢扣我們的薪資嗎？」

宦官們可不像竇武那樣，一切按程序進行，抓到人之後，還審問一下。他們當天就把陳蕃在獄中殺死。陳蕃臨死時，不知道心裡又有何感想？以前，他想殺宦官，手中沒權。現在他手中有權，仍然想殺宦官。可是最後居然為宦官所殺。也許，他會把這些歸結於天意。其實，這是因為他的搭擋竇武太沒能力了。

接下來，竇武就顯得更沒能力了。

本來，他手中尚有數千人，只要能堅持住，真相很快會大白。此時，宦官們手裡雖然有皇帝，但全國人民都恨宦官們。時間一過，宦官們身邊就會什麼人都沒有。

哪知，一個人的到來，讓竇武陷於了絕境

而且更搞笑的是，這個人並不是竇武的敵人。

這個人叫張奐，時任匈奴中郎將，有著豐富的戰爭經驗。他剛剛回到首都。

曹節看到竇武手下有軍隊，自己玩陰的很有水準，可是要去打仗，那是萬萬不行的，看到張奐回來，知道完全可以利用他，就叫他帶兵去打竇武。

張奐還真不明真相，帶著部隊就出發。

結果，竇武被打了個大敗。他的部隊都向宦官投降，他和竇紹逃不出去，只得自殺。他們臨死時，大概連個感慨也沒時間發了。本來大權在握，兵權也在自己的手裡，連誰當皇帝都是由自己定的，最後卻鬥不過幾個宦官，死得十分窩囊。

把竇武除掉了，朝廷大權又回到宦官手中。他們把竇家老少都流放到日南（現越南）。至於那個竇妙，遷往南宮。這個老美女，為了貪圖享樂，把一群父親的敵人當親信，時時反對父親的建議，最後落得父兄被殺、母親被遷到越南的地步。竇家的親戚和部屬全部被抓或被殺。竇武和陳蕃滅宦官的主張絕對正確，但把這個天下交由一個潑婦來決策，是最大的錯誤。

竇武和陳蕃的結局，再一次證明：有時秀才真的玩不過流氓！

當然最鬱悶的是張奐。他從來也不是宦官們的朋友，心裡對宦官也很痛恨，結果自己卻成了宦官的工具，幫宦官們打敗竇武，徹底成了歷史的罪人。他很悔恨，但是悔恨還有什麼用？他拒絕接受宦官們封給他的爵位，回到家裡，天天生活在後悔的心情中。

這就是歷史，一步走錯，步步皆錯。

第四節　第二次黨錮之禍

這個事件結束後，已經是漢靈帝建定二年（西元一六九年）。

把竇家除掉後，劉宏最大的好處就是趁著太后位子空缺，可以提拔自己的母親。他的父親已經死了，但是母親還活著，現在的頭銜是貴人，人稱董貴人。

他把董貴人迎到宮中，先封孝仁皇后，接著任命董貴人的哥哥董寵為執金吾、弟弟董重為五官中郎將。

而宦官們繼續追捕他們的反對黨，不斷加大打擊反對黨的力度。而黨人歷來是宦官集團最堅決的反對者。

李膺是黨人的領袖，竇武和陳蕃執政時，都重新啟用了他們。現在竇武玩完，李膺又一次被免掉所有職務。

張儉也是當時的大名士，也被列於黨人的大名單中。他向來跟侯覽不對盤，因此侯覽最恨他。他還是現任山東督郵。於是，侯覽就叫他一個手下朱並誣陷張儉。

朱並立刻就開始行動，上書說，張儉和二十四個老鄉在一起喝酒時，互相取外號，這不是結成朋黨是什麼？結成朋黨的目的就是做危害國家的事情。而這二十四人黨中，張儉又是首要分子。

於是，劉宏下詔，命令逮捕以張儉為首的二十四人黨，拉開了第二次黨錮的序幕。

接著，曹節要求相關部門，上奏「諸鉤黨者故司空虞放及李膺、杜密、朱寓、荀翌、翟超、劉儒、范滂等，請下州郡考治」。

十四歲的劉宏拿著這份相關部門的奏章，傻乎乎地問曹節：「什麼叫鉤黨？」

曹節當然知道，立刻回答：「經常在一起相互牽連結黨的，就是黨人，簡稱鉤黨。」

劉宏又問：「黨人到底有什麼罪，為什麼一定要殺掉他們？」

曹節等的就是這句話——有個智商不高的皇帝真好。他當場回答：「這些黨人互相推舉，結成朋黨，準備圖謀不軌啊！」

哪知，劉宏又不知道什麼叫不軌了，歪著頭問：「不軌是什麼？」

曹節回答得更乾脆：「就是要推翻朝廷，把陛下廢掉啊！」

劉宏雖然智商不高，但這話還是聽得懂的，原來有這麼嚴重啊！馬上准奏。

這時，全國到處是抓捕黨人的聲音。李膺回到家裡，人家對他說：「老先生你現在不走，就來不及了。」

李膺卻說：「我有我做人的原則，既然當皇上的大臣，就不要怕受苦受難，既然被當成了犯罪，更不要躲避。我現在都六十歲了，還能逃到哪裡？」於是，自己前去投案，被宦官們活活打死。他的門生故吏都被關進監獄。

張儉仍然逃了出來。他是既是大名士，又是通緝令上的首要人物，因此抓他的風聲一陣緊過一陣。他只得到處逃亡，逃得很狼狽，只要看到人家的打開，他就上前請求人家收容。由於他的名聲超級好，因此大家都願意收留他。

很多人都因為收留他而家破人亡。後來，他輾轉來到東萊郡，住在一個叫李篤的家裡。外黃縣令毛欽很快就知道張儉的藏身之處，就帶著兵器來到李篤家。

李篤說：「你一定要抓張儉嗎？」

毛欽拍著李篤的肩膀說：「你為什麼就這麼自私，想把這樁仁義的事全部記在自己的名下？」

李篤笑著說：「現在只好和你分享了。」

到了這個時候，因為窩藏張儉的人已經被殺了十多人，因為他而受牽連的人幾乎遍布全國。直到黨錮解禁後，張儉才回到家。

這一次，黨錮運動比上一次更加嚴酷，宦官們在這次運動中將七百多人迫害致死。朝中賢能盡失。從此，大漢王朝進入了一個史上最漫長的宦官政治時代，直接把大漢王朝送上了政失人亡的不歸之路。

第五節　愛財成痴

劉宏很愛宦官，而且愛得誇張。他有一句名言：張讓是我父，趙忠是我母。居然把幾個太監當成自己的父母。不知劉邦地下有知，該作何感想。

他不但愛宦官，更愛錢財。

在他當皇帝的這段經歷，就是他與宦官們共同斂財的美好歲月。

由於他的那句名言，宦官們無不權傾一時。尤其是被劉宏稱為「我父」的張讓，其權勢之大，可以說是無法無天。所有的人都知道，要想得到好處，必須去巴結這個劉宏的「父親」。由於巴結人的太多，大部分人都很難看到張讓的本尊，於是就都巴結他身邊的人。他府中有一個家奴，雖然在張讓面前跟狗一樣，可是一出張讓的家門，就立刻面色一板，變得威風凜凜。

有一個土豪叫孟佗，家裡有很多錢，也想投身官場，於是就把大量的錢財送給這個張家的奴僕。然後又透過這個奴僕送給更多的奴僕。送得多了，連這些奴僕都覺得不好意思起來，問他有什麼事需要他們幫忙？他說：「只需要你們向我一拜就夠了。」

這麼多錢就一拜？奴僕們最拿手的動作就是向主人跪拜。奴僕都答應他。

當時，每天都有大批人前往張讓的府上求見這個大太監，據說每天張家門前的車有一千多輛。有一天，孟佗也去見張讓。由於人太多，車輛無法前進，那位奴僕看到張土豪來了，立刻帶著他那一幫同事，跑了過來，向孟佗齊拜，然後引導他的車駛進大門，把那些賓客都看得呆了。

大家回過神後，都以為，孟佗跟張大太監的關係肯定不一般，於是，便都把錢送到他家來，讓他一下

第五節　愛財成痴

子賺進大把財富。當然，孟佗也不獨吞，他把這些財寶也分給張讓。張讓大喜，這小子發財水準真不簡單，於是讓他當了涼州刺史。

於是，朝廷貪官汙吏塞滿朝中。這些貪官的財富越來越多，而國庫卻越來越空。

劉宏老早就知道國庫已經空虛了。如果是別的皇帝，此時，肯定會請來一大批大臣，開會研究如何復甦經濟及財政。可是劉宏卻自有辦法。

他的辦法就是設立一個叫「西邸」的機構。這是一個拍賣官位的專門機構。以前鄧太后也曾拍賣過官位，但還沒有設立過專門機構，而且拍賣的基本都是一些閒職。現在，劉宏卻把所有的官位都拿來賣，二千石的標價二千萬，四百石的標價四百萬。即使是因為舉孝廉得到官職的，也要再出三分之一的錢，才可以當官。如果指定要當某縣縣令的，則按某縣的大小和富有程度收費，做得非常靈活。有錢的先交錢，再當官；沒錢的人可以先當官再還債。

後來，劉宏還透過自己的管道，把三公九卿的位子也拿來拍賣，每個職位一千萬。所得的錢並沒有上繳國庫，而是都收入西園的倉庫中。他看著堆在倉庫裡的錢，笑劉志堂堂一個皇帝，也太不會理財了，以致死了都沒有一點私房錢。

劉宏覺得自己不光會做皇帝，還會做生意。當然，他不會帶著錢到處跑市場，而是在後宮中開闢了一個市場，修建了很多店面，然後叫宮人們都來做生意，他自己也穿著商人的衣服，在市場上喝酒玩樂。

他覺得狗也很好玩，便又在西園裡玩狗，讓狗戴著文官的帽子，身上還披著綬帶，然後帶著這些狗官到處跑。後來，他又覺得驢也很好玩，就親自手執韁繩，駕駛著四頭驢拉的車子，在園子裡來回奔跑。

這個八卦很快從西園傳到宮門外，京城的人便都競相向皇帝看齊，賣來驢子拉車，過過皇帝的娛樂生活，致使驢的價錢比馬還要貴。

各郡國送過來的貢品，他都要先選出一部分珍品，放到自己的私署中，還取了個名叫「導行費」。中常侍呂強勸他說天下的財富都是皇上的啊！何必把這些化為私有？但他不聽。

皇帝都是這個樣子，宦官們就更加肆無忌憚了，紛紛大興土木，個個仿照皇宮的模樣修建自己的豪宅。

有一次，劉宏想登上永安宮上，來個登高望遠，看看首都是如此的壯麗。宦官們怕他看到自家的房子跟宮殿一樣壯麗，肯定會生氣。他一生氣，他們的後果會很嚴重。於是便請人來勸阻劉宏，理由是——天子不應當登高，登高會使人民流散，皇上愛民如此，哪會忍心讓廣大人民流散呢？

劉宏一聽，立刻從諫如流，而且為了體現他愛民如子的情懷，宣布從此之後不再登高。

當然，宦官中也有人品好的太監。呂強就是個很不錯的太監，經常規勸劉宏。張讓就看他不順眼，覺得這樣的人不能繼續留在宦官集團當中。他聯合幾個宦官對劉宏說：「近來我們發現呂強經常跟黨人在一起讀書。」

他們讀的是什麼書？

「《霍光傳》。」

劉志一聽，也嚇了一跳，呂強要當霍光？馬上就派中黃門帶著兵器去召呂強。

呂強知道自己也被陷害了。他更知道，一被他的這些同僚陷害，結果就是死路一條。於是自殺。

張讓知道後，又對劉宏說：「皇上才派人召呂強，還沒有向他宣布什麼，他就主動自殺了。說明他真的有罪。」

第五節　愛財成痴

劉宏下令把呂強的親屬全部逮捕，財產全部沒收。

這麼折騰了幾年，老百姓終於絕望了。

張角看清了這一點，終於登高一呼，引爆了史上著名的「黃巾起義」。一時之間，「蒼天已死，黃天當立，歲在甲子，天下大吉」的口號響徹全國。在短短的時間內，黃巾軍就發展到數十萬人，大有席捲全國之勢。

此時，劉志已經二十來歲，已經完全親政了。他接到黃巾軍舉事的消息後，也慌亂了起來。他雖然親信宦官，但他也知道，宦官們在宮中玩來玩去，殺殺一些大臣、貪貪錢財那是很平常的事，但要他們舉著刀槍，帶著部隊去跟黃巾軍對戰，那只有死路一條。

於是，他把鎮壓黃巾軍的任務交給了何進。

何進是漢靈帝現任皇后的哥哥，原先是個屠戶。妹妹進宮後，他就不斷地被提拔。他此前也知道自己沒什麼文化內涵，所以還是比較低調的，況且現在朝中一切都是宦官說了算。

宦官雖然不會殺豬，但宦官這輩子殺的反對黨，比他殺的豬還多。因此，他只是當著他的官，過著幸福的國舅生活，別的基本不過問。

劉宏跟他幾個前任皇帝一樣，一有戰事，一點腦力勞動也不捨得花，直接就把這事交給外戚，不管這個外戚有沒有能力。總之，漢朝的傳統就是——內事不決問宦官，外事不決問外戚。

何進接到任務後，便派出皇甫嵩等人將出征。

宦官們看到有人出去打仗了，他們又可以安心斂財了。

這些人收錢起來，一點不計後果。皇甫嵩絕對是討伐黃巾軍最為得力的將軍，他們卻仍然想從他手裡要錢。

皇甫嵩出征時，途經趙忠的老家，看到趙忠家建造的住宅超過了法定的規格，就上奏要求把趙忠的宅子沒收。但劉宏一點也不理。張讓私下還派人去向皇甫嵩索賄五千萬。皇甫嵩不給，張讓就以皇甫久戰不勝、浪費大量軍用物資為由，讓劉宏把他召回來，然後收掉他左車騎將軍的印綬。

這時，黃巾軍才剛剛平定，而其他地方又不斷發生武裝暴動。可是劉宏卻好像事不關己一樣，仍然把斂財當作他工作的重中之重。他在西園裡又修建了一個座萬金堂，把大司農裡的金錢和布匹都拉出來，堆滿堂中。萬金堂裝不下了，他就把那些錢財寄存到小黃門、常侍們的家裡。每家都存數千萬。

劉宏每天看著他這一堆又一堆的錢財，笑得樂不可支，他覺得皇帝真好當啊！盼望著把這個皇帝當得越久越好。

哪知，劉宏這輩子把精力都投入酒色之中，才三十來歲，身體就已經壞了。

劉宏在歷史上跟桓帝齊名，但他還是比劉志強一點的。劉志同樣酒色一生，後宮美女史上最多，但到死的時候還沒有生出一個兒子。劉宏雖然死了幾個皇子，但現在還有兩個兒子活著，一個叫劉辯，一個叫劉協。

大臣們沒事做，就在中平六年向他上了個奏章，要他忙把太子確立了。他還沒有考慮清楚，就於當年的四月病重起來。重到連他自己都覺得難以繼續活下去了。

劉宏對宦官的信任，到了無以復加的地步，居然在臨死之時，把蹇碩當託孤大臣，讓蹇碩在他死後，照顧他的接班人。然後就閉上了那雙一天到晚都盯著錢財的眼睛。

第五節　愛財成痴

縱觀東漢末年的這兩個皇帝，朝政都交到宦官手裡，然後任由宦官揮舞著權力的棒子，為所欲為。其實，宦官們的力量是有限的，只要皇帝一宣布收權，宦官們立刻現出本相，什麼也做不成。

可是因為那些大臣只會讓皇帝去勤政，看不慣他們的荒淫無道、瘋狂斂財，所以，皇帝們寧願與宦官為伍，大肆打壓朝臣。最後宦官們過上了史無前例的幸福生活，連續掌了幾十年的大權，而大漢王朝就這樣直接衰落下去。

第十九章 董卓：葬送大漢王朝的權臣

第一節　西部的地頭蛇

漢朝這些年的權力舞臺上，基本是宦官與外戚兩個集團輪換當主角。你驕傲個幾年，我又殺上來。但董卓是個異數。這個東漢末年最自大的權臣，出身跟外戚沒有一點關係，跟宦官同樣沒有什麼交往。

他是涼州人，從小就生得四肢發達，武力高強，還能在馬上左右馳射，箭法奇準，是塊當兵的好料子。他雖然長得很野蠻，智商卻很高。西涼是少數民族雜居之地，他居然能把那些少數民族的首領都變成他的追隨者，一有時間就趕著牛羊過來送給董老大。

董卓小時候還是很有理想的，知道只在這裡混，沒什麼前途，於是找了個機會當官員，從羽林郎做起，後來跟張奐平定州，從軍司馬做起，很快就成為刺史、太守，最後還撈了個中郎將。

黃巾軍搞事後，由於盧植被宦官集團拿下，他就被派去代替盧植。董卓運氣很好，武功高強，但是軍事能力太差。在代替盧植去當前線指揮官、跟張角對壘時，居然被已經被盧植困得只剩一口氣的張角打得大敗。於是，剛到手的中郎也丟了。

但是，他的運氣很好。

他才被免官沒幾天，韓遂和邊章又起來鬧事。於是，他的機會又來了。

朝廷裡的很多人都認為，董卓是當地人，熟悉那裡的情況，就又任命他為中郎將，讓他跟張溫去打韓遂和邊章。

張溫這時是司空，拜車騎將軍，是軍方最高領袖之一，而董卓也被提拔為破虜將軍。手下還有幾個將軍。這些將軍雖然都穿著軍裝，看上去威風凜凜，其實軍事能力都十分有限。

此時，張溫帶的部隊有十多萬，駐在美陽。而韓遂部也開到了美陽。雙方一見面，就打了一仗。結果政府軍大敗。

到了當年（即中平二年）的十一月，董卓和鮑鴻聯合向邊章、韓遂發動進攻，終於把這兩個造反專家打得大敗，狂奔回榆中，替張司空挽回一點面子。

張溫的精神迅速提了上來，立刻下令周慎帶三萬人繼續追擊韓遂，一定要把他殲滅。

哪知，周慎卻沒有自知之明，自己不會打仗，還聽不進孫堅的意見，最後反而被人家殲滅，隻身逃回來向張溫交差。

張溫接報後，覺得還是董卓可靠，於是，再叫董卓帶三萬人去跟韓打。

周慎被殲滅是因為糧道被韓遂截斷。這次董卓汲取周慎的教訓，把糧道看管得很緊。可是他自己帶的糧草卻不多，面對敵人時，又不敢速戰速決，硬是在那裡築著營壘跟敵人遙視相對比耐力。

最後證明，董卓很有耐力，但是士兵們沒有。因為後勤部門已經宣布要斷炊了。

董卓立刻意識到，後勤部門斷炊的結果，就是被對面的敵人消滅光。他的軍事能力跟周慎不相上下，但抗壓性卻比周慎強了許多倍。他沒有像周將軍那樣，一聽說糧草沒了就下令無秩序地狂奔，而是動了腦筋，玩了一個小詭計。他先規劃好撤軍的線路，在準備渡過的河的上游築起一道提壩，對外宣稱是要捕魚，讓士兵們能改善一下生活。然後帶著部隊悄悄地開溜。

對面的敵人很快就發現董卓要逃跑了，什麼也不想，直接發瘋追擊。於是，董卓笑了。他在自己部隊過河之後，就把提壩決開。那些追兵跑到河邊時，看到河水突然大漲，只得猛地收住腳步，眼巴巴地隔河看著董卓的部隊越逃越遠。

董卓雖然沒有勝利，但也沒有失敗，比其他部隊來，他算是最成功了。因此他表現得很囂張，全不把他的上司張溫當一回事。當張溫以劉宏的詔書叫他過來部署工作時，他居然理都不理。

張溫很生氣，當面把他狠狠責備了一通，但他擺著一點都不在乎的表情，好像張溫罵的是別人。

當時，另一個歷史能人孫堅也在場，看到董卓這個態度，也很氣憤，直接上去在張溫的耳邊說了幾句悄悄話。請張大人當場把董卓砍頭算了。這樣的人留著，除了禍害沒有別的作用。

可是張溫哪有這樣的氣魄？他搖搖頭，說：「董卓在這一帶很有威望，要真的把他除掉了，以後要找個嚮導都難啊！現在咱都得依靠他。」

孫堅又羅列了董卓的很多罪狀，每條罪狀都可以判董卓死刑。但張溫只是搖頭。

不久，張溫離開了西涼。

韓遂在這個時間段沒有跟政府軍打交道，倒是跟邊章玩了個窩裡鬥。結果韓遂把他的長期合作者邊章除掉，然後又聯合另兩個造反人士馬騰、王國出來，迅速包圍了陳倉。

朝廷派左將軍皇甫帶兵出征。董卓又被提拔了一把，當前將軍，成為皇甫嵩的手下。

董卓的心情很好，覺得若不好好地表現，真對不起前將軍這個稱號，請皇甫嵩立刻急行軍去救陳倉。現在韓遂他們是烏合之眾，大家衝上前去，只需要把喊殺的聲音放大一點，就可以把他們打敗了。

以皇甫嵩的軍事能力，真的按董卓這麼說，大概也能取得勝利。但皇甫嵩卻厲害多了。他當場否決了董卓的建議，說：「靠著笨力量去拚得的勝利，哪比不用打仗就取得的勝利好呢？陳倉雖然很小，但城防工事很堅實。韓遂他們的兵馬雖然很強，但短時間內是攻不下的。他們這麼進攻，不用過幾天就會累死。那時，我們再全力進攻，砍他們就跟砍西瓜一樣容易。」

韓遂在那裡攻了八十多天，廣大士兵都累得全身疲軟，連兵器都舉不起了。韓遂他們一看，除了幾個老大還精神抖擻之外，其他人都已經累得眼皮都抬不起了，而陳倉的城牆還是原樣。

他們知道再這麼打下去，最後只會把自己的兄弟們打累。於是，下令撤退。

皇甫嵩等的就是這一天。他立即下令全體士兵全力進攻。

這時，董卓又站了起來，而且還引用了兵法上的理論，說：「老大啊，你難道沒讀過兵法？兵法上不是說窮寇莫追嗎？」

皇甫嵩一聽，差點笑了起來。

「兵法當然沒有錯。可是你要弄清楚什麼是窮寇啊！現在他們急於逃回去，個個都在搶路狂奔，跟一群趕集群眾一個樣，哪算什麼窮寇？只要追上去，就可以隨便砍他們。」

但是董卓沒有跟著追上去。皇甫嵩追著韓遂他們一路砍殺，果然沒有遇到任何抵抗，大獲全勝。

如果是別人，對皇甫嵩的這次戰鬥肯定佩服得要命，可是董卓不是別人，看到自己跟人家的能力差距這麼大，心裡就恨了起來，把皇甫嵩當成自己的仇人。

經此一役，西涼造反者們進入了谷底時期，董卓的事業卻得到了很大的發展。所有的人都知道，董卓的人品差，而且軍事能力也不怎麼樣，只是想利用他來對付一下西涼的那些造反者們。現在那些造反者們都疲軟了，就得拿下他的兵權。於是，劉宏就下令把他上調中央任少府之職。

董卓聰明得很，知道少府的級別很高，但是一點實權也沒有，除了薪資長了幾級之外，身邊連個帶刀的警衛都沒有，哪比得上他這個前將軍？現在這個世界，手裡得有武器才行。馬上找了幾個理由，拒絕了劉宏的命令。

董卓的運氣確實很好。如果是在別的時間點，劉宏大概會把他拿下。可是劉宏在發下這個詔書之後就「病篤」了。他病重的時候，仍然沒有忘記董卓，繼續下令董卓為并州牧，然後把部隊都交給皇甫嵩。

劉宏知道，皇甫嵩的能力比董卓高多了。但是他沒有想到，皇甫嵩的人品和軍事能力比董卓高了無數個等級，但是混官場的能力就遠不如董卓了。

董卓在戰場上，對敵情的判斷差得千萬里，但對朝廷目前的形勢看得比誰都透。他知道劉宏雖然是皇帝，但現在已經虛弱得要命，這些命令只要不聽，他也拿自己沒辦法。於是，他就說自己跟這些子弟兵已經建立了深厚的感情，他們都願意跟自己去并州，繼續為國家效勞。

皇甫嵩的姪兒一看到這個信，就建議叔叔把董卓除掉。否則後患無窮。

但皇甫嵩卻不聽。他並不是怕他打不過董卓，而是認為程序不合法。沒有朝廷的命令，亂殺大臣是違法的啊！

後來，皇甫嵩向劉宏寫了份奏章，把董卓的表現向劉宏進行了詳細的報告，請劉宏派他出兵把董卓除掉。這個手法，簡直就是竇武鬥宦官的複製版。

劉宏的表現也不比竇太后強多少，看了皇甫嵩的奏章之後，只向董卓寫了一封信，狠狠地責備了一頓董卓的行為，叫他必須加以改正。

但是董卓能改正才怪。

劉宏還沒有看到董卓的改正，就死了。

董卓帶著自己的部隊駐紮河東，繼續觀望。

結果他的運氣又來了。何進跟宦官處得越來越僵，最後頭腦發熱，居然要外調軍隊進來抓十常侍。而董卓的部隊離京城最近，於是下令董卓進京救駕。

隨著這道命令一下，董卓時代終於到來了。

第二節　引狼入室，自取滅亡

董卓此前向來不理會朝廷的命令，但一看到何進的這個命令，立刻兩眼發光，下令部隊快速向首都出發。

董卓雖然一臉的野蠻相，但這時還是很講政治的，他一邊進軍，一邊高調聲討宦官，請朝廷趕快下令叫他進京把那些禍國殃民的宦官抓起來，交給大眾審判。

董卓的這個舉措，很對何進的胃口，何太后卻堅決反對。何太后反對董卓進京，並不是她有過人的政

第二節　引狼入室，自取滅亡

治智慧，一眼看穿董卓的野心，而是怕董卓進京了真的把宦官打倒——她對宦官還是很有感情的。此前何進多次要打倒十常侍，但是每次她都站起來，義不容辭地擔當十常侍的保護傘。何進不得不令手下在京城附近裝扮土匪，製造理由讓他調兵進京。

何進的家裡，在對待宦官的問題上出現了嚴重的分歧。除了何進之外，其他家庭成員都把宦官當作親人看待。就連何進的弟弟何苗也勸何進不要為難宦官了，要跟他們交朋友，內外結合，共建和諧社會。而何進手下的那一批人，都在勸何進要果斷下手，不要再走竇武的老路。弄得何進很為難。

在何進很為難的時候，董卓已經帶著他的部隊開到澠池，離京城已經很近。

何進這些天，幾乎天天被家庭成員批判，心裡又不踏實起來，就派人种劭拿著詔書過去，叫董卓停止前進的步伐。

董卓看到詔書後，冷笑一聲，扔到一邊，叫部隊繼續前進，大步進入河南地界。

种劭急了，叫他馬上退兵，再不退兵就是抗旨。

董卓聽到抗旨兩個字時，心裡還是有點懼怕，但他仍然找了個天大的理由——首都已經發生政變之類的事件，必須繼續前進。他下令士兵舉著刀，壓著种劭的脖子，喝道：「你再亂說，就砍死你。」

种劭並不怕，當場以皇帝的命令責備那些士兵。這些士兵都是從邊遠少數民族地區來的，皇帝向來只在他們的傳說中存在，這時突然聽到种劭以皇帝的名義來罵他們，便都怕了起來，收起兵器，離開了現場。

种劭把士兵罵走，又來罵董卓：「你算什麼東西，怎麼敢不把皇帝放在眼裡？」

董卓被他一罵，也說不出什麼話來，又看到士兵也怕皇帝，只得下令部隊退回夕陽亭。

董卓不再前進了，但洛陽城裡卻鬧得不可開交。

經過多次反覆之後，何進再次複製了竇武的路子，在自己占絕對優勢的情況下，居然被十常侍騙到宮中，被砍了腦袋。只是何進的手下比竇武的手下厲害多了。他們知道老大掉了腦袋，立刻帶兵進宮，追殺宦官。

十常侍被逼得無路可走，只得放了一把火，燒了皇宮，然後帶著小皇帝劉辯以及他的弟弟劉協逃走。但他們只逃到黃河邊，就被憤怒的盧植和閔貢追了上來。

雖然兩人都滿臉憤怒，手裡也都拿著寶劍，但也只有兩個人而已。而宦官們卻有一群。但宦官們都怕得要死，縮成一團，面對著盧植和閔貢。

閔貢挺著寶劍，站在黃河邊上，迎著大風，對他們破口大罵。

張讓他們一句話也不敢說。

最後，閔貢宣布：「你們要是不自己去死，我就動手了。」

宦官們仍然不敢動。閔貢大喝一聲，手起劍落，當場把幾個宦官砍死。

張讓他們一看，知道他們那一套向來最有力的求情功夫，在閔貢和盧植面前徹底失靈了，只得向劉辯拜了拜，然後集體跳河。

隨著那一連渾濁的水花的飛濺，十常侍時代宣布隆重謝幕！

接下來的時代就是董卓時代。

十常侍跳黃河時，董卓正帶著他的部隊在顯陽苑。城裡的那場大火，他就在這裡看到的。他看到火光沖天后，就知道城裡真的發生了他最希望發生的事。於是他叫大家加快腳步，衝到首都去。

第二節　引狼入室，自取滅亡

當天差不多亮的時候，董卓來到了城西。有人向他報告，說小皇帝在北邊。

原來十常侍跳河之後，小皇帝劉辯就跟著閔貢回城。

董卓一聽，真是好機遇啊！這個時候，何進死了，十常侍跳河了，群臣都躲得不見蹤影，權力出現了空位，誰控制了皇帝誰就控制了大局。

他馬上帶部隊去迎接皇帝。

劉辯跟著幾個大臣在膽顫心驚地跑著，突然看到這麼多軍隊，嚇得哭了起來。

跟在劉辯身後的大臣大聲對董卓說：「有詔退兵。」

但是董卓會退兵嗎？他冷笑著對這些狼狽不堪的大臣們說：「你們都是朝廷命官，現在卻讓皇上流落到這個地步。你們睜眼看看，現在皇上還像個大漢皇帝嗎？皇帝落難時，你們都到哪裡去了？你們先前為什麼不能叫十常侍去死？現在只會叫老子退兵。老子就是不退兵。」

那幾個剛才還大聲說話的大臣立刻閉嘴。

董卓便移動著肥大的身體去跟劉辯說話。

劉辯還沒當幾天皇帝，又受了這麼大的驚嚇，剛才又看到董卓這麼惡狠狠地罵著大臣民，哪還有點皇帝的樣子？一時間嚇得語無倫次。董卓問他這幾天的事。他說來說去，就是說不清。

董卓沒有辦法，只得問劉協。劉協膽子倒還可以，把事情經過說得很清楚。董卓立刻覺得劉協比劉辯強多了。他也知道劉協和劉辯的底細。原來，劉宏在幾個兒子都死了之後，心裡也怕了起來，因此劉辯剛出生時，就不敢留在皇宮，而是送到道人史子眇那裡去養，人稱「史侯」；而劉協就被送到董太后那裡，被稱為「董侯」——居然跟姓董的掛上了勾。於是，董卓因此立刻覺得劉協要親切多了，而劉辯就是廢材。

董卓在心裡笑著。雖然現在他的官只是個州牧——一個地方官而已，但他認為從這個早上起，他就是國家實際掌權者了。

第三節　董卓之亂

當天，董卓帶著小皇帝和眾大臣回到宮中。由於當時亂得要命，連傳國玉璽也找不到了。

董卓雖然自大地把自己當成國家實際掌權者看待，但他知道，自己官位太低，難以服眾，因此進京之後，就始建立自己的人脈關係。誰服他，他就拉誰，誰不服他，他就踢誰。

騎都尉鮑信本來受何進之命去泰山募兵，這時正好完成任務回來。他一看到這個樣子，知道以後他們都得看著董卓那張醜惡的老臉吃飯了。於是就去找袁紹，建議趁董卓腳跟未穩，來個突然襲擊，把他拿下。

鮑信雖然不是什麼能人，但他的這個建議對於當時而言，絕對是個正確而可信的建議。可惜，他的合作者是袁紹。

讀過三國的人，都知道袁紹是塊什麼料。他在當何進的手下時，腦子特別活躍，幾乎每天都有新鮮的點子貢獻給大將軍，然後又恨何進太優柔寡斷，白白浪費他的金點子。可是現在輪到他做決策的時候，立刻成了第二個何進。

袁紹他覺得老鮑的建議很好，但他看到董卓那個身體，就覺得很怕，不敢動手。

最後，鮑信什麼也不說，帶著自己的部隊回山東去了。

其實，現在董卓也心虛得很。因為他數來數去，自己手裡只有三千部隊，如果人家真的要跟他刀槍相見，這三千人是沒有什麼用的。

不過，雖然董卓是戰場上的菜鳥，但卻是耍陰招的高手。他很快就想出欺騙那些反對黨的辦法來——一到半夜，就叫部隊偷偷出城，天亮後又鑼鼓喧天、軍容整齊地進城，連續幾天來回，終於為大家造成了一個錯覺：現在首都裡的西涼兵隊伍已經很龐大了。誰敢跟他過不去，誰就是在找死。

董卓也知道，這個小兒科的把戲不過幾天就會被人家一眼看穿。所以，他在人家還沒有回過神來時，就採取了一個辦法。

此時，何進和何進的弟弟何苗都已經死了，但他們兄弟的部隊還沒有人去接收。他就在第一時間裡，改編這兩支部隊，讓他們都成了董卓的部隊。如此一來，他手下的力量突然壯大起來了，大家真的拿他沒有辦法了。

改編別人的軍隊比派人去拉壯丁厲害多了。嘗到甜頭的董卓，那雙眼睛又盯上了丁原的部隊。

而且，他很快就找到了除掉丁原的突破口。

這個突破口就是呂布。

呂布是什麼人，讀過三國的人也都懂，這裡就不用再多說了。

丁原本來是何進的死黨，也是接了何進的通知帶兵進京的。呂布是丁原最得力的幹將，當然也跟著丁原過來。

董卓很快就發現，呂布雖然肌肉超級發達，頭腦卻很簡單，而且還有個輕狡反覆、唯利是圖的弱點。

董卓抓住呂布這個弱點，立刻派人去找呂布，說服呂布，說他要是跟著自己，前途有多光明等等。呂布立刻把董卓和丁原做比較，當場得出一個結論，丁原再怎麼厲害，也只是一個地方諸侯，而董卓是天下第一能人。

他馬上爽快地說：「俺跟定董老大了。」

董卓接著惡狠狠地說：「很好！但你必須砍下丁原的人頭當投名狀。」

丁原打死也不相信，呂布會要他的人頭。但是呂布確實果斷地把他的腦袋砍了下來，然後丟在董老大面前，請董卓驗收。

董卓就這樣又把丁原的部隊收順利收編。到了這時，董卓家軍才真正多了起來，他每天以這支強大的武裝力量為後盾，威風凜凜地出現在大家面前。

他對呂布很滿意，任命呂布為騎都尉。他對呂布的滿意到什麼地步？史書上兩人「誓為父子」。

董卓力量雄厚之後，做的第一件事就是提拔自己的官。他現在的官只是牧州，洛陽城裡級別比他大的太多了。他必須在行政級別上超過所有的人。

於是，他說：「現在天氣太反常，肯定是司空失職的原因。」現任司空劉弘就被免去所有職務，董卓成了新的司空，進入了領導者的序列了。

當然，光換司空他就不是董卓了。接下來，他還要換人。

這次他換的是皇帝。

他也知道，換皇帝不是開玩笑，必須把前期工作準備好。他把朝中大臣們的名單拿來一看，認為現在比較有名望的就是袁氏家族。現在袁家最大的官就是袁隗，但最活躍的是袁紹。於是，他就認為，只要把

第三節　董卓之亂

袁紹那張嘴巴搞定，其他人就不會有什麼話說了。

可當他跟袁紹一提到這個事時，袁紹就發作起來，大聲說：「漢家君天下四百許年，恩澤深渥，兆民戴之。今上富於春秋，未有不善宣於天下。公欲廢嫡立庶，恐眾不從公議也！」

董卓哪想到袁紹居然會說出這麼一大堆話來，也氣憤起來，「按劍叱紹」：「現在這個天下，是老子說了算的天下。老子想給給誰當皇帝，誰就當皇帝。你想跟老子作對，你以為老子的大刀是不能殺人的？」

袁紹這時也不計後果，直接拔出佩刀，仍然大聲喝道：「天下有的是英雄。你這個老傢伙算什麼東西？」然後氣昂昂而去。

董卓居然只站在那裡發愣。如果依照他往時的脾氣，早就氣急敗壞地喝令把袁紹拉下去砍了。但是他突然想到，他才來首都沒有幾天，臉還沒有混熟，人家袁家可是世家，人脈深得要命。因此還是暫時放過他。

於是，袁紹僥倖逃得性命。

袁紹發了一頓脾氣回到家之後，冷靜下來一想，也覺得害怕了起來，知道再在洛陽待下去，肯定沒有好下場，於是把那顆司隸校尉的大印掛在東門，自己隻身騎上快馬，連夜狂奔回老家冀州。

董卓這時還沒有想到袁紹逃出去會對他造成什麼樣的後果，看到這小子跑了，覺得倒也省事，否則還真不好拿他怎麼辦。

他繼續開始更換皇帝的工作。他覺得能把皇帝換掉，對鞏固他的權力、樹立他霸道的形象太重要了。連皇帝都可以換，他還有什麼做不出來？以後還有誰敢不怕他？現在換劉辯沒誰敢反對，以後換劉協肯定也沒誰敢提異議。

在袁紹走後不到一個月，董卓終於強硬地宣布，自己決定向伊尹和霍光學習，撤銷劉辯的皇帝職務，讓劉協繼位當皇帝。大家有什麼意見？請發表。

誰敢發表意見？

董卓看到大家都苦著臉低下了腦袋，覺得自己真是厲害呀！

「感謝伊尹，感謝霍光，你們替我做了個很好的榜樣，讓我找到了這個光榮的傳統當理論依據。」

他接著宣布：「當年霍光在廢昌邑王時，就叫田延年拿著寶劍在旁邊站著，誰不服在現場殺誰。現在我也像霍光一樣，誰反對就殺誰。」

他說完這話之後，場上除了一片粗重的呼吸聲外，沒有別的聲響。他以為，這些人都不敢說話了。可是當他準備收場的時候，又有人出來反對了。

反對的人叫盧植。他是當時的大名士，很有才華，他對伊尹和霍光的故事知道得比董卓清楚多了，看到這個傢伙居然拿伊霍來當自己的擋箭牌，便當場反駁：「以前，太甲和昌邑王都罪行滔天，完全符合退位的必備條件，伊、霍兩人這才啟動廢立程序。現在我們的皇帝年紀輕輕的，還沒上位幾天，一點錯也沒有犯過，哪能跟太甲他們相比？」

董卓對自己的權威很有自信，以為自己拿著大刀在那裡一站，誰也不敢拿腦袋開玩笑的，因此連個備案也沒有準備，哪知盧植居然站出來反對，而且說得句句有理，搞得他在那裡呆站著，找不到一點理由來反駁，最後只得一臉憤怒地離開現場。

他一連幾天都在大叫一定要殺死盧植。後來很多人為盧植求情，說盧植現在是全國有名的大名士，要是殺了他，全部的人都會不諒解，這對老大很不利啊！

董卓這時也知道，自己的名聲還是很重要的，就收住脾氣，不殺盧植，但還是把盧植的所有職務都免了。

董卓當然不會因為盧植的反對而叫停換皇帝的工作，他派人把廢立的方案交給袁紹的叔叔袁隗看。袁隗心裡當然不同意董卓的做法，但是這傢伙骨頭的硬度比袁紹差多了，看過之後，立刻簽了個同意。

他是太傅，目前朝廷中級別最大的人。董卓一看，差點罵起自己，早知道這樣還去問什麼袁紹，直接叫這個老傢伙商量不就妥了。

得到袁隗的贊同，董卓就更肆無忌憚了。他把全體在京的大臣都集中起來，然後讓他們排列進入崇德殿，要求太后下詔，撤換當今皇帝。

這時的太后，仍然是何太后。這個太后也跟以前的竇妙一樣，貪圖宦官們的錢財和拍馬屁的話，最後導致了這場大亂，不但自己的家人全部死掉，現在連自己的兒子也被撤換。最可恨的是廢兒子的詔書還得由自己親自下。但是她能不下嗎？

當然，跟往常一樣，詔書都是由別人寫的，然後拿來讓她簽字。不同的是，以往的詔書，她還可以拿起筆來，在那裡勾勾寫寫，加以修改，然後叫人家再去抄寫一遍，她再過目後才簽字的。她簽字時，臉上全是權力的滿足感。

可現在這個詔書，卻讓她淚水在眼裡打轉：「皇帝在喪，無人子之心，威儀不類人君，今廢為弘農王，立陳留王協為帝。」就是這幾個字，簡潔得要命，卻把她的兒子批得一文不值，然後立刻讓他退位，把位子騰出來給劉協。

她在宮中這麼多年，比誰都知道皇宮裡的所有規則，能當皇帝時，什麼都是對的，一旦成為廢皇帝，等待的只有死路一條。她最後丟開那支沉重的筆，放聲大哭。

詔書下來後，袁隗按照董卓寫好的劇本，從班列裡上來，伸出那雙顫抖的老雙，從劉辯的身上取下皇帝的印信，掛到劉協的身上，算是完成了權力交接儀式。然後把劉辯從座位上扶下，再讓劉辯轉身向劉協稱臣，所有程序就這樣結束。

劉協成為皇帝，就是著名的漢獻帝。

當然，還沒有完，還得把何太后搞定。因為按照傳統，皇帝未成年，得由太后臨朝稱制。董卓會讓何太后稱制嗎？他決定把太后也廢掉，讓這個時代變成沒有太后的時代。

他找了個理由，說何太后利用職權逼死董太后，違背了禮制，這樣的人是不能再當太后的。於是，何太后被遷到永安宮。

何太后到了永安宮沒幾天，董卓又派人拿了一杯酒過去，請她喝。

她知道這是一杯毒酒，但她更知道，這杯酒她不喝也得喝。

何太后拿著那杯滿滿的酒，手不住地發抖，以致杯裡的酒水晃來晃去。她望著杯裡晃動的浮光，也會許會想到，如果以前她的父親不用做屠戶賺的那些錢去賄賂選美的人，她就根本不會進宮，根本不會成為皇后，更加不會成為太后，也就不會有今天。可能現在她還在哪個農家小院裡平凡地生活著，跟一群子孫玩著，為孫子講講她從她婆婆、奶奶那裡聽來的故事。

但是她進宮了，參加了一系列的宮中爭鬥，結果就走到這個地步。

董卓把這些政壇障礙物都清理之後，便讓劉協任命他為相國，而且享受「贊拜不名，入朝不趨，劍履上殿」的待遇——來上朝的時候，不用跟皇帝打招呼，上殿時不用像人家那樣用「趨步」走路，還可以帶著凶器雄糾糾氣昂昂地進來。這是人臣中的最高特權，表明在這個世界上，他說話最算話，皇帝的話也只是屁話。

在確立了自己的核心地位之後，董卓才開始整頓官場。董卓雖然囂張得很，恨不得把天下所有對他有意見的人全部殺光，但這時還得裝模作樣，拉攏人氣，便聽從了那個周毖和伍瓊的建議，提拔了一批跟他從來沒瓜葛的人員。這些人員都是當時的清流，他們本來不想加入董卓的團隊，但都很了解董卓的人品，知道要是不前去報到，他就會派人拿著刀來找自己。

在這一波人事任免中，董卓居然沒有把自己的一個親信放在要害部門。

董卓仍然生袁紹的氣，到處張貼布告，要通緝他。周毖和伍瓊又勸董卓，說董相國搞廢立這樣的事，高瞻遠矚得很，一般人哪裡有這個政治眼光？就袁紹那個水準，他根本就不是相國一個等級的。說了些出格的話，得罪了相國，現在也只是關在家裡，怕得要命，並沒有做出什麼事來。如果相國再把他逼下去，他急起來，就鼓動大家起來造反——他家的人脈很深，還是有一定的號召力的。到時大家不清楚真相，都站在他那一邊，亂子就大了。對這種人還是拉攏得好，不如讓他當個地方一把手，騙他高興高興地去當官、去腐敗，這種花花公子只會貪腐，不會做出別的事來。

董卓一聽，也對。反正以現在的能力，他的命令還只是在首都這裡有效，就算把這個通緝令再提升幾個級別，也抓不到袁紹。於是下令讓袁紹當上了渤海太守。

另外一個能人，這時也得到董卓的看重。

這個能人就是曹操。

他向曹操發了一張委任狀，任命他為驍騎校尉。曹操一眼就把董卓這傢伙看穿了，知道這樣的人最後不失敗，天下就沒有失敗這個概念了。他哪會和這樣的人混在一起，看到這個委任狀後，就改名換姓，拿了一張假身分證夾著尾巴逃跑了。

董卓也真的很生氣，到處通緝過他。

但曹操還是安全回到了他的老家陳留。

曹操知道，他如果還像以前那樣說自己病了躲在床上睡大覺，那麼董卓的人沒幾天就會衝過來，一把抓住他，到村頭那裡手起刀落了。

他一到家，馬上就把家裡那些財產全部賣掉，然後把所得都拿來徵兵。沒幾天就徵到五千人，然後揚起了反董卓的大旗。

第四節　洗劫國都

這時，全國各地的能人們都站了起來，個個都一臉憤慨，大喊大叫，要打倒董卓。

袁紹那時在渤海。他剛當渤海的太守，比任何人都想起兵討董。可是那個冀州牧韓馥沒有警覺心，硬是跟董卓在政治上保持相同立場，怕袁紹煽動不明真相的人起義，就派人去監視他。袁紹只得在那裡乾著急，一點也無法動彈。

倒是東郡太守橋瑁最先憋不住，拍著腦袋想出了一個辦法，這個辦法很陳舊，就是做了份假冒偽劣的

第四節　洗劫國都

朝廷三公的告各州郡同胞書，先是控訴了董卓的滔天罪行、倒行逆施，亡黨亡國的最後時刻已近在眼前，號召大家都團結起來，跟董卓進行堅決的抗爭。

橋瑁在三國時代，根本沒有名氣，很多讀者對他是一點也不了解，甚至根本不知道三國裡有他這麼一個人，但是他的這個行動，卻成為倒董運動的導火線，直接引爆了各路諸侯起來打倒董卓的戰爭。

韓馥也接到了這個「告全民族同胞書」。韓馥雖然現在緊跟董卓，天天表示聽董太師的話，照董太師的指示辦事，做董太師的好學生。可是看到這些文字後，心裡就有點波動，要是大家真的都起義跟董卓攤牌，結果如何，還真不好說。

這是關鍵時刻，要是在這個時候站錯隊、表錯態，就什麼都不用說了。到底跟董卓好，還是站在大家的立場好呢？

他想了很久，覺得好像跟誰也都好，又覺得跟誰都危險。於是就叫手下過來開個會，對局勢進行一次全面的評估。最後，大家都認為，跟著董卓絕對沒有什麼前途，還是起兵。但不要當帶頭者，讓別人做出頭鳥，在人家宣布起義之後，才響應號召。而且，現在各州的勢力都比冀州弱，真的成功了，算起功勞來，還是他們的功勞最大。

一看他們的這個決議，就知道，這幫人都不是成大事的人。都到了這個時候，都決定加入倒董陣營了，而且明明是各州中最有實力的集團，卻怕當帶頭人，還想從中投機一把。在和平年代，投機取巧，那是很有搞頭的，但亂世年代，只有把英雄本色展現出來，才能搶到勝利的果實。

韓馥立刻解除了對袁紹的監視，還派人向他寫了一封信，深入細緻地描述了董卓的罪惡，堅決支持袁紹起兵。

西元一九〇年，也就是漢獻帝初平元年，過完春節之後，關東那些董卓的反對黨終於結成統一戰線，集體高舉著打倒董卓的大旗，宣布與董卓鬥爭對底。

旗幟舉了起來，還得選出一個領袖。這個領袖不是誰都可以當的，是按照傳統的論資排輩原則來選的，而且這個原則不僅看其本人這一代，還要看祖宗三代的資格。於是，誰的資格也比不過袁紹。

袁紹就這樣成為倒董同盟的盟主。袁紹覺得當了盟主，如果還是渤海太守這個職務，級別跟別人一樣，以後釋出命令的力度就會明顯不足。於是，就自己任命自己為車騎將軍。

當時，參加這個同盟的有河內郡太守王匡、冀州牧韓馥、豫州刺史孔伷、兗州刺史劉岱、陳留郡太守張邈、張邈的弟弟廣陵郡太守張超、東郡太守橋瑁、山陽郡太守袁遺、濟北國相鮑信、曹操本部人馬、後將軍袁術，另外還有孫堅和張揚，總共十四路。

在關東諸侯大喊大叫著向洛陽進軍，打倒董卓時，董卓也當然不會在那裡坐等大家殺過來。他先來個大赦——這年頭，對犯人確實很幸福，剛剛大赦一次，現在又向大家宣布所有犯人都無罪。

不過，其他人都可以赦，唯獨劉辯不能有活路——他又派人向劉辯送了一杯毒藥，叫他喝下去。

這兩件事做完之後，董卓覺得心頭很愉悅。可是才愉悅不了幾秒鐘，他又得把注意力轉到「山東」，袁紹他們正大喊大叫舉著大刀向董卓砍來。

董卓近來的事業很強盛，心情也很愉快，覺得這個天下已經是自己的天下，叫誰死，誰就不能活。可是他也知道自己的軍事能力很差，在戰場上，常常以不勝而告終。

他召開了個大會，會議的主題是「發大軍討山東」——這話說得很大氣，好像主動權都牢牢地掌握在他的手裡，其實他的心裡很心虛。

第四節　洗劫國都

鄭泰首先發言，勸他還是不要緊急徵兵為好，就等下去。「那些諸侯本來就人心不齊，咱天天掛免戰牌，他們沒事做，就會自娛自樂，自己人跟自己人鬥起來。」

董卓認為鄭泰的意見很正確，說如果現在才徵兵，不但工作量大、難度高，而且新兵也不好立即投放戰場。

後來，他想來想去，認為，這個洛陽真不是好地方，四面全是平原，人家從哪裡都可以打進來，哪比得在長安？更要命的是，自己剛從西部來，一點環境也不熟悉，還不如回長安去，這裡就讓他們折騰吧。

於是，他又開了個大會，大會的主題就是討論遷都，把首都從洛陽遷回長安。

大家有什麼意見？

大家當然有意見，但大家更知道，這個時代是意見最多的時代，卻又是最不能表達意見的時代。因此，大家只把意見留在肚子裡，什麼話也不說——說遷就遷吧！誰要是敢說不能遷都，他大概就要遷誰的腦袋了——雖然董卓在開會之前，一臉假笑地要求大家務必本著知無不言、言無不盡的原則，有什麼話說什麼話。可是大部分人都不敢說什麼。

只有楊彪和黃琬兩人說遷都弊大於利。

董卓一聽就不高興，覺得再讓這幾個不同的聲音留在朝廷上，他的耳朵就不爽，可是一時也找不到理由把他們拿下，就說近來天氣不好，都是這兩人的原因。為了讓大家的頭上有個好天氣，便撤了兩人的職務。

伍瓊和周毖前些天勸董卓任用了一大批人，董卓全部採納。雖然楊彪他們反對被免了職，但他們仍然認為董卓還是會聽他們的話，於是去見董卓，表達了堅決反對遷都的意見。

董卓一見兩人就已經不開心，又看到他們反對遷都，脾氣就更加火爆起來，大罵兩人：「原先你們推薦的人，現在全成了老子的反對派。現在你們又來反對老子遷都，你們這不是想讓老子在這裡等死是什麼？」

當場叫人，把兩人逮捕，然後迅速移送司法機關，隨後處斬。

終於沒有人反對了。

於是，董卓帶著劉協遷都。

他知道自己這麼一回去，以後大概再也不會到洛陽了。於是一邊遷都，一邊把洛陽城中有錢的人都抓了起來，連個司法程序也不就走就通通砍殺，全部沒收個人財產。還強迫全體洛陽人都跟著他遷往長安，說他們本來是首都市民，現在仍然讓他們去長安當首都市民。

當時洛陽有幾百萬人，個個都得背著包袱向西而去，而且都是徒步行走。他嫌這些人走得太慢。現在是遷都，不是趕集，要講效率。便叫部隊在後面舉著兵器趕著大家，說要進行末位淘汰制，誰跑在後面，誰就被大刀淘汰。一時間，路上全是踩踏事件，弄得「積屍盈路」。

董卓又覺得，自己反正不會再當洛陽居民了，留下這麼多好的房子給袁紹他們，也太便宜這幫人了。於是下令，將所有的建築物一律放火燒光，一間也不要留。讓他們來到洛陽之後，連睡覺的地方也沒有。一聲令下之後，洛陽地區「二百里內，室屋蕩盡，無復雞犬」。曾經繁華得無與倫比的首都幾乎變成無人區。

他沒收了大量富翁的財寶之後，又把呂布叫來，說：「活人的財產咱收完了，但死人的財產還沒收啊！」

呂布說：「死人還有什麼財產？」

第四節　洗劫國都

董卓一聽就笑了：「你就只知道愛財！告訴你，這個地方埋了很多皇家貴族。這些皇家貴族的墳墓裡埋了很多無價之寶啊！他們留在地下也沒有什麼用，咱還是挖出來。取之於死人，用之於我們啊！」

呂布一聽，那雙可以迷倒無數美女的眼睛裡立刻大亮，集結了一支挖墓葬工程隊伍，然後「發諸帝陵及公卿以下塚墓」。只要外表豪華的墳墓都通通挖出來，裡面就是一枚銅錢也不能放過。

董卓在戰場上做不出什麼名堂，但造假作秀卻很有一套。他怕人家說他不敢跟袁紹他們硬碰硬，這才遷都回去的——遷都其實是等於夾著尾巴逃跑，因此派部隊到陽城。那天正好陽城趕集，來趕集的群眾很多。董卓部隊一窩蜂向集市上衝過去，看到男的就都砍下腦袋，把女的都趕上車，再把男人們的頭掛在車上，然後大家唱著歌一路回去，說是把袁紹他們打了個滿地找牙，這些腦袋全是叛軍的頭。

董卓一看，這些子弟兵果然有點水準，於是把那些女人全都配置給廣大士兵，讓大家過一段幸福新生活。

董卓以為，只要把首都遷到了長安，那就等於到了自己的老巢，因此心情很好。他突然發現，自己手下的人才還真不多，真的沒有人能為他處理國家大事。很多人一看人家送過來的上報的文書就有暈船的感覺。於是，他大力提拔王允，讓王允負責處理這些事務。

王允果然很有能力，把這些事務處理得很好。其他大臣也臣服王允，開始集結在他的周圍。

董卓一看，覺得自己真會選拔人才。但哪裡知道，他培養的卻是個定時炸彈。王允這時很陰險，在面向董卓時，臉上全是老實忠誠的笑容。董卓當然沒有想到這個笑容是個掩蓋陰險的笑容，對他放心得很。

他對王允很滿意，但是對袁家很不爽。儘管袁隗當初對他撤換皇帝一事舉雙手表示堅決贊同，但因為現在他的姪兒袁紹成為反對黨的領袖，所以，他一想到袁隗那張老臉，就覺得不開心，最後大手一揮，把袁家老少五十多人全部殺光。

在董卓大砍大殺異己人士時，那些諸侯部隊也不是木頭。這些人都知道亂世已經來了。亂世對於草根們來說，是個災難，但對這些手裡拿刀拿槍，手下有殺人不眨眼的武將，又有專門生產陰謀詭計的謀士的人來說，亂世是他們歷史性的機會。於是他們都停下了討伐董卓的步伐，先來個窩裡鬥。

只有孫堅跟董卓過招了幾次，剛開始時董卓把孫堅打了個大敗，差點砍下孫堅的頭，但後來孫堅再發動幾次進攻，硬是把董卓的大軍打得滿地找牙，狂奔逃跑。幸虧袁術成功誤導孫堅，宣布斷絕孫老大的糧草，這才止住孫堅勝利的步伐，讓董卓成功逃回長安。袁術的這個舉動，直接引發了諸侯們的自相殘殺，使得董太師又過上了一段安穩的日子。

董卓雖然在戰場上被孫堅打得一敗塗地，可是他一到長安，馬上就又驕傲了起來，對大家說：「我現在想當尚父。」

尚父不是職務，而是一個待遇。這個待遇歷史上只有姜太公享受過。但是蔡邕反對他，理由是太師雖然德高望眾，但還是不能跟姜太公比擬。現在山東諸侯都在還在大喊大叫，說要消滅董卓派，社會還不安穩，反對黨人很多，得先把這些人都搞定，等社稷安穩之時，再當尚父，那才讓人沒話說。

董卓的臉皮雖然超厚，可是聽到這話時，覺得也有些不好意思，就暫緩了此事。

董卓跟很多領導者一樣，自己的道德感差得要命，天天過著腐敗生活，使用公款吃、喝、賭、嫖，看誰不順眼就除掉。可他們卻要求天下所有的人個個遵守社會公德，做遵紀守法的好人，動不動就舉行肅清行動。

他來到長安沒幾天，就把司隸校尉劉囂叫來，讓他去查一查，哪個公民有「為子不孝、為臣不忠、為吏不清、為弟不順」行為的，把他們都抓起來，從重處理，然後全部沒收財產，狠狠地開展了一場全民性的肅清行為。

長安城中，「更相誣引，冤死者以千數。百姓囂囂，道路以目」。

第五節　董卓之死，終結漢朝

在關東諸侯互相爭奪得你死我活的時候，照理說正是董卓搞定這些反對派的最佳時機。董卓雖然很會抓住機會，但他會抓住的只是那些小機會，卻不善於抓住歷史性的機會。

在那些諸侯互相鬥爭時，董卓鬆了一口氣。他看到那些反對派不再來惹麻煩了，心裡很開心，這時更沒有一點進取心了。他集中精力經營他的董家天下，把他家的人都往重要部門塞過去，連他情婦剛生下的一個兒子也都封了侯。

這個小兒子一天到晚拿著侯爵專用的金印和紫色綬帶當作玩具，不是亂丟亂扔，就是在上面又尿又屎。

董卓自己的各種用品及生活規格，都依照皇帝的標準使用。大臣們都不用到朝廷那裡上朝，而是都到他的家裡接受他的指示。

董卓雖然天天威風得要命，誰不聽話誰就會被他扣上顛覆國家政權的罪名把誰砍掉。可是他自己也很怕死。他怕哪天誰看他不順眼，突然派人來除掉他，那可一點也不值得。因此他修建了一個規模巨大的堡塢。據說，這個建築物的牆有七丈高，厚也有七丈——即使挖進去，沒有幾天時間是不行的，而且這類工程的品質是絕對講究的，不得有隨意建造之事。

他在工程竣工，經過驗收後，就把大量的糧食存放在裡面，然後笑著對自己說：「如果事業再發展，老子就可以雄踞天下；如果真的把事業搞砸了，在這裡也可以有養老保障了。」

據統計，他一共在裡面存放了足夠他吃喝三十年的東西。

一個國家最高掌權者，在事業最鼎盛的時候，居然做出這種事情來。這種人不失敗，那就真的豈有此理了。

照理說這麼怕死，那就應該小心做人，防止反對黨擴大化才對。可是董卓越怕死，就越想把人家殺死，因此每天除了想著如何安度晚年、如何把皇帝拉下馬之外，就是想殺人。他以為，只要他努力屠殺別人，就可以把想殺他的人全部去除。他天天盯著人家臉上的表情，聽著手下那些人的說話，如果覺得那些話跟他立場不一樣，他立刻叫來刀斧手，把這個人當場砍死。

大家看到董卓這樣變態，心裡除怕之外，也開始生氣了。

於是，王允出場了。

王允自從被董卓帶到長安後，雖然天天講董太師的好話，時時刻刻都號召大家認真學習董太師的偉大理論、聽董太師的諄諄教誨，把自己裝扮成董太師最忠誠的衛士。其實，他在心裡一直把自己當成董卓最堅強的反對黨。他知道董卓這樣的人雖然現在非常威風，但這麼殘暴的人注定會成為人民公敵，注定會走向死路。

他所做的一切，就是等機會。

第五節　董卓之死，終結漢朝

這些機會就是董卓自己製造出來的。

他認為現在機會就要來了。大臣們幾乎都害怕董卓，都在恨不得把董卓打死。

呂布雖然不是董卓涼州派的人，但因為他長相帥氣、身材威猛、武力高強，董卓就讓他天天跟在自己的身邊，當他的頭號保鏢。他為了讓呂布死心塌地成為他的人，還動不動就拍著呂布的肩膀，在大家的面前表示他跟呂布雖然一個姓董，一個姓呂，但他們的關係不是董呂的關係，而是「誓為父子」的關係。讓那些想反他的人想一想，想除掉他，得先過呂布這一關啊！

大家一看，還真的被他給嚇唬住了，一看到呂布那個威武的身體，腦子裡就只有打死董卓的空念頭，而絕對不敢有去打死董卓的計畫了。

可是王允卻看出，「誓為父子」是個假象。王允其他能力怎麼樣，我不知道，但是他很善於觀察。他發現董呂兩人之間也有矛盾，而且這個矛盾不小。

董卓雖然需要呂布，雖然天天拚命拉攏呂布，可是他在發脾氣時，根本就忘記了呂布是他的特級保鏢。有一次，不知道為了一件什麼小事，董卓氣憤起來，順手抄起一把短戟就向呂布猛擲過去，而且準頭極好。如果是別人，這一戟大概就完全可以把對方殺了。幸虧呂布身手不一般，這才躲過一劫，然後又向董太師道歉，請董太師原諒他。

董卓看到他道歉得如此誠懇，怒火才降了下來。

他的怒火降了下來，呂布的怒火卻在心裡不斷地燒著。

但要命的是，董卓在這方面粗心大意得很，在差點打死呂布之後，並沒有想到呂布會生他的氣，而呂布一生他的氣，後果很嚴重。董卓的脾氣一發之後，便把這些關鍵之處全部忽略了。

沒幾天又把呂布叫來，一臉信任地對呂布說：「現在又把更光榮的工作交給你。」

呂布問：「是什麼任務？」

「守中」，就是把家裡的警衛工作全讓呂布來做。這個工作其實一點不光榮，但是董卓說它光榮，它就光榮。

呂布當了這個家庭的警衛後，又發生了一件事。

呂布現在雖然跟董卓有了不可調和的矛盾，但是他們都有一個共同的愛好——愛看美女。現在讓呂布當家庭警衛，董卓那一群漂亮情婦天天在呂布面前走來走去，呂布能淡定得了嗎？而那些情婦跟董卓這個老太師也玩得膩了，這時突然發現呂布英姿颯爽地站在面前，她們能不動心嗎？

沒幾天，呂布就跟董卓的一個情婦有了一腿。高潮過後是低潮——呂布一提褲子，馬上就感到害怕！要是董卓老賊知道這件事情，自己還有活路嗎？

於是，呂布的臉上布滿了鬱悶。

呂布的鬱悶馬上被王允觀察到。王允知道，現在想打倒董卓，再怎麼聯合外部的力量都是一件困難的事，最好的辦法就是從董卓的親信裡找突破口。現在他終於從呂布這裡找到了突破口。

王允早在平時就已經跟呂布建立起良好關係，再加上王允表面功夫做得好，董卓也把他當成自己最得力的助手之一，因此，王允常請呂布喝酒。以前那幾次的請客，只是單純地喝酒看美女，什麼家事國事通通沒有談論到。

但是這次不同。兩人幾杯酒下肚，王允就很陰險地開始了話題，循循善誘一番，說：「呂布現在是董太師面前的紅人啊！要好好做，我們以後都得依靠呂將軍了。」

第五節　董卓之死，終結漢朝

呂布就徹底受不了了，當場就說：「老子現在鬱悶得要當場死掉了！」把董卓向他擲戟的事情都告訴了王允，最後說，說不定哪天董太師就要把他一刀砍了。

王允一聽，心裡就笑了，這餐酒真的請得太及時了。既然呂布先把這些事情全部向他說了，他就沒有什麼顧忌了。他對呂布說：「老夫有個辦法，只要你聽老夫的安排，董卓絕對砍不了你。」

此前，王允跟司隸校尉黃琬、僕射士孫瑞、尚書楊瓚等幾個人就已經在某個陰暗角落，多次商量過要把董卓除掉。方法想了一個又一個，都覺得不夠好。王允這時看到呂布對董卓有這麼大的意見，馬上就找到了歷史性的突破口，立刻把呂布拉進入倒董陣營，並當場想到了解決董卓的最好的辦法。

呂布問：「什麼辦法？」

王允說：「這個辦法很簡單，就是咱先把他的頭砍下來。」

呂布一呆：「砍了他？他跟我可是有父子之情啊！」

王允對他這個理由早就有了準備，當場冷笑了一聲，說：「他姓董，你姓呂，不管用什麼桿子也打不到一起。天下有這樣的父子嗎？而且，他那一把短戟向你的心窩投過來時，那時的父子之情在哪個地方？」他的原話是：「君自姓呂，本非骨肉。今憂死不暇，何謂父子？擲戟之時，豈有父子情邪！」

大家都知道呂布有個最明顯的特點，就是毫無原則。這時在王允面前流露一些「父子之情」，還算是很有進步了。在聽王允這幾句話之後，馬上就覺得自己是在認賊作父。於是就答應王允，加入倒董陣營。

王允早前就已經暗中聯絡了士孫瑞等一批人，做好了打倒董卓行動的計畫，這個計畫最核心的內容就是找到個內應。現在由呂布來當這個角色，那是再好不過了。他立即把這個計畫向呂布公開，請呂布按計行事。

呂布當然答應。

初平三年（即西元一九二年）的四月，天氣跟往年的沒有什麼差別，長安城裡的其他人照常生活著。可是一個歷史性的事件正在悄悄地爆發。

這天，漢獻帝剛剛大病初癒。皇帝病好，也是一個喜慶的日子，於是大家都到未央宮集合，恭祝天子龍體安康。身為首席大臣，董卓在沒有廢掉皇帝時，也是需要出場的。

王允他們就把這個時間當成最佳機會。

他們事先讓呂布和李肅帶著十多名殺手潛伏在宮殿兩邊，專等董卓的到來。

董卓終於按時前來，他還不知道，再踏上一步就直接到了人生的終點，仍然走得大搖大擺。等他走近時，李肅帶著那幾個殺手跳了出來，向董卓殺過去。

董卓一看，就知道碰上了襲擊。這傢伙這時還算鎮定，一看挑頭人是李肅，這個李肅雖然厲害，可是比起呂布來，就嫩多了。他大叫：「奉先何在！」

呂布果然在第一時間出場。但他手裡並不拿著兵器，而是捧著聖旨，大聲對董卓叫：「奉旨殺賊！」

董卓這才知道自己上當了，一張肥大的臉上滿是絕望。眼看一把把雪亮大刀砍上來，他還是做了幾個反抗的動作。但這些動作阻擋不了歷史的車輪。

漢末一代能人董卓就這樣被亂刀砍死，後來，他的三族也跟著被這些反對黨一一揪出，通通誅殺。

據說董卓的身體很肥、很胖，他被殺之後，被曝屍東市，守屍吏把點燃的撚子插入董卓的肚臍眼中，點起天燈。由於油水豐厚，這盞天「光明達曙，如是積日」。

董卓時代就這樣結束。

第五節　董卓之死，終結漢朝

董卓時代一結束，中國的歷史就進入了著名的「三國」時代。三國時代的稱法，也象徵著大漢皇朝的終結。

縱觀大漢數百年，既有彪柄青史的武力，也有令人稱羨的「文景之治」、「宣昭之治」這樣的盛世。然而，由於體制的局限，以及皇權的隨心所欲，從立國到滅亡，掌權的都是皇帝、外戚、宦官三種人。形成了永遠打不倒的三個既得利益集團。這三個強大的利益集團，轉換著把持朝政，從不停歇地貪贓枉法，也從不停歇地開展爭權奪利的活動，為了霸占權力的最高點，以便得以明目張膽地專權、貪腐，不惜大打出手，他們身上的每一筆財富都漫著腥風撲鼻的鮮血。

即使開明如漢文帝，也利用手中的皇權，把鄧通打造成全國首富，而絲毫沒有想到，對腐敗縱容的結果，就是政息人亡。當這些腐敗形成之後，得不到有效的遏制，便漫漫地浸透整個管理系統，逐步浸蝕這個系統，最後使大朝王漢轟然倒地。

很多人都把漢朝的滅亡歸結於某個奸臣，其實，大漢王朝是死於權力的腐敗！

兩漢權臣生死局，貪官酷吏的權謀盛宴與末路哀歌：

帝王、佞臣、權貴交織，有人被推上王座，有人被逐下舞臺，大漢盛世下，由權力、財富和人性構築的生死棋局

作　　者：譚自安
發 行 人：黃振庭
出 版 者：複刻文化事業有限公司
發 行 者：崧燁文化事業有限公司
E-mail：sonbookservice@gmail.com
粉 絲 頁：https://www.facebook.com/sonbookss/
網　　址：https://sonbook.net/
地　　址：台北市中正區重慶南路一段61號8樓
8F., No.61, Sec. 1, Chongqing S. Rd., Zhongzheng Dist., Taipei City 100, Taiwan

電　　話：(02)2370-3310
傳　　真：(02)2388-1990
印　　刷：京峯數位服務有限公司
律師顧問：廣華律師事務所 張珮琦律師

定　　價：599 元
發行日期：2025 年 04 月第一版
◎本書以 POD 印製
Design Assets from Freepik.com

國家圖書館出版品預行編目資料

兩漢權臣生死局，貪官酷吏的權謀盛宴與末路哀歌：帝王、佞臣、權貴交織，有人被推上王座，有人被逐下舞臺，大漢盛世下，由權力、財富和人性構築的生死棋局 / 譚自安 著 . -- 第一版 . -- 臺北市：複刻文化事業有限公司 , 2025.04
面；　公分
POD 版
ISBN
ISBN 978-626-428-047-1(平裝)
1.CST: 漢史 2.CST: 通俗史話
622　　　　114003783

電子書購買

爽讀 APP

臉書